Tendencias

Planeta Divulgación

Ira Matathia y Marian Salzman

Tendencias

Las claves del futuro próximo

Traducción de Emilio G. Muñiz y Emma R. Fondevila

Planeta

Título original: Next: Trends for the Near Future

Diseño de la colección: Compañía de Diseño
Ilustración de la cubierta: foto © David Walford/Index

Primera edición: febrero de 2001
Depósito Legal: B. 177-2001
ISBN 84-08-03779-X
ISBN 0-87951-943-6 editor The Overlook Press, Peter Mayer Publishers, Inc., Nueva York, edición original
Composición: Víctor Igual, S. L.
Impresión: Hurope, S. L.
Encuadernación: Encuadernaciones Roma, S. L.
Printed in Spain - Impreso en España

Índice

Agradecimientos 15
Introducción. Bien venido al futuro inmediato 19
Organización del libro 22
Unas palabras para los expertos en marketing 24

PRIMERA PARTE: El planeta y sus poderes. Tendencias probables

I. Tendencias globales 31

El nacimiento del nuevo consumidor 31
Características generales del nuevo consumidor 32
Adaptación al gusto del consumidor 33
La unión hace la fuerza 34
La venganza de los consumidores 35
Esto es sólo el principio... 35

La búsqueda de la fe 36
Cómprelo y llévelo con orgullo 36

Respuesta a los grupos de interés 38
Todo por la causa 38
Enséñame el bote de mayonesa 39
Cambio al azul 40

La defensa de la intimidad 42
¡El «Gran Hermano» ya está aquí! 43

Refugiarse en las marcas de confianza 45
Tendencias probables 46

El aumento de los solteros 47
Soltero por elección 48
Solteros: la gran oportunidad del marketing del futuro 49
¿Por qué son decisivas las redes sociales? 50
Asociación de marcas y estrategias publicitarias 51

La convergencia ya está aquí 51
Convergencia cultural y racial 52
Convergencia de productos 53

Comercio contextual 55

Pequeño gran mundo. Globalización contra localismo 56

Realidad virtual 60
E-Islamiento 60
Niños y mascotas que no ensucian ni alborotan 61
Compulsivos del cibersexo 62
Cultura popular y realidad 62
Tendencias probables 63

El paciente proactivo 64
Píldoras y brebajes personalizados 65
Evolución de la farmacia virtual y del marketing virtual de productos farmacéuticos 66
Tendencias probables 67

II. El futuro de la Unión Europea 71

Historia pasada 73

Presente y futuro 75
Aprender a amar el euro... 75
... Y turbulencias dentro de una UE en expansión 78
El separatismo y el auge de la derecha 79
Cuestiones de inmigración 81
La lucha por la unificación 84

Tendencias 86
¿Será el inglés la *Lingua Franca*? 86
España, cada vez mejor 89
Una meca del turismo revitalizada 90
A la conquista del mundo de los negocios 91
La central económica europea 93

III. Asia se hace independiente 95
Tendencias: La redefinición de «asiático» 96
Presente y futuro 98
La recuperación económica... ¿hasta cuándo? 98
La globalización de Japón 101
Tendencias probables 105
China: Tratar con un gigante que despierta 106
Tendencias probables 109
Tendencias 110
Una revolución educativa 110
La creciente influencia del islam 112

IV. La latinidad, una superidentidad 115
Tendencias 117
Las nuevas Américas, una gran oportunidad 117
La búsqueda de una capital regional 119
La superación de los obstáculos 120
Los destinos más verdes 125
La latinización de Estados Unidos 127
¿Aumentará el uso del *spanglish*? 129
Bailando al son de los ritmos latinos 130

V. Los norteamericanos en el pequeño mundo futuro 133
Presente y futuro: La rapidez como necesidad 134
Retroceso: En busca de la sencillez y el ocio 135
Tendencias probables 137
Presente y futuro: Miedo, miedo por todas partes 140
Tendencias probables 142

Presente y futuro: La cultura desclasada 143
Tendencias probables 144
Presente y futuro: 145
La lucha por llamar la atención 145
La desesperada búsqueda de gente como yo 147
Tendencias probables 148
Presente y futuro: la adaptación al globalismo 149
Tendencias probables 150

VI. Intercambio cultural global 153
Filtros de tendencias 156
Nuevas capitales mundiales 157
Capitales del futuro 158
Los lugares *Gemütlich* son aldeas globales 158
Tendencias probables 159
Ciudades puerta 160
Mecas de la música 161
Las ciudades portuarias 163
Las atracciones antituristicas 164
Las ciudades en el límite 164
Los nuevos centros de Asia 165
Capitales culturales del mundo 167
Las capitales de la alta tecnología 169
Capitales financieras 172

SEGUNDA PARTE: Cómo viviremos, aprenderemos, amaremos y jugaremos todos nosotros

VII. Vivir en la era digital 175
Las facetas humanas del cambio 176
El mundo está conectado 178
¿Quién está *on-line*? 178
El panorama en Internet por regiones 181
Estados Unidos 181
Europa 182
Asia 185

América latina 188
África 191
Presente y futuro: Posibles modalidades de conexión 191

El impacto global de la tecnología WAP 192
Sin vuelta atrás 194
Tendencias probables 195

VIII. Ritos de purificación del cuerpo y del alma 199
Preparación del alma: En busca de la espiritualidad 200
Presente y futuro: Algo en que creer 200
Tendencias probables 203
En defensa del cuerpo 203
Presente y futuro 203
Abajo las toxinas 203
Soluciones médicas alternativas (holísticas) 206
Ayuda natural 208
Ejercicio oriental 209

Come, bebe y manténte en forma 211
Presente y futuro 211
Agua, agua por todas partes 211
Alimentos puros 213
Alimentos funcionales 216

La defensa del planeta 219
Presente y futuro 219
Un solo mundo para consumir 219
Productos puros 221

IX. El amor y la lujuria 225
Presente y futuro 226
La redefinición del sexo 226
El comercio del «Silicon Sex» 227
Renacimiento del romanticismo 228
Nuevos cánones de atracción femenina 233
A la caza del consumidor gay y lesbiano 235

La edad de la abstinencia 239
La amante moderna 241

Panorama global: Una ojeada a las alcobas y costumbres sexuales del mundo 242

Tendencias probables 244

X. Estilos familiares 247

El mundo feliz de la paternidad 248
El arte del malabarismo 248
Presente y futuro 249
¿Otra vez en zapatillas y embarazadas? 249
La búsqueda de integración y armonía 250
La ampliación de la familia 252
Sin hijos por elección 253

Más tendencias en materia de paternidad 255
Presente y futuro 255
Replanteamiento de la paternidad 255
La paternidad de diseño 256

¿La desaparición del matrimonio? 258

Hijos para la era digital 259
Presente y futuro 260
Mayor impulso competitivo 260
Pequeños monstruos de la informática 261
Correr, correr y correr 263
La insistencia en la seguridad 263
«Discípulos de la disciplina» 264

Acogida de otras razas dentro de la familia 265

Tendencias probables 267

XI. El hogar 271

Presente y futuro 272
Nuevos enfoques en el diseño del hogar y la evolución de la comunidad 272

La casa cableada 280
El hogar como refugio 284
El atractivo de lo pequeño 288
Hacerlo uno mismo 289
Tendencias probables 291

XII. Deportes, ocio y entretenimiento 295
El ocio en la era digital 296
Presente y futuro 298
El gran negocio del deporte global 298
Reducción de distancias entre los sexos 300
Simplemente póntelo 302
Limitar el riesgo de la promoción 303
Hasta extremos aún mayores 304
El atleta del milenio: Más veloz, más alto, más fuerte 305
Las grandes apuestas hacen estragos en todo el mundo 306
Tendencias probables 308
El entretenimiento en venta 308
Las nuevas mecas de la música 310
Las grandes escapadas. Nueva definición de las vacaciones 311
Tendencias probables 314

TERCERA PARTE: El futuro de los negocios

XIII. El futuro del trabajo 321
El capital humano 321
Presente y futuro 322
El retorno de los mandos intermedios 322
El cuidado de los que quedan 324
¿Hasta que la muerte nos separe? 326
Trabajar menos, producir más 326
Educación permanente 328
Presente y futuro: Aprendizaje corporativo 329

La economía de los trabajadores autónomos 331
Presente y futuro 334
La Europa empresarial 334
Abrir un espacio propio 335
Virtual como de costumbre 336
Presente y futuro: El teletrabajo 337
En conexión permanente 338
Presente y futuro: Trabajar en cualquier parte y en cualquier momento 339
El nuevo espacio de la oficina 340
Presente y futuro 343
Se configura la oficina del mañana 343
Los «escritorios compartidos» y el «alojamiento» 344
La búsqueda del futuro 345
Presente y futuro 345
Navegar en busca de trabajos 345
Los nuevos trabajos del mañana ofrecen servicios con una :-) 346
Tendencias probables 348

XIV. Tendencias de los negocios y del consumismo 351
Presente y futuro 352
El consumidor global 352
La escasez de tiempo 353
La economía de la experiencia 355
Las compras por ordenador 357
Estados Unidos 357
Europa 358
América latina 359
Marketing en el Ciberespacio 360
Difundir la palabra 361
Las incubadoras de empresas 362
La inversión corporativa y las sociedades de obras públicas 363
Tendencias probables 364

La privatización 365
Los nuevos mercados 365
Tendencias probables 366
Los piratas de los negocios 367
Ir o no ir a la universidad 368

Tendencias probables 3368

XV. Dinero falso 371

Presente y futuro 373
El dinero se transforma en alta tecnología 373
Tomates en la nave 1, fondos especulativos en la nave 2 376
La falsa sucursal: La banca electrónica 377
Creación de marcas globales 379
La banca móvil 381
Banca de etiqueta privada 382
Altas finanzas en la red 383

Tendencias probables 385

XVI. El futuro de los medios de comunicación 393

Presente y futuro 394
¿Hay futuro para los medios de comunicación en papel? 394
Los monstruos del libro *on-line* 396
La edición digital 396
Más allá del libro electrónico 397
Noticias personalizadas 399
Amenazas para la independencia editorial 401
Tendencias de los periódicos 403
La asociación de contenidos 403
Noticias con marca global 405
Ofertas hiperlocales 406
La televisión interactiva 408

Tendencias probables 409

XVII. Las marcas en el nuevo mundo 413
Poner marca al mundo 414
Europa contraataca 414
Presente y futuro 415
Hacer que funcionen los estereotipos 415
Andar por la cuerda floja del localismo global 416
Combinación de marcas 419
Segmentación de marcas 419
¿Está usted preparado? El ciudadano global 420
«Sin logotipos, por favor» 421
Presente y futuro 422
Una dosis de humildad 422
La ética es lo que cuenta 425
El nuevo valor de lo chocante 426
El auge de las marcas propias 428
Sin cliente no hay marca 430
Presente y futuro: La crisis del servicio 431
Tendencias probables 432
Apéndices
Glosario de términos 439
Selección para la búsqueda *on-line* en lengua inglesa 445

Agradecimientos

Este libro es obra de varias personas, que se manifiestan principalmente por intermedio de dos de ellas que han recorrido el planeta entero, y cobró realidad gracias al apoyo de nuestra empresa multinacional, Young & Rubicam.

En noviembre de 1997, exactamente tres semanas antes de que apareciese en Holanda la edición original, Marian y Ann, junto con Amy Woessner y Merritt Walters, disolvieron el Departamento del Futuro de TBWA y se incorporaron a Y&R como Brand Futures Group. Un año después, Ira se unió a nosotros para llevar nuestra empresa mientras Marian y Ann ponían en marcha nuestras producciones: un boletín semanal de tendencias, *Future Dialogue*; nuestra publicación mensual de análisis sectoriales en profundidad, *Futurescope*, y *Brain Snacks*, compilaciones semanales de las observaciones de las tendencias de los medios. Cuando estamos a punto de cumplir nuestro tercer aniversario en Y&R, el núcleo de nuestro grupo, conocido ahora como The Intelligence Factory (La Fábrica de Información), sigue intacto.

Gracias al éxito de *Trends Voor De Toekomst* (la edición holandesa del libro), los editores de todo el mundo empezaron a solicitarnos versiones actualizadas en diferentes lenguas. Ira, Marian y, sobre todo, Ann se pusieron a revisar el manuscrito para poder actualizarlo todo lo posible en el menor plazo de tiempo imaginable (distintivo de todas nuestras colaboraciones). De manera simultánea, Ira y Marian empezaron a viajar para promocionar el libro (llamado ahora *Next*). Visitaron Nueva Zelanda y Australia cuando apareció la edición de Pan Macmillan, hicieron escala en Oslo dos veces (a finales del oscuro invierno) cuando salió al mercado la edición de Cappelen, viajaron a Londres para presentar la edición de HarperCollins en la primera semana de 1999, etc.

Si algo han hecho Marian e Ira hasta la saciedad es volar sin descanso. Cualquiera que sea el lugar mencionado, hay un cincuenta por ciento de probabilidades de que lo hayan visitado en el último año y medio: Barcelona, Madrid, São Paulo, México, Estocolmo, Budapest, Hamburgo, París, Cannes, Milán, Amsterdam, Johannesburgo, Londres, Hong Kong, Shanghai, Bangkok, Auckland, Melbourne... Aunque extenuante, una agenda de viaje tan cargada y la relación con personas de todo el mundo es una poderosa fuente de información que enriquece nuestro trabajo y, por ende, este libro.

Para esta edición del libro, la más reciente, Ann ha encargado la actualización a los redactores independientes Dannielle Blumenthal y Roxane Marini. Amy Woessner ha supervisado a un equipo de gente —en el que se incluyen Merritt Walters y Erica Wolf— que se ha ocupado de verificar los hechos. El libro ha contado también con la importante colaboración de Nancy Arnott, subdirectora de contenido de The Intelligence Factory, y de los escritores independientes James Harkin y Helen Jones, residentes en Gran Bretaña.

La piedra angular de este libro son las comunicaciones electrónicas, por cuanto gran parte de él procede de foros de discusión y grupos de conversación en Internet, páginas Web y artículos e informes encontrados en Internet, así como de las conversaciones mantenidas con colegas cibernautas y de los sondeos llevados a cabo por correo electrónico entre nuestros investigadores de tendencias globales. Aunque *Tendencias* se basa fundamentalmente en la edición original en holandés, su perspectiva se ve ampliada por los análisis de nuestros colegas de las oficinas y empresas de Y&R de todo el mundo. En ediciones anteriores hemos dado los nombres de todos estos colaboradores, e invariablemente hemos dejado a alguno en el tintero o lo hemos escrito incorrectamente. En la presente edición hemos optado por el camino más fácil: emplear este espacio para decir GRACIAS, GRACIAS A TODOS, tanto dentro como fuera de Y&R, a los que han tenido a bien compartir con nosotros sus ideas y sus análisis. Todas esas contribuciones han sido de un valor incalculable para la realización de este libro y para nuestro trabajo en The Intelligence Factory.

Sin embargo, no podemos dejar de mencionar a tres personas de Y&R cuya ayuda ha sido muy valiosa. Ante todo, agradecemos a Linda Srere, presidenta y jefa de grandes cuentas de Y&R Advertising, que fue nuestro mayor apoyo y a la que nosotros hemos apoyado incondicionalmente. Phillippe Krakowsky, vicepresidente senior de comunicaciones corporativas de Y&R, estuvo a nuestro lado desde el principio, y le agradecemos muy especialmente su experto asesoramiento. Y, por último, apreciamos profundamente las contribuciones y el apoyo de John Fenton, socio gerente de Y&R Advertising, que se hizo acompañar por Marian e Ira en su viaje a China en el otoño de 1999, con lo cual proporcionó una nueva perspectiva a los globalistas que, antes de conocer Shanghai, pensaban que lo habían visto todo. También tenemos una deuda de gratitud con Sheri Radel, nuestra actual directora de marketing, por mantener el barco a flote durante las tormentas. Merece el máximo reconocimiento por habernos dirigido durante dos años, con ayuda o sin ella, con un agente de viajes competente o sin él, y en una gran variedad de zonas horarias.

Los autores también quieren manifestar su agradecimiento a muchas personas con las que trabajaron durante su estancia en Europa, especialmente a Fleur Dusée, David Matathia, Willemijn ter Weele y Friso Westenberg, nuestro equipo del Departamento del Futuro, gracias a las cuales nuestra aventura internacional fue profundamente enriquecedora, tanto en el plano personal como en el profesional. Las personas que conocimos en Amsterdam nos enseñaron a apreciar hasta qué punto puede ser satisfactoria la aldea global. También estamos muy agradecidos a Amsterdam por el lugar privilegiado que ocupa como receptora del cambio, aunque con pragmatismo y con el espíritu de «hay que probarlo». Si los medios de comunicación holandeses no nos hubieran dado ánimos, nuestro propio porvenir podría haber sido mucho menos interesante.

Leonard Orkin, de Kaye (Collyer), fue providencial para ordenar nuestros contratos pasados, presentes y futuros para la publicación de *Tendencias.* Sam Pincus y Gene Winick, de McIntosh & Otis, son dos agentes magníficos, y Peter Mayer y Overlook Press hicieron posible esta versión de Planeta cuando, el 9-9-99, publicaron la versión estadounidense, de la cual procede ésta.

Por último, queremos mostrar nuestro agradecimiento a nuestros clientes y a los miles de personas que se suscribieron a nuestras publicaciones semanales y mensuales. Su profundo interés por las probabilidades y posibilidades futuras y su deseo de prepararse para el porvenir han asegurado nuestra total dedicación a las investigaciones sobre la vida futura. Sus preguntas, hipótesis y cuestionamientos representan una fuente inagotable de inspiración que les agradecemos muy sinceramente.

Nacido en Chiat/Day

Este libro echó raíces porque Chiat/Day, nuestra anterior empresa, creía en el futuro. Jay Chiat nos dejó el legado profesional más importante que podríamos haber soñado: confianza para evolucionar de un modo revolucionario; un estilo de trabajo peculiar y poco convencional para lograr que lo bastante bueno no sea suficiente, y una tradición de llevar el cambio a las organizaciones. Finalmente, queremos agradecer las oportunidades y el apoyo que, durante los dos años que duró nuestra odisea internacional, nos brindó el Departamento del Futuro de TBWA, encarnación original de lo que es actualmente The Intelligence Factory.

INTRODUCCIÓN

Bien venido al futuro inmediato

Vivimos en una época fascinante. El 2001 se consideraba «el futuro», el año que durante mucho tiempo hemos asociado con «la odisea del espacio». Aunque 2001 no acabe siendo el año en que viajar al espacio exterior se convierta en la idea dominante, muy bien podría ser el año en que el ciberespacio pase a formar parte de la vida de la mayoría de los habitantes del Primer Mundo, y en que el debate sobre el derecho a la intimidad alcance cotas elevadas. Incluso puede ser el año en que lo físico quede definitivamente eclipsado por un estado mental. Después de años de debates sobre la posibilidad del trabajo a distancia, las oficinas virtuales y demás, el mundo parece haber concebido la idea de que todos podemos y debemos tener la posibilidad de elegir cómo y dónde queremos trabajar, vivir, aprender e incluso amar. Si eso es así, 2001 dará lugar a una odisea todavía mayor que la que haya podido reflejarse en cualquier película.

Sin embargo, antes de que podamos saborear estas nuevas opciones y confiar en la posibilidad de sobrevivir en esta era de la globalización, tenemos que superar la impresión de que estamos en un equilibrio precario. Después de todo el revuelo que produjo la expectativa de los potenciales desastres del año 2000 —tecnológicos, terroristas, religiosos y lo que fuera—, el 1 de enero llegó y se fue sin mayores consecuencias ni señales. ¿Podemos descansar tranquilos ya o tendremos que pagar el peaje más adelante?

Incluso los que se proclamaban inmunes a la fiebre del milenio no pudieron menos de maravillarse de que nos encontremos al otro lado de la fecha establecida como representativa del futuro desde hace tanto tiempo. Ahora, entrando en el siglo XXI, más que los triunfos de los últimos cien años nos preocupan las promesas e incertidumbres de los años venideros. Si el siglo XX fue testigo de la adopción mundial de los automóviles y de la luz eléctrica, del primer paseo del hombre por la luna, y de avances en la medicina que han alargado la expectativa de vida de los habitantes de las naciones desarrolladas hasta más allá de los setenta años, ¿qué nos traerá este nuevo siglo? ¿Qué tipo de vida llevaremos los que lleguemos vivos al año 2050? ¿Qué aspecto tendrán nuestras casas? ¿Cómo nos trasladaremos de un lugar a otro? ¿Cómo compraremos y qué compraremos? Ya hemos trazado el mapa del genoma humano, con vastas implicaciones potenciales para la erradicación de las enfermedades y para el aumento de las expectativas de vida; pero, simultáneamente, el Sida amenaza el mismísimo porvenir del continente africano.

A medida que nos adentramos en el futuro, lo único constante que debemos afrontar es la realidad de un cambio creciente. Y todo cambio es, por naturaleza, inquietante. Al escribir este libro sobre lo que se espera que pase en los próximos cinco o diez años, nuestro objetivo es ofrecer al lector algunas herramientas prácticas e información que le permitan comparar, evaluar y asimilar lo que estos cambios significarán para él como individuo.

Los autores de este libro no son en absoluto inmunes a las fuerzas del cambio. Hace tres años, cuando escribimos la edición original, teníamos nuestra base en Amsterdam, donde dirigíamos el Departamento del Futuro de TBWA International. En la actualidad hemos vuelto a Estados Unidos con nuestro equipo intacto, y se nos conoce con el nombre de The Intelligence Factory (antiguamente Brand Futures Group), dentro de la red de empresas Young & Rubicam. Pese a que nuestra base de operaciones está en Nueva York, nuestros negocios siguen requiriendo largos viajes por toda Europa, Asia, América latina y otras partes del mundo, y nuestro contacto con la gente de esos lugares enriquece nuestra visión de lo que está por venir.

Muchas son las cosas que han cambiado en los últimos tres años. La mayoría de lo que previmos se ha confirmado, algunas veces hasta tal punto que a nosotros mismos nos ha asombrado. Y son muchas las cosas que cambiarán en los cinco o seis meses que transcurran entre la entrega de nuestro manuscrito al editor y la fecha en que el libro publicado llegue a su librero local o a su librería virtual. En el capítulo 16 hacemos referencia a que la industria editorial evolucionará hacia la «edición instantánea». Hasta que llegue ese momento, lo invitamos a consultar nuestra página Web (www.nowandnext.com), donde introduciremos constantes actualizaciones del libro, a la vez que facilitaremos un observatorio permanente de los nuevos trabajos sobre tendencias.

Hemos acabado por comprobar que las ideas contenidas en este libro —y en sus ediciones anteriores— son importantes para un público mucho mayor del que en un principio habíamos previsto. Las cartas de los lectores y de los medios de comunicación y las solicitudes de reimpresiones han dejado claro que no son sólo los expertos en el mercado y los ejecutivos de las grandes corporaciones los que se preparan y hacen proyectos para el mundo futuro. Son padres, maestros, camioneros, inversores y cualquiera que desee estar mejor preparado para lo que nos espera a la vuelta de la esquina. Concebimos *Tendencias* como un mapa de carreteras, como una guía detallada cuyo objetivo es brindar información y echar luz sobre nuestro camino, tanto individual como comunitario, a lo largo de los próximos cinco o diez años. Nuestro trabajo consiste en separar la realidad de la fantasía, ofreciendo enfoques críticos y soluciones prácticas. No pretendemos trazar un cuadro fantástico de una especie de lejano mundo futurista; el objetivo es proporcionar respuestas a cuestiones tan básicas como: ¿qué tipo de puestos de trabajo tendremos a nuestra disposición en el año 2010? ¿Cómo se mantendrá el contacto familiar con el aumento de la movilidad? ¿Se reemplazará el noviazgo por la «relación» a través del ordenador? ¿Hasta qué punto afectará al lugar de trabajo el aumento de la espiritualidad y de la fe religiosa en la próxima década? ¿Cómo reaccionarán las fábricas y los consumidores respecto de los mercados cada vez más globalizados? ¿Qué nuevos canales de distribución aparecerán en escena?

Tendencias dará respuesta a todas esas preguntas y a muchas más. Además —y esto es importante— suscitará todavía más preguntas para que reflexionemos, y ofrecerá elementos al lector para que pueda encontrar las respuestas relativas a su propia vida en el futuro inmediato. A los hombres de negocios y los especialistas en marketing, a los artistas y los administrativos, a todos ellos el libro les servirá como arsenal personal de información y les permitirá hacer frente a su propio porvenir y capitalizarlo.

Organización del libro

A medida que avance en la lectura de este libro, encontrará que nuestros análisis de tendencias se dividen en los tres subconjuntos siguientes:

Tendencias globales: Tendencias generales que posiblemente causarán un fuerte impacto en nuestra vida. No se limitan nunca a un grupo particular de consumidores, ni a un sector, ni a una región; son tendencias cuyo impacto nos alcanzará a todos. Ejemplos: el consumidor cada vez más exigente, la búsqueda de seguridad, la atracción renovada por la espiritualidad.

Tendencias: Tendencias predominantes que contribuirán a configurar nuestro modo de vida y de trabajo futuros. Pueden ser de naturaleza global o pueden limitarse a un grupo particular de consumidores, a un sector o a una región. Ejemplos: el aumento de los años sabáticos durante la vida profesional, la formación permanente, el aumento de la demanda de alimentos «puros».

Tendencias probables: A diferencia de las tendencias globales y predominantes, que ya están en marcha y han sido meticulosamente documentadas por la investigación de The Intelligence Factory, las tendencias probables son pronósticos de lo que es probable que surja en algunos aspectos de nuestro mundo (comportamiento de los consumidores, desarrollo de productos, actividad industrial, etc.). También llamamos «probables» a aquellas tendencias que son demasiado limitadas para incluirlas entre las globales o las predominantes. Su objetivo es estimular la imaginación del lector y ayudarlo a prever no sólo lo probable, sino también lo posible. Ejemplos: refrigeradores que se autoabastecen, vigilancia *on-line* de los servicios públicos.

En todo momento tenemos en cuenta la «velocidad de la tendencia», es decir, la rapidez con que se difunde —ya sea dentro de la sociedad, de un lugar a otro o de una generación a otra— pues de ese modo es posible determinar a qué velocidad arraigará en los diferentes mercados. Una tendencia que se difundió con mucha rapidez, por ejemplo, fue el aumento de las prevenciones respecto de los alimentos; una situación que se vio favorecida por diferentes crisis en todo el mundo, entre ellas la del mal de las vacas locas y de la contaminación por *E. coli.* Una tendencia de difusión más lenta ha sido la resistencia a las modificaciones genéticas, que se hizo fuerte en Europa (especialmente en Gran Bretaña) durante bastante tiempo antes de difundirse a Asia y Norteamérica.

También tenemos en cuenta la «densidad de la tendencia», o sea, la probabilidad de que una tendencia se infiltre en diferentes segmentos socioeconómicos, geográficos y generacionales. Porque, mientras que algunas tendencias no van más allá de los que imponen una moda o los árbitros del estilo, otras se abren camino hasta la corriente principal e incluso hacen impacto sobre las tendencias «tradicionales». La tendencia hacia las medicinas y terapias alternativas, por ejemplo, es lo que llamaríamos una tendencia «profunda», que está afectando a personas de todas las edades e ingresos económicos de muchas partes del mundo. La tendencia hacia los años sabáticos profesionales, en cambio, es más «superficial» y en principio sólo afecta a los trabajadores de los niveles más altos.

Y, finalmente, nuestro trabajo se basa en una comprensión de los «ciclos de tendencia». Si bien hay excepciones a la regla, las tendencias suelen seguir un ciclo: primero, se siembran o se fertilizan; luego se gestan, crecen, maduran, envejecen y mueren. Muchas veces reaparecen una o varias décadas más tarde con una apariencia ligeramente diferente. Si bien es cierto que la determinación de la etapa en que se encuentra una tendencia dentro de su ciclo es, en el mejor de los casos, una ciencia inexacta, representa una gran ayuda para determinar el impacto general que puede llegar a tener.

Unas palabras para los expertos en marketing

> Siempre se piensa que el artista [...] va por delante de su tiempo porque vive en el presente. Hay muchas más razones por las que la mayoría de la gente prefiere vivir en la época inmediatamente anterior a la suya. Es más seguro. Vivir en la línea de fuego, en la frontera misma del cambio, es aterrador.
>
> MARSHALL MCLUHAN, 1970

Los autores de este libro somos profesionales del marketing y, como tales, tenemos una comprensión especial de hasta qué punto el cambio acelerado va a influir sobre los mercados y los «espacios de mercado», sobre la administración de las marcas, y sobre los cambiantes hábitos, preferencias y motivaciones de los consumidores. También hemos estudiado a fondo cómo afectarán a nuestro sector las opciones de los medios de comunicación y de la «mensajería» electrónica en la próxima década.

Para una empresa que compite en el actual mercado mundial, no hay atajos para adelantarse a los cambios. La preparación para el «futuro» exige que examinemos el «ahora» y que hagamos previsiones para el futuro inmediato. Aprovechar las tendencias incipientes antes de que lo haga la competencia es una necesidad para cualquier marca o empresa que quiera convertirse en un participante importante, o seguir siéndolo, en el siglo XXI.

Independientemente de los mercados en que nos especialicemos, casi todos los profesionales de nuestro sector tienen la certeza de que se está produciendo un cambio profundo en los modelos tradicionales de empresa, especialmente de los que dependen básicamente de las marcas con atractivo popular, de la producción según diseños y métodos estandarizados, de los canales de distribución masiva, de los programas de publicidad que llegan a enormes audiencias rápidamente y a bajo coste, y de la fidelidad de los clientes. Los avances tecnológicos y los cambios demográficos globales han creado un nuevo mercado.

Los directores de The Intelligence Factory hemos configurado una visión del porvenir que es acusadamente diferente de la que el lector puede encontrar en otras fuentes. Al haber vivido y trabajado en diferentes países de dos continentes, y gracias a la ayuda de profesionales independientes y de la red de investigadores de tendencias que Y&R tiene en los seis continentes, nuestra perspectiva es mundial. También contamos con la ventaja de habernos dedicado «al futuro» un poco antes que la mayoría. Para poner un ejemplo, el anuario *Wired* del año pasado anunció que el trabajo independiente ya no tiene actualidad y que lo que está de moda es el trabajo a distancia. Nosotros hemos estado colaborando con profesionales a distancia desde 1994, y hemos configurado nuestra empresa en los últimos siete años sobre la base de ese enfoque especial. Eso nos ha permitido mantener unos gastos generales bajos y mejorar la calidad de vida de nuestros colegas.

Los que hemos pasado gran parte de la década de 1970 estudiando la obra de Marshall McLuhan reconocemos que ya estamos viviendo en la «aldea global», y comprendemos hasta qué punto es esencial descifrar nuestro presente en lugar de vivir con la mirada puesta en el pasado. El presente es una herramienta fundamental para los que estamos en el negocio del seguimiento de las tendencias, y especialmente para los que se dedican a las comunicaciones de la comercialización global. En la actualidad, no sólo es verdad que el medio es el mensaje: también lo es que el mensaje es el medio. Si ha recibido alguna vez un «mensaje instantáneo» a través de Internet o de un servicio comercial *on-line*, sabe lo que queremos decir. La película *Tienes un e-mail* ilustra hasta qué extremos de intimidad se puede llegar en las conversaciones por ordenador; y también deja claro con qué rapidez e intensidad pueden desarrollarse los diálogos, e incluso las relaciones, en el mundo ciberespacial.

Estar «a la última», es decir, conocer los acontecimientos aquí, ahora y en el futuro, ha sido nuestro objetivo durante la mayor parte de nuestra carrera profesional, aunque nuestras motivaciones para estar en la vanguardia han ido cambiando a lo largo de los años. Aprovecharse de las tendencias incipientes antes de que lo haga la competencia es una de las metas de cualquier empresa, desde la que fabrica zapatos hasta la que instala redes de comunicación. Ahora que somos tantos los que trabajamos en un contexto internacional, debemos saber si las tendencias locales tienen implicaciones más amplias. Algunas tendencias, como es el caso del *snowboard* y del *hip-hop*, se difunden con relativa rapidez entre la juventud de los diferentes continentes. Otras no salen de una ciudad o región determinadas.

Gracias a la ayuda de las oficinas abiertas desde Hong Kong a Johannesburgo, y desde Barcelona a Quito, hemos tenido la oportunidad de explorar las tendencias que se van configurando a escala mundial. *Tendencias* es el producto no sólo de nuestro trabajo como analistas internacionales de la información, sino también de las ideas y los puntos de vista afinados por años de experiencia dentro y fuera de la industria de la publicidad.

¿Cómo rastreamos las tendencias? Lo mismo que en el caso de otros grandes rastreadores de tendencias, nuestro enfoque es interdisciplinario. Estudiamos y analizamos los medios de comunicación, tanto los tradicionales (periódicos, revistas, boletines, transcripciones de las noticias de la televisión) como los no tradicionales (fuentes de noticias de Internet, páginas Web, revistas distribuidas por correo electrónico, carteles publicitarios de la vía pública). La certidumbre de la cantidad de oportunidades que se pierden los que observan el mundo sólo a través de su profesión, nos ha convertido en generalistas que rastreamos las señales en los asuntos diarios. Cuando empezamos a ver un patrón, recurrimos a los expertos y a continuación sopesamos sus puntos de vista. Acto seguido ponemos en marcha un estudio más amplio —que en muchos casos consiste en encuestas por correo electrónico entre los clientes y en conversaciones por ordenador entre grupos estratégicos— con el fin de poner a prueba, repetidamente, nuestra hipótesis y medir hasta qué punto alguna tendencia particular se ha abierto camino en los diferentes segmentos de la sociedad y de las distintas regiones.

Este libro recoge los cambios que hemos observado en Europa, ambas Américas, Asia y otras partes del mundo de pocos años a esta parte, e identifica los patrones más importantes que hemos detectado en la vida y en el trabajo. Esperamos que acepten las ideas contenidas en este libro y que hagan uso de ellas para vivir y trabajar en la confianza de que, gracias al conocimiento, están preparados para lo probable, y listos para lo inesperado. Deseamos que disfruten de este recorrido por el futuro inmediato.

IRA MATATHIA, Greenwich (Connecticut)
MARIAN SALZMAN, Nueva York
ANN O'REILLY, Winchester Center (Connecticut)

PRIMERA PARTE

El planeta y sus poderes. Tendencias probables

CAPÍTULO I

Tendencias globales

Empezamos con diez tendencias globales, es decir, los factores generales que definirán el futuro inmediato. En algunas partes del mundo, estos «futuros» ya son «actualidad», si bien aún no han tenido un gran impacto en ningún sitio. En los años venideros, estas tendencias llegarán incluso hasta los rincones más apartados del mundo, y cambiarán nuestro modo de vivir y de aprender, la manera de distribuir y vender los productos y la propia estructura actual de las empresas.

El nacimiento del nuevo consumidor

A las puertas del siglo XXI, está claro que el equilibrio de poder entre los consumidores y los comerciantes ha cambiado en todos los niveles: económico, emocional e intelectual. La competencia feroz, la capacidad ociosa, la madurez de los mercados y el creciente refinamiento de los consumidores, fortalecido por el acceso a Internet, significan que las empresas ya no tienen el control: son los consumidores quienes tienen el poder. Y lo saben. Se acercan a cada tienda, a cada proveedor de servicios con una pregunta implícita: «¿Tiene algo que me interese?»

En la actualidad la gente está muy versada en marketing. Sabe cómo, por qué y cuándo le están vendiendo algo, y pide que los productos y servicios que le venden (e incluso las propias técnicas de venta) estén pensados para cubrir sus necesidades individuales. Para prosperar en la próxima década, las empresas deberán poner en marcha nuevas formas de establecer relaciones con esta nueva generación de consumidores y de comercializar sus productos de un modo más serio. Para conseguirlo deberán, ante todo, comprender a esos consumidores.

Características generales del nuevo consumidor

- Es consciente del precio y busca la buena relación calidad/precio.
- Tiene recursos, pero le falta tiempo.
- Entiende de marketing.
- Adopta las modas y los nuevos productos rápidamente pero se hastía con facilidad.
- Es exigente.
- Tiene conciencia social.
- Está habituado a comprar y a tener acceso a la información (incluidos los servicios al cliente) durante las 24 horas del día, 7 días a la semana.

¿Cómo ha nacido el nuevo consumidor? En parte, gracias a Internet y a otras tecnologías que satisfacen nuestra demanda de manera mucho más rápida y conveniente. ¿Puede imaginarse escribiendo a máquina una propuesta de negocios, corrigiendo algunas faltas con corrector, y despachándola en la estafeta? ¿Y cómo le sentaría tener que cruzar la habitación cada vez que quisiera cambiar el canal de televisión? Vamos, que nos han echado a perder por completo.

Otro factor que ha creado esta nueva generación de consumidores es el hecho de que, en la década de 1970, la gente de los países desarrollados ya tenía la mayoría de los bienes básicos. Y a partir de ese momento empezó a exigir variedad y calidad. Jeff Madrick explica que el número de productos alimenticios y electrodomésticos nuevos que cada año se introducen en el mercado ha aumentado al ritmo de un quince y hasta un veinte por ciento desde 1970. Con todas estas posibilidades a mano, no estamos dispuestos a conformarnos con lo «bastante bueno». Queremos lo mejor. Y lo queremos AHORA.

Adaptación al gusto del consumidor

¿Qué implicaciones tiene la aparición del nuevo consumidor? En primer lugar, cada vez hay más adaptación al gusto del consumidor y más personalización en todo, desde los zapatos hasta las casas y los coches. Los consumidores de todo el mundo ya no aceptan la idea de que cualquier talla sirve para todos. Hemos visto una popular camiseta con la leyenda: «Sólo te pido que me trates tal como tratarías a la reina.» La camiseta es una broma, pero la actitud es real. A medida que las nuevas tecnologías facilitan a las empresas su objetivo de dirigirse a los individuos, los consumidores han acabado por acostumbrarse a que los lleven en palmitas.

En el sector de la salud y la belleza, Chanel ofrece una línea de productos para el cuidado de la piel que no están basados en los tipos tradicionales de piel grasa o seca, sino en los «perfiles de piel». Las características especiales de un cliente con respecto a los niveles de graseza y humedad y a otros factores se introducen en un ordenador, que recomienda entonces una línea específica de productos. Nike, el gigante de los deportes, también ha entrado en el camino de la personalización: el año pasado, la empresa lanzó unas zapatillas de tenis personalizadas en su página Web (www.nike.com) dentro del programa NIKEiD. Los consumidores de Norteamérica (el programa se ampliará a otros países) pueden elegir los colores de base y los especiales de los zapatos y agregar un nombre o un apodo de hasta ocho caracteres. Las zapatillas cuestan diez dólares más que las estándar, pero Nike considera que se trata de una cantidad muy pequeña a cambio de tener un par muy exclusivo de las zapatillas de carrera Air Turbulence o de las de entrenamiento Air Famished. A juicio de la empresa, éste es el primer paso para que los clientes puedan conectarse por Internet y personalizar sus zapatos. (Al mismo tiempo, y tal vez como respuesta a las críticas de que la empresa crea «aspiraciones» entre la juventud de los barrios más pobres que fomentan la violencia y de que ha explotado el trabajo del Tercer Mundo, ha puesto en venta unas zapatillas económicas destinadas a Sudamérica, Asia y África.)

También el servicio personalizado se hará más común. En la actualidad, las nuevas tecnologías permiten que los vendedores por teléfono sirvan a los clientes (y aumenten los beneficios) como jamás lo hicieron. Tomemos dos ejemplos: en Gran Bretaña, el vendedor por catálogo GUS Home Shopping Limited llevó a cabo un estudio piloto de la personalización en tiempo real, en el que los asesores de ventas daban recomendaciones personales a los clientes respecto de los artículos adicionales que podrían interesarles. Los resultados fueron éstos: la tasa de aceptación de la gama alta aumentó en un 50%, y el valor medio de los artículos de gama alta se incrementó en un 60%. En EE. UU., la Red de Compra a Domicilio estableció un sistema de reconocimiento de voz que identifica el teléfono de los clientes sin necesidad de contraseñas ni números de identificación personal. Se espera que el sistema ahorre dinero a la empresa al automatizar totalmente los pedidos y que ayude a generar una base de datos detallada por cliente.

La unión hace la fuerza

En la era digital, los consumidores están empezando a darse cuenta de la amplitud de su poder como comunidad. En el futuro veremos un aumento real de las compras en régimen cooperativo. En la Web de Mercata, por ejemplo, cuanto mayor es el número de los que confirman la compra de un producto, más se reduce el precio. Los consumidores envían mensajes electrónicos a sus amigos y los persuaden de que compren uno ellos también, y todos se benefician de un precio mejor. La empresa sueca LetsBuylt.com está empezando a introducir el concepto de compra cooperativa *on-line* en Europa. Los compradores se están uniendo para hacer pedidos al por mayor, por ejemplo de un Apple iMac, con mayores porcentajes de descuento.

La venganza de los consumidores

A medida que aumenta la conexión mundial por cable, los sitios Web dedicados a las historias de horror de los consumidores se extienden como un fuego incontrolado, y aparecen centros de quejas por Internet donde se incluyen quejas sobre cualquier cosa, desde malos servicios hasta productos defectuosos, pasando por prácticas comerciales carentes de ética. La sección de Opinión de los Consumidores de Yahoo! establece enlaces con empresas de primera línea como Wal-Mart, McDonald's y Microsoft. En el futuro, veremos crecer el número de tiendas que contratan fisgones *on-line* para informar sobre las críticas de los foros de conversación, y tratar de contrarrestarlas. Y no deberá sorprendernos que cada vez sean más las campañas de consumidores que dan buenos resultados: espoleado por casi una docena de sitios Web que pedían el «Boicot a Nike», el presidente de Nike, Phil Knight, anunció una serie de reformas para mejorar las condiciones de trabajo de las fábricas del Tercer Mundo que producen los artículos Nike. «Hacemos cambios porque es lo correcto —dijo el portavoz de Nike, Vada Manager, al *The Washington Post*—. Pero no cabe duda de que nuestra actuación ha recibido un fuerte impulso de la Web mundial.»

Esto es sólo el principio...

Debemos aceptar una verdad fundamental: cuanto mayor sea el número de empresas que satisfagan a los consumidores, mayores acabarán siendo también las exigencias de éstos. No se puede volver a la atención despreocupada al cliente ni a los productos «más o menos parecidos». En la actualidad, la entrega de pedidos al día siguiente está poniendo a prueba la paciencia de mucha gente en algunas partes del mundo. Y la aparición de las tiendas 24 horas significa que cada vez nos frustramos más cuando se nos niega nuestro «derecho» básico a comprar lo que queramos a cualquier hora del día o de la noche que se nos ocurra. Las tiendas 24 horas, con gran presencia en EE. UU. y que empiezan a invadir algunas partes de Europa Occidental, son un «futuro» que se abrirá paso en el mundo desarrollado.

La búsqueda de la fe

Durante años, la pertenencia a la religión organizada entró en declive en gran parte del mundo industrializado. Son testigos de ello las bajas tasas de natalidad en países acendradamente católicos como España e Italia, a pesar de la prohibición de los anticonceptivos por parte de la Iglesia Católica. Pero cada vez son más las pruebas de que la actitud de tibieza hacia la religión está cambiando. Al parecer, y pese a nuestra devoción a la tecnología, son muchos los que buscan paralelamente un sentido más allá del trabajo, las relaciones familiares, y las aficiones e intereses. En un plazo de pocos años veremos cómo Dios y la espiritualidad empiezan a estar más presentes en nuestro entorno, tanto en los productos como en las escuelas y los deportes.

Cómprelo y llévelo con orgullo

Para la mayoría de los que pertenecemos a la era del rock, la profesión pública de fe religiosa fue muy impopular en gran parte del mundo occidental. La cuestionada devoción religiosa del presidente de EE. UU. Jimmy Carter dañó más su imagen de lo que las desventuras sexuales del presidente Clinton dañaron la suya. Pero, en el año 2001, una figura pública podrá ser a la vez religiosa y moderna. Como ejemplo sirve el primer ministro británico, el ultramoderno Tony Blair, que obtuvo una victoria electoral arrolladora en 1997 a pesar de su confesada religiosidad.

Otros indicios de que la religión ya no es impopular se observan en los tatuajes (manos en oración, sagrados corazones, ángeles, cruces) y en los atavíos de los adolescentes. «¿Qué haría Jesús?» se ha convertido en un fenómeno de la cultura pop de Estados Unidos, que genera canciones de éxito, un atractivo sitio

Web (www.wwjd.com), y artículos como brazaletes y gorras con la leyenda.

El negocio de la espiritualidad está en plena eclosión en Internet. Se cuentan por miles las páginas Web religiosas, y están vendiendo muchísimo más que el evangelio. Según los analistas, las Webs religiosas en su conjunto valen alrededor de tres mil millones de dólares. La hornada más reciente de este tipo de sitios no se centra en ninguna religión ni denominación particular, sino en la espiritualidad general. Uno de estos sitios, Beliefnet, aspira a ser «una comunidad espiritual *on-line* para la gente de cualquier creencia religiosa». El sitio cuenta con una tienda virtual y con un mecanismo para hacer donativos de caridad.

Incluso los gigantes de Internet están haciendo incursiones en el mundo espiritual. Es el caso de Amazon.com y MSNBC, que han abierto tiendas religiosas especiales, con la esperanza de captar como clientes a algunos de los 25 millones de norteamericanos (la cuarta parte de todos los usuarios de EE. UU.) y de otros países que cada mes se sirven de Internet para sus «manifestaciones religiosas» (Barna Research).

Dada la ausencia de impedimentos geográficos, es de esperar que Internet sirva de base para el nacimiento de nuevos cultos y sectas religiosas. También se observa el nacimiento de una nueva gran religión, que une a la gente mediante un sistema de creencias que mezcla aspectos de las religiones orientales y occidentales con elementos de curación holística y misticismo.

Esta tendencia hacia la fe religiosa y su manifestación es especialmente importante para los ejecutivos de marketing, porque su tarea es orientar a los clientes en sus relaciones con todos los accionistas. Cada vez más, las empresas y los consumidores tratan de ponerse en contacto con otros que compartan sus posiciones sociales, morales y a veces incluso políticas. Todo ello forma parte del intento de crear lazos y generar un sentido de confianza en un mundo en que los compañeros de marca pueden estar en un país que uno no ha visitado nunca y hablar un idioma que uno no entiende. Para seguir hacia adelante habrá que establecer vínculos y, en buena medida, seremos nosotros los que necesitaremos forjarlos.

Respuesta a los grupos de interés

Ya no basta con que una empresa se dedique simplemente a fabricar y vender productos. Los nuevos consumidores se consideran cada vez más como partes interesadas respecto de los productos que compran, y quieren saber todo lo que haya que saber de las empresas que están detrás de ellos. ¿Cómo tratan a sus trabajadores? ¿Cuál es su política medioambiental? ¿Qué porcentaje de mujeres participan en la dirección? ¿Qué causas apoyan? *Management Consultancy* ha informado de que las empresas se ocupan cada vez más de los asuntos medioambientales y sociales porque los consumidores actuales tienen gran interés en estas dos áreas. En el futuro, los consumidores serán más exigentes y obligarán a las empresas a prestar tanta atención a sus clientes como ahora prestan a sus accionistas.

Todo por la causa

El marketing por una causa es un poderoso motivador del nuevo consumidor, y al parecer se está fortaleciendo aún más. Según un informe de la organización británica Negocios en la Comunidad, el 67% de los consumidores británicos cree que el marketing relacionado con una causa debe ser una parte normal de las actividades de las empresas, y el 36% había comprado un producto o servicio el año anterior porque estaban asociados con una causa.

La revista *Marketing* informa de que dos tercios de los consumidores de EE. UU. dicen que estarían dispuestos a cambiar su marca por otra que apoyase buenas causas. No es de extrañar, pues, que multinacionales como Procter & Gamble estén preparando campañas globales de marketing relacionado con una causa para crear una imagen más responsable desde un punto de vista social. P&G está colaborando con Unicef en el Sureste de Asia y con Salvad a los Niños en Australia.

Todo parecería indicar que el marketing por una causa ha empezado a sustituir a la filantropía corporativa sin compromiso.

Un informe realizado por O'Keefe & Partners en Australia comprobó que las donaciones corporativas se han reducido en ese país porque ahora las empresas prefieren canalizar sus donativos a través de patrocinios y del marketing por una causa. En EE. UU., las empresas están repartiendo sus donaciones de dinero de manera estratégica. En lugar de repartirlo entre varias causas, concentran sus esfuerzos caritativos en una causa específica para identificar mejor a la empresa con la causa. Por ejemplo, la cadena de restaurantes Denny donó en los últimos cinco años a la organización Salvad a los Niños más de cuatro millones de dólares para ampliar su programa de actividades extraescolares, que ahora abarca a cien comunidades desfavorecidas y a unos cien mil niños.

Las empresas de la India se están dando cuenta, también, de la conveniencia de vincular sus marcas a una buena causa. La implicación empresarial en algún tipo de causa nunca había sido tan grande como ahora, cuando las empresas promueven causas diversas, desde la seguridad viaria y la conservación medioambiental hasta técnicas de supervivencia para mujeres indigentes. Sulajja Firodia Motwani, directora adjunta de Kinetic Engineering Ltd., declaró a *Business Line*: «Los indios son un pueblo muy emotivo, y la buena voluntad que se genera con estas actuaciones es un valioso activo para las empresas. Aunque no se refleje inmediatamente en las ventas, se mantiene en reserva para cuando se necesite más.»

Enséñame el bote de la mayonesa

El consumidor del mañana también estará menos dispuesto a aceptar los productos y servicios por su valor aparente. Hasta hace poco se colocaba un producto en la estantería y se esperaba que los consumidores lo comprasen sin preguntar nada más. En la era del nuevo consumidor son muchos los que insisten en recibir más información. Esto se pone de manifiesto sobre todo en los productos alimenticios. Afectado por la enfermedad de las vacas locas, los pollos con dioxinas y las espantosas advertencias sobre los alimentos genéticamente modificados, el nuevo consumidor quiere saber exactamente lo que está comprando. El Ministerio de Agricultura, Pesca y Alimentación británico dice que dos tercios de los consumidores de ese país leen las etiquetas de los productos envasados, y la mitad de los consumidores quiere que se ponga más información en las etiquetas. «[Los consumidores] quieren encontrar en ellas la composición de los productos, los niveles de nutrientes que contienen y cómo se producen», dijo a *The Express on Sunday* el ministro de Seguridad Alimentaria. Vigilancia para un mejor etiquetado de todos los productos, desde los alimentos hasta el champú, y una creciente armonización de los mercados.

A menos que un producto o servicio provenga de una fuente reconocida como segura, los consumidores querrán leer la letra pequeña y conocer a fondo el producto. «Saberlo todo de todo» se convertirá en su lema, alimentado por la batalla entre el auge de la natalidad y la mortalidad, y el creciente temor a la técnica. Antes de atacar una fuente de ensalada de repollo, los consumidores querrán saber dónde se cultivó el repollo, con qué se fertilizó el suelo, cómo se hizo la mayonesa, e incluso de dónde vinieron los huevos con que se confeccionó. La oposición de los consumidores a las modificaciones genéticas es sólo el principio. Ya hay dudas de que el gobierno pueda seguir garantizando la salud pública. La gente quiere tener poder para protegerse de los riesgos, reales o imaginados.

Cambio al azul

En 1998, The Intelligence Factory fue la primera en predecir un desplazamiento desde el «marketing verde» al azul. Mientras que las empresas verdes restituyen al planeta lo que le han quitado previamente, las empresas azules le dan al planeta más de lo que obtienen de él. No están vinculadas a los movimientos medioambientales de las décadas de 1960, 1970 y 1980, sino al activismo menos elocuente y más activo del siglo XXI.

¿Por qué azul? Las investigaciones efectuadas por The Intelligence Factory han llegado a la conclusión de que el azul es el color que se asocia más a menudo con el «futuro». Evoca la pureza y la profundidad del agua y la inmensidad del cielo. El azul es también el color de la paz y la serenidad, y fue adoptado por vendedores de la talla de Apple Computer, American Express o Nabisco para ayudar a sus productos en la transición al nuevo milenio.

Cada vez más, los consumidores insistirán en que las empresas se adhieran a la agenda azul. Se ha comprobado un aumento, por ejemplo, de la inversión en fondos comunitarios con base ética. El Fondo Noé, popular entre los inversores religiosos, no invierte en empresas que tengan que ver con el alcohol, el tabaco, el juego, el aborto o la pornografía. Otros fondos no se limitan a rechazar «lo malo», sino que buscan «lo bueno» (por ejemplo, las acciones «verdes»). El Domini Social Equity Fund, por ejemplo, invierte en empresas que pertenecen a mujeres o que se ocupan de los problemas del trabajo o de la familia.

Según un estudio llevado a cabo por Environics International en colaboración con la Junta de Conferencias y el Foro de Dirigentes Empresariales Príncipe de Gales, cuando se preguntó a los consumidores de veintitrés países su opinión sobre las grandes corporaciones, las cuestiones que más los preocupaban eran las relacionadas con la responsabilidad social del mundo empresarial. El estudio comprobó que un quinto de los consumidores de todo el mundo (y dos quintos de los norteamericanos) rechazan los productos de las empresas que consideran irresponsables. Según MORI, al menos un tercio de la población ha boicoteado en algún momento los productos de una empresa por consideraciones éticas.

¿Qué van a hacer las empresas? Según *Inside PR*, se espera que, en el futuro, las grandes corporaciones:

- Demuestren un compromiso con los valores de la sociedad contribuyendo activamente a la consecución de las metas sociales y medioambientales, así como a las económicas.
- Protejan a la sociedad del impacto negativo de las operaciones, productos y servicios de las empresas.
- Compartan los beneficios de las actividades de las empresas con las partes interesadas del mismo modo que lo hacen con los accionistas.

- Demuestren que sus empresas pueden «tener éxito actuando bien».

A esto se puede añadir que las empresas deben aceptar la necesidad de una transparencia total y pagar campañas de información pública bien planificadas y accesibles que expliquen claramente a los consumidores lo que están haciendo y por qué lo hacen. También es esencial que las empresas vigilen los estallidos de oposición. Si se ignora lo que la gente dice de uno, es imposible defenderse.

La defensa de la intimidad

A medida que nos adentremos en el nuevo milenio, las cuestiones relacionadas con la intimidad de las personas suscitarán una preocupación cada vez mayor. En este momento, la información personal es un bien preciado, que se compra y se vende, muy a menudo sin que uno lo sepa, y sobre todo sin su consentimiento. Con unos cuantos clics del ratón, un empleador potencial puede encontrar una citación por conducir ebrio en 1986, el plazo vencido de la hipoteca o una afección cancerígena de un solicitante de empleo.

En todo el mundo, los gobiernos tratan de resolver la cuestión de la intimidad, pero se tiene la sensación de que tal vez no sean capaces de parar la creciente invasión de la intimidad que han desencadenado las nuevas tecnologías. Reflexionemos: ¿qué ocurre cuando el consumo es tan «transparente» (ya sea para una empresa, un organismo del gobierno o una aseguradora) que cualquier acto o transacción puede tener consecuencias no buscadas? ¿Qué va a ocurrir cuando el flujo de la información del mercado deje de ser de una sola dirección, y el proceso se haga realmente interactivo? ¿Será la seguridad de nuestros pensamientos más íntimos la próxima barrera que va a caer? Volviendo al mapa del genoma, no bien se supera la primera reacción de admiración ante la maravilla tecnológica, pensamos en el problema de la intimidad. ¿Aceptará asegurarme una compañía de seguros cuando sepa que tengo una predisposición genética a padecer del corazón?

Algún día sentiremos nostalgia de la época en que disfrutar de un vaso de leche con galletas era sólo eso: disfrutar de un vaso de leche con galletas. Pero imaginemos la siguiente escena en un porvenir no tan lejano: una mujer está de pie ante el refrigerador abierto, tratando de decidir si le echa chocolate a la leche. Mientras pasan los segundos, su empresa de servicios la está controlando y se dispone a enviarle un mensaje electrónico recordándole que está desperdiciando energía. Cuando la mujer saca el envase de la leche de su refrigerador conectado a Internet, el electrodoméstico avisa a su proveedor de alimentación para que añada leche a la lista de la compra, e incluso especifica la marca. Menos mal que opta por no ponerle chocolate a la leche, porque su proveedor de servicios sanitarios controla su lista de la compra y usa la información para poder determinar qué pruebas debe prescribirle para su próximo reconocimiento médico y si debe ajustarle la prima. ¡Ese chocolate no va a tener buena acogida!

Este porvenir puede estar más cerca de lo que usted cree. En la actualidad, las empresas están muy ocupadas con el diseño de sistemas de seguimiento de nuestros movimientos, desde lo que comemos, bebemos, leemos y compramos hasta cómo conducimos. Matsushita incluso tiene planes para comercializar un inodoro «inteligente» que analiza las deposiciones y envía los resultados al proveedor de servicios médicos del usuario. («Señor Ruiz, ¿acaso no le dijimos que dejara las frituras?») Está claro que el derecho a la intimidad va a ser un asunto de la máxima importancia en los años venideros.

¡El «Gran Hermano» ya está aquí!

¿Cómo se ha llegado al punto en que estos pronósticos son incluso imaginables? Todo se lo debemos a la tecnología digital. En nombre de la comodidad y de la rapidez, nuestras vidas están en vías de «conectarse a la red». En el nivel más elemental, eso significa que nuestro televisor estará muy pronto conectado a nuestro ordenador, que a su vez estará conectado a nuestro automóvil, a nuestro sistema de seguridad doméstico, a nuestros electrodomésticos, a nuestros teléfonos móviles, etcétera. Más conexiones representan un aumento de la capacidad y facilidad es de uso, pero eso conlleva un riesgo para la seguridad y la posibilidad de una pérdida casi total de la intimidad.

¿Qué quiere saber? ¿Qué tiempo hace en Times Square? Complacido. ¿Las condiciones del tráfico en la autopista 31 de Sydney en la hora punta? Complacido. ¿El número de personas que busca por Internet agencias de trabajo temporal en Barcelona? Complacido. ¿Y qué tal lo que pagó su madre por el regalo de cumpleaños que le hizo el año pasado? ¿Y las notas que sacó su hija en los últimos exámenes? ¿Y a quién llama su vecino todos los días a las cuatro de la madrugada?

A medida que los avances tecnológicos ponen a nuestro alcance informaciones de todo tipo, crece la preocupación por la intimidad y la seguridad, y el temor de que ambas sean incompatibles. Parece que ése será el gran dilema de la era de la información: ¿prefiere que lo vigilen constantemente y sentirse seguro, o conservar su intimidad a expensas de una potencial inseguridad?

En la actualidad hay cámaras de vídeo por todas partes: cámaras para el tiempo, cámaras para el tráfico, cámaras en los cajeros automáticos para controlar la retirada de dinero, etc. Además, hay cámaras de la Web que lo muestran todo, desde el puente de Brooklyn hasta la vida momento a momento de una mujer (www.Jennicam.org) o lo que le pasa al refrigerador familiar.

En Holanda, el «Gran Hermano» no es sólo una ficción futurista; también es un drama de la vida real que se representa para una audiencia de televisión. Siguiendo la tendencia iniciada con el «Mundo Real» de la MTV, la empresa de comunicaciones holandesa Veronica ha confinado a nueve personas en una casa durante cien días, privándolas de TV, radio, visitantes y comida preparada. La residencia está totalmente equipada, en cambio, con cámaras Web y de TV y cuenta con la asistencia telefónica de dos psicólogos.

Según Eric Haas, miembro del Instituto Holandés de Psicólogos, que emitió una declaración contra este tipo de experimentos, esto forma parte de una tendencia más amplia hacia la difusión pública de lo que antes era estrictamente privado. Y la tendencia se fortalece cada vez más: algunos grandes buscadores de Internet ya añaden a sus servicios una peculiaridad apasionante que es el equivalente digital a echar una ojeada a hurtadillas al botiquín del vecino. El «Search Voyeur» de Excite permite a un usuario ver qué palabras están buscando otros usuarios del buscador y, si lo desea, puede ver también las listas de resultados. Avanzando un paso más, el buscador «MetaCrawler» permite a los usuarios hacer búsquedas regulares (MetaSpy) o sin protección (MetaSpy Exposed). El sitio sin protección no es apto para menores de 21 años por los posibles contenidos obscenos u ofensivos. Incluso Amazon.com entró en el asunto, y le llovieron fuertes críticas por su programación del «círculo de compras» ya que permitía que los visitantes de su página Web vieran qué libros eran populares en diferentes «comunidades» (empresas, organizaciones gubernamentales, universidades, organizaciones sin fines de lucro, etc.).

Ni siquiera nuestro ámbito de trabajo está a salvo de los entrometidos. ¿Lo espía su empresa? Muchos no lo creemos posible, pero ¿podemos estar seguros? La Asociación Norteamericana de Administración informa de que dos terceras partes de las empresas de EE. UU. vigilan a sus empleados, ya sea por teléfono, vídeo, correo electrónico o Internet. Y, de acuerdo con el Instituto de Derechos del Empleado, más de un 50% de las empresas británicas utilizan algún tipo de tecnología para espiar a los empleados. ¿Paranoia? No necesariamente. Un estudio llevado a cabo por Ernst & Young comprobó que en los años 1997-1998, el 66% de las mil mayores empresas británicas sufrieron fraudes, y que el 80% de ellos fueron cometidos por empleados.

Refugiarse en las marcas de confianza

Las cuestiones relativas a la intimidad y a la seguridad tienen implicaciones ilimitadas. Pero una cosa es cierta, y es que los consumidores tratarán cada vez más de buscar la seguridad de lo confiable, de lo familiar. En esta época de invasión de la intimidad, las empresas que logran que los consumidores confíen en que su información personal está a salvo con ellas gozan de una buena reputación.

Esto resulta prometedor para las marcas de prestigio y «bien acreditadas» (sobre todo si se tiene en cuenta lo costoso que resulta afianzar marcas nuevas). Tal como hemos pronosticado una y otra vez, los principios compartidos (religiosos, ambientales, sociales) contribuirán a afianzar las relaciones de confianza («con gente como uno») en un mundo poco seguro. Ningún aspecto de los negocios de las empresas escapará al escrutinio.

Tendencias probables

Su información vital o su vida: Los vendedores usarán tácticas amedrentadoras para convencer a los consumidores cautelosos de que deben entregar cualquier información personal que pueda estar relacionada de algún modo con su seguridad y bienestar.

Espías de enfermedades de transmisión sexual: Se crearán dispositivos que permitirán comprobar si un potencial compañero sexual padece alguna enfermedad contagiosa mucho antes de que la temperatura pasional suba demasiado; tal vez se analizará el aliento o un cabello.

En defensa de la intimidad: Mientras las corporaciones y las personas luchan con las consecuencias de la implantación de las nuevas tecnologías, el derecho a la intimidad se convertirá en la especialidad jurídica de más rápido crecimiento.

La destrucción de pruebas: En un esfuerzo por proteger su intimidad, muchos norteamericanos están destruyendo sus rastros. Según informa Associated Press, en 1999 los estadounidenses compraron cerca de nueve millones de trituradoras de documentos, muy por encima de las cien mil que se vendieron en los primeros años de la década de 1990. Se especula con que la razón de ese salto de las ventas es el aumento de las oficinas domésticas y el incremento del fraude de las tarjetas de crédito.

Seguimiento de trabajadores: Varios hospitales de EE. UU. ya están usando dispositivos en forma de broche que les permiten seguir los movimientos de su personal de enfermería.

Abundancia de alias: Se buscará cada vez más la posibilidad de ser conocido por diferentes nombres tanto en las comunicaciones personales como en las empresariales a medida que la gente se vuelva más cuidadosa en la preservación de su identidad en Internet y fuera de ésta.

Seguridad móvil: Se incorporarán dispositivos enlazados con sistemas de seguridad tanto en los teléfonos móviles como en las ropas y accesorios.

El aumento de los solteros

En todo el mundo está cambiando la composición demográfica, y uno de los aspectos visibles de ese cambio es el aumento de la población de 65 años y más. Un cambio menos evidente, pero que causará un fuerte impacto en la sociedad y en el consumismo, es el marcado aumento de adultos solteros, especialmente mujeres. Mucha gente del mundo desarrollado vive sola al menos parte de su vida, bien por elección bien por circunstancias diversas. Muchos optan por retrasar el matrimonio o por la cohabitación, y la muerte y el divorcio hacen que incluso los que logran formar una pareja puedan pasar una parte considerable de su vida solos. Vivir solo es una tendencia internacional:

- En EE. UU., donde el matrimonio está en la cota más baja de su historia, hay casi 43 millones de mujeres solteras.
- En Japón, los solteros representan una quinta parte de todos los hogares.
- En Gran Bretaña, a comienzos de la década de 1990, el 40% de las mujeres vivían sin pareja. En 2003, 8 280 000 hogares británicos estarán habitados por una sola persona.
- En Australia, casi un tercio de los hombres y mujeres entre 30

y 35 años y casi una cuarta parte de los que están en la cuarentena viven solos. En 2006 los solteros serán mayoría en los hogares australianos.

- Según la Oficina del Censo de EE. UU., el 87% de las mujeres chinas de 20 a 24 años no están casadas.
- El número de hogares de una sola persona es el único aumento de población que experimenta Italia en la actualidad.
- Durante décadas, las mujeres de Suecia, Noruega, Dinamarca e Islandia han preferido permanecer solteras y cohabitar en lugar de atarse a una pareja.

Tal como ocurrió con los *yuppies* en la década de 1980, el aumento de los solteros influirá en todo, tanto en el alojamiento y la planificación financiera como en el envasado de comida.

Soltero por elección

Muchas mujeres han elegido activamente la independencia; sólo el 35% de las solteras británicas declara que le gustaría vivir con un compañero. Marcelle Clements, autora de *The Improvised Woman*, dice: «Cuando las mujeres solteras se quejan unas a otras de que "faltan hombres", no quieren decir que no encuentren compañero. Lo que realmente quieren decir es que su autoestima es demasiado grande para conformarse con cualquier relación a la vieja usanza.»

Incluso entre las personas viudas, la soltería no equivale necesariamente a una existencia triste y solitaria. Un estudio sobre las viudas canadienses de más de 65 años revela que tienen una red de contactos sociales mucho más amplia de lo que suele creerse. Y en Japón, donde se espera tradicionalmente que las mujeres dejen su trabajo al casarse, son cada vez más las que eligen dedicarse a su carrera. Entre las que se casan, se está dando un nuevo fenómeno: el matrimonio a distancia o «de fin de semana», que permite un mayor grado de independencia.

En cuanto a los hombres, el hecho de ser soltero no significa subsistir a base de cerveza y pizza en una leonera. Según Mintel, el 63% de los británicos solteros de menos de 35 años se preocupa por cuidar y mejorar su vivienda; el 44% es aficionado a la cocina.

Solteros: la gran oportunidad del marketing del futuro

Las empresas avispadas están empezando a darse cuenta de que los hogares de los solteros constituyen una mina. Los solteros suelen tener un ingreso disponible más alto y están dispuestos a pagar para que les hagan las tareas domésticas. Están siempre tan ajetreados, que son destinatarios ideales de las comidas «para llevar» y de los servicios por teléfono móvil e Internet. Los que cambian de relaciones constantemente necesitan planes de ahorro, de seguros e hipotecarios más flexibles.

Los solteros también necesitan lugares de ocio, desde cafeterías a gimnasios. En Gran Bretaña, la propietaria de *pubs* Allied Domecq pidió a las mujeres que diseñaran el bar de sus sueños. El resultado fue el «W», donde está prohibida la televisión, los servicios de hombres y mujeres son lujosos, y las mesas tienen ganchos para colgar los bolsos.

Para enfrentarse con eficacia a esta tendencia demográfica, las empresas deben abandonar los estereotipos inapropiados, sobre todo los que se refieren a las mujeres solteras. En primer lugar, no todas las solteras están entre los 20 y los 30 años. Las solteras son cada vez más mujeres de mediana edad (recién divorciadas o que acaban de enviudar), y también de edad avanzada, porque suelen sobrevivir a sus cónyuges. Estar soltero no es algo que ocurra una sola vez en la vida. Gracias al divorcio y a la viudez, vivir solteras es algo que las mujeres experimentan repetidas veces. Permanecer soltera también se está convirtiendo cada vez más en una elección personal y no en el resultado de la falta de proposiciones matrimoniales. Las mujeres actuales encuentran menos incentivos económicos en el matrimonio ya que pueden ganar dinero por sí mismas y están menos presionadas por la sociedad para casarse. La inmensa mayoría de las mujeres solteras ha tenido acceso a la educación secundaria, y muchas tienen títulos medios o universitarios. Se trata de una tendencia creciente ya que las mujeres de todo el mundo están accediendo a los medios académicos cada vez en mayor número (no hay más que ver que, en la mayoría de los países, las inscripciones de mujeres en la universidad y las escuelas superiores empiezan a sobrepasar a las de los hombres). Las mujeres solteras también son más proclives que antes a considerar su trabajo como una carrera y no como «un simple trabajo».

De hecho, algunos expertos ya predicen que la institución del matrimonio puede llegar a convertirse en un estilo de vida elegido por una minoría.

¿Por qué son decisivas las redes sociales?

A medida que las tasas de matrimonio bajan hasta un nivel mínimo en la mayoría de los países desarrollados, un número creciente de mujeres solteras redefine sus relaciones en el sentido de que la comunidad y la amistad (más que el matrimonio o la familia) son sus lazos más importantes. Por este motivo, en el futuro, la «familia» abarcará un nuevo conjunto de posibilidades en la medida en que el término trascienda las relaciones de sangre para incluir a los amigos, los animales de compañía e incluso comunidades virtuales.

Para llenar el vacío dejado por la desaparición de la familia nuclear, están apareciendo pequeñas hermandades centradas en intereses comunes. Las mujeres solteras se reúnen en encuentros semanales, foros de conversación en Internet, cursos de capacitación, clubes de lectoras y sociedades de inversión. Además, las mujeres solteras disfrutan participando en una amplia gama de actividades, entre las que podemos citar los viajes, las comidas en restaurantes, y el teatro y el cine.

Los expertos en marketing deben prestar atención a cómo y por qué las mujeres solteras crean redes sociales. Por ejemplo, prefieren participar juntas en actividades sociales. De este modo, donde va una mujer soltera, es seguro que otra la seguirá. Las ofertas «dos por uno» pueden resultar muy atractivas para las solteras. Además, las mujeres solteras tienen influencia sobre otras de su misma condición, y las recomendaciones que van de boca en boca tienen más peso que la propia publicidad.

Asociación de marcas y estrategias publicitarias

Las mujeres del mundo entero tienen un enorme poder adquisitivo. Sólo en EE. UU., son los agentes primarios de compra del 85% de los hogares. En la actualidad, el aumento de mujeres solteras sin niños en Europa, Asia y Norteamérica está incrementando este poder adquisitivo. Independientes desde el punto de vista económico, las solteras constituyen una población rica en crecimiento. Las empresas obtendrán grandes beneficios si se orientan hacia las solteras jóvenes y estudian su identidad representativa, sus aspiraciones y sus hábitos de consumo.

En el pasado, las empresas vendían a mujeres solteras que se lamentaban de su estado, basándose en la idea de que, si una mujer no tenía una relación de pareja, debía hacer todo lo posible por entablarla. Pero la actitud de las solteras ha cambiado. En la actualidad, están satisfechas, felices, seguras y no se avergüenzan de comprar artículos de capricho. Esta nueva «sensación de poder» se refleja cada vez más en la orientación global del mercado hacia la mujer.

La convergencia ya está aquí

La gente suele hablar de la convergencia como si estuviera limitada a lo tecnológico: PC + TV; microondas + conexión a Internet; coche + correo electrónico. La convergencia es, en realidad, mucho más que eso, y se puede encontrar en todos los ámbitos de nuestra vida: vivir + trabajar; hogar + oficina; personal + profesional; cara a cara + ciberespacio; banco + hipermercado...

En la actualidad, estamos viendo la convergencia en todos los ámbitos de la vida. La industria alimentaria está experimentando la convergencia culinaria, en la medida en que los sabores «étnicos» entran en la corriente principal y las comidas de diferentes regiones empiezan a fundirse. En las artes, se está produciendo la convergencia del *hip-hop* y del arte elaborado, en forma de golpes poéticos, arte oral, danzas y ritmos de estilo libre inspirados en África, etc. La industria de la música es también testigo de la convergencia de jóvenes y vieja guardia a través de los *samplers* y de la colaboración multigeneracional. ¿Y quién hubiera adivinado el grado de aceptación que tienen hoy entre los jóvenes artistas como Tony Bennett y Carlos Santana?

Convergencia cultural y racial

También los pueblos están convergiendo. En algunos sectores industriales de Europa y de EE. UU., todavía es posible asistir a un congreso y no ver más que un mar de caras blancas. Cuesta imaginar que esto pueda durar mucho tiempo más. En Estados Unidos, los caucasianos dejarán de ser mayoría en el año 2050. En ese año, los asiaticoamericanos (el grupo étnico que está creciendo con mayor rapidez) habrán cuadruplicado su número, pasando de los 9,8 millones de 1995, a los 41 millones. Los hispanoamericanos sumarán 128,3 millones. De hecho, los hispanos serán la minoría mayoritaria en EE. UU. mucho antes de esa fecha, probablemente alrededor del año 2010. (Desde luego, es equivocado concebir a los hispanoamericanos como una entidad singular. Los nativos de cada país hispanoamericano aportan un sabor y una cultura únicos que están profundamente arraigados, y no hay pruebas de que se vayan a fundir por completo en el crisol estadounidense.)

Europa también está en plena convergencia cultural. Actualmente, en Amsterdam se pueden encontrar hasta 129 nacionalidades diferentes, y uno de cada cinco habitantes de la ciudad no es de origen holandés. Londres tiene la población con mayor diversidad étnica del mundo debido, sobre todo, a que acoge a dos tercios de todos los inmigrantes que llegan a Gran Bretaña anualmente. Sólo en el centro de Londres, una de cada cuatro personas pertenece a una minoría étnica, mientras que la proporción en todo el país es de una por cada veinte. En Alemania, el 9% de la población es de procedencia extranjera.

¿Cuál va a ser el resultado de estos desplazamientos demográficos y culturales? ¿Acabará surgiendo una sociedad «café con leche» en cada uno de los países mencionados, a consecuencia de los matrimonios interétnicos y la mezcla de culturas, que dificultará la tarea de los estudiosos de las razas? ¿O esto presagia la aparición de una serie de sociedades balcanizadas, cada vez más polarizadas, con diversos reductos culturales? La realidad será, probablemente, una situación intermedia. Pero, al tiempo que EE. UU. y otras naciones luchan por redefinirse y redefinir a sus crecientes poblaciones multiculturales, se hace evidente que los mercados nacionales de mediados del siglo XXI serán muy diferentes de los actuales.

En EE. UU. se ha experimentado la influencia de muchos grupos étnicos a lo largo de los tres últimos siglos, pero el efecto de los recién llegados promete ser más intenso para los comerciantes, los distribuidores y los publicistas. ¿Por qué? Por la tendencia hacia el multiculturalismo más que a la asimilación.

Entre las muchas implicaciones que observamos está la adopción de la cultura y los productos hispánicos. También es de esperar un creciente sentimiento de «etnoconciencia», un deseo de establecer vínculos con el propio pasado (o incluso con una cultura considerada más «auténtica» que la propia).

Convergencia de productos

Dando un paso más, habrá una creciente exigencia de multifuncionalidad cuando los consumidores busquen productos que puedan satisfacer diferentes necesidades al mismo tiempo y de manera apropiada. Incluso nos encontraremos con convergencias de este tipo en el mundo de la moda, toda vez que la función de la ropa va más allá de la protección y del adorno. Considere estos ejemplos de la industria del vestido:

- En Gran Bretaña, Marks & Spencer vende pantis con «sensor corporal» que se enfrían o se calientan de acuerdo con el tiempo.

- La Universidad de Durham, en Gran Bretaña, está trabajando en prendas de ropa que no necesitan lavado. Un revestimiento superficial invisible antiadherente rechaza el agua, la suciedad y la grasa.
- Un grupo de científicos japoneses está desarrollando un tejido que protege contra el olor.
- En EE. UU., el MIT (Instituto de Tecnología de Massachusetts) trabaja en prendas que pensarán, hablarán y transmitirán información.
- Philips ha diseñado una chaqueta de esquí que no sólo transmite la localización exacta del que la viste sino que también avisa a las autoridades en un caso de emergencia.

En el plazo de pocos años más, los sectores de la moda y la biotecnología llegarán a trabajar juntos para crear telas que ayuden a mantener el calor y el bienestar corporal. Ya están a la venta prendas que protegen al usuario de los rayos ultravioleta. En Japón, los consumidores pueden comprar pantis tratados con vitamina C. Y Helmut Lang ha diseñado chaquetas y jerséis con apoyos en el cuello para mejorar la postura, aliviar el dolor de espalda y reducir el estrés.

Con el tiempo, las nuevas tecnologías estarán tan presentes en nuestra vida que incluso las tendremos incorporadas en las prendas que llevemos encima. En los años venideros veremos de todo, desde muñequeras que podrán enviar y recibir correo electrónico, hasta camisetas que podrán dar un masaje en mitad de la jornada, o zapatos que detectarán la presencia de productos químicos peligrosos. En un futuro no muy lejano, las prendas de vestir podrán revisar el cuerpo en busca de síntomas de mal funcionamiento, desde un ritmo cardíaco irregular hasta un estado febril. Y no sólo avisarán del problema al usuario, sino que en algunos casos se pondrán en contacto directamente con el personal de los servicios de urgencia o con la consulta de un médico.

¿Qué significa toda esta convergencia? La convergencia de gentes, productos, comidas y culturas es importante porque presagia oportunidades y cambios en la vida de los nuevos consumidores. También significa que las naciones y las empresas más pequeñas tendrán más probabilidades de hacerse un lugar en «la mezcla» e influir en el todo mucho más de lo que podría esperarse por su tamaño. El coste de la entrada se ha reducido, habida cuenta de que formamos parte de una mezcla más amplia.

Comercio contextual

Éste es el gran momento de los comerciantes. En una economía global cuyos vaivenes están cada vez más ligados a Internet, pocas cosas hay comparables con la eclosión de la compraventa del comercio contextual. En pocas palabras, el *comercio contextual* es la cibercompra integrada, es decir, que la compra por Internet está ligada a otras actividades no necesariamente basadas en el comercio.

El comercio contextual establece una relación más fluida entre consumidores y productos. Y, lo más importante para los comerciantes, se basa en la confianza en una marca. En un entorno virtual en el que no interviene más sentido que el de la vista, la confianza en una marca es la principal fuente de persuasión del producto.

En las primeras etapas del comercio contextual se están viendo cosas como las cartas electrónicas con enlaces a información sobre ventas y sitios Web que proporcionan asesoramiento con hiperenlaces a libros y juguetes educativos. En el futuro, el comercio contextual se desarrollará aún más. Las personas que estén curioseando los últimos chismorreos de cualquier celebridad en un sitio Web de pasatiempos podrán hacer clic en un brazalete que se muestra en la foto anexa y pedirlo en el acto. Los amantes de la cocina podrán pedir ingredientes exóticos mientras ven cómo su cocinero favorito prepara una comida en directo. Y los cibermirones con ordenador podrán seguir la pista de todo y enviar ofertas oportunas de artículos que, a su juicio, la persona observada podría necesitar.

Las implicaciones son enormes. Actualmente, en general, comprar es una actividad especial, tanto si estamos en una tienda como hojeando un catálogo o visitando una tienda virtual. Con el comercio contextual, comprar se funde con la vida diaria. Pedir un artículo es sólo parte del proceso, parecido a marcar una página o a copiar un archivo en el disco duro del ordenador. No se toma la decisión de ir de compras: se decide comprar algo.

Pequeño gran mundo. Globalización contra localismo

A medida que el mundo se vuelve más pequeño, no sólo tenemos más conciencia global, sino que nos centramos más en lo extremadamente local. El resultado es lo que denominamos una tendencia al «localismo global». Nuestra perspectiva como gente de empresa y comerciantes es decididamente global, pero también somos decididamente localistas, con raíces auténticas en la ciudad, grande o pequeña, en que vive cada uno de nosotros. En el caso de Ira, que se desplaza diariamente a Nueva York, tiene que hacer malabarismos para llegar a su casa a tiempo para las reuniones de padres y profesores y para las competiciones deportivas de sus hijos. En el caso de Marian, debe librar una verdadera lucha entre la vida que lleva durante la semana en un altísimo edificio de apartamentos de Nueva York, y la vida del fin de semana en una pequeña granja en un pueblecito histórico —según los cánones de EE. UU.— a 120 km de la ciudad. Su granja tiene algo que la distingue: se la compró al escritor Frank McCourt, que se mudó después de haber escrito allí *Las cenizas de Ángela* y *'Tis*. En Holanda conocen a Marian como «la yanqui de Internet», pero en Milford, Pennsylvania, será siempre «la mujer que compró la casa de McCourt». Nuestra tercera autora, Ann, es tal vez la más implicada en la vida local pues trabaja diariamente en su casa de la rural Connecticut, de modo que incluso cuando está escribiendo partes de este libro en el despacho de su casa, la vista que tiene desde su ventana la mantiene al día de los asuntos del vecindario (y los sonidos al otro lado de su puerta le permiten estar informada de lo que están haciendo su hogareño marido y sus hijos en edad preescolar).

Consideramos que, en los años venideros, cada vez será más importante lograr un equilibrio entre lo global y lo local tanto para las personas como para las empresas. Lo local ayuda a la gente a dividir el mundo en porciones manejables. Puede que uno no sepa cómo resolver los problemas que planteará la nueva moneda única europea, pero puede establecer un presupuesto viable para una asociación de propietarios o abrir una cuenta de inversión *on-line*. Tal vez nos sintamos abrumados al navegar por los grupos de noticias de Internet, pero estamos mucho más cómodos cuando «hablamos» con otras personas en un foro de conversación *on-line*.

Para las empresas, el tira y afloja entre lo global y lo local es algo diferente. Ayudados por la adopción de nuevas tecnologías, que los mantienen conectados con los acontecimientos y los puntos de vista mundiales, los nuevos consumidores están empezando a adquirir una nueva perspectiva global que impregna su manera de pensar, actuar y comprar. Una marca puede atraer compradores en Madrid valiéndose de los mismos «ganchos» que en Miami, Milán o Melbourne. El comercio transnacional nos está llevando, a su vez, hacia la globalización de los medios de comunicación MTV, CNN y Sony, y de las revistas del imperio Condé Nast.

Cuanto más globales se vuelven los consumidores, vemos que los mensajes de marketing pueden —y deben— transmitirse más allá de las fronteras, incluso utilizando a veces para ello los mismos vehículos (locales). El secreto está en lanzar mensajes en los que se equilibre el atractivo universal con la suficiente dosis de localismo para concitar y mantener el interés de los consumidores de cada mercado. Disney, Coca-Cola, Nikon, Apple, IBM, Levi's y Nike son precisamente algunas de las marcas que ya están asentadas globalmente. Pero si el «Piense diferente» de Apple Computer se hubiera plasmado en una sola imagen iconográfica, se habría convertido en «Piense como norteamericano»; en cambio, la campaña publicitaria utilizó ideas singulares dignas de admiración y de emulación en todas las culturas en que Apple buscaba volver a asentarse.

El actual impulso hacia la globalización significa que las empresas necesitan tomar decisiones difíciles con respecto a todo, desde si los nombres de las marcas deben ser globalmente uniformes hasta qué mensajes se deben traducir de una cultura a otra o qué logotipo o icono representará mejor a una marca en todo el mundo. No todas las empresas pueden tener un símbolo tan conocido globalmente como esa especie de bumerán de Nike, pero a todas les gustaría tenerlo.

Al tiempo que las marcas toman en cuenta las implicaciones de la globalización, también es importante que reconozcan el enorme arrastre de las conexiones locales. Crear lazos locales con los consumidores es un requisito imprescindible para las marcas del futuro, independientemente de lo globales que sean la distribución y las metas y objetivos del marketing. Las marcas tienen que ser «sólo para gente como yo» y no «apropiadas para cualquiera». Eso requiere establecer una intensa relación con el consumidor, y el envío de mensajes es el paso necesario para cimentarla. De hecho, podemos presuponer con toda garantía que las futuras marcas de atracción masiva compartirán tres características: importancia global, atractivo local y fuertes lazos con múltiples entornos.

¿Cómo puede un producto tener a la vez importancia global y atractivo local? Algunas empresas sagaces se aprovecharán de la convergencia de oportunidades. Si se emplea bien, la convergencia vincula distintos productos, porque su poder combinado es mayor que la suma de sus partes (lo que se suele llamar sinergia). En unos años es de esperar que campeones globales como Frito-Lay asocien sus marcas a las de líderes locales como la holandesa Smith's Chips, asegurándose de ese modo la sincronización entre la globalidad y la familiaridad. En nuestra opinión, no es aconsejable que Frito-Lay intente distribuir Smith's Chips más allá de las fronteras de Holanda y Bélgica, pero podría muy bien promover conjuntamente en Holanda los bocados Frito-Lay con los Smith's Chips.

Los expertos en marketing avispados también están empezando a ensayar otros modos de darle atractivo local a determinados productos de producción masiva. ¿Cuántos de nosotros hemos sido estafados por la aparición, en nuestras tiendas de alimentación, de preparados supuestamente caseros y aperitivos especiales que, en realidad, están fabricados por los mismos conglomerados industriales que venden los productos de distribución masiva que pueden verse en el mismo pasillo unos pasos más allá? (Altoids no es más que la última historia de triunfo. Pocos consumidores saben que estas pastillas de menta «curiosamente fuertes» las saca a la venta Callard & Bowser-Suchard, subsidiaria de Philip Morris.) Las empresas se escudan en un nombre local prestigioso o en los colores de un equipo deportivo local sabiendo que los consumidores no están en condiciones de leer la letra pequeña para enterarse de los auténticos orígenes del producto. En EE. UU., Häagen-Dazs, con una táctica semejante, no sólo fabrica helados con sabores exóticos y frescos, sino que creó un nombre que suena a algo extranjero y lujoso. Cuando apareció la marca en los comercios, pocos estadounidenses sabían que se trataba de una marca nacional. Con su insólito nombre y su posición de primera línea, Häagen-Dazs consiguió convertir a todos sus consumidores en gente opulenta y especial, viajeros de la Costa Dorada de Australia en lugar de la Costa Dorada de Florida, y todo ello sólo por un pequeño sobreprecio por encima del coste habitual de un litro de helado de chocolate, vainilla o fresa.

McDonald's ha conseguido transformarse según las tradiciones y costumbres de los países en los que se establece. (Actualmente, la mayor parte de las ganancias de la empresa proceden de fuera de EE. UU., lo cual da testimonio de la universalidad de la marca.) En Japón sirve empanadas de salchicha con salsa teriyaki. En Noruega, un plato favorito es el McLox (emparedado de salmón), y en Manila sirve fideos. En la India, el Maharaja Mac es el equivalente del Big Mac de EE. UU., pero usando cordero en lugar de buey para respetar las creencias hindúes. La idea es conseguir una marca global (*fast, fun, and family*, o, lo que es lo mismo, rapidez, diversión y familia), menús globales, y mejoras y retoques locales. Del mismo modo, Coca-Cola dividió su empresa europea en diez grupos geográficos, y le dio a cada grupo la posibilidad de adaptar localmente el producto y los esfuerzos de marketing según fuera necesario. *Business Week* da cuenta de que la división turca ha sacado al mercado una bebida con sabor a pera, mientras que el equipo alemán lanzó una Fanta con sabor a frutas del bosque.

En el ámbito urbano se advierte que los enfoques global y local no sólo coexisten, sino que se enriquecen mutuamente. Amsterdam, por ejemplo, pese a ocupar por pleno derecho un lugar en el escenario mundial, se parece a un pequeño pueblo. Cuando Adidas, una de las marcas más de moda en el mundo de los equipos deportivos, trasladó a Amsterdam muchas de sus actividades creativas, de marketing, de promoción y de ventas, la prensa holandesa lo explicó de este modo: se eligió Amsterdam como segundo cuartel general debido a su aspecto cosmopolita e internacional en un marco pueblerino.

Realidad virtual

El concepto de «vida real» está cambiando. En este mundo interconectado, nuestras relaciones con la familia, los amigos, la empresa e incluso los animales de compañía son cada vez más virtuales. Y en un mundo en el que empieza a ser normal pedir por Internet artículos de consumo diario como los alimentos y la ropa, la interacción diaria disminuye paulatinamente. ¿Es acaso mera coincidencia que la distancia, el desapego y el *voyeurismo* estén experimentando un auge? Es posible que haya que redefinir el aislamiento, puesto que reunirse *on-line* empieza a ser una forma aceptada de relacionarse socialmente en la era digital.

E-Islamiento

Según un nuevo estudio del Instituto para el Estudio Cuantitativo de la Sociedad, de la Universidad de Stanford, cuanto más utiliza Internet, menos tiempo dedica la gente a la relación cara a cara. Las personas que pasan más de cinco horas a la semana *on-line* dedican menos tiempo a la familia y a los amigos, dice Norman Nie, politólogo de la Universidad de Stanford. Cerca de un tercio de los entrevistados en el estudio declaró que se pasaba cinco o más de cinco horas a la semana conectado a Internet. De ellos, el 13% dijo que pasaba menos tiempo con la familia y con los amigos, y el 8% que asistía a menos reuniones sociales.

En el mundo occidental, nuestra vida se hace cada vez más

insular. Un tercio de los británicos no conoce a sus vecinos más próximos, y la total indiferencia, cuando no la abierta hostilidad, es más habitual que la buena vecindad, según un estudio de la Universidad de Cambridge aparecido en el *Daily Mail.* «Ahora tenemos un sinfín de conocidos, pero en su mayoría se trata de gente a la que apenas vemos... En el año 2005 hablaremos con la gente menos de tres horas por día.» El aislamiento inherente a la vida moderna es condenable al menos en parte: las tiendas del barrio han sido sustituidas por centros comerciales periféricos, los parques son zonas peligrosas que no conviene frecuentar, y las casas ya no se construyen alrededor de las plazas, propiciando la reunión de la gente para charlar.

En EE. UU., la amistad se ha convertido en víctima de un modo de vida acuciado por el tiempo, según *The Wall Street Journal.* La culpa es de las jornadas de trabajo más largas, del aumento de los viajes de negocios —hasta el 14% desde 1994— y de la marea de artilugios de comunicación que nos mantiene conectados con todo menos con la gente. El *e-mail* convierte en virtual la amistad real, y la creciente riqueza permite a la gente comprar casas de fin de semana que la mantienen alejada de su círculo social.

Niños y mascotas que no ensucian ni alborotan

¿Demasiado ocupados para tener un bebé? Siempre hay tiempo para una ciberpaternidad. La empresa norteamericana de software Mindscape Entertainment ha creado un CD-ROM con quince bebés virtuales que actúan igual que los reales, hasta el punto de que tiran comida y hacen pataletas. Mindscape declaró al *Scottish Daily Record* que el CD está dirigido a las mujeres profesionales que ven con buenos ojos la maternidad, pero que no tienen tiempo para tener un niño de verdad.

Los padres potenciales que consideran que un ciberbebé es una responsabilidad demasiado grande pueden iniciarse con una mascota virtual. La firma japonesa de electrónica Omron asegura que su gato robótico «Tama» puede desarrollar una personalidad distinta, según cómo se lo trate. Según el *Mainichi Daily News,* los investigadores de la firma han descubierto que el 70% de las mujeres que acarició al seudogato durante treinta minutos declararon que sentían auténtico cariño por él.

Compulsivos del cibersexo

Incluso los actos más íntimos han llegado a la más alta tecnología y al más mínimo contacto, con algunos resultados preocupantes. El aumento del sexo en Internet (desde los sitios pornográficos a los canales de conversación picantes) podría estar creando una generación de personas incapaces de controlar sus impulsos sexuales, según un estudio del Centro Marital y de Sexualidad de San José, California. El doctor Al Cooper, investigador del centro, declaró a Reuters que alrededor de un uno por ciento de los que se habían sometido a su revisión pasaban más de once horas semanales enganchados al cibersexo, y por eso se los podía clasificar como «compulsivos del cibersexo». «Tal vez el porcentaje parezca pequeño —dijo el doctor Cooper—, pero si se traduce a la población total, podría representar cientos de miles de personas.» La investigación revela que el 20% de los hombres y el 12% de las mujeres se conectan al cibersexo en su trabajo.

Cultura popular y realidad

Ansias de champán y sueños sórdidos

En EE. UU., los guionistas de la serie «Frasier» recibieron un montón de quejas por los episodios que presentaban a los hermanos Crane preocupándose por el desempleo, según informa *Media Week.* Parece que el componente lujoso de la serie —repleta de buen vino, noches en la ópera y ropa hecha a medida— es un elemento esencial de su atractivo porque permite a los telespectadores vivir por unas horas la vida de la alta sociedad.

En Gran Bretaña, series como el drama de la BBC «The Lakes» se centran sobre la pobreza y el sufrimiento. No es la vida que conoce la mayoría de la gente, pero permite a la audiencia de clase media «experimentar» lo que es la miseria.

Cuestionar y redefinir la realidad

Apartándonos todavía más del acontecer diario de nuestra vida, en los dos últimos años hemos asistido a un aumento de fenómenos como la TV y las páginas Web para mirones. Más que luchar contra nuestros propios demonios, contemplamos alegremente los de los demás. En otros ámbitos de la cultura popular, la capacidad inherente de la música de alterar la conciencia humana está siendo llevada a nuevas cumbres, y las películas animadas se están usando como vehículos para poner en duda la auténtica naturaleza de los hechos frente a la ficción.

La música *trance*, un fenómeno que tiene sus raíces en Europa, se suele vincular con el uso de la droga éxtasis, pero tiene por sí sola la capacidad de alterar la conciencia, según el crítico musical Simon Reynolds, autor de *Generation Ecstasy*. Reynolds sostiene que la música *trance* surge del rechazo de la realidad aceptada en favor de una realidad alternativa hedonista. «Es... una evasión del mundo real y de sus divisiones, conflictos, etc.», afirma.

Una película japonesa usa el medio más actual de la fantasía, la animación, pero no para proporcionar evasión, sino para examinar cómo los medios y la tecnología están difuminando la distinción entre la realidad y la ficción. La película animada de suspense *Perfect Blue* cuenta la historia de una estrella del pop convertida en actriz de culebrones que sufre el acoso de un asesino. Su vida se convierte en «una pesadilla de múltiples personalidades y realidades mediáticas borrosas», informaba el *The San Francisco Chronicle*, mientras en el culebrón ocurrían violaciones y muertes aterradoramente reales, y una página Web que seguía todos sus movimientos la enfrentaba con una burlona imagen especular que le decía «Eres una zorra.» Nada que ver con Disney.

Tendencias probables

Estar allí: Si las fuerzas económicas lo permiten, los viajes de negocios y placer seguirán aumentando, a medida que los clientes y consumidores privados de realidad están hambrientos de más contactos personales.

Los operadores están en reserva: En los próximos años, la relación con seres humanos reales será una fuente de ventajas competitivas tan importante como lo fue la automatización en el pasado.

Así es como se estrecha la mano: Las empresas pondrán en marcha programas especiales de formación para la comunicación cara a cara destinados a los trabajadores cuyo único lenguaje de negocios es el *e-mail.*

Vacaciones virtuales: Los simuladores de realidad virtual permitirán a la gente embarcarse en viajes virtuales de un día (o de una semana) de duración a bordo de naves espaciales, barcos de vistas submarinas, y otros por el estilo.

Evitar la falsificación del DNI: Los organismos de aplicación de la ley se enfrentarán a una ola de ciberimpostores que cometerán fraudes (y cosas peores) en nombre de otros.

El paciente proactivo

Nuestra última tendencia global está relacionada con la primera de este capítulo, el nacimiento del nuevo consumidor. En el año 2001, la gente no estará dispuesta a aceptar pasivamente el diagnóstico de su médico. Ésta será, en parte, una de las consecuencias de la aparición del Sida en la década de 1980, que obligó a muchos hombres y mujeres portadores del virus VIH a luchar por nuevas opciones de tratamiento, por el aumento de los fondos para la investigación del Sida, y por un mejor acceso a la información. En la actualidad, las personas se sienten mucho más autorizadas a participar en su propia atención sanitaria y a solicitar que se las trate como participantes activos en todos los tratamientos médicos a los que tengan que someterse. En primera línea están los ya adultos representantes del *baby boom*, cuya autoconfianza como consumidores se ha ampliado a la industria sanitaria.

En general, los consumidores están asumiendo mucha más responsabilidad en relación con su salud y bienestar y, al hacerlo, han demostrado que están más dispuestos a probar de todo, desde los suplementos nutritivos hasta los alimentos funcionales. De pronto, las hierbas medicinales, las vitaminas, los minerales, los suplementos dietéticos y los alimentos funcionales están siendo un gran negocio.

El grupo Hartman calcula que las ventas totales de complementos dietéticos en EE. UU. entre agosto de 1998 y julio de 1999 alcanzaron los 10 400 millones de dólares. Las vitaminas y los minerales representaron el 63% de esta cantidad, mientras que las hierbas medicinales y otros complementos cubrieron el resto.

Según el banco de inversión Adams, Harkness & Hill, Inc., las ventas de «productos de cosmética natural» están creciendo a una tasa compuesta anual del 28% y se prevé que lo sigan haciendo a una tasa superior al 25% en los próximos años.

Las ventas de alimentos funcionales se dispararon casi un 13% entre 1998 y 1999, comparadas con sólo el 1 o el 2% de aumento de los artículos tradicionales de alimentación.

La automedicación con suplementos es especialmente habitual en los resfriados y en la gripe. Según un informe encargado por Leiner Health Products, el 55% de los consumidores estadounidenses toma vitaminas diariamente, y el 98% de ellos las considera una herramienta eficaz para mantener la salud y prevenir la enfermedad.

Píldoras y brebajes personalizados

En la industria sanitaria, al igual que en otros sectores, el futuro pasa por la personalización, por la creación de productos de marca para satisfacer las necesidades específicas de tipos muy diferentes de consumidores. En EE. UU., Acumins ya está dando respuestas a estas oportunidades de mercado ofreciendo una selección personalizada de más de 95 vitaminas y hierbas diferentes combinadas en tres a cinco píldoras, sin aditivos indeseables. Y en el Reino Unido, Boots the Chemist ha orientado con éxito vitaminas hacia diferentes grupos, como los niños, los mayores, los vegetarianos y las mujeres embarazadas.

Tendencia: Es de esperar que las grandes farmacias instalen cabinas informatizadas que permitan a los clientes introducir los datos sobre su estado actual de salud, historial médico familiar, edad, sexo, grupo sanguíneo, y otros parecidos, para obtener un impreso personalizado con las vitaminas y suplementos recomendados en su caso.

Evolución de la farmacia virtual y del marketing virtual de productos farmacéuticos

El impacto de Internet en la creación de un consumidor de atención sanitaria más activo no se puede exagerar. Los medios de comunicación han informado de que una cuarta parte de todo lo que se puede ver en Internet está relacionado con la salud, y algunos añaden que la salud ocupa el segundo lugar después del sexo en cuanto a volumen de búsquedas en la red. La gente utiliza Internet para obtener información general sobre la salud y la dieta, para buscar tratamientos y enfermedades específicos, y para comparar sus datos con otras personas que están en su misma situación. Forrester Research calcula que el sector de la atención sanitaria *on-line* tendrá un valor de 370 000 millones de dólares en 2004.

Según un informe elaborado por el Science Advisory Board (Comité Asesor Científico), el 54% de cada mil consumidores *on-line* manifiesta que ha visitado una Web farmacéutica en los últimos seis meses para conseguir más información sobre un medicamento específico. Y un estudio llevado a cabo por Cyber Dialogue revela que de los diez millones de estadounidenses que buscan información farmacéutica *on-line* en el año 2000, 3,4 millones acaba pidiendo una receta a su médico. De esta cifra, el 15% declara que descubrió el medicamento solicitado por Internet, comparado con el 9% que lo descubrió por los anuncios de TV, y con el 5% que recibió la información a través de anuncios impresos. Además, Cyber Dialogue comprobó que los que buscaron información farmacéutica tuvieron más probabilidades de quedar satisfechos con sus hallazgos *on-line* que con la información procedente de otras fuentes. Mientras que el 49% de los 2 700 adultos entrevistados informa de un alto nivel de satisfacción con la información sobre la salud reunida *on-line*, sólo el 25% quedó satisfecho con la información sanitaria encontrada en las revistas y los periódicos, y sólo un 13% quedó satisfecho con la misma información obtenida a través de la televisión.

Si el marketing para los consumidores *on-line* preocupados por la salud promete nuevas oportunidades a los laboratorios avisados, el mercado de la *venta* de medicamentos *on-line* se presenta igualmente prometedor. Las tiendas virtuales de medicamentos empiezan a ser un mercado competitivo y parece que se desarrollarán aún más en los próximos años. La relación farmacéutica a través de tiendas virtuales ofrece ventajas tanto para el consumidor como para el vendedor. Para el consumidor, la compra de medicamentos *on-line* representa no sólo una forma de comprar medicamentos sin molestias, sino también una alternativa discreta al encuentro potencialmente embarazoso con el farmacéutico o con su dependiente. El aumento de la intimidad se aprecia de manera especial en el caso de la compra de medicamentos como el Viagra y el Xenical. Además, algunos sitios Web pueden vender productos farmacéuticos con descuentos muy significativos.

Para el vendedor, el contacto por *e-mail* inherente a este tipo de venta ofrece la posibilidad de mantener una relación directa y permanente con el consumidor preocupado por su salud, lo que permitirá a los laboratorios farmacéuticos crear activamente nuevos mercados al tiempo que satisfacen los actuales. Drugstore.com, por ejemplo, envía recordatorios por *e-mail* a sus clientes y les ofrece información detallada sobre medicamentos y cuestiones de salud.

Pese a las restricciones existentes en muchos países, se espera que la venta de medicamentos *on-line* aumente hasta los 1 400 millones de dólares en el año 2000, desde los 585 millones de 1999, según los estudios de la empresa consultora A. T. Kearney.

Tendencias probables

Telemedicina: Los instrumentos de diagnóstico casero conectados a centros médicos acabarán redefiniendo el concepto de «visita domiciliaria». Blue Cross and Blue Shield, una de las mayores mutuas de EE. UU. ya está rembolsando el gasto de la asistencia a domicilio.

Nanobots: En el futuro, los *nanobots* (robots médicos microscópicos) vivirán en nuestro cuerpo, realizando reparaciones permanentemente. Ehud Shapiro, científico informático del Instituto de Ciencia Weizmann de Israel, teorizó en la revista *New Scientist* que dentro de veinte o cincuenta años, podrían construirse diminutos «ordenadores» biológicos dentro de cada célula del cuerpo humano para controlar su estado biológico y prescribir las moléculas celulares adecuadas. *New Scientist* pone de relieve que la comunidad científica está dividida respecto de la factibilidad de la teoría de Shapiro.

Pruebas genéticas: A medida que los estudios demuestran la variedad de reacciones de las distintas personas respecto a determinados medicamentos, los consumidores exigen una atención más individualizada. Según una información aparecida en *Wired,* Orchid BioSciences, de Nueva Jersey, ha respondido lanzando GeneShield.com, un sitio Web que ayuda a la gente a saber si su cuerpo contiene algún polimorfismo de nucleótido único, conocido como SNP, un agente que puede influir sobre la reacción a un medicamento. Los abonados a GeneShield pueden pedir un equipo de extracción casera de ADN, genético que consta de un hisopo y de un tubo de ensayo. Los abonados no tienen más que frotarse la boca con el hisopo y enviarlo al laboratorio dentro del tubo de ensayo. Después de analizar la muestra, Orchid BioSciences informa al abonado por *e-mail* de si tiene algún SNP que pudiera provocarle reacciones respecto de algún medicamento. Según el *Journal of the American Medical Association,* las complicaciones debidas a reacciones a medicamentos son la cuarta causa de muerte en EE. UU.

Compra unificada: Las tiendas de alimentación, que actualmente ya son distribuidoras de alimentos funcionales y nutricéuticos, ampliarán su oferta de atención a la salud incorporando a sus locales farmacias, quioscos de información y cursos de nutrición. Según el Food Marketing Institute y el General Merchandise Distributors Council, el 78% de los consumidores consultados considera que su tienda de alimentación es una buena fuente de información sobre asuntos relacionados con la salud.

Farmamercados: Son tiendas de alimentación nutricéuticas que ordenan sus productos de acuerdo con las afecciones que tratan.

Médicos virtuales: Según un informe llevado a cabo por el National Health Council, una agrupación de organizaciones sanitarias con sede en Washington, D. C., actualmente muchos adultos dicen que obtienen la información sobre salud en televisión (40%). Es de esperar que más consultas médicas se asocien para crear páginas Web y ofrecer todo tipo de información, desde consejos sobre nutrición y gimnasia hasta enlaces con otras páginas médicas y grupos de apoyo.

Medicina complementaria: La exigencia por parte del consumidor de tratamientos alternativos está influenciando a la medicina tradicional. En Nueva York, instituciones tan acreditadas como el Beth Israel Medical Center y el Memorial Sloan-Kettering Cancer Center están usando tratamientos como la acupuntura, la fitoterapia y la hipnosis. En 1998, los National Institutes of Health de EE. UU. lanzaron el National Center for Complementary and Alternative Medecine, con un presupuesto de cincuenta millones de dólares. Es de esperar que cada vez más consultas médicas cuenten con un socio especialmente preparado para la atención complementaria.

Esperamos que estas diez tendencias globales lo hayan convencido de que, independientemente del sector o del aspecto de la vida al que hagamos referencia, el porvenir será realmente diferente. Y eso es bueno: la agitación viene acompañada de nuevas oportunidades para los que están deseando reinventarse (la manera en que ellos y sus organizaciones hacen negocios). La partida la ganarán los que prosperen en los períodos de grandes cambios, los que se adapten a las novedades, no los que se dejen llevar por la mayoría (en realidad, puede que ésta sea la más lenta en cambiar). Nuestro deseo más firme es que la información y las ideas contenidas en este libro lo preparen para aprovechar al máximo los cambios que están por venir.

CAPÍTULO II

El futuro de la Unión Europea

La Unión Europea es un conglomerado de países que cuenta con unos 370 millones de habitantes cuyas culturas, lenguas, economías e intereses son tan diferentes que se podría disculpar a cualquiera por pensar que la única fuerza aglutinadora de la Unión es la geografía. Sin embargo, el variopinto mosaico de naciones, culturas, economías, climas y topografías al que llamamos Europa se enfrenta al próximo milenio más unido, o, al menos, más estrechamente ligado por factores externos, de lo que nadie podría haber soñado hace tan sólo cincuenta años.

Felicidades, Bruselas; estás en el punto de mira, al menos por el momento.

La capital de Bélgica se ha quedado pequeña para el ambicioso proyecto de integración europea iniciado a comienzos de la década de 1950. Los cambios de denominación del proyecto a lo largo de los años reflejan la ampliación de las ambiciones de los «eurócratas» y de los políticos visionarios que los han impulsado: Comunidad Europea del Carbón y del Acero (1952), Comunidad Económica Europea (1957), Comunidad Europea (1967), y ahora Unión Europea, o UE para abreviar (1993).

Lo que empezó como foro de colaboración entre seis países en un sector limitado de la industria ha evolucionado hasta convertirse prácticamente en unos Estados Unidos de Europa, con su propia moneda única y una legislación supranacional que afecta a once países, con otro grupo que permanece en la sala de espera.

A medida que el proceso avanza laboriosamente a través de comités, libros blancos, debates y cumbres, puede parecer un típico fenómeno europeo, de largo aliento, pesado, burocrático, con pocos líderes de prestigio y poco *sex appeal*. Pero conviene recordar que los europeos occidentales que han crecido con la vista puesta en este proceso son la primera de muchas generaciones que no ha tenido que dedicar parte de su vida a la guerra. Y tal como se ha visto por los recientes acontecimientos en la antigua Yugoslavia, no se puede menospreciar la capacidad europea para la violencia étnica. Esto es cierto a pesar de que todos los países de Europa son de hecho zonas multiétnicas, debido a las migraciones, a los trabajadores extranjeros y a los trabajos que traspasan las fronteras nacionales.

Te volvemos a felicitar, Bruselas.

Lentas pero seguras, las naciones europeas están uniendo sus destinos a los de sus antiguos enemigos, cediendo parcelas de soberanía que en el pasado se consideraban más valiosas que la propia vida. La amplia cooperación entre los franceses y los alemanes habría sido inconcebible a principios de este siglo. El hecho de que el director holandés del Banco Central Europeo esté cómodamente instalado en Frankfurt muestra hasta qué punto se han superado los viejos prejuicios en nombre del progreso. Pero incluso a corto plazo, lo que representa Bruselas es el hecho de que millones de europeos puedan vivir con normas comunes concebidas por otros europeos que no hablan la misma lengua. En el pasado, este tipo de perspectiva solía conducir a un conflicto armado, pero hasta el momento sólo ha provocado una guerra de palabras entre los «eurófilos» y los «euroescépticos» de cada país. Una razón de esta voluntad unificadora es, sin duda, el deseo de tener auténtico poder frente a EE. UU., que lleva ejerciendo como superpotencia el tiempo suficiente para dar motivos a la movilización de muchos europeos.

Con el viento a favor, los primeros años del nuevo milenio serán testigos de la laboriosa pero pacífica aparición de una auténtica Unión Europea, unida por comités más que por combatientes, pero punto de llegada, no obstante, de un logro heroico. Lo que decía el general Charles de Gaulle de su Francia nativa es hoy todavía más aplicable a toda Europa: «Amigo mío, no puede pretender unificar de la noche a la mañana un país que produce 257 tipos distintos de queso.»

Historia pasada

Uno de los grandes problemas de Europa (y un motivo de orgullo) es que el pasado se interpone siempre en el camino del presente y del futuro. Por ejemplo, los ingenieros que están tratando de excavar túneles en el suelo de Roma para construir su metro, se tropiezan rutinariamente con antiguas reliquias romanas, lo cual significa que hay que parar la excavación y volver a llamar a los arqueólogos. En un lugar tan alejado como Londres, los constructores del distrito financiero han tenido problemas similares con reliquias romanas enterradas.

Incluso la idea de unificar Europa se remonta a épocas lejanas. A finales del primer milenio, en el año 1 de nuestra era, los romanos gobernaban un imperio que abarcaba gran parte del territorio que ahora constituye la Unión Europea. Mil años más tarde, el mundo de habla germánica del centro de Europa se embarcó en un intento de largo alcance para poner en pie un segundo imperio, que aspiraba a ser el Sacro Imperio Romano. Y después de la efímera conquista de gran parte de Europa por parte de Napoleón, a comienzos de 1800, Hitler hizo su apuesta, que acabó fracasando en 1945.

En una escala menor, muchas de las actitudes sociales y laborales predominantes en los albores del tercer milenio están impregnadas del pasado: la dinámica de la política de clase dividida en derecha/izquierda y los esfuerzos de los trabajadores para proteger sus intereses a toda costa. Las luchas obreras han perdurado como momentos heroicos en la memoria de mucha gente, e incluso en la actualidad son muchos los europeos que se resisten a abandonar los privilegios conseguidos con tanto esfuerzo a cambio de las inciertas perspectivas de un porvenir continental.

En pocas palabras, la historia de los europeos, su percepción de la historia, y los legados de esa misma historia han servido demasiado a menudo para mantenerlos aislados y aferrados al pasado. El progreso puede que dependa de cuestiones relacionadas con la calidad de vida. Los europeos tienen mayores expectativas ahora sobre cuestiones como la duración de las vacaciones pagadas, la atención sanitaria «gratuita», los servicios asistenciales del Estado, etcétera. Es interesante reparar en que, mientras que muchos norteamericanos dan por sentado que los europeos saben que es necesario recortar los beneficios de los empleados para progresar, muchos europeos consideran que su sistema es superior y creen que las empresas de EE. UU. no motivan adecuadamente a sus trabajadores. En vista de que países que tratan bien a los empleados como son Holanda, Finlandia, Noruega, Suiza, Dinamarca y Luxemburgo figuran, junto a Estados Unidos, Singapur, Hong Kong y Canadá, en la reducida lista de los sitios más competitivos del mundo para hacer negocios, tal vez la competitividad no requiera despojar a los empleados de sus ventajas. Los empleados holandeses, por ejemplo, tienen 29 días de vacaciones pagadas al año, además de diez festivos oficiales, y las empresas deben abonarles una paga extra en el mes de mayo, equivalente a un mes de sueldo, para asegurarles dinero suficiente para viajar y disfrutar del ocio. Todavía más asombroso es que esos mismos empleados puedan beneficiarse de una paga de incapacidad del setenta por ciento de su sueldo, durante un período ilimitado, con la reserva de su puesto de trabajo, si demuestran que sufren de estrés. Y esto pasa en el país que *The Economist* llama el lugar más lucrativo del mundo para hacer negocios.

Historia frente a progreso, tradición frente a innovación. Éste es el equilibrio entre el *yin* y el *yang* de la Nueva Europa. Hay una creciente conciencia, sobre todo entre los jóvenes, de que las cosas deben progresar, de que el porvenir debe ser diferente tanto de lo que ha sido el pasado como de lo que es el presente. Y en el presente, parece que el nudo de la historia ha empezado a aflojarse en todo el continente.

Las nuevas generaciones de europeos han crecido en época de paz y abundancia, comiendo la misma comida rápida, bebiendo los mismos refrescos, conduciendo coches parecidos y compartiendo cada vez más los gustos musicales, cinematográficos y televisivos. Mientras que originariamente fue exportado por EE. UU., el modelo de buena vida actual está empezando a seguir pautas locales. La MTV contaba al principio con un solo proveedor; en la actualidad cuenta con proveedores locales, y una emisora alemana la ha superado, colocándose en el primer puesto en toda Alemania con su oferta de «Todo música, todo alemán». Si bien la mayoría de ellos no son tan materialistas como sus equivalentes norteamericanos, estos nuevos europeos muestran una mentalidad proclive a vivir el momento que rompe con el pensamiento de las generaciones anteriores. Comparados con sus padres, están mucho más centrados en el aquí y ahora, en ellos mismos y en su propio futuro. Están mucho menos interesados en saber de adónde vienen y mucho más preocupados por saber a dónde van. Su predisposición a aprender varias lenguas, y a trabajar en cualquier país que les ofrezca la mejor calidad de vida y el sueldo más jugoso, los hace singulares, y muy diferentes de los estadounidenses de su misma generación. Parafraseando a Francis Fukuyama, autor de *The End of History*, podríamos estar asistiendo a algo parecido al fin de la historia en Europa, o al menos al principio del fin de la obsesión de Europa por la historia.

Presente y futuro

Aprender a amar el euro...

La nueva moneda europea, el euro, es la bandera de un ambicioso proyecto de unión monetaria europea. Históricamente, los bancos y las empresas de Europa han manejado transacciones entre las quince monedas de las naciones que constituyen la Unión Europea, cuyos tipos de cambio han fluctuado permanentemente dentro de bandas muy estrechas. Para simplificar las operaciones comerciales transfronterizas en el futuro, Europa va a implantar escalonadamente esta moneda única. El 1 de enero de 2002, el franco francés, el marco alemán y una legión de monedas nacionales históricas empezarán a ser reemplazadas por el euro. La política monetaria común se aplica en once países y ha encendido un enorme auge económico en Irlanda, España y Portugal. Cuando se introdujo, el euro fue recibido como un competidor del dólar, pero desde entonces la moneda se ha estabilizado en cierto modo y ha sido aceptada por muchos como un cambio positivo.

Algunos países han abrazado el euro inmediatamente y de todo corazón; otros no. El euroescepticismo está en su momento culminante en Gran Bretaña. Una encuesta del ICM llevada a cabo en enero de 2000 por encargo del programa de Radio 4 de la BBC «Today», reveló que el 69% de los británicos se opone a que el euro sustituya a la libra. Dinamarca y Suecia optaron por quedarse fuera, pero las recientes encuestas de opinión sugieren un margen de apoyo a la entrada de Dinamarca. Un referéndum sobre el asunto va a celebrarse a mediados de marzo de 2002, como muy tarde. Las encuestas sugieren que las votantes son un obstáculo clave para el éxito del referéndum, puesto que el cincuenta por ciento de las mujeres danesas son contrarias a la moneda única, lo cual contrasta con el tercio de los hombres que la rechazan. Los analistas opinan que esta diferencia entre sexos puede deberse, al menos parcialmente, a que las mujeres danesas consideran que el bienestar social es la máxima prioridad, mientras que los hombres daneses se inclinan más por fortalecer una economía orientada a la exportación. Y en Suecia, después de una notable caída del apoyo a la moneda única, se perciben indicios de una estrecha mayoría favorable a la adopción del euro. Incluso en el Reino Unido, al menos una encuesta revela que la mayoría de los ciudadanos considera inevitable la adopción del euro. Entretanto, los economistas reunidos en la Cumbre Económica del Este de Asia, en octubre de 1999, predijeron que el euro sería la divisa principal que daría mejores resultados en los próximos dos años.

Pese a las más oscuras sospechas de los euroescépticos intransigentes, la moneda única no se introdujo para confundir a la gente y complicarle la vida. Forma parte de una política orientada a eliminar los obstáculos para el comercio entre los países europeos, con la esperanza de crear una zona unificada de comercio con un PIB comparable al de Estados Unidos. Una consecuencia probable, según *The Economist,* es que el euro se convertirá en una alternativa real al dólar estadounidense a escala mundial, poniéndole más difícil a EE. UU. mantener déficit ilimitados de cuentas corrientes y ejercer sin oposición alguna el liderazgo del sistema financiero internacional.

Uno de los principales beneficios del euro es que permite comparar los precios de diferentes países. En este momento, los precios varían considerablemente de un lugar a otro de Europa. Según una investigación llevada a cabo en 1998 por Dresdner Kleinwort Benson, las mayores diferencias en ese momento estaban en el agua embotellada (365%), el té (329%), y las galletas (281%), con un coste de la cesta de productos un 37% más elevado en Alemania que en España. La desaparición de los controles aduaneros entre muchos países de la UE puede provocar un notable aumento de los viajes de compras transfronterizos. Los bancos, las compañías de seguros y las empresas financieras son de las primeras empresas que se han regionalizado con la oferta transfronteriza de productos denominados en la moneda única, lo cual representa mayores posibilidades de elección para el consumidor y mayor movilidad dentro de Europa. Aunque a finales de la década de 1990 era teóricamente posible contratar una hipoteca en una moneda para comprar una propiedad en otra, los riesgos del cambio de divisas eran desalentadores para el consumidor medio. Con el euro, esos riesgos han desaparecido.

A pesar de todo, a corto plazo las cosas van a ser, sin duda, más complicadas. En estos momentos, muchas empresas sólo trabajan con la moneda de su país, pero incluso las empresas más pequeñas de ámbito local tendrán que adoptar el euro tarde o temprano. Los sistemas afectados van desde las cajas registradoras a los teclados de los ordenadores con el símbolo del euro, pasando por los potentes programas de contabilidad de las empresas. IBM calcula que el coste para las empresas que hacen negocios en todo el continente ascenderá a unos 175 000 millones de dólares.

Y el cambio del euro no sólo afectará a los países que lo adoptaron en primer lugar. La Unión Europea es el primer socio comercial de Gran Bretaña, y mientras el gobierno británico adopta la filosofía de mirar los toros desde la barrera, las empresas británicas que hacen negocios con el continente acabarán comprobando que vale la pena cambiarse al euro cuanto antes por cuanto las grandes empresas continentales ya lo habrán adoptado. Philips Electronics y Siemens son dos de las empresas que empezaron a operar en euros desde el momento en que se implantó la nueva moneda. Y arrastraron a legiones de proveedores y clientes.

... Y turbulencias dentro de una UE en expansión

Un informe confidencial encargado por Jacques Santer (el entonces presidente de la Comisión Europea) y filtrado a los medios de comunicación en verano de 1999 puso de manifiesto que la UE ha perdido la confianza de los ciudadanos de sus quince países miembros. Las acusaciones de corrupción que acabaron provocando la dimisión de la mayoría de los comisarios de la UE son una de las razones de que el público europeo desconfíe de la institución. El propio tamaño de la burocracia —sólo en Bruselas trabajan unos dieciséis mil funcionarios— es otra. Los europeos consideran que la armonización de legislaciones y la normalización de las leyes para todo el continente es simplista y por consiguiente inadecuada. El informe sugiere que los europeos son cada vez menos proclives a aceptar los hechos consumados.

La mayoría de los quince miembros de la Unión Europea puede ponerse de acuerdo cuando se trata de votar sobre asuntos clave relativos a la dirección de la política de la UE. Sin embargo, el Reino Unido está más lejos que nunca de tomar una decisión sobre la cantidad de soberanía nacional que está dispuesto a ceder en beneficio de «una unión cada vez más estrecha». Y tres de las naciones más ricas de Europa, Islandia, Noruega y Suiza, junto con el diminuto principado de Liechtenstein, se han resistido hasta ahora a todas las presiones para entrar en la Unión, por diferentes razones.

Pese a todo, la UE sigue creciendo. Constituida actualmente por quince de las naciones más ricas del continente europeo, la UE está estudiando las solicitudes de ingreso de doce países más, diez de ellos de Europa central y del Este. Detrás de esas doce naciones se alinea una segunda fila de solicitantes. Cada solicitante debe convencer a la UE de que practica la libertad, la democracia, el respeto a los derechos humanos y de que se somete al gobierno de la ley. La mayoría de los observadores consideran que Turquía es la que tiene más dificultades para cumplir estos criterios. Las naciones más pobres, como Rumania, Bulgaria y Hungría, son naturalmente las que más desean entrar en la Unión. Por su parte, Letonia está tan decidida a entrar que insertó anuncios en la prensa de Bruselas que aseguraban «Letonia está más cerca de lo que usted cree».

El proceso de ingreso ha sido fuente de algunas hostilidades. Los países más pequeños no quieren sacrificar parte de su poder por razón de su tamaño. Los países ricos (por ejemplo, Alemania, Holanda y Suecia), que son los mayores contribuyentes al presupuesto de la UE, están preocupados por sus inversiones, mientras que los países más pobres (por ejemplo, España, Portugal y Grecia) temen verse forzados a aceptar una parte menor de las ventajas de la UE. Francia está preocupada por las subvenciones a su agricultura. Sin embargo, se espera que siga adelante la ampliación de la UE con la incorporación de naciones más inestables.

Los jefes de las misiones negociadoras de los seis países candidatos a la UE, Chipre, República Checa, Estonia, Hungría, Polonia y Eslovenia, confían en que las negociaciones finalicen hacia 2001, por más que la unión real no se produciría hasta 2003 o más tarde. Estonia, Polonia y Hungría son los que tienen más probabilidades de entrar los primeros. Malta, elogiada por la Comisión Europea en marzo de 2000 por sus progresos, tiene posibilidades de entrar en la siguiente oleada.

El separatismo y el auge de la derecha

Si todo *yin* tiene su *yang*, entonces el contrapunto de «Una Europa» son el creciente separatismo y los cada vez más mumerosos simpatizantes de los partidos de extrema derecha, y algunas regiones dispuestas a reasumir sus identidades nacionales. En España, los vascos, los catalanes y los gallegos tienen sus propias lenguas diferenciadas y se consideran entidades aparte. En Italia, la Liga

Norte anima al norte rico a separarse del sur más pobre, si bien la retórica extremista de las organizaciones ha acabado por desalentar a los votantes. Los kurdos reclaman su autonomía respecto de Turquía, y en Bélgica el partido de la derecha Vlaams Blok quiere que los flamencos de lengua holandesa se separen de los valones de lengua francesa. Incluso Bran Bretaña, que tiene uno de los sistemas de gobierno más centralizados del mundo, ha adoptado finalmente una estructura más descentralizada. Escocia tiene ahora su propio parlamento y capacidad de recaudación tributaria, y Gales tiene su propia asamblea, si bien no ha recibido todavía poderes sobre la legislación básica. No es probable que se produzca una división de los países, pero el desplazamiento del poder de las capitales hacia las diferentes regiones es una tendencia que muchos analistas están observando con atención.

En Austria, el éxito del Partido de la Libertad, de extrema derecha, en las elecciones generales de 1999, fue motivo de preocupación en gran parte de Europa. En una de las naciones más prósperas y estables de la región, el 27% de la población votó a Jörg Haider, un político que ha alabado la eficacia de la política de empleo de Hitler y que dijo a los veteranos de las SS que eran personas honradas. La mayor preocupación política del Partido de la Libertad son los inmigrantes ilegales. Cuando el líder del Partido Popular austríaco, Wolfgang Schüssel, anunció que esperaba pactar con el partido de Haider, los catorce miembros restantes de la UE amenazaron con aislar a cualquier gobierno austríaco en el que participase el Partido de la Libertad. (A partir de entonces, Haider dimitió como presidente del partido.)

Pese a esta oposición, Austria no es la única que se desplaza hacia la derecha. En Suiza, el 23% del electorado votó al Partido Popular suizo, de extrema derecha, y en Noruega, el Partido del Progreso ha obtenido rutinariamente el 15% del voto en los últimos años. En la ciudad checa de Usti nad Labem, al norte del país, los habitantes, ayudados por las autoridades municipales, levantaron un muro que los separa de sus vecinos gitanos, que representan el 15% de la población local. La Unión Europea pidió su inmediato derribo, advirtiendo al gobierno checo que si no actuaba rápidamente pondría en riesgo sus posibilidades de ingresar en la UE. Algunos miembros del gobierno insisten en que no ven por qué el muro es un problema.

El giro hacia la derecha está alimentado por factores como el desempleo, el miedo a la globalización y la desconfianza hacia los inmigrantes. En Italia, la separatista Liga Norte utiliza el lema «Un voto más por la Liga, un albanés menos en Milán».

¿Estará viendo Europa un resurgimiento del fascismo? Algunos analistas insisten en que es impensable, señalando que, si bien los partidos xenófobos de Dinamarca, Bélgica y Francia pueden atraer cantidades importantes de votos en las ciudades deprimidas donde escasea el trabajo, la pobreza es aguda y el índice de inmigrantes alto, no se acercan nunca a la posibilidad de detentar el poder político real.

Cuestiones de inmigración

Para los viajeros transfronterizos que viajan por Europa, la situación ha vuelto finalmente a como estaba hace un siglo, cuando era posible ir de un país a otro del continente sin necesidad de pasaporte.

Según el tratado de Schengen, se han suprimido los controles fronterizos entre varios países de Europa, pero algunos de ellos están reconsiderando ya el paso que han dado. Ahora, la gran preocupación es que se carece de líneas secundarias de defensa para detener a los inmigrantes ilegales o indeseables. Una vez que estas personas se introducen en uno de los países, pueden viajar sin impedimento por todos los demás. Lo que más preocupa son las actividades de las bandas de delincuentes organizados que hacen ahora su agosto con el contrabando de inmigrantes ilegales, así como con el tradicional contrabando de drogas, armas y dinero. De acuerdo con el profesor Ernesto Savona, director del Instituto de Investigación Transcriminal italiano, la mafia albanesa se ha fortalecido tanto que incluso ha expulsado a la mafia italiana, su antiguo patrón y hermano mayor, del lucrativo negocio del tráfico de inmigrantes. A los países de la UE les va a ser muy difícil mantener el ideal de Schengen de libre circulación de las personas sin adoptar leyes de inmigración y asilo más restrictivas.

Los europeos están inquietos ante la perspectiva de tener una interminable riada de inmigrantes económicos y solicitantes de asilo agolpándose a sus puertas. En Gran Bretaña, Francia, Bélgica y Holanda, los inmigrantes llegaban tradicionalmente de sus antiguas posesiones coloniales. Muchos de los inmigrantes llegados a Alemania proceden de Turquía y entraron en el país como «trabajadores invitados». Algunos son inmigrantes económicos que buscan una vida mejor en la UE, mientras que otros, como los kurdos turcos, son refugiados que piden asilo político. Según las cifras de la Organización para la Cooperación y el Desarrollo Económico (OCDE), algunas naciones europeas están recibiendo un mayor flujo inmigratorio de Europa central y del Este y de la antigua Unión Soviética. Un número mayor de inmigrantes asiáticos están llegando a los países nórdicos, y los refugiados de la antigua Yugoslavia completan el panorama general de la inmigración.

Para tratar de entender las cuestiones relacionadas con la inmigración, es importante saber que en gran parte de Europa las pequeñas diferencias tienen su importancia. No es infrecuente oír cómo la gente de una ciudad dice que la de la ciudad vecina, a unos kilómetros de distancia, habla de una manera graciosa o come cosas raras. Por eso no sorprende que la presencia de inmigrantes que son real y notablemente diferentes dé sobradas oportunidades para el choque de culturas, sobre todo si los inmigrantes llegan en gran número y constituyen comunidades cerradas. Y a veces se plantea una oposición abierta a la inmigración basada en factores raciales. En España, por ejemplo, se han producido ataques a ciudadanos marroquíes, y en Alemania no son infrecuentes los ataques contra los turcos y los kurdos. En el Reino Unido ha habido disturbios raciales en los pueblos de la costa de Kent, que en el pasado habían sido centros donde se acogía con simpatía a los inmigrantes que llegaban a los puertos del canal de la Mancha.

Aparte del olor de las comidas foráneas y de los sonidos de las lenguas desconocidas, los principales temores son el hecho de que los inmigrantes vengan a trabajar, a ocupar los puestos de trabajo de los habitantes locales y a empujar a la baja los niveles salariales, o que no trabajen sino que vivan de los subsidios sociales del Estado. Las comunidades poco receptivas al cambio están sintiendo los efectos de las convulsiones económicas que sacuden el mundo y destruyen las industrias tradicionales, como los astilleros y la industria del acero, dejando en el paro a miles de personas. Para los desconcertados europeos es fácil señalar con el dedo a los inmigrantes, que a menudo se concentran en zonas donde vive también la población local más golpeada. Y también es una tentación para los partidos extremistas manipular los temores de los votantes, forzando incluso a los políticos moderados a elegir una línea más dura respecto de la inmigración, que sigue siendo un asunto candente para todos los países miembros de la UE.

Cabe esperar que la política europea de fronteras abiertas se vea sometida a una gran presión dentro del grupo de Schengen, mientras el Reino Unido les mira con aire de suficiencia y con una expresión de «nosotros ya os habíamos advertido». Pero en los próximos años no deberá sorprendernos que se produzca un cambio de perspectiva, esta vez para buscar formas de ayuda para que la inmigración contribuya más a la economía de los países de acogida. Más que un perjuicio, los «extranjeros» pueden ser la solución a muchos de los problemas futuros, e incluso puede que se la acabe propiciando en los próximos años. La OCDE informa de que los principales beneficiarios de la inmigración ilegal son las empresas que se aprovechan de la reducción de los costes de la mano de obra. En el nuevo siglo, Europa se enfrentará a problemas potencialmente graves asociados con el envejecimiento de la población y a la caída de la tasa de natalidad en algunos países. En Gran Bretaña, el porcentaje de personas cuya edad sobrepasa los 65 años es probable que suba del 15,7% de 1999 al 23,5% previsto para 2030. En Italia, que tiene una de las tasas de natalidad más bajas de Europa, se espera que el porcentaje de personas de más de 65 años suba del 17,6% de 1999 al 29,3% previsto para 2030. Y España, en plena revolución social tras la muerte de Franco, con una de las tasas más altas de divorcio y anticoncepción del mundo, experimentará un incremento de su población de mayores de 65 años del 16% del año 2000 hasta más del 22% en el año 2025, según las Previsiones Internacionales de Cambridge. Esto ha creado una situación de descenso del número de contribuyentes y de aumento del número de los que tienen derecho a recibir una pensión.

La lucha por la unificación

Es cierto que los europeos acabarán constituyendo un mercado destinado a compartir una moneda única, pero esto no significa que vayan a ser capaces de dejar de lado sus intereses nacionales particulares. Tampoco se desvanecerán fácilmente los estereotipos nacionales. Según Eurostat, la oficina de estadísticas de la UE, los europeos del sur siguen teniendo sobre sus socios del norte el estereotipo de que son padres solteros que abusan del alcohol y con tendencia a la depresión. Por su parte, los norteños piensan que sus primos mediterráneos son, en general, bajitos, malos conductores y fumadores empedernidos. Algunos de los estereotipos europeos más comunes tienen alguna base real. Por ejemplo, es verdad que el 65% de los bebés islandeses nacen fuera del matrimonio, y que a medida que nos desplazamos hacia el sur se reduce la tasa de hijos ilegítimos. Portugal y Grecia tienen la tasa más elevada de muertes en carretera, y es ocho veces menos probable que se suicide un griego que un finlandés.

Con características tan diversas, no es tan extraño que los europeos no hayan sido todavía capaces de decidir cuál es la mejor línea de actuación para el continente. Desde su creación hace más de cuarenta años, la Comisión Europea, órgano administrativo de la UE (antes Comunidad Económica Europea), ha luchado por introducir normas y directrices generales en una unión constituida por naciones muy diferentes entre sí. Esta tarea de redactar leyes de alcance europeo para gobernar más de veinte sectores económicos, tecnológicos, industriales, comerciales, sociales y medioambientales, nunca ha sido tarea fácil. Y con la proyectada ampliación para incluir a algunos de los países más pobres de Europa, la tarea probablemente va a complicarse todavía más. Las luchas actuales de poder entre los miembros de la UE se centran sobre una serie de asuntos preocupantes:

Control sanitario de los alimentos: Después de una serie de sustos como el de las vacas locas (EEB), el uso de aguas residuales para la alimentación animal, la contaminación por dioxinas y las cosechas modificadas genéticamente, la UE quiere crear una autoridad de ámbito europeo que se encargue de publicar advertencias y consejos de carácter científico, de prevenir las futuras crisis y de darles la respuesta oportuna. Esta autoridad podría encargarse de asegurar que todos los alimentos se producen con los mismos controles y supervisión sanitarios, con el fin de prevenir futuras disputas como la que provocó el rechazo por parte de Francia de la carne vacuna británica cuando surgió la enfermedad de las vacas locas.

Armonización fiscal: La coordinación de las políticas fiscales se ha convertido en una pesadilla monumental para los responsables políticos de la UE. Especialmente espinosa es la cuestión de un impuesto del 20% de retención sobre el rendimiento de los ahorros en toda la Unión, que ya se ha propuesto. Según la Agence France, Gran Bretaña se opone agresivamente a ello porque teme que se hunda el lucrativo mercado londinense de los eurobonos.

Reconocimiento de las titulaciones: De algunos años a esta parte, la UE ha tratado de establecer normas comunes sobre la educación y las titulaciones profesionales. El empeño sigue siendo difícil y lento, por eso la UE se inclinó por la idea de que las titulaciones nacionales podrían, en principio, ser reconocidas por los demás países de la Unión. En teoría, esto significa que los profesionales tienen libertad para ejercer en otros países de la UE. En la práctica, no siempre es así. Esto lo ilustra muy bien la decisión de la Comisión Europea de llevar ante el Tribunal Europeo de Justicia de Luxemburgo a España, Holanda, Irlanda y Portugal por incumplimiento de las leyes de la UE que establecen el reconocimiento de los diplomas y cursos de formación de médicos, enfermeras, odontólogos y administradores hospitalarios.

Chocolate legítimo: Aunque se trata de una cuestión aparentemente menor, es un buen ejemplo del tipo de conflictos que surgen cuando las naciones se unen. Los países de la UE han debatido durante años sobre cuáles deben ser los ingredientes del chocolate para que se lo pueda denominar «auténtico». Tradicionalmente, el chocolate británico tiene un contenido más alto de grasas vegetales y menor de cacao (por eso su producción cuesta menos), y ha sido rechazado como auténtico chocolate por los puristas de Bélgica y Holanda. Por ahora se ha alcanzado un compromiso: el chocolate del Reino Unido se venderá en todos los países de la UE, pero bajo la denominación de «Chocolate familiar con leche», y todos los productos de chocolate deberán llevar etiquetas donde se enumeren claramente sus ingredientes.

Privatización postal: A raíz de la acusación del servicio postal británico contra su homólogo alemán por usar indebidamente su predominio en Alemania para bloquear la competencia, la UE lanzó la propuesta de liberalizar todavía más un mercado postal que mueve 31 000 millones de libras, de modo que en 2003 los operadores postales podrán competir en el transporte de las cartas que pesen más de cincuenta gramos. La propuesta abriría a la competencia el 27% del monopolio postal actual.

En el futuro se librarán más batallas de este tipo, pero las pruebas sugieren que, por más que se enciendan las pasiones, es totalmente improbable que se desencadene una guerra comercial entre los países europeos.

Tendencias

¿Será el inglés la *Lingua Franca*?

Resumiendo, en la Europa del año 2002 se podrán cruzar fronteras sin apercibirse de ello y sólo será necesario un tipo de moneda. Pero ¿qué lengua habrá que hablar? Cada vez hay más probabilidades de que sea el inglés. Un número creciente de europeos está decidiendo que si se ve obligado a invertir tiempo y dinero en aprender una segunda lengua, lo ideal es que sea la que tenga un uso más extendido tanto dentro como fuera la de UE.

Los europeos ya tienen antecedentes en esto de compartir una lengua. Durante más de mil años, hasta los primeros siglos del segundo milenio, las personas de cultura de todo el continente hablaban variantes del latín, la lengua impuesta por los romanos. El francés, el italiano, el español, el portugués y el catalán modernos son descendientes del latín.

Durante buena parte del segundo milenio, los europeos hablaron una amplia variedad de dialectos locales. No fue hasta la consolidación de las modernas naciones-Estado y de la escolarización pública que cuajó la idea de la normalización de las lenguas nacionales, lo que permitió a las personas de diferentes partes del mismo país comunicarse entre sí. Pero la lengua no es sólo un medio de comunicación, también es el depósito de la cultura, la identidad y el orgullo de una nación.

El francés fue la lengua dominante de la Comunidad Europea hasta la incorporación del Reino Unido en 1972; a partir de entonces, el inglés empezó a ser una amenaza. A partir de la incorporación de los países escandinavos en 1995, el inglés empezó a usarse todavía más. Un artículo aparecido en *Electronic Telegraph* ponía de manifiesto un informe según el cual la existencia de más de un billón de páginas de documentos de la UE confirmaba que el inglés había tomado la delantera. Si bien hay once lenguas oficiales en la UE, las reuniones de la Comisión Europea (parte de la burocracia de la nueva Europa «unificada») se desarrollan en sólo tres: inglés, francés y alemán.

Las naciones más pequeñas, como los países escandinavos y Holanda, han asumido plenamente que sus lenguas sólo tienen interés nacional. Incluso Italia pareciera que no tiene aspiraciones internacionales para su propia lengua. No ocurre lo mismo con Alemania, Francia y España, donde las lenguas nacionales respectivas tienen el carácter de abanderadas de la cultura del país, y gozan de todo el apoyo del gobierno para detener lo que se califica de un deslizamiento insidioso hacia el inglés.

Más de la mitad del presupuesto cultural del Ministerio de Asuntos Exteriores de Alemania se dedica a promover la lengua y la cultura alemanas en el exterior, a través de 180 escuelas de alemán con una dotación de 2 200 profesores y especialistas. Casi 170 institutos Goethe, financiados por el Estado, emplean a 750 personas en 78 países para apoyar la causa.

Francia también se toma muy en serio su lengua y hace todo lo que puede por contener la marea del inglés. Cuenta con una institución muy respetada, la Académie Française, que regula el uso correcto de la lengua y ha establecido restricciones legales para el uso del inglés en las comunicaciones de la administración pública. Además, Francia dirige un foro internacional de 49 países francófonos.

A principios del año en curso, Francia elevó una protesta oficial ante la Comisión Europea por el modo en que el inglés está reemplazando al francés como lengua primaria de trabajo. Como parte de su campaña, Francia ha dejado claro que bloquearía el nombramiento del próximo presidente de la Comisión Europea si no hablaba correctamente el francés.

A pesar de estas medidas, y para bien o para mal, el inglés se está convirtiendo en el estándar de la industria, en gran medida del mismo modo en que VHS acabó siendo el videocasete estándar y MS-DOS, Wintel y TCP/IP los estándares de la informática. Tal vez se deba al hecho de que el inglés evolucionó como un crisol de las principales lenguas europeas. O tal vez sea porque es un «idioma abierto» que no pertenece a ningún país.

The New York Times informaba de que la juventud francesa acude en masa a Gran Bretaña para mejorar sus conocimientos del inglés, que tienen una gran demanda en buena parte de Europa, pero que se consideran una amenaza para la primacía del francés en su propio país. Holanda ha rentabilizado con éxito el dominio del inglés que tienen los holandeses para promocionarse como emplazamiento ideal para el establecimiento de sedes europeas de las empresas multinacionales.

Paradójicamente, mientras los europeos adoptan el inglés como lengua comercial, muchos se sienten más capaces que nunca de volver a sus lenguas minoritarias y dialectos nacionales. La diversidad lingüística se está abriendo camino en Europa. En España, la juventud catalana, gallega y vasca ha crecido en un ambiente general propicio al aprendizaje y al uso de las lenguas que fueron prohibidas bajo el régimen del general Franco. En Italia, se ha descubierto recientemente que el italiano no estaba oficialmente establecido como lengua nacional. Pero los legisladores italianos, según un despacho de la BBC, al tiempo que corregían el entuerto, aprovecharon para otorgar reconocimiento oficial a dieciocho lenguas y dialectos regionales.

A pesar de su fama de estar dominada por el inglés, Internet está proporcionando un medio de difusión barato a los hablantes de las lenguas minoritarias de toda Europa y de fuera de ella para que puedan asomarse a la red en idiomas que van desde el albanés hasta el galés. Visite www.partal.com/ciemen/europe.html para ver los enlaces con las diferentes «alternativas de lenguas extranjeras» disponibles *on-line.*

En el nuevo milenio veremos como los europeos aplican el concepto «localismo global» al lenguaje. Para la comunicación funcional global, el inglés empieza a perfilarse como la mejor opción. Para los fines locales, personales y culturales, las lenguas locales seguirán siendo el billete de entrada a los mundos paralelos. Los perdedores de este proceso serán los pobres diablos que hablen sólo una lengua.

España, cada vez mejor

A veces cuesta trabajo imaginar que hace menos de tres décadas España era una dictadura encabezada por el general Franco. Ahora es una nación próspera y moderna con ciudades como Barcelona y Madrid, que atraen a la juventud de todo el mundo. La economía ha crecido rápidamente y la tasa de desempleo ha descendido desde el 23% del año 1996, cuando fue investido presidente del gobierno José María Aznar, al 15% en el año 2000.

En un reportaje sobre el «Avance de España», *Business Week* enumeraba las siguientes razones como elementos básicos del éxito reciente del país: la incorporación de España al euro está facilitando la recaudación de dinero para nuevas adquisiciones; el gobierno de Aznar ha bajado los impuestos, liberalizado la legislación laboral y privatizado las empresas públicas; América latina es un terreno abonado para la expansión de las grandes empresas españolas; y los directores generales españoles son en su mayoría jóvenes, formados en EE. UU. y versados en las nuevas tecnologías. Además, en el panorama político español —a pesar de las tensiones regionales (en Cataluña y especialmente el País Vasco)— se está librando una batalla dialéctica por la apropiación del centro. «Nosotros somos un partido reformista de centro», declaraba Aznar a *The Economist*, haciéndose eco de la retórica de su amigo Tony Blair. El Partido Popular ganó por mayoría absoluta las elecciones de marzo de 2000, y se espera que use esta recién adquirida independencia para tomar posiciones más atrevidas sobre el bienestar, la legislación laboral y el sistema tributario.

Una meca del turismo revitalizada

Asociada en el pasado, en los medios turísticos, con las vacaciones organizadas baratas, España se ha reinventado a sí misma como un destino turístico elegante. En la actualidad, este hermoso país está dinamitando los hoteles tipo rascacielos de hormigón construidos en el pasado en todas las costas, y está tratando de persuadir a los consumidores de que abandonen las abarrotadas playas y se dirijan a las montañas de tierra adentro para saborear el turismo verde, según un informe del Cambridge International Forecasts.

España también se está dando a conocer a los viajeros de Singapur, Australia y el Extremo Oriente promocionando sus comidas, sus paisajes y su comercio. No se ha dejado nada fuera de la mezcla, incluyendo su increíble arquitectura. Hasta la inauguración del museo Guggenheim, por ejemplo, Bilbao era un puerto industrial en declive. En los apenas dos años que lleva abierto el museo, el turismo en el país vasco español aumentó un 28%. Estos programas promocionales parece que dan su fruto. Según la Organización Mundial de Comercio, España es actualmente el segundo destino turístico más popular del mundo (después de Francia), con casi 48 millones de visitantes anuales. Y no es sólo el turismo foráneo lo que mantiene tan alto el perfil turístico español. Los viajes nacionales también están en alza, en la medida en que los consumidores españoles pasan las vacaciones de fuera de temporada en su propio país.

A la conquista del mundo de los negocios

Otro pasatiempo popular en España es la conquista de los mercados mundiales. Los negocios ocupan el primerísimo lugar en la agenda actual del país, e incluso los que se van de vacaciones meten en la maleta el teléfono móvil y el ordenador portátil junto con la crema bronceadora. Entre las tendencias empresariales que The Intelligence Factory ha rastreado en España están:

Cultura inversionista: El sector español de los fondos de inversión se multiplicó por más de tres entre 1995 y 2000, hasta alcanzar los 280 000 millones de dólares, y casi una quinta parte de los españoles es accionista. De especial importancia ha sido el lanzamiento por parte de la Bolsa española del Latibex, un mercado en euros para los principales países de América latina. Mientras se escribe esto, el Latibex negocia siete valores bursátiles, entre los que se cuenta Teléfonos de México, y su meta es ampliar el número hasta treinta.

Adquisiciones en América latina: En 1999, las inversiones directas al otro lado del océano se multiplicaron por más de dos, y actualmente España ha desplazado a EE. UU. como primer inversor en América latina. Entre 1995 y 2000, los españoles inyectaron más de 56 000 millones de dólares en la región. Telefónica de España es actualmente la primera empresa latinoamericana de telecomunicaciones, después de haber invertido allí 10 900 millones de dólares en distintas adquisiciones. Y los dos mayores bancos españoles han invertido, en conjunto, más de 15 000 millones de dólares para convertirse en los más importantes de la región. El gigante español de la electricidad, Endesa, es la empresa de servicios públicos más grande de América latina, con sus nueve millones de clientes cautivos. También la empresa española Mapfre es la mayor compañía de seguros del continente.

Expansión en EE. UU.: Juan Villalonga, el hasta hace unos meses joven presidente de Telefónica de España, se lanzó con decisión a tomar participaciones en una docena de empresas telefónicas de América latina, proveedores de servicios de Internet y portales. En marzo, compró una de las empresas de medios de comunicación más grandes de Europa, el grupo holandés Endemol Entertainment Holding. Ahora, después de haber comprado el portal español líder en Internet, Olé, por treinta millones de dólares y de haberlo rebautizado como Terra Networks, ha puesto su mirada en EE. UU. Y en una jugada histórica —era la primera vez que una empresa europea compraba una empresa Web estadounidense— Terra Networks anunció en mayo de 2000 la adquisición de Lycos, un portal de Internet con base en EE. UU. Terra Networks también firmó un acuerdo de contenidos con Bertelsmann, constituyéndose en competidor de AOL en EE. UU. y acercándose al mercado hispanohablante de EE. UU.

Los españoles visten al mundo: Un sector en el que la recuperación de España ha empezado a producir efectos espectaculares es el de la moda. Los principales protagonistas son Mango (de cuya tienda de Londres se espera que llegue a facturar más de cuatro millones de libras al año); Zara, cuyas innovadoras tiendas se han ganado una clientela fiel en París, Londres y Nueva York, y Camper, una firma de calzado de Mallorca que calzó a los británicos con 105 000 pares de zapatos en 1999. Armand Basi, la elegante marca española que suministra el vestuario para las películas de James Bond, y que tiene entre sus clientes a Noel Gallagher y a Kevin Spacey, surte a setenta tiendas de Gran Bretaña. Zara, una empresa valorada en 1 900 millones de dólares, es un caso muy especial de éxito. Su secreto está en captar rápidamente los nuevos conceptos en las calles de París y Londres y en las pasarelas de Milán, lanzando los nuevos diseños en sus 415 tiendas dos veces por semana. Siete días más tarde, los que no tienen salida son sustituidos por artículos de mayor venta.

La central económica europea

La economía de Europa está empezando a crecer y a cobrar velocidad. Los economistas y los legisladores consideran que la introducción del euro, la baja tasa de inflación, la rápida productividad y el aumento espectacular de la oferta de empleo ponen a Europa ante su mejor oportunidad, desde hace muchas décadas, de crecimiento económico. Se predice que la inflación bajará al 1,7% en 2001, y se pretende que el desempleo baje del 8,5 al 7,9% en toda la UE. En abril de 2000, la Comisión Europea informó de un aumento del 5% en la confianza entre los consumidores de la UE y en la confianza general en la marcha económica en todos los países miembros.

De acuerdo con *The World Competitiveness Yearbook,* publicado por el Instituto para el Progreso de la Dirección, de Lausana, la economía irlandesa tiene la mayor tasa de crecimiento de Europa, con un 8,6% de aumento del PIB en 1999. Por su parte, la economía francesa creció un 2,7% en 1999 y el país informa de que está creando puestos de trabajo a una tasa proporcionalmente igual a la de EE. UU.; en julio de 1999 más franceses dejaron de cobrar el subsidio de paro que en ningún otro mes desde mediados de 1993. Italia, según el mismo anuario, está metida en un plan de reforma del gobierno, y otros informes sugieren que su recaudación tributaria ha aumentado en un 17%, lo cual indicaría un incremento de los beneficios empresariales. Los Estados de Europa central, según indica con satisfacción el anuario, reflejan también prometedoras perspectivas económicas, especialmente Hungría, Eslovenia y Polonia. Incluso el PIB de Rusia ha experimentado un crecimiento del 3,2% en 1999.

La banca europea dispone actualmente de abundante liquidez. Con la introducción del euro, desaparece el riesgo de divisa que anteriormente asumían los bancos en los préstamos transfronterizos. Es de esperar que se produzcan megafusiones transfronterizas en el sector de la banca, los minoristas, los seguros, el automóvil y la industria farmacéutica, según declara la empresa de gestión de fondos TIS Group.

Sin embargo, para convertirse en una auténtica región en auge,

Europa debe invertir más dinero y recursos en las industrias de alta tecnología. Cuando estábamos escribiendo la primera edición de este libro en 1997, los analistas empezaban a hacer sonar las alarmas por la escasez de inversiones europeas en tecnologías de la información, en comparación con EE. UU. De cinco años a esta parte, esas alarmas han sido tenidas en cuenta, sobre todo en los países del norte de Europa tecnológicamente preparados, y el Reino Unido, Irlanda, Suiza, Finlandia, Holanda y Suecia, que se han lanzado a las nuevas tecnologías como los patos al agua. Suecia es uno de los inversores más fuertes: dedica a la investigación y desarrollo tecnológicos el 3,59% de su PIB, y el país cuenta con 78 investigadores de tecnología por cada 10 000 habitantes.

La Unión Europea también se está moviendo rápidamente para derribar las barreras que aún impiden el crecimiento económico impulsado por la tecnología. Sus medidas de «Nueva Economía» incluyen el recorte de los costes de acceso a Internet, la conexión de todas las escuelas a Internet en 2001 (y concluir una formación importante del profesorado en 2002), y suscribir programas para alentar la inversión en investigación y desarrollo.

Entretanto, los capitalistas de riesgo están inundando la UE. Según informó *The Wall Street Journal*, «Los gestores de los fondos de capital están en plena expansión. Los capitalistas de riesgo anuncian beneficios récord, los nuevos inversores hacen cola para ofrecer su dinero a los fondos, los empresarios están pletóricos de nuevas ideas, los mercados de acciones se mantienen a flote y el sector del capital de riesgo consigue llevarse la parte del león de los presupuestos en las cumbres políticas de la Unión Europea.» El inversor AB, por ejemplo, anunció que había reservado 3 000 millones de dólares para capital de riesgo y para compras. El fondo europeo de compra Hicks Muse Tate & Furst, por ejemplo, cerró a 1 500 millones de dólares en marzo de 2000. Viventures, una división de Vivendi SA (desde que adquirió Seagram), ha aumentado su segundo fondo hasta 400 millones de euros. Con beneficios del 23,5% para los fondos europeos de capital de riesgo en 1999 (un aumento de casi el 5% respecto del año anterior) y del 33,5% para los fondos de compra (un aumento de más del 12%), no es de extrañar que Europa esté en un gran momento.

CAPÍTULO III

Asia se hace independiente

Hace cien años, enormes porciones de Asia estaban bajo el dominio colonial o la dominación extranjera. En su mayor parte, sólo Tailandia y Japón podían considerarse naciones soberanas, y esa situación se prolongó durante casi cincuenta años, hasta mucho después de finalizada la segunda guerra mundial.

En la actualidad, a comienzos del siglo XXI, el continente ha vivido ya varias décadas de cambios extraordinarios y rápido desarrollo. Muchos asiáticos disfrutan niveles de educación y de riqueza que superan con mucho los de sus antiguos señores coloniales. El penúltimo vestigio de la dominación extranjera desapareció en la medianoche del 30 de junio de 1997, cuando los británicos devolvieron Hong Kong a China, poniendo fin así a lo que los chinos denominaron «150 años de vergüenza». En ese momento quedaba sólo Macao, diminuta colonia portuguesa desde 1557, asentada en la bahía de Hong Kong, como último vestigio de los imperios coloniales europeos en Asia. Pero también fue devuelta a China en diciembre de 1999.

Ahora los asiáticos controlan su propio destino. Y la respuesta de la región a las numerosas e importantes cuestiones que tiene planteadas será de importancia crítica para configurar ese destino y determinar qué tipo de siglo será el que empieza.

Tendencias: La redefinición de «asiático»

Las fronteras nacionales están establecidas internacionalmente, mientras que los nombres de los lugares varían de un país a otro. Por ejemplo, lo que los occidentales llamamos Próximo Oriente, los malayos lo denominan Asia Occidental. Para nuestros fines, los países asiáticos a los que se hace referencia en este capítulo son los que se extienden desde las zonas nevadas del norte de Japón hasta el ecuador y todavía más allá, incluyendo el calor tropical permanente de Indonesia. El panorama religioso presenta la misma variedad, y va desde el confucianismo del norte, el catolicismo de Filipinas, las numerosas variedades del budismo y la creciente devoción por el islam del sur, hasta la reciente implantación en China y Vietnam de la «religión secular» del marxismo.

Las conversaciones mantenidas con personas de la región dan pocas pistas sobre qué les define como «asiáticos». Para algunos se trata de una elegancia y una suavidad de maneras que contrastan con el estilo más abrupto y agresivo de los occidentales. Para otros es el lugar destacado que el cultivo y el consumo del arroz han tenido en sus respectivas culturas. Para otros es incluso una cuestión de proximidad y unidad geográfica, pese a que la inmensa mayoría de la gente de la región nunca ha viajado al exterior. Algunos citan los manidos «valores asiáticos», que significan respeto a la autoridad y a la edad y disponibilidad para poner los intereses del grupo por encima de los individuales.

A pesar de todo, hay rivalidades ideológicas e históricas que amenazan la estabilidad de la región e incluso la paz mundial. Repárese en el conflicto entre la India y el Pakistán, que un observador describió como «dos naciones unidas por la historia, pero divididas por el destino [que se comportan como] hermanos separados». En el último medio siglo, las dos naciones han ido a la guerra en tres ocasiones, dos de ellas por la disputada región de Cachemira. Su conflicto es más peligroso ahora que ambas son potencias con armamento nuclear. Y está también la enemistad entre Taiwan y China, y entre las dos Coreas. Las tensiones entre

China y Taiwan siguen siendo acusadas, y el progreso de China en la escena económica internacional podría resultar amenazado si los ejercicios militares con ruido de sables que se llevan a cabo cerca de las costas de Taiwan se convirtieran en algo más serio. En el momento en que escribimos este libro, las conversaciones entre Corea del Norte y Corea del Sur han sido presentadas como la primera señal auténtica de cicatrización de las heridas en varias décadas. Sin embargo, las dos naciones no han declarado todavía el fin de su guerra.

En última instancia, ser asiático puede ser una cuestión de elección, una cuestión de identificación con las cuestiones, los intereses y la sensibilidad de las demás personas de la región, de hacer causa común con ellas. Y cualquier evolución que se produzca en la conciencia de Asia no procederá sólo del comercio de bienes, sino también de la puesta en común de las ideas y la cultura. Porque, si bien Asia es un poderoso exportador de bienes manufacturados, también sigue siendo un gran importador de productos de ocio y estilo, incluidas las películas de Hollywood, la música pop, la moda de los diseñadores, el software de los ordenadores, y el deporte (aunque el boxeo estilo Thai ocupa un lugar favorito en EE. UU.). El estilo de vida y los valores siguen estando mediatizados por los productos y los medios de comunicación occidentales, y Asia tendrá que trabajar con empeño para integrar identidades culturales milenarias con la realidad de la vida moderna. El resultado más probable será la aparición de un híbrido, mezcla de conciencia global y creatividad y confianza asiáticas. En el futuro, es probable que asistamos a un nuevo siglo de vida intelectual y creatividad asiáticas, en el que las series de televisión vietnamitas acaparen audiencias máximas en Indonesia; las estrellas indonesias del pop llenen los estadios de Tailandia; los diseños de la moda Thai se vendan como churros en Londres y Nueva York; y las películas de origen chino rompan los récords de taquilla en toda Asia, mientras las ciudades de ultramar se pueblan con habitantes asiáticos.

Presente y futuro

La recuperación económica... ¿hasta cuándo?

Gran parte de Asia parece estar recuperándose de la grave crisis financiera que golpeó la región hace sólo unos años. Las celebraciones de la devolución de Hong Kong de 1997 quedaron oscurecidas casi inmediatamente por meses de titulares en la prensa anunciando una crisis económica regional que no hacía más que crecer, al mismo tiempo que los bosques de Indonesia ardían sin control y envolvían a gran parte del sureste asiático en una asfixiante humareda. En mayo de 1998, la economía de Hong Kong llegó a su decimotercer año de declive e Indonesia estuvo a punto de dejar de atender al pago de su deuda. Los patrióticos coreanos del sur, golpeados por el abrupto declive de su economía «tigre», donaban sus joyas de oro para que fueran fundidas para ayudar a la causa. Japón, la potencia que en algún momento fue percibida como un desafío a la hegemonía económica estadounidense, vio como su economía entraba en la recesión más grave desde la crisis del petróleo de 1974 debido, en gran parte, al billón de dólares estimado en créditos fallidos. Y China se enfrentaba a la gigantesca tarea de convertir su decrépita e ineficiente industria en manos del Estado para cubrir las necesidades de una nueva economía en evolución que trataba de combinar las fuerzas del mercado con la planificación centralizada.

Pero en la primavera de 2000, las estadísticas empezaron a dibujar un panorama más alentador. Por dos veces consecutivas en el mes de mayo, Salomon Smith Barney elevó su previsión anual para el crecimiento regional de Asia, del 6,7 al 6,9% y luego al 7,1%. En Hong Kong, los resultados económicos crecieron hasta el 14,3% en el primer trimestre del año, la mayor subida desde 1987, y las economías de Corea del Sur y Singapur también experimentaron aumentos, empujadas por una súbita demanda en EE. UU. de ordenadores, de productos electrónicos y de productos textiles de la región. Singapur se dirige hacia el nuevo milenio con proyecciones de crecimiento en el 2000 que van de un conservador 5% a un más optimista 7,5%, pese a una retracción del sector financiero de la ciudad estado. La Comisión Estatal de Economía y Comercio de China preveía una vuelta a la estabilidad con un crecimiento del PIB del 7,5%, superior al 7,1% de 1999. Incluso el Japón registró un crecimiento del PIB del 2% en el primer trimestre de 2000, aunque el gasto de los consumidores permaneció inalterado a causa de las preocupaciones por la seguridad en el trabajo y por la magnitud de la deuda pública, así como por los temores a las implicaciones a largo plazo del envejecimiento de la población japonesa.

Este cambio de la suerte en Asia está dando lugar a que algunos analistas lamenten que la región pueda caer en la tentación de dejar a un lado la resolución de las cuestiones estructurales que fueron la causa del desplome anterior. El galopante exceso de inversión en bienes suntuarios como edificios de oficinas, hoteles y aeropuertos, consume ingentes cantidades de dinero que hubiera sido mejor invertir en la productividad futura. Además, la excesiva confianza del mundo de los negocios en las relaciones tradicionales, incluidas la familia y los amigos, a expensas de un verdadero mercado abierto, condujo a decisiones poco convenientes.

Un país que ha tomado medidas para adaptarse a la economía global es Corea del Sur, que no es ajeno a los intereses personales ni a los trapicheos familiares a puerta cerrada que han caracterizado a las economías asiáticas en los últimos años. En su determinación de pasar por encima de su vecino Japón, su antiguo colonizador, Corea del Sur se está tomando muy en serio las medidas disciplinarias del Fondo Monetario Internacional (FMI). La crisis de 1997 convenció a este país de los inconvenientes que trae rechazar la inversión extranjera. Sólo en los primeros diez meses de 1999, la inversión extranjera directa en Corea del Sur se puso en el 85% con 10 250 millones de dólares.

Según han destacado los comentaristas, las consecuencias sociales de la crisis económica y los ajustes en el estilo de vida y en los modos de trabajo que está experimentando la región son una amenaza potencial. En los últimos veinte años, Asia ha gozado de una gran estabilidad y paz, habiéndose centrado los asiáticos más en obtener beneficios materiales que en el activismo político o social. Sin embargo, el retraso en conseguir una mejora del nivel de vida podría disparar la inquietud social, como se vio en Indonesia a partir de la segunda mitad de 1997. Esto es especialmente preocupante en China, donde se produjo uno de los incidentes más explosivos de violencia laboral en febrero de 2000, cuando más de veinte mil trabajadores y sus familias hicieron frente a la policía y al ejército en la ciudad minera norteña de Yangjiazhangzi. Frustrados por la pérdida de sus puestos de trabajo y por la corrupción de los industriales, que supuestamente habían desviado las ganancias en su propio beneficio y en el de sus compinches, los trabajadores del molibdeno tomaron las calles después de reclamar la paga de casi un año que se les adeudaba y después de rechazar una indemnización por despido que consideraban inadecuada. Estas escaramuzas pueden hacerse más frecuentes: el Ministerio de Trabajo de China calcula que unos 11,5 millones de los doscientos millones de trabajadores industriales urbanos con que cuenta el país podrían perder su puesto de trabajo hacia finales de 2000, del mismo modo que podrían cerrarse miles de minas, fábricas y talleres en la transición del socialismo de Estado. Los cálculos del Banco Mundial son todavía más pesimistas y la previsión apunta a que aproximadamente un 35% de los 140 millones de trabajadores del sector estatal de China podrían acabar despedidos. Si la diferencia de ingresos entre los centros rurales y urbanos no se reduce, puede acabar produciéndose una tremenda conmoción social.

Entretanto, incluso tras la caída del presidente Suharto, Indonesia sigue siendo uno de los puntos conflictivos de la economía asiática. En 2000, su deuda pública será equivalente al 110% del PIB, muy por encima del 26% de hace apenas tres años, y con pocas pruebas de que el gobierno haga progresos a la hora de poner orden en las finanzas del país. Y al sector privado no le va mucho mejor. El Banco Mundial estima que casi dos de cada tres empresas indonesias es incapaz de generar liquidez suficiente para cancelar sus deudas, lo cual les cierra prácticamente las puertas de los mercados internacionales de capital.

En su mayor parte, siguen en pie los factores que se espera puedan depararnos un «siglo asiático»: una enorme población dotada de un gran dinamismo, dispuesta a trabajar para prosperar (y capaz de trabajar por menos de lo que lo hacen muchos de los trabajadores de los países del «mercado desarrollado»); confianza en el poder de la educación y de la formación; apoyo de la economía de mercado; valores colectivos y estabilidad social; autoconfianza en aumento, y enormes mercados, en su mayor parte todavía sin explotar, para las multinacionales preocupadas por expandirse. La región ya estableció toda una marca de progreso económico, y está muy claro que todavía está por demostrarse todo el potencial asiático.

La globalización de Japón

Para un mundo que estaba acostumbrado a la supuestamente imparable ascensión de Japón, S. A., la reciente recesión del país, la primera desde la crisis del petróleo de 1974, fue en cierto modo una sorpresa. En las postrimerías del siglo XX, los medios de comunicación y los medios académicos tomaron a Japón como modelo de sociedad industrial virtuosa con una población milagrosa mente solidaria y trabajadora. A todo lo largo y ancho del mundo, los países comparaban sus propias tasas delictivas y de ahorro con los bajos índices de criminalidad y las altas tasas de ahorro de Japón, se comparaban con sus niveles educativos, con la expectativa de vida de su población, con el éxito extraordinario de sus empresas y con la lealtad y disciplina de sus empleados.

La recuperación de Japón de las ruinas de la guerra no ha hecho más que corroborar la impresión de que los japoneses son especiales, diferentes en cierto modo del resto de los pueblos. En el propio país, la mitología de la «diferencia» japonesa tiene una amplia aceptación. Abundan los libros sobre la «nihonjinron» (teorías sobre la «japonesidad»). Y los japoneses citan con facilidad ejemplos de sus diferencias fisiológicas respecto de otros pueblos; diferencias de cerebro, sistema digestivo, sistema inmunitario y otros, que a menudo se usan como justificación de la complicada legislación gubernamental que regula la importación de alimentos y fármacos.

Durante siglos, esta sensación de ser diferentes ha alimentado la tendencia de Japón —y el país se ha alimentado de ella— a regular sus contactos con el mundo exterior, incluso hasta el punto de prohibir que los extranjeros pusieran los pies en el país durante más de doscientos años. Ese aislamiento total finalizó en 1854, cuando el comodoro Perry forzó al Japón a otorgar derechos de comercio, pero su legado permanece tanto en el sentido positivo como en el negativo. Por la escasa entrada de extranjeros en el país los japoneses raramente han tenido la necesidad de acomodar diferencias en su sociedad. Las novedades del exterior son bienvenidas, pero acaban invariablemente japonesizadas. En el lado positivo, el hecho de haber quedado librados a sus propios mecanismos ha dado como resultado una nación orgullosa de su homogeneidad. En su gran mayoría, la gente conoce y respeta las normas y espera comprender a los demás y ponerse de acuerdo con ellos. En el lado negativo, ha provocado que una buena parte de los japoneses esté poco preparada para conectar con la gente que no se ajusta a las normas japonesas; tal como lo expresa el dicho nacional tan a menudo citado, «Al clavo que sobresale hay que darle con el martillo». A pesar de que parte de esta solidaridad se ha ido desmoronando lentamente en los últimos años, lo cual se revela en aspectos como el menor respeto a los mayores y el incremento de oportunidades profesionales para las mujeres, no puede decirse que se haya producido un cambio de gran calado en el bloque social básico japonés.

En el actual panorama global, quedó patente que el aislacionismo japonés es una desventaja. Los japoneses ponen mucho interés en cultivar las relaciones con los demás japoneses y están poco preparados para establecer lazos con los extranjeros. Además, los japoneses que pasan algún tiempo fuera del país corren el riesgo de sentirse permanentemente desplazados cuando regresan a casa. Esto no es tanto una cuestión de aislamiento social como una incomodidad radical respecto de los que han salido del bloque social del aislamiento y de las normas y valores de la comunidad. Algunos japoneses de las generaciones más jóvenes, sobre todo mujeres, han mostrado el deseo incontenible de explorar otras culturas, y lo realizan acudiendo masivamente a clases de baile flamenco en Madrid y relacionándose con diferentes personas en Londres. En la actualidad, estos espíritus aventureros se apartan voluntariamente de la corriente general dado que las grandes corporaciones japonesas reclutan su personal directamente en las universidades y moldean a su estilo la experiencia vital de sus empleados. (Vale la pena citar que en una investigación sobre los trabajadores japoneses en Hong Kong, se observó que todos los hombres habían sido transferidos allí por sus empresas, mientras que todas las mujeres se habían trasladado voluntariamente en busca de mejores empleos.) En el futuro, la capacidad japonesa para conectar con el mundo dependerá cada vez más de su disponibilidad para volver a acoger a sus aventureros y para integrar sus experiencias en el tejido de la vida cotidiana.

Muy especialmente ahora, el país no puede permitirse alienar a su juventud, especialmente a las mujeres jóvenes. La expectativa de vida de las mujeres en Japón, cifrada en 84 años, es de las más altas del mundo, y su tasa de natalidad está entre las más bajas. Y el país envejece día a día a pasos agigantados. En 2005, el número de japoneses mayores de 65 años representará el 19,6% de la población, la tasa más alta de todas las del mundo. En 2015, uno de cada cuatro japoneses será mayor de 65 años. El gobierno ha destinado 99 000 millones de dólares para hacer frente al problema del envejecimiento y sigue esforzándose por modernizar el sistema impositivo, por mejorar su infraestructura de guarderías y por reforzar la cobertura de seguros para los mayores. Como medida adicional para fomentar la maternidad, se prepara una nueva ley que establecerá en más del doble el número de años que los padres con niños en edad preescolar tienen derecho a recibir ayudas del gobierno. Las empresas privadas también han tratado de incentivar el crecimiento de la población: la fábrica de juguetes Bandai, por ejemplo, ofrece una bonificación de 8 350 dólares a los empleados que celebren el nacimiento de un tercer o cuarto hijo.

Otra tendencia con implicaciones de largo alcance es el prolongado estancamiento económico de Japón, agudizado por la crisis asiática. En este momento se está cuestionando la viabilidad del famoso enfoque del país respecto del empleo que asegura un «trabajo para toda la vida». Los contratos de confianza y lealtad mutuas, reminiscencia del feudalismo, han sido la marca distintiva de las relaciones laborales en Japón. En el pasado, los empleados dedicaban sin pestañear la mayor parte de sus horas de vigilia a su empresa, a menudo en detrimento de su vida familiar. A cambio, la empresa cuidaba de sus empleados, haciéndolos subir en la jerarquía corporativa (tradicionalmente, las mujeres dejaban el trabajo al casarse).

Mientras que el resto del mundo industrializado ha pasado por una larga y dolorosa etapa de redimensionamiento y reestructuración, las empresas japonesas han hecho todo lo posible por evitar los despidos. Pero la continuidad de este tipo de seguridad laboral empezó a tambalearse con el cierre sin precedentes de la fábrica Nissan de Zama en 1995. Tres años después, cuando se hizo cargo del gobierno el primer ministro Keizo Obuchi, anunció que la tasa de desempleo había alcanzado el 4,3%, con lo que quedaba al nivel de la posguerra. (Según el *Business Week*, cálculos autorizados permitían elevar la cifra al doble o más. Mientras que el 4,3 puede ser la tasa más baja a la que haya llegado en algún momento el desempleo en EE. UU., la vía japonesa ha sido, y sigue siendo, un trabajo para cada hombre y para siempre.) Los medios de comunicación occidentales, siempre atentos a los males de Japón, recogen a menudo los relatos de consternados japoneses que han perdido su empleo y se lamentan de la ruptura del pacto de lealtad. En pocas palabras, los japoneses empiezan a poner en tela de juicio el sistema. Tal como le hacía ver un empleado de alto nivel salarial a un empleado de The Intelligence Factory: «Los japoneses están empezando a marcharse más temprano a casa y a hacer su propia vida. No están seguros de que sus empleos vayan a durar, por eso están menos dispuestos a sacrificar su tiempo por el puesto de trabajo.»

Además, aunque el respeto por la estabilidad y la antigüedad es una de las piezas básicas de la cultura japonesa, a medida que Japón empieza a abrirse a las empresas extranjeras, la juventud aventurera japonesa empieza a darse cuenta de que «lento pero seguro» ya no es el único lema de la ciudad. Las empresas no tradicionales puede que no ofrezcan la atractiva «calidez» de una gran compañía japonesa sólidamente establecida, pero ofrecen respeto y responsabilidad sin tener en cuenta la edad y sobre la base de la capacidad de cada uno, lo cual es muy de tener en cuenta ahora que ya no hay empleos para toda la vida.

Parte del problema reside en que la sociedad japonesa está muy jerarquizada, pero los líderes fuertes que ocupan la cima de la jerarquía son la excepción, no la regla. El poder depende por completo de la aceptación y de la colaboración de los que están por debajo de uno. Esto se pone de relieve en el sistema de rápida renovación del gobierno: en 2000, Yoshiro Mori se convirtió en el décimo primer ministro de Japón en el plazo de once años. Este enfoque no autoritario, basado en el consenso, funciona bien en las épocas de estabilidad, pero resulta inadecuado en una era en que es imprescindible adoptar nuevas normas y orientaciones claras. Y la necesidad de un cambio está en la mente de la gente: en una encuesta mundial de *The Economist*/Angus Reid, la mayoría de los consultados de Japón expresaban su pesimismo con respecto al futuro. Aunque la economía empieza a mostrar algunos signos débiles de recuperación, los observadores de Japón piensan que el partido actualmente en el gobierno, el Liberal Democrático, tiene que mostrar una actitud más decidida en lo económico. Culpan al estilo tradicional japonés de establecer consensos de privar al país de un liderazgo decisivo, incluso carismático, que según ellos es necesario en estos momentos. «Japón no se puede permitir que su economía siga funcionando de esa manera», opinaba *The Economist* cuando Mori tomó posesión de su cargo de primer ministro; el editorialista reclamaba un nuevo líder que pudiera «movilizar al sector empresarial japonés y restablecer la confianza de sus consumidores».

Tendencias probables

Desjaponesización empresarial: La reubicación de las funciones directivas clave fuera de Japón se está convirtiendo en una opción cada vez más atractiva para las grandes empresas como Canon

Inc., que desea estar en sintonía con todo el mundo, agilizar los tiempos de reacción y reducir costes.

Vacaciones nacionales: La incertidumbre de conseguir un puesto de trabajo y la debilidad del yen convertirán a los grupos de turistas japoneses en un recuerdo del pasado en algunos de los lugares turísticos favoritos del mundo.

Tallas de ropa más grandes: Como últimos seguidores del cambio dietético de origen occidental, los jóvenes japoneses son cada vez más altos y más corpulentos. Las tallas extrapequeña, pequeña y mediana ya no satisfarán las necesidades locales.

Retorno a Brasil: Muchos brasileños de ascendencia japonesa, que un día buscaron el buen nivel de vida del país de sus ancestros, están regresando a Brasil, según informa la BBC. Gracias al aumento del desempleo, los inmigrantes de lengua portuguesa están descubriendo que no son lo suficientemente japoneses.

Tiempo de limpieza: Los datos sobre los altísimos niveles de contaminación industrial en Japón anuncian ingentes oportunidades para los especialistas en limpieza, con un gran potencial de posibilidades para que industriales y políticos estimulen el apoyo público.

China: Tratar con un gigante que despierta

En todo el mundo se está sopesando la cuestión de cómo tratar con este país, incluso en la misma China. Las descomunales dimensiones del país, sus 1 200 millones de habitantes y su diáspora exigen la máxima atención. Se suele decir que si todo el pueblo chino saltase al unísono, el mundo temblaría. Aunque eso no es literalmente cierto, es el tipo de pensamiento que a uno le viene a la cabeza cuando toma conciencia de lo enorme de esa población, cuya mayoría no viaja habitualmente, no tiene coche propio, no tiene calefacción central ni aire acondicionado, y tampoco tiene teléfono ni póliza de seguro de vida. (Estos consumidores potenciales no viven todos en el ámbito geográfico o financiero de un paraíso del consumo; por el momento, ese privilegio lo disfrutan sólo los aproximadamente cien millones de habitantes urbanos de las ciudades de la costa.)

Desde sus comienzos, China ha sido una presencia masiva en esta región, un país que creía abiertamente en su situación como Reino central. Actualmente, China acaba de salir de décadas de confusión y penalidades y mira hacia el porvenir con la esperanza de ocupar su lugar entre las superpotencias ricas. «Deng Xiao Ping puso en marcha el anteproyecto de un futuro brillante para el pueblo chino —nos decía un profesional del marketing de Shanghai—. Este siglo, el milenio, va a ser el inicio de una gran era para China, una continuación del nuevo porvenir que se ha consolidado.» El orgullo y la ambición de China tienen implicaciones de largo alcance. El hecho de haber permanecido cerrada a cal y canto la mayor parte del siglo XX ha limitado el impacto de la vasta población de China sobre el resto del mundo. Pero el gigante dormido ha despertado y China se ha abierto progresivamente con las reformas concebidas por Deng.

En 2001, China se debate entre el deseo de ocupar el puesto que cree le corresponde en el escenario económico mundial y la necesidad de mantener un firme control sobre su población y sus mercados. China está tratando de ingresar como miembro en la Organización Mundial de Comercio, pero no ha conseguido superar su arraigada desconfianza hacia los extranjeros y es muy consciente de las potenciales consecuencias que traería permitir a su población la salida al mundo exterior. En palabras de Li Xiguang, profesor de periodismo de la Universidad de Tsinghua: «El impacto económico de la adhesión a la OMC no será nada comparado con el impacto sobre los valores y la cultura del pueblo. Sus coches, sus ordenadores, sus películas, Internet. Todo esto no tendrá un origen nacional. Será extranjero.»

El debate ha polarizado la opinión de los chinos, y no sólo por razones filosóficas. Los dirigentes chinos saben que arriesgan mucho en esta marcha hacia adelante. Algunos hombres y mujeres de negocios están preocupados por la supervivencia de sus empresas ante el embate de la competencia en el nuevo orden económico, sobre todo a corto plazo, cuando podrían quebrar miles de ellas, dejando en la calle a millones de trabajadores. Tienen la esperanza de que, a largo plazo, con una vigilancia global, las empresas chinas lleguen a estar mejor gestionadas y sean más disciplinadas.

Entretanto, la diáspora china sigue desempeñando un papel protagonista en la escena asiática. Los emigrantes chinos se han establecido en numerosos países del sureste de Asia, entre ellos Malasia, Singapur y Tailandia, donde en muchos casos han triunfado en los negocios, suscitando la envidia de la población local. Los llamados chinos de ultramar alcanzan la cifra de 57 millones en todo el mundo, de los cuales 53 millones se encuentran en la región del Pacífico asiático, según *Megatrends Asia.* Tres historias de gran éxito del Pacífico asiático están fuertemente vinculadas a la población china: Singapur, donde el 77% de la población es de origen chino; Hong Kong, que ha sido una zona empresarial especial de Beijing a partir de su devolución por parte de los británicos en 1997, y la isla de Taiwan, dominio del Partido Nacionalista Chino desde 1949. A medida que la economía china crece y se abre, los vínculos entre ellos se fortalecen. Después de la mejora de las relaciones con la China continental, el «Círculo Económico de la Gran China» va tomando forma paulatinamente.

El crecimiento de estas economías chinas, y la prosperidad de los chinos de ultramar, va a plantear seguramente serios interrogantes en los demás países de la región, especialmente en lo que se refiere a sus minorías de inmigrantes chinos. En Indonesia hay un constante riesgo de que las tensiones sociales se traduzcan en sentimientos de hostilidad hacia los chinos, y que incluso hagan correr la sangre. En la vecina Malasia, el gobierno es muy consciente del resentimiento local hacia los chinos. Considera que la importante comunidad china, que representa alrededor del 32% de la población, tiene preponderancia económica, y en los últimos veinte años ha aplicado un programa promalayo de «discriminación positiva».

¿Se quedará en el futuro de brazos cruzados una China poderosa y próspera, cuando sus parientes de ultramar sean perseguidos por el hecho de ser chinos? ¿Dará lugar la enorme y generalizada influencia de China a que los pueblos no chinos (por ejemplo, los malayos en Malasia) reafirmen con mayor intensidad sus propias culturas e identidades nacionales? ¿Se aceptará de buen grado a China como una alternativa asiática a la americanización o a la occidentalización? ¿O mirarán todavía más hacia Occidente los asiáticos para contrarrestar la influencia china? Por el momento nos toca esperar a ver lo que pasa.

Tendencias probables

La capacidad individual: Pese a una herencia cultural que se basa en la comunidad y en el conformismo, entre la juventud china empieza a surgir un sentimiento de individualismo. Son de esperar muchas más iniciativas empresariales, así como nuevas tensiones creativas y de resistencia al control centralizado.

La nueva mujer: Igual que en Occidente y en otras partes de Asia, las mujeres de la República Popular China están rompiendo con su papel tradicional, tanto en el hogar como en el puesto de trabajo. El hecho de que ya estén a cargo en muchos casos de las finanzas familiares hace esperar que puedan llegar a destacar en el comercio electrónico y en las inversiones. No hay cifras seguras con respecto al número de mujeres chinas que ya están *on-line*, pero la mayoría de estudios señalan que aproximadamente la cuarta parte de los chinos conectados son mujeres.

Cambio de poder: Shanghai, actual centro financiero de China continental, acabará eclipsando a Hong Kong y surgirá como una de las ciudades líderes del mundo en la próxima década.

Avance de la ecología: El incremento de la población y una rápida urbanización ponen a China en la senda de un desastre medioambiental. Entre los problemas actuales más urgentes están, a juicio del MSNBC: la escasez de agua en el norte, la contaminación de las aguas en el sur, la contaminación del aire (Benxi, ciudad norteña, ha llegado a un grado tal de contaminación que ha desaparecido de las imágenes de los satélites), y la desaparición del suelo cultivable a un ritmo de alrededor del 1 % anual. Los cambios radicales que son de esperar en los años venideros comprenden un cambio desde el uso del carbón a fuentes alternativas de energía, un aumento de la importación de cereales (que hará subir los precios del mercado mundial), y un creciente movimiento medioambiental.

Industria turística: La industria del turismo está en auge en China, tanto gracias a los visitantes extranjeros como a los viajeros nacionales. Según informó *TravelAsia*, China recibió más de 63 millones de turistas de ultramar e ingresó 12 600 millones de dólares en 1998, 35 y 48 veces más, respectivamente, que en 1978 (cifras de la Administración Nacional de Turismo de China). Algunos expertos en turismo predicen que en 2020, este país será el destino turístico número uno del mundo.

Tiendas de autoservicio: Desde los cajeros automáticos, pasando por los teléfonos públicos, hasta las máquinas de venta automática, el «sírvase usted mismo» está en alza en la República Popular China. La popularidad de estos servicios refleja la actitud de los nuevos consumidores, que valoran la conveniencia y la rapidez.

Cambios en la unidad familiar: Como en otras partes del mundo, las unidades familiares de China están adquiriendo un nuevo aspecto debido a que son cada vez más pequeñas. Las estadísticas oficiales indican que el tamaño de la familia media se redujo de 4,79 miembros en 1985 a 3,5 en 2000. Además, los matrimonios se celebran más tarde y los divorcios son más habituales.

Tendencias

Una revolución educativa

Una de las piedras angulares de los «valores asiáticos» es la educación. En las sociedades que carecen de planes de seguridad social para los mayores, los hijos representan algo así como un plan de pensiones, y además es costumbre tener gran cantidad de ellos para diversificar el riesgo. En la actualidad, la tendencia ha pasado de tener gran cantidad de pares de brazos a contar con un pequeño número de cabezas bien formadas. Las familias encogen y los padres invierten en dar a sus hijos una educación superior.

La presión educativa se está aplicando a los niños de todas las edades, y por supuesto sobre los que están en edad preescolar, y algunos esperan que la educación formal empiece a una edad cada vez más temprana (de los tres a los cuatro años). En una ocasión, un antiguo colega nos envió un *e-mail* para informarnos: «Mi hijo Rubén recibió sus primeras calificaciones escolares en Kuala Lumpur cuando tenía ¡21 meses!» Y, de acuerdo con las observaciones sobre los niños llevadas a cabo por un socio establecido en Shanghai, «la presión de los padres sobre ellos es tremenda, hasta el punto de que apenas se les da tiempo para jugar, ya que la mayor parte del día deben dedicarla a estudiar o a aprender nuevas disciplinas, como informática, piano, pintura, etcétera».

Dos factores educativos van a ser cruciales para determinar la situación y el triunfo de Asia en el siglo XXI. El primero es el modo de impartir la educación. La obediencia y el respeto por la autoridad están profundamente arraigados en los niños asiáticos. No cuestionar, aprender rutinariamente, es en gran medida la norma, y no sólo para los niños chinos y japoneses que tienen que memorizar cientos de complicados caracteres sólo para poder leer. Aunque el enfoque jerarquizado y centrado en la memorización da como resultado jóvenes socialmente responsables que se aplican con diligencia a sus estudios, mucha gente está empezando a preocuparse porque no fomenta las cualidades personales que Asia necesita para hacer progresos espectaculares hacia las economías del nuevo siglo.

Dando un paso más, es probable que Japón acabe poniendo un mayor énfasis en la enseñanza de disciplinas analíticas, y prestando más atención al desarrollo personal de los niños. En China, nuestros colegas prevén que la educación se centrará cada vez más en orientar a los niños y sacar de ellos lo mejor, en lugar de obligarlos a memorizar cosas que puede que ni siquiera entiendan. El sistema de exámenes también tiene que experimentar un cambio total. Las notas seguirán siendo importantes, pero no serán omnipotentes. En las universidades tendrán cabida más estudiantes, toda vez que las políticas de admisión se basarán en la capacidad y en el talento más que en las notas de los exámenes.

El segundo factor clave será el desarrollo de centros regionales de excelencia educativa. Ya existen centros de alta calidad, pero siguen la tendencia de sacar a los estudiantes de sus mercados locales. Los estudiantes ambiciosos estudian en el país o en el extranjero, pero hay pocos que consideren la posibilidad de hacerlo en algún otro país asiático. La cultura común de la televisión y de Internet ayudará a establecer relaciones entre los jóvenes asiáticos, pero no podrá sustituir los lazos que se crean cuando la gente de diferentes países se encuentra cara a cara para estudiar y convivir.

La creciente influencia del islam

Con el final de la guerra fría y el nuevo reacomodamiento geopolítico en Asia, los conflictos religiosos han reemplazado a los políticos como potenciales fuentes de conflictos. Los observadores de la vida asiática están sometiendo a un minucioso análisis, como nunca lo hicieron en el pasado, el papel que podría desempeñar el islam en la configuración de las políticas nacionales de varios países de Asia y en la formulación de la política estratégica de toda la región.

Puede que muchos se sorprendan al saber que el sur de Asia alberga a casi cuatrocientos millones de musulmanes, y que sólo en la India la cifra se eleva a 140 millones. Por más que esta cifra sólo represente el 14% de la población de ese país, el número supera a la población de los dos países vecinos de la India, Pakistán y Bangladesh, que son «oficialmente» islámicos. Los conflictos entre los musulmanes y los hindúes de la India pueden contribuir a la desestabilización si no se les pone freno. Esta violencia surgió en la década de 1970, pero se concentraba en áreas reducidas. En los últimos años, Pakistán se ha ido desplazando hacia un modelo teocrático de Estado, con el resultado de la introducción de las estrictas leyes de la Sharia y el surgimiento de la violencia chiíta-sunnita. El grupo islámico más poderoso del país es Jamaat-e-Islami, cuya influencia se espera que aumente a medida que los principales partidos políticos sean incapaces de mejorar las condiciones sociales y económicas del pueblo pakistaní.

El Centro Asia-Pacífico para los Estudios sobre Seguridad llegó a la conclusión, después de un simposio celebrado en 1999 sobre «El islam en Asia», de que las relaciones indopakistaníes eran una cuestión asiática que podría llegar a tener serias consecuencias para la estabilidad de la región, sobre todo en la larga disputa sobre Cachemira. Según se afirmaba en el informe, «La disputa sobre Cachemira no tiene que ver con las relaciones entre el islam y el hinduismo, sino que más bien es el resultado de la competencia entre ambas naciones. La narrativa hindú-musulmana actúa como un mecanismo de divulgación que pretende avivar los antagonismos en ambos países».

Indonesia, con una población de 160 millones de habitantes, de los cuales el 97% son devotos del islam, es el país musulmán más poblado del mundo. A partir de la década de 1990 el país empezó a experimentar un aumento de la influencia musulmana en los círculos más elevados del poder. En 1991, el entonces presidente Suharto hizo una bien orquestada peregrinación a La Meca y añadió a su nombre el de Mohamed. Varios proyectos, entre ellos el de una lotería nacional, han sido desechados desde entonces debido a las protestas de los musulmanes religiosos del país. Sin embargo, es importante observar que el islam no es monolítico en Indonesia, y que tampoco ha desempeñado un papel importante en la configuración de la política exterior del país.

En la vecina Malasia, que se independizó de los británicos en 1957, los activistas han invocado el islam en nombre de una preocupación por la justicia social para los pobres del medio rural, que protestan contra la discriminación en un gobierno dominado por la antigua aristocracia y los inmigrantes chinos. El Parti sa-Malaysia de orientación musulmana, tiene la base de su poder en dos provincias del norte del país. En la China, los musulmanes sólo representan el 2% de la población, aunque su cifra es alta. (Hay más musulmanes en China que en cualquier país de Próximo

Oriente, salvo Irán, Turquía y Egipto.) Con todo, las luchas regionales y entre facciones han servido para debilitar la influencia del islam en la política de Estado china. En las Filipinas, la isla sureña de Mindanao ha sido durante años el centro de operaciones de los frentes de liberación promusulmanes que luchan por una autonomía regional.

En el futuro, es de esperar que aumenten los lazos entre los musulmanes, no sólo entre los de los diferentes países de Asia y del Próximo Oriente, sino también entre los de Europa y EE. UU. (el islam es la religión de crecimiento más rápido en Europa y una de las que más crece en EE. UU.). Además de la religión, la cultura islámica tendrá una presencia mucho mayor en el panorama global.

CAPÍTULO IV

La latinidad, una superidentidad

Hoy en día, el cambio está impulsado las más de las veces por un hambre metafórica y tremenda, un apetito voraz de una vida mejor, más segura, más rica, más saludable y más fácil. Gran parte del progreso que se está produciendo en América latina puede atribuirse a este nuevo apetito, que ha sido estimulado por la reforma económica, y por supuesto por la privatización de los monopolios estatales. En términos generales, el Banco Interamericano de Desarrollo (BID) calcula que las reformas de la década pasada, aunque hayan sido incompletas, han elevado la renta per cápita en un 12% y aumentaron el Producto Interior Bruto (PIB) en un 1,9%. Con nuevas reformas, el crecimiento anual podría elevarse hasta el 5,5%.

El triunfo de la reforma económica en América latina confirma los comentarios de todos los cenáculos de los últimos diez años. Todos estaban de acuerdo en que estas naciones estaban destinadas a vivir un resurgimiento económico y cultural cuya influencia se haría sentir en todo el mundo. Esta predicción ha empezado a cumplirse sólo de unos cuantos años a esta parte, y sobre todo desde que América latina se recuperó de la recesión de 1998. Hablando en términos generales, y con algunas excepciones, especialmente las de los países de América Central que tienen serios problemas económicos y políticos, América latina está recorriendo un camino hacia la inexorable liberalización, tanto política como económica, después de décadas de gobiernos autoritarios y de planificación económica estatal.

A su favor está el hecho de que América latina está imbuida de un sentimiento de identidad y comunidad, una conciencia latina, que sobrepasa sus límites geográficos. Prácticamente todos los latinoamericanos profesan la fe católica, con variantes locales. Y sus 480 millones de habitantes hablan sólo dos lenguas, el español y el portugués, a las que se suman algunas lenguas indígenas de ámbito local. Esto significa que los ciudadanos de lugares tan distantes como Santiago de Chile, Ciudad de México, Madrid y muchos barrios de Miami y Nueva York se pueden comunicar con la misma facilidad que los norteamericanos y los británicos gracias a la unidad de su lengua. Este enorme conglomerado de gente que comparte lengua y raíces culturales ha hecho posible que los latinoamericanos creen una cultura rica que en muchos aspectos es independiente de la cultura anglosajona dominante, y que representa una fuente de influencias para el resto del mundo. En la literatura, los latinoamericanos han sido varias veces ganadores del Premio Nobel. Escritores como Jorge Luis Borges, de Argentina; Gabriel García Márquez, de Colombia; Octavio Paz, de México, y Mario Vargas Llosa, del Perú, son lectura habitual en todo el mundo de habla hispana y más allá de él. Si hablamos de arte, de música o de baile, la cultura latina es la máxima expresión de la interconexión y el mestizaje, del encuentro sin límites y de la mezcla de diferentes corrientes: ibérica, india, africana, anglosajona y europea.

En el panorama general, América latina está en el mejor momento de los últimos años. Están mejorando sus niveles de estabilidad política y democracia, y la espectacular hiperinflación de anteriores décadas ha sido contenida. Al igual que el resto del mundo, la región debe hacer frente ahora a los grandes retos de la globalización. Pero el éxito de América latina, mucho más que el de Europa, Asia y América del Norte, dependerá de cómo se aborden los problemas políticos y sociales básicos que históricamente han empantanado su progreso.

Tendencias

Las nuevas Américas, una gran oportunidad

Pensemos en cómo se siente un niño en una tienda de caramelos: si usted pertenece a una multinacional que trata de ampliar sus negocios, América latina puede hacerle caer la baba. Desde 1998, estamos ante un mercado de más de 480 millones de consumidores y un poder de compra de 1,33 billones de dólares.

Uno de los principales protagonistas es México, que se ha aprovechado de la subida de precios del petróleo y del auge de la economía de su vecino del norte. (Casi el 90% de las exportaciones de México tienen como destino EE. UU., y algunos analistas opinan que en la década que viene México puede desplazar a Canadá como mayor socio comercial de EE. UU. Ya desplazó a Japón del segundo lugar de la lista.) La agencia de clasificación de la solvencia crediticia Moody's, ha elevado la deuda del gobierno mexicano a la categoría de inversión. También Brasil se ha recuperado con mayor rapidez que la esperada de su crisis monetaria de 1999. El Fondo Monetario Internacional estima que la economía de Brasil podría crecer hasta un 4% en el año 2000. Y los países de América latina que dependen fuertemente de la exportación de materias primas, como Chile, prevén un rápido crecimiento a medida que los precios de estos productos se fortalecen. Incluso Argentina está volviendo a un crecimiento saludable.

En el año 2025, la región contará con 674 millones de consumidores, la gran mayoría de los cuales vivirá en las zonas urbanas. (La ONU predice que el 83% de la población de América latina y el Caribe vivirá en zonas urbanas en 2030.) Según los cálculos preliminares del Consejo de las Naciones Unidas sobre Comercio y Desarrollo, en 1999, América latina y el Caribe recibieron más inversiones extranjeras directas que Asia, por primera vez desde 1986, lo que equivale a 97 000 millones de dólares, frente a los 73 000 millones del año anterior. (Comparativamente, Asia recibió 84 000 millones de dólares en inversiones extranjeras directas en 1999.)

Como muestra de lo que viene, las Naciones Unidas comprobaron que el flujo de inversiones de Europa hacia América latina y el Caribe rebasó el de EE. UU. por primera vez en 1998. La ONU también informa de que, en ventas globales, catorce de las 25 empresas más grandes de América latina eran europeas y once estadounidenses.

En los años venideros, conseguir una participación en el mercado de América latina no será tan fácil, sobre todo para las empresas estadounidenses. América latina mira cada vez más a Europa en general, y a España en particular, en busca de vínculos estratégicos, comerciales y empresariales. En dos de las más recientes cumbres, la reunión UE-Mercosur en Río, en junio de 1999, y la cumbre Iberoamericana celebrada en Cuba en noviembre de 1999, se observaron intentos de dejar a los yankis fuera de los acuerdos comerciales. También hay una creciente competencia de las multinacionales latinas orientada a captar una mayor participación en el mercado de origen. Entre ellas se encuentran el Grupo Exxel, una de las mayores compañías privadas de la Argentina; el Banco Garantía, un importante banco de inversiones brasileño hoy en manos del grupo Credit Suisse, y Teléfonos de México.

Hacer que la región resulte más atractiva para los inversores es un cambio de perspectiva. A pesar de los estereotipos de los «revolucionarios» latinoamericanos, actualmente la región destaca más por sus actitudes conservadoras e introspectivas. Pero estas actitudes están cambiando y ahora muchas empresas miran hacia el exterior en busca de educación, formación y oportunidades de negocio. Los resultados pueden ser espectaculares, tal como ocurrió con el conglomerado empresarial brasileño Itausa, que envió a cincuenta directivos de su subsidiaria Duratex a estudiar las empresas punteras de Japón. La reorganización resultante de sus procesos de toma de decisiones redujo al 50% el tiempo necesario para sacar nuevos productos al mercado.

Itausa y otras empresas se están beneficiando de una recién adquirida capacidad para planificar con anticipación y hacer cambios radicales. Hasta hace muy poco, la inflación galopante y los ciclos de crecimiento y depresión hacían de la incertidumbre crónica un azar diario para las empresas de América latina, obligándolas a centrarse en la supervivencia a corto plazo dentro del país antes que a mirar hacia fuera o invertir a plazo más largo. La creciente estabilidad económica está permitiendo a los latinoamericanos planificar con mayor confianza.

La búsqueda de una capital regional

El Santo Grial de las Américas es una zona de libre comercio panregional. En una declaración conjunta firmada por veintidós presidentes y doce primeros ministros tras la Cumbre de las Américas de 1994, los líderes de todos los países se comprometían a hacer «avances concretos» hacia la firma de un acuerdo en el año 2005. El Área de Libre Comercio de las Américas será dura de vender por el hecho de que no tiene asegurado, ni mucho menos, el apoyo del Congreso de EE. UU., pero es fácil ver por qué la desean los líderes de América latina. Los 34 países posibles miembros representan unos ochocientos millones de personas y un PIB superior a los quince billones de dólares. América latina recibe actualmente el 20% de las exportaciones de EE. UU.

La concreción de la reforma económica latinoamericana empezó con la formación de los bloques subregionales de comercio: Mercosur en el sur, la Comunidad Andina en el norte, Mercado Común Centroamericano y el NAFTA en América del Norte. Mercosur ha sido una importante fuerza de cohesión económica y cultural, y el hecho de que haya sido capaz de mantenerla a pesar de las grandes tensiones entre sus miembros es una prueba clara de que está aumentando la interdependencia regional. No es muy difícil imaginar el desarrollo de conexiones similares en toda América latina.

Así pues, imaginemos en este punto que se ha constituido una Unión Latinoamericana para asegurar la expansión del crecimiento económico y cultural de la región. ¿Dónde tendría su capital esta nueva Ula? Para dar con ella hemos reunido y analizado los datos aportados por empresarios de toda América latina. La vencedora indiscutible ha sido São Paulo, en Brasil. Fue elegida por numerosas razones, entre ellas su ubicación central, su proximidad a las empresas de América latina, su riqueza, su diversidad cultural (influencias de Europa, de EE. UU. y de América latina sin que predomine ninguna de ellas), y su neutralidad. Un encuestado comentaba: «¿Se imaginan ustedes una disputa entre Argentina, Chile y Colombia con el centro de operaciones en México?»

Otros factores que contribuyen a la capacidad de liderazgo de Brasil son el crecimiento de su sector de servicios y el aumento de sus ingresos per cápita y de su población de trabajadores con formación. Y, desde luego, no se pueden ignorar ni su gran tamaño ni su influencia. Brasil es la octava economía del mundo, con sus 800 000 millones de dólares. Los competidores más cercanos por la capital regional son Buenos Aires (por su cultura políglota, así como por su estabilidad económica) y México (por su magnitud, su visibilidad internacional, su historia cultural y su influencia regional). Ciudad de México es para muchos la capital más «latina» por su larga historia cultural vinculada a España y sus vibrantes y activas culturas indígenas, tanto la maya como la azteca.

La superación de los obstáculos

La perspectiva de un futuro global es bastante desalentadora para los países que en el pasado adoptaron y gestionaron el cambio de manera superficial. Como los de cualquier otra parte, los países de América latina deben enfrentarse a los enormes retos de la globalización. Pero mucho más que en Europa, Asia y Norteamérica, el éxito a largo plazo de la región dependerá de cómo aborden los problemas sociales y políticos básicos que durante tanto tiempo han empantanado y amenazado su progreso. El premio, sin contar el mayor bienestar de los habitantes de la región, será encontrar una «vía latina» para demostrar al mundo (y a sí mismos) que pueden ser tan modernos y triunfadores como otros pueblos, sin perder su latinidad, el alma que singulariza a la región y a sus gentes.

Violencia: A pesar de los grandes avances de la estabilidad económica, América latina tiene que enfrentarse a graves problemas relacionados con las drogas y la delincuencia. «La crisis más importante de toda la región es la de la seguridad personal», dice Eduardo Gamarra, profesor de la Universidad Internacional de Florida. América latina tiene un promedio de treinta homicidios por cada cien mil habitantes, lo que equivale a seis veces la media de EE. UU. La violencia criminal, cuyo coste anual estimado es de 168 000 millones de dólares, o el 14% del PIB de la región, está considerada como el principal impedimento para el desarrollo económico regional.

En consecuencia, la seguridad pública es la principal preocupación de las grandes ciudades de la región. Un informe de la asociación México Unido Contra el Crimen proclama que Ciudad de México es una de las diez ciudades más violentas del mundo, con su promedio de ochocientos delitos y tres muertes por día. Aunque mucha gente no denuncia los delitos por apatía o por miedo a las represalias, muchos ciudadanos empiezan a entrar en acción. Mediante marchas y peticiones de protesta, los grupos contra la violencia están presionando al gobierno para que tome medidas más enérgicas contra la violencia criminal. ¿Qué va a pasar? La llamada generación «pit bull»: Criados en una atmósfera de violencia y desempleo, los jóvenes de hoy están perpetuando esa violencia en las calles y, cada vez más, en las escuelas. Y esta tendencia se está dando en todas las ciudades del continente. Por ejemplo, en Río de Janeiro un adolescente tiene dos veces más probabilidades de ser asesinado que en Bogotá, que se consideró durante mucho tiempo la ciudad más violenta de América latina.

Drogas ilegales: El progreso económico y la lucha contra las drogas están indisolublemente unidos en América latina, y una de las principales razones es que todos los años EE. UU. pone en marcha el proceso de certificar a los gobiernos extranjeros como aliados en la lucha interminable contra el tráfico de drogas. Los países que no consiguen la cualificación se enfrentan a consecuencias concretas relacionadas con la confianza de los inversores y con el acceso a los préstamos del Banco Mundial. En 1998 EE. UU.

gastó treinta mil millones de dólares en la lucha contra las drogas, comparado con los mil millones de dólares de 1980. Sin embargo, el negocio de la droga sigue prosperando. Se calcula que el 70% de la cocaína que entra actualmente en EE. UU. viene de Sudamérica, a través de México. Los traficantes pagan alrededor de quinientos dólares por la coca que se convierte en un kilo de cocaína, que puede venderse fraccionada en Miami o Nueva York por unos 25 000 dólares. La heroína es todavía más lucrativa. Un economista financiero consultado cree que al menos un tercio de las exportaciones de Colombia están relacionadas con la droga, con lo que este sector representa alrededor del 10 o el 15% del PIB del país. Los economistas en general aseguran que los narcóticos siguen siendo un negocio demasiado importante como para que los delincuentes lo ignoren, pues arroja unos beneficios anuales en la región de 50 000 millones de dólares, según los cálculos de la DEA, la agencia norteamericana de lucha contra la droga.

Democracia incierta: Por otra parte, aunque la democracia tiene un apoyo cada vez mayor, en las alturas el horizonte político sigue siendo bastante inestable. *The Economist* informó sobre una encuesta de opinión llevada a cabo entre enero y marzo de 2000 en diecisiete países de América latina por la empresa chilena Latinobarómetro. La encuesta revela que el apoyo a la democracia sigue siendo fuerte en la región. El 60% de los encuestados mencionaba la democracia como la forma preferida de gobierno, lo que representa un porcentaje similar al de las encuestas anteriores, a pesar de la recesión que golpeó la región entre 1998 y 1999. Sin embargo, sólo el 37% estaba satisfecho con el funcionamiento de la democracia. El grado más alto de satisfacción con la democracia se da en Uruguay (69%) y Costa Rica (61%) y el más bajo en Paraguay (12%). Pese a la penuria económica, el 55% de los venezolanos se mostraba satisfecho con su democracia, lo que sugiere que sigue creyendo en el presidente Hugo Chávez.

El informe comprobó que los latinoamericanos están a favor de la economía de mercado, a pesar de que el 42% de los mexicanos se declaró contrario. Pero sólo el 35% piensa hoy que las privatizaciones han sido beneficiosas, lo cual está por debajo del 46% de 1998.

Una franja cuya endeblez es obvia y que no fue tomada en cuenta en la encuesta es la pérdida de confianza de los campesinos, incluso en quienes los gobiernan. Apenas un 16% de los que fueron encuestados estaban de acuerdo en cuanto a su confianza en «la mayoría de la gente», y uno de cada tres dijeron que confiaban poco o nada en las instituciones políticas, judiciales o ejecutivas. Otro informe, éste del Banco Interamericano de Desarrollo, llega a la conclusión de que América latina está sólo por encima de África en cuanto a imperio de la ley y preeminencia de la corrupción, y sale mal parada cuando se compara la eficacia de su administración pública, fallos que se calcula representan el 60% de la brecha entre los ingresos de América latina y los de las naciones más ricas.

La educación de la juventud: Uno de los mayores recursos de América latina es su juventud. Las tasas de nacimientos superan en un 50% a las de Europa, y la proporción de jóvenes menores de quince años es del treinta o más por ciento de la población, lo que supera con mucho a la gente de edad. En los países más europeizados del Cono Sur —Chile y Argentina— la proporción entre menores de quince años y mayores de 65 está alrededor de 4:1 y 3:1, respectivamente, mientras que en otros países está entre 6:1 y 8:1, muy lejos del 2:1, o menos, de Estados Unidos.

Ésta es una gran noticia para los planes de pensiones. Mientras que Europa, Estados Unidos y Japón se enfrentan a la perspectiva de que un número cada vez más reducido de trabajadores deba mantener a una población cada vez mayor de pensionistas, América latina tiene muchos jóvenes para proveer a la atención de los mayores, y mucho tiempo para preparar las pensiones para los que hoy son jóvenes. Pero con la globalización que viene, la educación es una cuestión de vital importancia. En los países desarrollados, se están automatizando las labores manuales no cualificadas y está aumentando la demanda de personal cualificado. Los gobiernos de América latina se enfrentan a la prioridad inmediata de educar a su rebosante población de jóvenes si desean constituir una alternativa real a las economías de la región Asia-Pacífico en rápido desarrollo.

	México	Colombia	Brasil	Argentina	Chile	Perú	Venezuela	EE. UU.
Población (en millones)	94,3	40,0	163,7	35,6	14,6	24,4	22,8	271,8
Fertilidad (nacimientos/mujer)	2,8	2,8	2,3	2,6	2,4	3,0	3,0	2,0
Nacimientos por 1 000	24,6	24,5	20,3	19,9	19,9	24,9	24,9	14
Muertes por 1 000	5,1	5,8	7,2	7,9	5,6	6,4	4,7	8,5
Población menor de 15 años	35,5%	34,4%	31,8%	28,9%	29,4%	35,9%	36,2%	22,2%
Población mayor de 65 años	4,3%	4,5%	4,7%	9,4%	6,6%	4,4%	4,1%	12,5%

Fuente: The Economist Pocket World in Figures 2000

En la actualidad, los niños latinoamericanos asisten a la escuela un promedio de sólo cinco años. Por otra parte, la región tiene serios problemas para preparar a su juventud para que compita en el siglo XXI. Costa Rica está haciendo un esfuerzo para instalar un laboratorio de informática en cada centro de enseñanza secundaria y dotar a cada estudiante de una dirección de *e-mail*. Además, el gobierno tiene planes para aumentar en un 15% el número de centros de enseñanza secundaria del país, y en sus presupuestos ha dedicado el 6% del PIB a educación. (En comparación, Chile gasta en educación el 7% de su PIB, y Brasil sólo el 1%.) En Colombia, las Nuevas Escuelas, en las que los estudiantes de mayor edad se ocupan de los más jóvenes, están compensando la escasez de profesores titulados. A finales de la década de 1990, había 17 000 Nuevas Escuelas en el país, y cabe señalar que éstas reciben más apoyo de los padres y de las empresas locales que las escuelas públicas nacionales.

Un indicio de lo en serio que se está tomando la cuestión de la educación, es el comunicado que salió de la Segunda Cumbre de las Américas, celebrada en 1998, en el que se pide a todos los gobiernos de la región que proporcionen el acceso universal a la enseñanza primaria en el año 2010, y que, en ese mismo año, el 75% de los jóvenes tenga acceso a la enseñanza secundaria. Según un plan trazado en la cumbre, la región tendrá acceso a nuevos préstamos y subvenciones por 8 300 millones de dólares, provenientes principalmente de organizaciones internacionales de crédito.

Pobreza: Tal vez el peor problema a que debe hacer frente América latina sea el gran número de ciudadanos que vive en la extrema pobreza. De acuerdo con un informe reciente, incluso aunque la economía de América latina pudiera crecer a una tasa fija del 3% anual, Chile necesitaría 37 años para hacer desaparecer la pobreza extrema; México necesitaría cuarenta años; Perú, 72 años; Brasil, 81 años, y El Salvador necesitaría 98 años. A partir de 1989, el número de pobres se elevó a 9,6 millones en México, y el 20% de los que perciben un sueldo maneja el 55% de la riqueza de México. El 10% de los brasileños más ricos acumulan el 50% de la riqueza nacional, mientras que el 50% más pobre tiene que repartirse un 10%; el gobierno calcula que una cuarta parte de sus 160 millones de habitantes vive por debajo del umbral de pobreza. Y en la Argentina, en 1999, el 10% más rico de la población disponía de una riqueza 25 veces mayor que la de los más pobres.

Los destinos más verdes

Los vastos recursos naturales de América Central y del Sur han estado sometidos a una constante devastación durante varios siglos, maltratados por los violentos ataques de las oleadas inmigratorias poscolombinas y por las exigencias del mundo moderno. A medida que nos adentramos en el siglo XXI, el mundo moderno está poniendo finalmente los medios para que más personas tomen conciencia de los ecosistemas de América latina y de su muerte implacable.

Los documentales televisivos sobre la naturaleza, los libros de viajes, los reportajes en revistas como *National Geographic*, y las grandes iniciativas de personajes famosos como la estrella del pop Sting y Anita Roddick, de The Body Shop, han ayudado a sensibilizar al mundo con respecto a la grave situación de América latina. Durante años, los latinoamericanos han visto las preocupaciones medioambientales de los extranjeros como intentos hipócritas de negarles el acceso completo a sus recursos naturales. Pero la preocupación está también creciendo dentro de la propia región.

Brasil, por su parte, está tratando de mejorar su imagen conservacionista. La selva tropical del Amazonas (3 367 000 kilómetros cuadrados, aproximadamente) pierde unos 14763 kilómetros cuadrados por año. Greenpeace advierte que de seguir el índice de deforestación actual, dentro de ochenta años la selva tropical habrá desaparecido. Hasta ahora, se ha talado el 20%. Para ayudar a conservar la zona restante, Brasil exige ahora a las compañías mineras que replanten toda la masa forestal que destruyen.

En Chile y Argentina, los gobiernos están tomando conciencia ahora del potencial de sus vastos territorios del sur, escasamente poblados. Las agrestes tierras de la Patagonia son ahora un lugar de moda para algunas de las personas más ricas y poderosas del mundo; el magnate de los medios de comunicación Ted Turner, el financiero George Soros y el actor Sylvester Stallone son sólo tres de los muchos que han comprado enormes propiedades rurales en el fin de la Tierra.

Los viajeros más intrépidos del mundo han sabido apreciar desde hace tiempo la asombrosa variedad de tesoros naturales y humanos de América latina, pero el potencial turístico de la región permanece sin explotar apenas, fuera de lugares como Cancún en México, o la isla Margarita en Venezuela. A medida que la región se abre y los gobiernos se dan cuenta de los potenciales beneficios de una actuación oficial respetuosa de la ecología, es de esperar que América latina aparezca más en los folletos de viaje de todo el mundo, aunque no será probablemente hasta que la región consiga poner en marcha un buen plan de erradicación del crimen y de la violencia.

La latinización de Estados Unidos

Las tendencias inmigratorias y demográficas aseguran que los EE. UU. del futuro tendrán mucho más sabor latino. En EE. UU. del presente, la población hispana es el grupo de crecimiento más rápido. Según HispanTelligence, los hispanos representarán el 16,3% de la población en el 2020, cifra que una vez proyectada nos daría un 24,5% en el año 2050, lo cual significa que uno de cada cuatro estadounidenses será de origen hispano. En la década pasada, la población latina creció el 38%, comparada con una tasa nacional de crecimiento de sólo el 9%. En el momento actual, la influencia de los hispanoamericanos está muy concentrada. Más de un tercio vive en sólo tres ciudades: Los Ángeles, Miami y Nueva York, aunque los latinos se mueven también por otras zonas del país, entre las que destacan Illinois y Nueva Jersey.

Desde luego, los hispanoamericanos están muy lejos de ser una fuerza homogénea. Pese a estar unidos por el español, proceden de culturas distintas e incluso tienen tendencia a establecerse en diferentes lugares de EE. UU. Por eso, cuando decimos que se asientan en Los Ángeles, Miami y Nueva York, lo que queremos decir realmente es que los mexicanos viven en Los Ángeles, los cubanos en Miami y los puertorriqueños en Nueva York. Las cifras más recientes del censo (1997) revelan que la mayoría de los hispanoamericanos (63,3%) proceden de México, el 10,6% son puertorriqueños, el 4,2% son cubanos y el 22% restante procede de otros países.

Sea cual sea su lugar de origen, los hispanoamericanos tendrán, como grupo, una profunda influencia en la cultura, la economía e incluso la política de EE. UU. La representación política latina está creciendo, y los principales políticos *anglo* ya están cortejando a los votantes latinos. Las empresas en manos de hispanos, calculadas en poco más de un cuarto de millón en 1980, es probable que den un salto hasta dos millones en 2001, y a 3,3 millones en 2020. Se espera que las empresas de propiedad hispana alcancen unos beneficios de 221 000 millones de dólares (en dólares constantes de 1997) en 2001 y de 336 000 millones en 2020. La capacidad de compra de los hispanos se calcula que pasará de los 111 millones de dólares de 1980 a los 276 000 millones en 2001, y aproximadamente 520 000 millones (también en dólares constantes de 1997) en 2020.

También será cada vez más importante en las décadas venideras la capacidad de gasto de la juventud hispana, que ya representa el 14% de la población adolescente total. En el año 2020, el número de adolescentes hispanos crecerá un 62%, hasta siete millones, comparado con el 10% que aumentará la población adolescente en general. Como una señal de que las empresas estadounidenses están empezando a tomar en cuenta este potencial demográfico, las revistas *People* y *Glamour* han lanzado ediciones en español, y otras revistas de EE. UU. dirigidas específicamente a los adolescentes, como *Latin Girl* y *Teen,* también están introduciéndose en este mercado.

El gasto en publicidad hispana aumentó en general, habiendo pasado de 1 710 millones de dólares en 1998 a 1 890 millones en 1999. El gasto en las cadenas de televisión se calculaba que alcanzaría los setecientos millones de dólares en 2000, contra los 666,5 millones de 1999, y los gastos en televisión y radio locales también han crecido. Sólo en 1999, Heineken EE. UU. anunció que aumentaría su presupuesto de marketing hispano a quince millones de dólares, el triple que el año anterior, lo que representa un 36% de su gasto total estimado para marketing. America West Airlines contrató a la agencia hispana de publicidad Arvizu Advertising and Promotions para crear una campaña publicitaria en español para vallas, radio y televisión dirigida al mercado hispano de Phoenix. La editorial St. Martin's Paperbacks inició la publicación de una serie de biografías bilingües dirigidas al mercado hispano, cuyo primer número es la biografía de la actriz Salma Hayek. Y las compañías telefónicas AT&T y MCI esperan gastar cada una de ellas alrededor de 35 millones de dólares en publicidad orientada a los hispanos.

Pero el problema de este grupo sigue siendo la pobreza y una carencia de educación superior. Según Robert D. Cruz, economista jefe del Washington Economics Group de Coral Gables (Florida), más de una de cada cuatro familias hispanas es pobre, comparado con apenas una de cada diez familias no hispanas. Una de cada tres personas hispanas es pobre, comparado con el 13% de los no hispanos. Además, la tasa de deserción escolar, que está en el 28%, es superior al triple de la de los blancos en edades comprendidas entre los 16 y los 24 años, y el doble de la de los negros. Sin embargo, se perciben señales de progreso: se están graduando más hispanos en la enseñanza secundaria (un 62% consiguió un diploma en 1997, contra el 53% que lo obtuvo en 1974), y la matriculación universitaria subió a 1,1 millones en 1995, mientras que según la proyección otro medio millón de jóvenes en edades comprendidas entre los 18 y los 24 años recibirán enseñanza secundaria en 2015.

¿Aumentará el uso del *spanglish*?

En 1997, un informe realizado por el Centro de Lingüística Aplicada (CAL) comprobó que sólo el 5% de las escuelas primarias y secundarias de EE. UU. contaba con un programa de lengua alemana, mientras que el 79% ofrecía cursos de español. Según el servicio de índices Arbitron, en 1980 sólo había 67 emisoras de radio en español en EE. UU., pero en 2000, 559 de las 12 800 emisoras del país emiten su programación en español. Con la ampliación del mercado de medios de comunicación en español en California era lógico, según *Los Angeles Times*, que el Instituto de Bachillerato de Venice crease un curso de periodismo en español que podría ser una fuente de empleo para los estudiantes en el pujante mercado nacional. El instituto de Venice inició los cursos como parte de su Academia Bilingüe de Comercio y Finanzas. «La idea es enseñar a los estudiantes a leer y escribir mejor en español, proporcionándoles un abanico más amplio de posibilidades para entrar en el mercado del trabajo», declaró Joan Miner, consejera del instituto y creadora de la academia.

Para hacer de puente entre el español y el inglés, está emergiendo un nuevo lenguaje híbrido, el *spanglish*. El *Dictionary of Spanglish* recoge más de 6 000 palabras híbridas usadas en las calles de EE. UU. por los hispanos. De las emisoras de radio, de las letras de *rap*, y de los diálogos callejeros, los investigadores sacaron palabras como *brode* (*brother* = hermano), *culísimo* (*very cool* = interesantísimo), *lonche* (*lunch* = almuerzo), y *rufa* (*roof* = techo). Las autoridades lingüísticas del español no están sorprendidas. La Real Academia de la Lengua de España y sus asociadas de Hispanoamérica publicaron el año pasado una gramática y ortografía del español que toma en cuenta las variedades de América latina, pero ignora el *spanglish*. Sin embargo, una cuarta parte de los usuarios de Internet en todo el mundo, según informa *The Guardian,* ya opera en español en la red y usa sus propias formas híbridas y sin acentos. El periódico cita al autor Ilan Stavans, que manifiesta: «Los latinoamericanos en general, y los que viven en EE. UU. en particular, estamos cansados de que el español esté monopolizado por España.»

Bailando al son de los ritmos latinos

La música y la danza son elementos fundamentales de la vida de América latina. En la música, los latinos han alcanzado niveles de profundidad, diversidad y vitalidad totalmente equiparables a los de la abundante producción del mundo de habla inglesa. Los estilos latinos tienen sus raíces en lugares concretos —el tango en Argentina, la samba en Brasil, el vallenato en Colombia, el merengue en la República Dominicana, el mariachi en México, la salsa en Cuba— pero los estilos se fecundan mutuamente produciendo híbridos que no son de nadie y son de todos. De hecho, este inexorable encuentro y combinación de diferentes corrientes —ibérica, india, africana, anglosajona y europea— es típico de la cultura latina en general.

El éxito mundial de *Buena Vista Social Club*, con el apoyo y la perseverancia de Ry Cooder, ha despertado un creciente interés internacional por la música de América latina. Un grupo, Bloque, mezcla con conciencia política la «salsa-con-rock» con ritmos indios y africanos, una tendencia de la música colombiana. Los Amigos ensambla un maravilloso pastiche de música disco, *funk*, y *bossa nova*. El Silencio aportó convicción al hastiado mundo del *rap*. Y, por supuesto, los intérpretes populares de origen latinoamericano, norteamericano y español, que incluyen a Jennifer López, Ricky Martin y los dos hijos de Julio Iglesias, han tomado por asalto EE. UU. y el resto del mundo.

Gracias a MTV Latin America, con sede en Miami, millones de adolescentes de EE. UU. y de América latina tienen a su alcance las actuaciones latinoamericanas actuales. El servicio de MTV en español llega a unos ocho millones de hogares latinoamericanos, y sus emisiones en portugués, en el mismo Brasil, llegan a diecisiete millones. En 1999, las tiendas Sears, Roebuck & Co. patrocinaron una gira de conciertos de Juan Gabriel por 23 ciudades, con un presupuesto promocional de un millón de dólares. Un año más tarde, la compañía anunció su patrocinio, junto con los vaqueros Levi's, de la primera gira de conciertos de la galardonada cantante latina Christina Aguilera.

El futuro global creará todavía más oportunidades para que los latinoamericanos intercambien ideas y compartan sus respectivas culturas entre ellos y con el resto del mundo. A medida que avanza la tecnología de Internet, haciéndola más viable para la música y las imágenes, es de esperar un florecimiento de la imaginación latina y un rápido crecimiento del poder cultural latino.

CAPÍTULO V

Los norteamericanos en el pequeño mundo futuro

En los albores del nuevo milenio, dejamos atrás lo que se consideró, de manera generalizada, «el siglo americano». ¿Y qué viene después para EE. UU.? ¿Está destinado el país a dejar paso a unos fortalecidos Estados Unidos de Europa? ¿A una China emergente? ¿Habrá acertado el presidente sudafricano Thabo Mbeki en su predicción de que éste será «el siglo de África»? ¿O seguirá una nación de inmigrantes dominando el mundo durante el siglo XXI?

Una cosa es cierta, EE. UU. del siglo XXI tendrán poco que ver con lo que fueron el siglo anterior. En las primeras ediciones de este libro, los autores lamentábamos las tendencias aislacionistas de nuestros conciudadanos y su absoluta seguridad de que nuestro país reinaría para siempre como potencia incuestionable. En la actualidad, empezamos a detectar señales de cambio, a medida que un número mayor de estadounidenses empieza a comprender que globalización no significa necesariamente americanización, y que el panorama étnico del país recibirá una mayor influencia de los hispanos y de los asiáticos en el plazo de unas décadas.

Por otra parte, estamos comprobando un cambio real en la actitud y en las perspectivas de los estadounidenses. Pese a que todavía se nos puede describir, en términos generales, como una nación de optimistas, este optimismo se está moderando debido a una creciente sensación de vulnerabilidad e inseguridad. Era relativamente fácil luchar contra los enemigos del siglo XX. Fuimos a la guerra, investigamos enfermedades, diseñamos sistemas de misiles. Hoy en día, las amenazas a las que hay que hacer frente no son de las que se pueden dejar en manos de los políticos y los científicos. Los estadounidenses temen por su calidad de vida. ¿Dejé atrás demasiadas cosas en la búsqueda del triunfo económico/profesional? ¿Podemos mantener nuestro actual nivel de crecimiento económico? ¿Seguirá en pie mi puesto de trabajo dentro de cinco años, o habrá sido subcontratado o declarado superfluo? ¿Está en peligro mi intimidad? ¿Se educarán mis hijos en un sistema de valores que les asegure un futuro positivo? Los actuales niveles de prosperidad económica han permitido también a muchos estadounidenses tener tiempo para abordar cuestiones más elevadas, como las relacionadas con la religión, la justicia y el sentido de la vida.

En este capítulo examinamos algunas de las cuestiones más importantes que moldean los puntos de vista y la conducta de los estadounidenses a las puertas del siglo XXI.

Presente y futuro: La rapidez como necesidad

Si hay una tendencia que está actualmente en la mente de prácticamente todos en Estados Unidos es la eterna búsqueda de la rapidez. De unos años a esta parte, hemos empezado realmente a vivir en una cultura de «abierto 24 horas todos los días del año» en la que todos lo queremos todo para hace cinco minutos. Cuesta trabajo imaginar que hace sólo diez o quince años nos conformábamos con hacer negocios a través de correos y no extrañaba a nadie tener que esperar dos o tres semanas a que llegase un paquete. En la actualidad, incluso los envíos de un día para otro se consideran un incordio, y muchos nos impacientamos cuando el envío de un fichero *on-line* tarda más de diez segundos. ¡Hemos llegado incluso a sentirnos molestos con las comidas para microondas que requieren más de un par de minutos de «electrocución»!

En los años venideros, la exigencia del consumidor de que todo sea rápido-rápido-rápido será todavía mayor. A medida que las nuevas tecnologías facilitan la recepción de cosas «sobre pedido», iremos dejando de lado a los proveedores de servicios que no nos envíen lo que queremos cuando lo queremos. Nada de ir a un videoclub; ¿por qué no puedo ver la película que se me antoje justo en el momento que se me antoje? ¿Por qué tengo que esperar seis meses a que se publique un libro una vez que el autor ya lo entregó al editor? ¿Por qué mis electrodomésticos no pueden hacerse cargo de mis necesidades de tintorería ni de los análisis médicos básicos ni de las reparaciones electrónicas?

La gastronomía ha sido una de las víctimas más claras de la creciente necesidad de rapidez, a medida que los pedidos a domicilio servidos por el restaurante y el aprovisionamiento de platos cocinados del supermercado siguen acelerando el declive de la cocina casera. (Actualmente, los estadounidenses gastan más de la mitad de su presupuesto para alimentación en platos preparados comprados en supermercados y restaurantes, según informa la National Restaurant Association.) Ni siquiera la comida rápida de los *fast-foods* para automovilistas es ya lo suficientemente rápida para el estadounidense medio. Los restaurantes McDonald's del Sur de California han firmado un contrato con una autoridad local de transporte que permitirá a los automovilistas pasar rápidamente por el carril interno del restaurante sin tener que detenerse a pagar su comida. Unos dispositivos adheridos a sus coches emitirán una señal especial y los conductores recibirán la factura por correo.

Retroceso: En busca de la sencillez y el ocio

Al mismo tiempo que desean que la vida se mueva a altas velocidades, muchos estadounidenses sienten la necesidad urgente de reducir el ritmo de las cosas, de volver a una vida más sencilla y más cómoda. Es cierto que seguimos deseando contar con todas las ventajas —nuestro ordenadores actualizados, nuestros microondas, nuestros servicios de recogida de lavandería a domicilio—, pero también deseamos tener la opción, al menos, de salir de la carrera para darnos un breve respiro.

Una investigación llevada a cabo por los hoteles Hilton comprobó que el 80% de los estadounidenses encuestados preferirían tomarse dos semanas de vacaciones en lugar de las dos semanas de paga extra. En otro estudio realizado por la profesora de Harvard doctora Juliet Schor, se preguntó a los trabajadores del suroeste qué preferían, si una paga extra del 5% o un 5% más de tiempo libre (o una combinación de ambos). Casi el 31% optó directamente por el tiempo extra.

Hay un programa en la TV por satélite que se llama «La buena vida». Está dedicado íntegramente a los profesionales de éxito que han abandonado la gran ciudad para abrir panaderías u hostales en zonas rurales, o que viven de la tierra (y de sus carteras de inversión) en bucólicos parajes. Para la mayoría de la gente, sin embargo, este tipo de «buena vida» no es una alternativa práctica. Así que, en lugar de dejar nuestro trabajo y marcharnos al campo, volvemos la vista a las técnicas de simplificación de la vida. A las cosas como el cultivo de hierbas aromáticas, el punto de cruz, el patio de casa y la pesca. En EE. UU. el trabajo de la madera ocupa en este momento el segundo puesto (detrás de la confección de ropa) entre las aficiones, clasificadas según los gastos del consumidor.

También los servicios de comida a domicilio se han convertido en un negocio en auge para los que desean experimentar algo similar a la vida sencilla. Si se da una vuelta por las grandes librerías de EE. UU. y se encontrará con estantes llenos de libros con títulos como *Simple Abundance* («Abundancia sencilla») o *7 Simple Things to Unclutter your Life* («7 pasos sencillos para poner orden en su vida»). Uno de los lanzamientos más anunciados del movimiento simplificacionista fue el de *Real Simple,* realizado en 2000 por Time Inc. Dirigido a las mujeres que luchan por encontrar un equilibrio entre su vida personal y su vida laboral, la revista está dedicada a «las soluciones armoniosas y factibles para simplificar todos y cada uno de los aspectos de nuestra vida». El editor sabía que había tocado la tecla justa cuando consiguió 150 000 suscriptores antes del lanzamiento.

El mensaje de la simplificación no está de más para las empresas. Éstas quieren y necesitan conservar los talentos, y para ello ofrecen puestos de trabajo cada vez más flexibles que dan oportunidad a la gente de disfrutar de un equilibrio vida/trabajo más saludable. Las teorías actuales de la gestión sostienen que los clientes problemáticos suelen ser menos provechosos y menos leales, y deben ser «eliminados» antes de que el estrés que provocan dañe la productividad de los empleados o produzca efectos negativos en su vida personal. Algunas de las ofensas de los clientes que justifican su despido son la falta de respeto a los empleados o pedir a éstos que hagan trabajos que ofenden sus principios. Cada vez más, las empresas de servicios profesionales tan grandes como Booz-Allen & Hamilton Inc., están considerando también el equilibrio trabajo/vida del personal al negociar con sus clientes.

En el futuro el «triunfo» va a tener que redefinirse, porque cada vez más gente está tomando en cuenta lo que ha tenido que sacrificar para conseguir más dinero o un trabajo con más prestigio. En un esfuerzo por conseguir una vida equilibrada, más gente optará por el trabajo compartido, el teletrabajo y el retorno a las cosas esenciales, con menos pertenencias y menos responsabilidades.

Tendencias probables

Ocio activo: A medida que el trabajo es menos físico y más cerebral, la gente preferirá actividades de ocio intensivas que los «reconecten» con sus cuerpos y con la naturaleza. Más que los deportes «extremos» o cualquier otra actividad que exija equipos muy complicados, seremos testigos de la vuelta de actividades como el esquí de fondo, el kayak y el excursionismo. Al mismo tiempo, surgirá una tendencia a convertirse en experto, a medida que la gente pase más parte de su tiempo de ocio aplicando una «estética de gourmet» a cada uno de los aspectos del ocio: cocina/gastronomía, viajes, espectáculos, moda, interiorismo, etcétera.

Generación sin-TV: Cuando los niños muestren síntomas de sobrecarga informativa y sensorial, muchos padres optarán por hacerles pasar un tiempo de juego «desenchufados», apagando la TV y los cacharros electrónicos y proporcionándoles sencillos juguetes clásicos que combinen los materiales naturales y el juego sin complicaciones. Actualmente, esta tendencia está incentivando la aparición de un número creciente de fuentes de pedidos por correo y *on-line*, de cosas sencillas para el juego de los niños, la mayoría de las cuales se venden con un guiño a la nostalgia, a la sencillez y al aprendizaje progresivo. El gigante de Internet Amazon.com demostró su confianza en esta categoría comprando la empresa de juguetes clásicos Back to Basics Toys.

Productos sencillos: En la economía supercompetitiva de nuestros días, veremos más empresas que descubren que «menos es más» en cuanto al propio producto. Apple Computer salió de la quiebra con el iMac, un producto intrínsecamente complicado que se simplificó al máximo. Después de años de ventas en declive, Polaroid redujo el tamaño de su producto ya de por sí manejable; la cámara de bolsillo instantánea I-Zone de esta empresa, con pegatinas minifoto, alcanzó el número uno de ventas en EE. UU. en las trece semanas siguientes a su lanzamiento en setiembre de 1999.

Construido al gusto del consumidor: En el futuro se verán más empresas que ofrecerán sistemas de componentes para sus productos, permitiendo a los consumidores comprar el sistema desnudo y hacerle aditamentos para personalizarlo y aumentar su funcionalidad.

A comer: Como la tecnología distancia cada vez más a la gente de la naturaleza, es de esperar que la gente se aficione más a las comidas simples, desde la langosta y el pollo frito hasta la comida etíope.

La elección del aspecto: Los movimientos paralelos hacia la personalización y la simplificación llevarán a los consumidores a comprar algunos conjuntos coordinables básicos de prendas de vestir en lugar de gastar el dinero en abundante vestuario que ocupa un espacio precioso y rara vez ve la luz del día.

El alivio de las tensiones: Ahora que se conocen más los verdaderos efectos del estrés (físico, financiero y emocional), aparecerán más empresas que vigilen y reduzcan los niveles de estrés de sus empleados. Veremos de todo, desde centros de aromaterapia in situ y cursos de cocina sana, hasta vacaciones con todos los gastos pagados programadas por la empresa.

Alimentación sobre ruedas: Las empresas despacharán semanalmente un surtido de comidas nutritivas congeladas a los hogares más ocupados. Los camiones de reparto recorrerán diariamente todos los barrios a la hora del almuerzo para ofrecer una selección de platos y guarniciones.

Personal auxiliar para la comunidad: Los apurados amos de casa reunirán recursos para contratar personal auxiliar que se ocupe de las cosas que ya no tienen tiempo de hacer por sí mismos (por ejemplo, llevar y recoger cosas en la tintorería, hacer la compra en el supermercado, hacer el mantenimiento de la piscina, ocuparse de las reparaciones caseras).

Vacaciones en un paquete: Las familias ocupadas recurrirán a los paquetes de vacaciones y a otras celebraciones para aliviar el estrés. Incluso los consumidores de clase media contratarán a empresas para que les decoren sus casas en Navidad, usando sus propios elementos decorativos o alquilando los que ofrezca la empresa. También se prevé un aumento de las comidas envasadas para los días de asueto, que se enviarán a domicilio o podrán comprarse en los hoteles, restaurantes o supermercados de alto nivel.

Compradores personales: En su migración desde los grandes almacenes hasta los supermercados, los consumidores ocupados contratarán a compradores personales para que les planifiquen los menús de la semana y les proporcionen la combinación adecuada de ingredientes crudos, productos congelados y platos precocinados. Los menús se adaptarán a las preferencias familiares, a las necesidades dietéticas, al estilo de vida y a los horarios semanales.

Transmisión automática de regalos: Un número cada vez mayor de empresas (floristas, bodegas, tiendas de comidas especializadas) ofrecerán la compra personal por anticipado. Una vez al año, los clientes rellenarán una hoja de pedido indicando qué hay que enviar y a quién. El proceso se llevará a cabo automáticamente en las fechas adecuadas, y los envíos se cargarán en las tarjetas de crédito de los clientes.

Presente y futuro: Miedo, miedo por todas partes

Hay algunos estadounidenses que prácticamente consideran a Bill Gates el Anticristo. Y no a causa de las supuestas prácticas comerciales desleales de Microsoft, sino porque Gates representa todo lo que tememos sobre la tecnología. Por cierto que esos temores están cada vez más justificados. Después de haber dado la bienvenida a nuestros hogares y a nuestras vidas a toda clase de innovaciones tecnológicas, muchos hemos empezado, finalmente, a comprobar lo vulnerables que nos hemos vuelto frente a los que deciden controlar nuestros intereses, nuestras compras e incluso nuestros pensamientos (a través de los destinos de Internet). La acción legislativa podría reducir algunos de los ojos digitales que nos espían, pero ya hemos perdido una parte de nuestra intimidad, que en el pasado considerábamos salvaguardada. Con satélites encima de nuestras cabezas y bases de datos que guardan nuestros secretos financieros, médicos y personales de todo tipo, ya no es posible mantener un auténtico anonimato.

Más allá de la preocupación por la intimidad, los estadounidenses tienen también más miedo del terrorismo y de otras acciones de violencia a gran escala que hace diez años. Hubo una época en que los estadounidenses temían los actos de terrorismo sólo cuando viajaban al extranjero. Eso fue antes de la bomba en el World Trade Center, antes de lo de Oklahoma City, antes de la mortal explosión de los Juegos Olímpicos de Atlanta de 1996. Según un estudio del Pew Research Center, el 64% de los norteamericanos cree que se va a producir un ataque terrorista sobre Estados Unidos con armas químicas o biológicas. Los temores a los terroristas extranjeros (generalmente islámicos) tienen un fundamento, pero muchos de nosotros tememos ahora incluso más la amenaza que representan los grupos de paramilitares estadounidenses, equipados con armas de alta tecnología y una paranoia exaltada. Después de todo, ya están en el país, ya están armados, y en su mayoría, tienen el mismo aspecto que todos nosotros.

No es sorprendente que uno de los resultados del aumento de la violencia (terrorista, aleatoria y de otro tipo) sea que los estadounidenses ya no se sienten seguros ni en casa ni en la calle. Y la reciente sucesión de tiroteos en colegios —iniciada con la masacre de la Columbine High School de Colorado, en 1999— ha dejado claro a los padres que incluso los niños que asisten a «buenas» escuelas (léase clase media alta) están amenazados por sus compañeros de clase armados. Se ha evaporado la sensación de que vivir en un determinado tipo de comunidad garantiza una existencia segura.

En 2001, la violencia será ineludible. Vemos reportajes sobre tiroteos espontáneos; vemos niños que mueren de sobredosis de drogas y de accidentes por conducir en estado de ebriedad; seguimos por TV e Internet los juicios de presuntos asesinos. Muchos estadounidenses reaccionan a este bombardeo de imágenes violentas aferrándose a la seguridad que proporcionan las caras, los lugares y los productos familiares. Algunos se enganchan a los deportes de riesgo o adoptan otros comportamientos de alto riesgo para no enfrentarse cara a cara a nuestra naturaleza mortal. Otros toman medidas para mejorar su propia seguridad, tal vez matriculándose en cursos de artes marciales, reclamando el control de las armas o mudándose a una comunidad vigilada.

En los años venideros, se esperan crecientes esfuerzos para reforzar la seguridad, sobre todo entre la gente pudiente. A medida que aumenta la distancia entre los ricos y los pobres (actualmente hay 250 milmillonarios en EE. UU.), los más ricos se retirarán a enclaves vigilados. Incluso entre los que no hayan alcanzado un nivel muy alto de riqueza, la seguridad personal será un sector en alza. También una parte de la clase empresarial tomará medidas como dotar de chalecos antibalas a los empleados de alto rango, protección con perros de ataque y vigilancia aérea de alta tecnología.

También veremos un aumento de los esfuerzos para poner a salvo nuestros datos personales. La posibilidad de disponer de la información de todo tipo con sólo pulsar un botón, está consiguiendo que los estadounidenses se vuelvan casi paranoides respecto de la protección de sus datos personales, empresariales y fiscales. La destrucción de las «huellas de papel» propias es una práctica común; en 1999, los residentes en EE. UU. han comprado alrededor de nueve millones de trituradoras de documentos, una cifra muy superior a las aproximadamente cien mil vendidas en los primeros años de la década de 1990.

Tendencias probables

Sólo para socios: Los padres preocupados por la seguridad de sus hijos se harán socios de los «refugios seguros» para niños de cada localidad. También se verá un aumento de playas y parques, de grupos de visita al zoo y de clubes de visita a los museos sólo para miembros. La entrada a los pequeños parques vecinales requerirá, cada vez más, el uso de una tarjeta electrónica.

Si no puede con ellos, contrátelos: Tan pronto como hayan superado el duelo por la pérdida de su intimidad, los consumidores empezarán a usar el arsenal del Gran Hermano en su propio beneficio. Después de todo, ya es parte de la familia. Se empleará a los investigadores privados que operan en Internet para comprobar los antecedentes penales y fiscales y los datos médicos de un compañero o empleado potencial; la tecnología del satélite permitirá que cualquiera pueda comprar una foto de la boda de un famoso, de las instalaciones de alto secreto de un competidor, o de las indiscreciones de su cónyuge. Los padres procurarán tener acceso visual a sus pequeñines cuando éstos estén en la guardería, y cuando los niños que se queden solos en casa instalarán sistemas de cámaras de vigilancia en su propia casa.

Selección genética: Puede esperarse un aumento de la discriminación genética a medida que las citas, los candidatos a un puesto de trabajo y los socios de los clubes se seleccionen por su nivel de inteligencia.

Presente y futuro: La cultura desclasada

Ya es oficial: Las fronteras culturales se han desdibujado. Del caldo de cultivo de la alta, media y baja culturas emergió la «cultura desclasada», un ámbito en el que apenas se distingue lo sublime de lo ridículo. En una época pretérita, los estadounidenses ricos e instruidos se habrían muerto de vergüenza si alguien los hubiera visto comprando en las tiendas de descuento o leyendo el último bestseller. Eso era antes de que aparecieran tiendas como IKEA y Old Navy, y antes de que la serie de libros para niños *Harry Potter* alcanzase el primer lugar en la lista de libros más vendidos del *New York Times.* En la actualidad, los estadounidenses tienen muchas menos posibilidades de considerar que algo no está «a su altura». Las líneas que separaban lo que es apropiado para cada edad y para cada grupo socioeconómico han ido desapareciendo.

En el ámbito de la venta al detalle, la caza del chollo ha adquirido un toque de distinción. Para comprobarlo, no hay más que echar una ojeada a la bolsa de valores: las empresas de los almacenes de descuento han superado, en conjunto, el índice S&P 500, mientras que las acciones de los grandes almacenes han bajado un 75%. Los consumidores actuales son partidarios de mezclar y combinar, de combinar unos pantalones de Prada con una camisa de Gap o unos pendientes de Target. De lo que se trata es de vestir con estilo sin gastar demasiado. ¿Es tan extraño que Dayton Hudson Corp. haya cambiado su nombre por el de Target Corp.? La subsidiaria Target aporta más del 75% de los beneficios e ingresos de la empresa. Siguiendo los pasos de Old Navy, la tienda de interiorismo Crate and Barrel ha abierto CB2 en Chicago. Esta tienda, de menores dimensiones, ofrece a una clientela urbana y joven artículos a precios más bajos que los que habitualmente fija la empresa matriz. En el futuro, veremos aparecer tiendas virtuales de grandes descuentos que combinarán los precios bajos, la publicidad rompedora y el CARÁCTER. Comidas excéntricas con aroma global añadirán sabor a la dieta cotidiana.

En el sector editorial, la cuestión no es sólo que la literatura barata esté ocupando el primer puesto por delante de la literatura de calidad. Las líneas de separación, tan claras en el pasado, entre libros para niños y libros para adultos, entre el arte y el comercio, se están esfumando. También hemos asistido a la invasión de la colocación de productos. El novelista Bill Fitzhugh cerró un trato con la firma Seagram para mencionar sólo las bebidas de su marca en su libro *Cross Dressing*, publicado en el verano de 2000. The Intelligence Factory considera que esto es sólo el principio. Podemos esperar que aumente la colocación de productos en los libros, con empresas que patrocinen libros de misterio, novelas románticas y otros libros *on-line* que exhiban sus primeras marcas.

La cultura desclasada se ha insinuado incluso a las universidades y a los museos, a medida que ambos se congracian con el más bajo denominador. El Museo Metropolitano de Arte de Nueva York firmó un acuerdo con el Rock and Roll Hall of Fame para producir la exposición «Rock Style». Ah, el placer de mezclar nuestros intereses artísticos con una rápida ojeada al sujetador de Madonna o al mono de trabajo de Mick Jagger... Los que se aburren con la ciencia y con Sartre pueden obtener una licenciatura en cultura pop en la Universidad Estatal de Ohio en Bowling Green. Y entre las ofertas de cursos de la Universidad de Nueva York se encuentran temas de tanto peso como la influencia de Disney en la animación.

Tendencias probables

Una nueva élite: ¿Se perderá la alta cultura para las generaciones futuras de estadounidenses? Pensamos que no. A medida que el mínimo denominador se vuelve todavía más común, creemos que mucha gente acabará cansándose de una cultura que exige tan poco de sus creadores y mucho menos de su público. La nostalgia por la sofisticación intuida y por los pasatiempos intelectualmente más exigentes de épocas pasadas obligará a una revalorización de todo lo que se considere «alta cultura», y la nueva «élite» se fijará más en las respectivas credenciales intelectuales y culturales que en el tamaño de la cartera.

Comida desclasada: Los consumidores cada vez más atentos a la relación calidad/precio estarán deseosos de contar con restaurantes equivalentes a Target y a Old Navy, con platos al alcance de cualquier bolsillo que combinen la buena alimentación con el estilo práctico.

Regreso a las «cosas buenas»: Como reacción contra la sociedad actual de «usar y tirar», los consumidores pudientes se distinguirán volviendo a los productos de la época de sus padres y de sus abuelos. Volverán los pañuelos finos, las mantelerías y las toallas de calidad, lo mismo que artículos desaparecidos, como los accesorios de cuero para el escritorio, los relojes de bolsillo heredados de la familia, y los botellines de cristal (¡por supuesto sin plomo!) para tener el agua a mano en la mesilla de noche.

Presente y futuro

La lucha por llamar la atención

Decidida a no pasar desapercibida en esa buena noche, y empujando a la cultura media norteamericana un poco más hacia lo surreal, Darva Conger, del famoso «¿Quién quiere casarse con un multimillonario?», suplicó a los medios de comunicación que le devolviesen su intimidad perdida y luego le faltó tiempo para ponerlo todo al desnudo en las páginas del *Playboy* de Hugh Hefner. En los últimos años, hemos visto al comentarista deportivo estadounidense Marv Albert acceder al circuito de los debates en estudio para hablar de su mala conducta sexual y de su «tratamiento» de reafirmación. Y hemos visto, sin poder creerlo, cómo la familia McCaughey de Iowa, siempre tan reservada, no tenía reparos en invitar al programa «Dateline» de la NBC a sus reuniones de oración, a la sala de partos para presenciar el nacimiento de sus septillizos, o a la fiesta de su primer cumpleaños. Los actuales promotores saben que la fama es una moneda de cambio internacional. Ser famoso se ha convertido en un auténtico negocio, que viene acompañado de la posibilidad de presentar galas, de salir en la prensa y de ser considerado un «ganador», sin que importe el número de rasgos de «perdedor» que vayan saliendo a la luz por el camino.

De pocos años a esta parte, los norteamericanos, y la gente de otras partes del mundo, dan la impresión de que han pasado de vivir a ser mirones. Vemos asombrados cómo cada vez más gente vive su vida abiertamente ante las cámaras, y nos excitamos con su conducta sexual, nos horrorizamos por algunas de sus elecciones, y nos regocijamos por el hecho de que nosotros nunca caeríamos en esas tendencias exhibicionistas. Bueno, salvo que alguien nos ofreciera un buen montón de billetes...

Un interesante efecto secundario del nuevo voyeurismo es una creciente sensación de que todo es normal. ¿Estás obsesionado por los monos en biquinis diminutos? ¿Y qué? Eso no es nada comparado con el tipo que apareció en el programa de debates confesando que los pollos desplumados lo ponían cachondo. No importa lo que hagamos, pensemos o sintamos, ni lo extrañas que puedan ser nuestras actitudes o nuestros actos; siempre habrá alguien que sea más raro. Y esa persona incluso está dispuesta a aparecer en la TV nacional o en los periódicos sensacionalistas para contar su historia.

En la actualidad, de los únicos que parecen desconfiar realmente los norteamericanos es de quienes son lo suficientemente cuerdos como para mantenerse callados. Son los discretos, los que prefieren no responder a las acusaciones sacando a la luz sus trapos sucios, los que en cierto modo se consideran «anormales». En el ámbito político, estamos dispuestos a olvidar los errores, las indiscreciones, incluso los delitos, siempre que se nos ofrezca una confesión pública detallada y sincera, o incluso un airado rechazo de la acusación de haber procedido mal. Véase, si no, el escándalo Clinton-Lewinsky hace un par de años. Una encuesta de opinión llevada a cabo por CNN/*USA Today*, al día siguiente de la declaración del presidente Clinton ante el Gran Jurado transmitida por la TV nacional, puso de manifiesto que su porcentaje de aceptación era del 66%. Lo cual representaba seis puntos más que la semana anterior. Al parecer, lo único que no perdonan los norteamericanos es el pecado del silencio.

La desesperada búsqueda de gente como yo

En esta época posterior a la guerra fría, la moralidad se ha convertido en el nuevo campo de batalla de EE. UU. Los enemigos interiores —los que estarían tratando de llevar a nuestro país por el mal camino, política, social o moralmente— se consideran mucho más peligrosos que los que estarían buscando hacernos daño desde el exterior. Si se establece que estos enemigos son los inmigrantes, los homosexuales, los negros, los judíos, las feministas, los propietarios de armas, los liberales o los reaccionarios, en los próximos años veremos cómo EE. UU. se va estratificando cada vez más de acuerdo con las cuestiones éticas. La gente —y las empresas— llevará sus creencias en la manga y pagará por darles publicidad en los medios de comunicación (véase, si no, el anuncio que inserta en *The New York Times* la organización Exodus, atribuyéndose la capacidad de «curar» la homosexualidad).

Cuantos más grupos adopten la filosofía utópica de que una estructura moral sólida permitirá crear un mundo mejor, los norteamericanos serán cada vez más vehementes (incluso violentos) en la expresión de sus puntos de vista. Desde el asesinato de los que practican abortos a las acciones destructivas de «liberación de animales», los extremistas batallarán por el control de las cuestiones. El antídoto lo proporcionarán los que estén versados en el arte de la negociación, porque ya no hay amplias franjas de terreno común. En el siglo XXI, «mantener la paz» significará simplemente lograr un equilibrio y una serie de compromisos.

Como subproducto del cisma entre la izquierda y la derecha, habrá más inversores y empresas que busquen socios con puntos de vista políticos y sociales (e incluso religiosos) compatibles con los suyos propios. Tanto si se trata del análisis de Shell

Oil por parte de potenciales inversores, como de los empresarios nacionales que incorporan las escrituras en sus anuncios, las relaciones comerciales se basarán en mucho más que en el balance final. El mismo sentimiento es válido para personas que tan sólo buscan una relación, un club, o el contacto con otras personas como ellas.

La geografía contará cada vez menos y lo importante será compartir actitudes, creencias, experiencias y valores. Internet nos asegura, seamos quienes seamos y sea cual sea nuestra pasión, una magnífica oportunidad para entrar en contacto con «vecinos virtuales» que nos apoyarán y nos alentarán. Esta tendencia puede ser beneficiosa (padres en casa que forman una red de apoyo, por ejemplo) o realmente peligrosa (ya se conectan a través de Internet los activistas de White Power, los teóricos de la conspiración, y los revisionistas del Holocausto). Cuanto más adicta se vuelva la gente a utilizar el poder del ciberespacio, mayor capacidad tendrán estas asociaciones para cambiar EE. UU. (y el mundo), para bien o para mal.

Tendencias probables

Cultos sociales: Las nuevas tribus de almas gemelas (por ejemplo, padres que educan a sus hijos en casa, jardineros orgánicos, madres que prestan servicios a la comunidad, profesionales emprendedores que juegan a los bolos) se convertirán en los cultos del siglo XXI. La catalogación de estas asociaciones hiperlocales permitirá a los distribuidores dirigirse a ellas con productos y variantes especialmente diseñados para ellas.

Signos sutiles: Aparecerán tarjetas comerciales y otros materiales profesionales que usarán símbolos para indicar la preocupación por las políticas ambientales responsables, la actividad laboral no discriminatoria, y cosas por el estilo. Las grandes organizaciones crearán y vigilarán el uso de estos «sellos de aprobación».

Presente y futuro: La adaptación al globalismo

Según informó *The New York Times:* «Los cambios étnicos, que todavía son menores en muchos lugares, están modificando de una manera sutil pero amplia las perspectivas de los estadounidenses... La capacidad para interactuar directamente con culturas lejanas está más al alcance, en gran parte porque la desregulación del transporte aéreo de finales de la década de 1970 dio lugar a una ampliación de los horarios de vuelo y a una reducción del precio de los billetes. En 1997, los ciudadanos de EE. UU. realizaron 52,1 millones de vuelos internacionales, muy por encima de los 14,3 millones que efectuaron en 1975, según la firma de investigaciones del sector BACK Associates Inc. de Stamford (Connecticut).»

Durante años hemos lamentado que la mayoría de los norteamericanos jamás haya tenido un pasaporte. Conocemos a muchos norteamericanos acaudalados que nunca han viajado al extranjero, y a muchísimos más que consideran que París es realmente exótico y que piensan que un viaje a Argentina o a Rusia está totalmente fuera de sus cálculos. La explicación simplista es que los norteamericanos no tienen tan cerca los destinos extranjeros ni tienen la facilidad de viajar de los europeos. Pero hay otras razones, más complejas, para esta complacencia.

Durante demasiado tiempo, los norteamericanos tuvieron la idea de que el resto del mundo estaba tratando de alcanzarlos. Efectivamente, era muy interesante y estaba muy bien eso de que las culturas extranjeras se remontasen a miles de años atrás. Y, sin la menor duda, había mucha belleza en el arte y la música de los otros países. Pero ¿por qué viajar a lugares cuyas instalaciones higiénicas estaban anticuadas, o donde servían comidas «muy especiadas»? Era mucho mejor esperar hasta que se hubiesen «americanizado» lo suficiente como para ofrecerles un viaje más confortable.

En la actualidad, nos complace informar de que muchos norteamericanos están cada vez más cansados de que todo sea de plástico y esté higienizado. Hay un deseo cada vez mayor de experimentar lo auténtico y lo «real», y en eso va incluida la observación de culturas foráneas desde dentro, no desde los límites de una cadena de hoteles norteamericana. Los viajes de inmersión cultural están en alza, y de ese tipo son los viajes a Sudáfrica, a Egipto y a Israel. También estamos observando que los norteamericanos se apartan de destinos turísticos como la Toscana italiana para dirigirse a regiones con «más sabor», como Umbría y Sicilia.

Por supuesto que la adopción de un enfoque más global va más allá de un viaje de vacaciones. También estamos viendo cómo cada vez más norteamericanos adoptan las religiones y las medicinas orientales, se enorgullecen de comprar productos de los pueblos indígenas de todo el mundo, y empiezan a fijarse fugazmente en las culturas foráneas, tanto a través de una exposición de arte como sintonizando los partidos de fútbol de la Copa del Mundo. A medida que se amplíe nuestra ventana al mundo, gracias a Internet, las emisiones vía satélite, el aumento de los viajes, el crecimiento de las compañías multinacionales y cosas por el estilo, los norteamericanos ya no podremos seguir arrastrando una existencia insular. Y esto nos beneficiará a todos.

Tendencias probables

Orientación hacia los nichos de la red: Mientras que los sitios Web dirigidos a los grupos étnicos de EE. UU., como los asiáticos y los hispanos, han sido una categoría en alza durante algún tiempo, un nuevo grupo de sitios se está orientando hacia segmentos específicos de esos grupos. Los sitios, lanzados por Netsperanto, con base en Los Ángeles, están dirigidos a los nacidos en el extranjero y a la segunda generación de estadounidenses de las comunidades china, filipina, india, coreana, polaca, rusa y vietnamita. (También hay un sitio para estudiantes internacionales.) Cada sitio cuenta con las ofertas habituales de la red, como *e-mail*, chats, tablones de anuncios y servicios de citas, así como información sobre los recursos de la comunidad local y noticias del país de origen ofrecidas en la lengua materna. Se están proyectando nuevos sitios para otros mercados étnicos norteamericanos.

Lo auténtico: A medida que los norteamericanos empiecen a apreciar la cultura latina, también empezarán a rechazar las versiones americanizadas de la cocina latina (por ejemplo, el Tex-Mex) y preferirán las especialidades regionales más auténticas. También crecerá el turismo a los centros culturales de América latina menos conocidos a medida que los turistas estadounidenses empiecen a buscar «lo auténtico».

CAPÍTULO VI

Intercambio cultural global

En la sociedad global de hoy, los símbolos y las influencias culturales de otros países son del todo inevitables. Los países están intercambiando ideas, productos y modas en un frenesí de cruces culturales animado por un público mundial dispuesto a adherirse a cualquier cosa (o persona) nueva, desconocida, atractiva y no tradicional. Hace sólo algunos años, por ejemplo, en los clubes de EE. UU. hacían furor las «fiestas espumosas», reuniones en las cuales la gente se rociaba mutuamente con grandes cantidades de espuma. Esta nueva forma de entretenimiento —erótica, divertida y excéntrica a partes iguales— se importó de Londres, pero tuvo su origen en Ibiza.

En América latina, un grupo de escritores de vanguardia (todos menores de 35 años) están desafiando las tradiciones literarias del realismo mágico y la política de izquierdas con tanto arraigo en la región y se están pasando a la cultura popular generada en EE. UU., algunos de cuyos ejemplos son el MTV Latino, McDonald's, y los ordenadores Macintosh. Este grupo intelectual e inquieto prefiere escribir historias personales y concretas y se llama a sí mismo la generación McOndo, en referencia satírica al mítico Macondo de Gabriel García Márquez.

Con la llegada de las competiciones poéticas, del recitado artístico, de la rima libre, y de los bailes basados en movimientos inspirados en África, el *hip-hop* ha pasado de ser un estilo callejero norteamericano a convertirse en arte elevado. M'Zawa Danz, por ejemplo, combina la danza tradicional del África Occidental, los movimientos de *hip-hop* norteamericano y las reflexiones de la danza moderna con los ritmos de un grupo de *funk* en directo.

Algunas tendencias se extienden relativamente rápido entre la población joven de un continente a otro. Otras no llegan a cruzar los límites de una ciudad, de una región o de un continente. EE. UU., con su máquina multimillonaria de cultura pop, Hollywood incluido, está inmejorablemente situado para difundir sus tendencias, manías y mensajes por todo el mundo. Gilles Jacob, director del festival de cine de Cannes, se lamentaba: «Estados Unidos no está sólo interesado en exportar sus películas, también lo está en exportar su estilo de vida.» Para bien o para mal, las películas la televisión, la música, los deportes, la comida y la ropa norteamericanas, se han infiltrado en todos los rincones del mundo. En España, por ejemplo, la mitad de todas las películas que ve la gente proceden de EE. UU., y las películas extranjeras superan a las nacionales por un amplio margen (358 millones de dólares recaudaron las películas extranjeras en 1996, en comparación con los 33 millones recaudados por las españolas). En la actualidad, el entretenimiento es una de las dos principales exportaciones, junto con la industria aeroespacial, de EE. UU. Las «marcas» básicas que se empaquetan y se venden fuera de las fronteras son, entre otras, Leonardo DiCaprio, Gwyneth Paltrow y los Backstreet Boys.

Algunas veces, encontramos en los lugares más inesperados las reliquias de la cultura pop norteamericana. Una de las mayores atracciones turísticas de Rumania a finales de la década de 1990 era el rancho Southfork, una réplica valorada en un millón de dólares de la granja que popularizó la famosa serie televisiva «Dallas» en la década de 1980. Atracción principal del Parque de Vacaciones Hermes, en la ciudad de Slobozia, Southfork atrajo a más de dos millones de visitantes en su primer año de funcionamiento. Tratando de explicar la popularidad en su país de la serie televisiva rodada en Texas, el propietario del parque, Ilie Alexandrov, declaró al *St. Petersburg Times*, de Florida: «[Dallas] era para nosotros un puente hacia Occidente. El rumano medio sólo podía fantasear sobre esos preciosos coches, el rancho, los bonitos trajes. Era una especie de paraíso.»

Gracias a la televisión musical, a los esfuerzos de comercialización global, a Internet, a la transmisión vía satélite y otras por el estilo, las tendencias recientes provenientes de EE. UU. van desde el *hip-hop* al *snowboard*, pasando por la cultura de los rifles. Además de comprar réplicas de plástico de cien dólares, algunos japoneses han viajado a EE. UU. para hacer giras turísticas centradas en las armas, que ofrecen la oportunidad de examinar y disparar distintos tipos de armas de fuego. «El gusto por las armas se ha convertido en una manía, en algo que está de moda», declaró a *The Washington Post* Michiko Nagashima, empleado de una empresa de seguridad. «Es una mala influencia occidental.» Sin la menor duda.

La cultura pop norteamericana se ha considerado durante mucho tiempo como una influencia corruptora en Cuba, pero las antenas parabólicas ilegales instaladas a lo largo de toda la costa norte de la isla captan las señales de los canales norteamericanos que emiten deportes, noticias y programas de entretenimiento. Hungría no contaba con TV por cable a comienzos de la década de 1990; en la actualidad, casi la mitad de los hogares pueden ver la CNN y la MTV. Y en Grecia, alrededor de cincuenta emisoras de TV sin licencia difunden casi exclusivamente programación de EE. UU., en su mayoría pirateada. Y, gracias a la TV por satélite, los telespectadores de la India, que hasta 1991 sólo podían ver la cadena estatal de TV, Doordarshan TV, ahora sintonizan una docena más de canales.

Irónicamente, el interés global por la cultura popular de EE. UU. está contribuyendo a su configuración. El hecho de que los distribuidores de películas norteamericanas recauden miles de millones de dólares cada año en todo el mundo está poniendo a Hollywood cada vez más a merced del mercado global. Dos meses antes del estreno de la película *Armageddon*, por ejemplo, Disney decidió darle un carácter más global, añadiendo una serie de explosiones y reacciones por el impacto del asteroide que iban de Marruecos a París y que costó tres millones de dólares.

Filtros de tendencias

Aunque muchas de las tendencias actuales tienen sus raíces en EE. UU., Europa Occidental y Japón, la forma en que se difunden al resto del mundo varía. Para la evolución de las tendencias tienen una gran importancia las «ciudades puerta» de cada país, que son las entradas por donde se cuelan las tendencias y a partir de las cuales se difunden por todo el país o por toda la región.

En China, las ciudades clave de Guangzhou, Shanghai, Beijing y Hong Kong son donde se inician las tendencias, algunas veces a través de los medios de comunicación occidentales y de los visitantes. Un colega nuestro, asentado en Guangzhou, escribe: «Guangzhou, al sur de China, recibe una fuerte influencia de Hong Kong debido a su proximidad geográfica. También es la sede de la Feria de Mercancías Comercializables de China, por eso pasan por ella un buen número de comerciantes y hombres de negocios europeos, japoneses y norteamericanos. La mayoría de las compañías multinacionales tiene sus oficinas comerciales y sus centros de producción en Hong Kong, de modo que la presencia de los directivos expatriados incide en un rápido desarrollo o evolución del pueblo y de su cultura. En el futuro, la influencia de Hong Kong seguirá siendo palpable en la moda, la música y el estilo de vida. Beijing seguirá siendo sede de políticos, mientras que Shanghai, más sofisticada, dictará la moda y el estilo y será el centro financiero.»

Sachin Talwar, alto ejecutivo de Burson-Marsteller Roger Pereira Communications en Mumbai, nos comenta que las tendencias en boga en la India suelen iniciarse en EE. UU. pero no se difunden por todo el país hasta que no las filtran las ciudades puerta como Mumbai (antigua Bombay), Nueva Delhi y Bangalore. «Las tres ciudades tienen varias características en común —destaca Talwar—. Están relativamente más occidentalizadas, son cosmopolitas, acogen a muchos más extranjeros y empresas foráneas, los hindúes formados en el exterior tienen mayores posibilidades de encontrar trabajo en ellas, y tienen mejores escuelas y colegios, sobre todo entre los que imparten la enseñanza en inglés.» Entre los hindúes adolescentes y los de veintitantos años, todo lo que sea norteamericano, desde DKNY y Nike a Pizza Hut y McDonald's, es «guay», según el *India Today*. Para explicar por qué *Teens Today*, una revista recién lanzada al mercado en la India, adopta un punto de vista totalmente norteamericano, el editor Ameena Jayal dijo: «Así es como son los chavales. Son indios, pero sus inclinaciones son muy norteamericanas.»

Nuevas capitales mundiales

¿Dónde se originarán las tendencias de las próximas décadas? A medida que la juventud de esos países pueda comunicarse con sus iguales occidentales a través de Internet y de la exportación de la cultura y la moda locales, cada vez estarán más presentes las influencias de las culturas orientales. Cuando se piensa en la procedencia de las tendencias, hay que tener en cuenta los patrones de población de la próxima década. En 2010, las poblaciones mundiales más numerosas serán la de China (1 400 millones), India (1 200 millones), EE. UU. (297 millones), Indonesia (240 millones), Pakistán (210 millones), Brasil (199 millones), Nigeria (168 millones), Bangladesh (163 millones), Rusia (143 millones) y Japón (127 millones). Los diez siguientes serán México, Vietnam, Irán, Filipinas, Etiopía, Egipto, Alemania, Turquía, Zaire y Tailandia.

Si bien es cierto que los países más grandes y más ricos tendrán siempre más posibilidades de influir en las tendencias globales, la nueva interconectividad que proporcionan Internet y el mercado mundial servirán para equilibrar el terreno de juego en cierta medida. Es de prever que la influencia de cualquier sector se haga sentir con mayor rapidez sobre los demás, y que la gente que vive fuera de los centros de tendencias actuales tenga acceso a un foro más amplio.

Una compañera nuestra, colombiana residente en California, nos decía: «Las tendencias se desarrollan cada vez más en las economías menos comerciales donde la novedad es una expresión creativa ante una reacción provocada por un nuevo producto que se introduce en el mercado con un amplio presupuesto.» Señaló los enclaves estudiantiles y las ciudades mercantiles como dos fuentes probables de aparición de tendencias en el futuro. Creemos que está en lo cierto. Lo que sigue, basado en diez años de seguimiento de las tendencias globales, es nuestro criterio de cuáles serán las ciudades que van a determinar lo que vestiremos, veremos, consumiremos y escucharemos en la próxima década.

Capitales del futuro

Los lugares *gemütlich* son aldeas globales

Las personas «auténticas» tienen hoy mayor aceptación que las arrogantes o distantes (piénsese en Chelsea Clinton respecto a Naomi Campbell). Y esto es válido también para las ciudades «auténticas». Estos lugares personifican *gemütlich*, un concepto alemán que recoge todo lo que es acogedor, hogareño y sensato. Amberes, un París en miniatura que alberga a diseñadores como Dries Van Noten, Ann Demeulemeester, Martin Margiela y Walter Van Beirendonck, está de moda; Bruselas no lo está. Ciudad del Cabo está de moda; Johannesburgo no lo está. Ciudades que en realidad son aldeas globales se encuentran entre las más de moda porque proporcionan la más nueva combinación de estilo de vida acogedor sobre un telón de fondo de mezcla de culturas del mundo. Sin embargo, queremos lanzar una advertencia: tan pronto como los turistas *yuppie* descubren una de estas ciudades, empieza a desvanecerse el componente *gemütlich* que la hacía destacar por encima de las demás.

En Occidente, las dos ciudades *gemütlich*, ambas aldeas globales, son Amsterdam y San Francisco. Tal vez no por casualidad, también son las capitales digitales de Europa y Norteamérica, respectivamente. San Francisco ha sido durante largo tiempo un crisol de estilos alternativos y expresiones creativas; en la década anterior, también emergió como centro de creatividad digital. Al otro lado del Atlántico, gracias al túnel del canal de la Mancha, la TI (tecnología de la información) está pegando fuerte y los diseñadores de la Web pueden ejercer su actividad comercial en Londres durante la semana, tomar un tren para Amsterdam el viernes por la tarde y disfrutar de un fin de semana de vicios y virtudes tranquilos. El uso recreativo de las drogas y la marcha están a pocos pasos o a un paseo en bicicleta; no hay problemas de idioma ni pretensiones: te aceptan como eres y te dejan hacer lo que quieras.

La combinación de una rica historia con su diversidad étnica también contribuye a que Amsterdam tenga la categoría de capital de tendencias con futuro. En la actualidad, la ciudad acoge a 129 nacionalidades diferentes, y uno de cada cinco residentes no es de origen holandés. Esta diversidad cultural ha sentado las bases de la variada realidad musical de la ciudad (se hace de todo, desde jazz a ska, y desde salsa hasta música folk), la cultura de café (vanguardia, teatro, medios de comunicación, música, cine, ajedrez, sólo mujeres, karaoke, gay) y la gastronomía. La capital de Holanda tiene mucho renombre también por su rica dotación de museos, que abarca desde el mundialmente famoso Museo Van Gogh hasta museos dedicados al hachís y al erotismo.

A medida que el mundo se interconecta cada día más, el dúo ciberentendido de Amsterdam y San Francisco captará una franja todavía mayor de la atención pública. Es de esperar que el posicionamiento *gemütlich* —«marketing acogedor»— acabe siendo una estrategia de éxito para los productos que van desde la electrónica de consumo al suministro de comida casera, pasando por la banca a distancia.

Tendencias probables

Los émulos de Silicon Valley ascenderán a la categoría *gemütlich* con todas las de la ley cuando los expertos en informática encuentren oro y empiecen a abrir restaurantes singulares, tiendas de artesanía y librerías alternativas. Conviene no perder de vista los siguientes lugares: Silicon Hills en Austin, Texas; Silicon Dominion en Virginia; Zhongguancun en China (alrededores de Beijing); Silicon Island en Taiwan; Kyusu en Japón; Silicon Plateau en Bangalore, India; Intelligent Island en Singapur; Silicon Corridor en Malasia; Silicon Fen en Cambridge, Inglaterra; Sophia Antipolis en Cannes, Francia; Oulu Technopolis en Finlandia; Silicon Bog en Irlanda, y Silicon Wadi en Israel.

Ciudades puerta

Berlín y Praga, puertas entre el Este y el Oeste, serán auténticas aldeas globales en el futuro inmediato. Aunque por el momento pertenecen a la generación X y a la generación ecológica, estas ciudades llevan la marca de las generaciones pretéritas que preservaron las tradiciones en Europa central y del Este frente a la opresión cultural. Praga fue el escenario de la Revolución de Terciopelo de 1989, la transición romántica que restableció la democracia en la Checoslovaquia controlada por los soviéticos. También fue la cuna de una contracultura triste influida por la música rockera que veneraba la anarquía y de cuyo seno salió el dramaturgo y presidente Václav Havel. El aspecto menos moderno de la moderna Praga es la cultura norteamericana de exportación y su proliferante comercialismo. Mientras que la primera invasión posrevolucionaria atrajo a jóvenes yanquis antimaterialistas y buscadores de arte, ahora Praga es global en el sentido más auténtico, hasta por sus cines multiplex. Y, a pesar de todo, la ciudad conserva un raro equilibrio; su antigua cultura coexiste, incluso se combina, con un sentido de perpetua novedad, un fuerte viento que sopla a través de toda la Europa central.

En el propio corazón de Alemania y, por lo tanto, el corazón de Europa, Berlín estuvo en el candelero en el pasado. Recuérdese, si no, a Christopher Isherwood y *Cabaret*. Lo tiene todo: hermosos edificios, enormes espacios públicos, un pasado trágico-romántico, un cierto aroma *underground*, y ahora la decisión de todo un país de convertirla en la corona de gloria de una Alemania reunificada a un tremendo coste. Los antiguos países comunistas del Este son proclives a ver a Alemania como su socio en Occidente, lo que hace de Berlín el punto de referencia natural para todos los europeos orientales deseosos de experimentar lo occidental. La decisión de Sony Europa de establecer sus oficinas centrales en Berlín sin duda va a atraer a los líderes de tendencia. Ya ahora se percibe como un nuevo centro de creación.

Mecas de la música

El hecho de que los músicos innovadores encuentren seguidores en lugares que apoyan la creatividad, nos lleva a mirar hacia las mecas de la música en busca de señales del posible futuro. Seattle, en primera línea de la escena musical norteamericana desde los tiempos del *grunge*, a principios de la década de 1990, sigue a la altura de su reputación con la apertura del Experience Music Project. La instalación diseñada por Frank Gehry contiene más de 80 000 piezas de exposición consistentes en objetos y aspectos de la música popular que cambian constantemente para que estén al día y resulten atractivas.

La pequeña ciudad portuaria de Bristol, en Inglaterra, puso su pica en el mapa musical hace unos cinco años con la aparición de tres grupos influyentes: Massive Attack, Tricky y Portishead. Fue Portishead, uno de los precursores del *trip-hop*, la que catapultó a Bristol a la lista de lugares de obligada visita. (*Trip-hop*, un estilo de baile *underground*, utiliza el sonido reggae e incorpora canciones incendiarias e incluso cortes de películas nostálgicas.)

Países separados por miles de kilómetros reconocen a menudo mutuamente su parentesco cultural a través de la música. La música cubana, por ejemplo, fue durante mucho tiempo la gran favorita en Sudáfrica. Pero hace algunos años, el lanzamiento en Sudáfrica del ganador del premio Grammy, «Buena Vista Social Club», oficializó esta historia de amor correspondido. Los sudafricanos simpatizan con la lucha política de Cuba. También se indignan con la ignominia de ver que los grupos patrocinados en el exterior traten de vender salsa a los cubanos, tal como ocurrió, en gran medida, cuando Paul Simon fue a Sudáfrica a vender mbaqanga. Y, de hecho, fue necesario echar mano de un grupo puertorriqueño afincado en Nueva York, los Fania All Stars, para llamar la atención del mundo sobre el estilo cubano.

En Taiwan, donde la industria musical ha mantenido alejados durante largos años a los grupos de la China continental, se está produciendo una especie de deshielo global. La juventud china urbana a ambos lados del estrecho de Taiwan señala que la MTV e Internet están tendiendo un puente cultural entre ambas regiones. Mientras los grupos taiwaneses han monopolizado durante mucho tiempo las ondas chinas, el contraataque de los continentales no ha hecho más que empezar. En los últimos años, la música de un grupo chino llamado Qingxing saltó a los primeros puestos de la clasificación, superando a la competencia taiwanesa por primera vez en la historia de la MTV asiática.

Mientras tanto, los polacos están cambiando las polkas por salsa y las mazurcas por merengue. El cantante y guitarrista de origen mexicano Carlos Santana, que ha viajado con frecuencia a Polonia, tiene muchos seguidores allí, como los tienen el adorado puertorriqueño Ricky Martin y el cantante melódico español Enrique Iglesias. La música latina también está invadiendo las discotecas del país, y la Academia de la Lengua Polaca ofrece semanalmente sesiones de salsa en los hogares de los estudiantes.

En EE. UU., mientras el sabor internacional en boga puede acabar siendo decididamente latino, los grandes sellos tienen la esperanza de que el sonido de los grupos indios Alisha y Colonial Cousins llene muy pronto las ondas. A partir de 1997, Sony Music, HMV Virgin, y Polygram invirtieron cerca de cincuenta millones de dólares en promover a los artistas indios. La apuesta más fuerte la ha hecho Sony con la promoción del Indipop, para lo cual ha invertido más de diez millones de dólares para firmar, producir y comercializar a los artistas prometedores. La empresa comprobó por primera vez el potencial del mercado cuando una banda sonora cuyos derechos había comprado, la «Kuch Kuch Hota Hai» («Something Happens») de los Colonial Cousins, vendió más de 600 000 copias fuera de la India. La popularidad del autotitulado primer lanzamiento norteamericano del grupo, en 1996, valió a los Colonial Cousins la distinción de ser el primer y único grupo de pop indio que aparecía en el «Unplugged» de la MTV.

El enorme éxito del Indipop fuera de su país de origen ha decidido a HMV Music Group a centrar sus esfuerzos en vender a los expatriados indios, que representan entre diez y quince millones de personas repartidas por el Reino Unido, EE. UU., Asia y África, cuyos ingresos anuales estimados ascienden a unos 375 000 millones de dólares. La MTV también se está metiendo a fondo en el asunto y bombardea a sus sucursales internacionales con cerca de cuarenta vídeos de música de la India por día, que en 1996 no alcanzaban ni a ochenta por año. Un asombroso 70% de los vídeos que se pasan por la MTV en Próximo Oriente y centro y sur de Asia son indios.

Las ciudades portuarias

Hasta la apertura del museo Guggenheim, una joya arquitectónica, la ciudad española de Bilbao era un puerto industrial en declive. En los dieciocho meses que lleva abierto, el turismo del País Vasco ha crecido el 28%. De acuerdo con la Organización Mundial de Comercio, España es actualmente el segundo destino turístico mundial (después de Francia), con casi 48 millones de visitantes por año. Y no son sólo los viajeros foráneos los que están manteniendo los altos niveles del turismo español. El turismo nacional también está en alza, a medida que los consumidores españoles pasan cada vez más las vacaciones de fuera de temporada en su propio país.

Sydney es desde hace mucho tiempo la capital que marca las tendencias de Australia, pero su papel como organizador de los Juegos Olímpicos de 2000 le garantiza una influencia que traspasará las costas de Australia. El aumento del turismo con motivo de los Juegos significa que más «mensajeros» visitaron Sydney y regresaron a su país con una serie de experiencias de una ciudad en la que los estilos los impone la comunidad gay, una comunidad creativa y con muy buena formación, y los empresarios con dinero fresco.

Otros puertos en los que conviene fijarse: Génova, Marsella, Rotterdam y Hamburgo. Las dos últimas están entre las ciudades más rompedoras, cada una de ellas con una moda y un panorama musical dignos de tenerse en cuenta. Además, Rotterdam ha sido designada Capital Europea de la Cultura de 2001.

Las atracciones antiturísticas

La atracción del antiturista es un nicho perfecto para las ciudades con ofertas alternativas. La revista de estilo *Wallpaper* recomienda una serie de destinos alternativos para los antituristas, entre los que se encuentran Auckland, Lisboa, Berlín y Toronto. ¿Qué tienen en común estos lugares? Son conocidos por su interesante arquitectura, sus hoteles con galerías comerciales, los precios de sus tiendas y su riqueza cultural. La helada Reykiavik también es un punto caliente, con sus paisajes lunares, sus termas naturales, la amabilidad de sus gentes y los bares y clubes que permanecen abiertos hasta las tres de la madrugada los viernes y sábados.

Las ciudades en el límite

Para los espíritus más curtidos a los que les gusta seguir tendencias un poco más arriesgadas, hay otras alternativas; las más notables son Moscú, San Petersburgo y Nápoles.

Moscú/San Petersburgo: En un continente en el cual todo empieza a marchar al unísono, Rusia proporcionará a los europeos aventureros la oportunidad de experimentar algo muy diferente: un país europeo avanzado e industrializado que vive en la estrechez. Según la apreciación de Zoya Ivanova, nuestra colega de Moscú, la vida en Rusia será más dura, pero más interesante, cuando los ciudadanos luchen con las ideas en lugar de con las armas. Ésta será una experiencia emocionante y desconcertante. Para los mimados jóvenes europeos, un viaje a Rusia puede ser mucho más que una aventura exótica; puede despertar en ellos la acuciante idea de que hay muchas cosas que no se deben dar por sentadas.

Nápoles: A los europeos con espíritu de aventura que no puedan hacer frente al frío de Rusia, Nápoles les ofrece la experiencia de ver cómo se gestiona el caos bajo un cielo azul. Sin la avalancha turística ni la afectación de muchas ciudades italianas, Nápoles será el lugar ideal para observar a la vieja Italia mano a mano con el siglo XXI: la inventiva y el ingenio de sus agudos nativos urdiendo estrategias para hacer frente a las nuevas tecnologías y a las nuevas regulaciones. Marco Lombardi, colega con base en Milán, pone de manifiesto que Nápoles es, hoy en día, una personificación tanto de las virtudes como de los defectos de Italia. «Cuando estás allí —dice Lombardi—, puedes sentir en el ambiente una tensión positiva, que se expresa mejor a través de la música popular que procede de los *centros sociales* [comunidades de jóvenes autogestionadas].»

Las antiguas zonas de guerra también atraen su cuota de viajeros. La Beirut elegante del pasado está de nuevo en el itinerario, pero ahora los turistas están menos interesados en los monumentos de Baalbek que en los restos de los tanques y de los edificios abrasados. Y Vietnam está rentabilizando su pasado con excursiones por las redes de túneles subterráneos del antiguo Vietcong. Hay incluso tabernas que llevan el nombre de películas de Hollywood, como los bares Apocalypse Now en la ciudad de Ho Chi Minh, en Hanoi y en Hue.

Los nuevos centros de Asia

Ya hemos puesto al día el escenario asiático, pero no hay demasiadas ideas sobre esta región que está a punto de redefinir el orden mundial. Después de siglos de un nacionalismo que en todo el mundo predicaba que cuanto más grande mejor, es fácil olvidar que históricamente algunas de las empresas humanas más influyentes y que más éxito tuvieron no las llevaron a cabo los grandes países, sino las ciudades-Estado como Atenas, Florencia y Venecia, por nombrar sólo tres de las más notorias. En Asia, Hong Kong y Singapur han demostrado el valor de los centros pequeños y concentrados, y estas dos ciudades, cuya rivalidad es cada vez mayor en su calidad de enclaves regionales, son megacapitales que actúan como imanes tanto para su propio entorno como para los empresarios que tratan de hacer negocios en la región.

El terreno está abonado para que surjan otros centros de influencia. Shanghai ya tiene a sus espaldas un herencia gloriosa de sus días prerrevolucionarios, y actuará como un centro de atracción de talento, rivalizando con Hong Kong/Guangzhou. Con sus casi trece millones de habitantes, Shanghai se está labrando un nicho propio como «el Manhattan asiático del siglo XXI», en expresión del *Time International*. Desde 1990, Shanghai levantó más de mil edificios nuevos y tiene en construcción otros quinientos, lo cual la sitúa muy lejos de la aldea de pescadores que fue en el pasado. La pregunta sigue siendo: ¿tendrá Shanghai la oportunidad de lucir su nuevo aspecto a la vista de las dificultades económicas actuales? Los habitantes de Shanghai se conceden a sí mismos diez años para superar a Hong Kong.

Mientras tanto, países emergentes como Singapur, Malasia y Vietnam compiten por un puesto en la comunidad regional e internacional. Malasia, que se propone desplazar a Singapur como piedra angular del sureste de Asia, se afana por desarrollar una vasta zona empresarial de alta tecnología, el Supercorredor Multimedia, con el fin de desplazar a Malasia en la era de la Información. Vietnam está menos centrado en la tecnología y, dejando de lado los recuerdos de la guerra, se vuelca más en su singular herencia cultural. Un colega nuestro de la ciudad de Ho Chi Minh pronostica un gran futuro para los creadores y artistas vietnamitas, tanto en el campo de las artes visuales como en el de la TV, y anticipa un estilo internacional basado en la vestimenta tradicional femenina de Vietnam. En sus propias palabras: «Las mujeres occidentales empezarán a vestir el traje nacional vietnamita, el *ao dai*. O los diseñadores de moda occidentales lo adaptarán para que lo vistan las mujeres occidentales. Es una ropa demasiado femenina, demasiado sexy para que los diseñadores la pasen por alto.»

Capitales culturales del mundo

Mientras que la UE selecciona todos los años ciudades específicas para convertirlas en centros de atracción cultural, otras ciudades a lo largo y ancho del mundo atraen la atención gracias a un auténtico y potente carisma cultural.

Miami: La fiebre latina está haciendo arder el mundo, y todo el mundo, desde los políticos y los vendedores hasta los grandes grupos empresariales está cortejando a la comunidad latina. En el año 2025, la población hispana superará a los afroamericanos como minoría más importante de EE. UU. La base de lanzamiento de la cultura y de las tendencias latinas en EE. UU. es Miami, una ciudad inmejorablemente situada para influir sobre las tendencias, tanto en EE. UU. como en América latina. Miami es el centro de una moda, de un baile y de un panorama musical vibrantes, y también emergió como un lugar de moda para los famosos, atrayendo a sus playas y a sus lugares retro-hip a gente como Madonna. Una próspera comunidad gay y el acento en la nueva arquitectura añaden color a la ciudad. Según Adriana Lozada, de 28 años, jefe del departamento creativo de Loquesea.com, un portal Web para los adolescentes de América latina: «Es un microcosmos latinoamericano... ahora es una necesidad estar en Miami Beach.»

Londres: Centro de tendencias desde muy antiguo, la capital de Inglaterra rebosa tradición, cultura, moda, diseño, música, teatro y restaurantes. Sea lo que sea lo que se está buscando, se puede encontrar en Londres. La autoexpresión y la libertad dan a la ciudad gran parte de su sabor (cuenta con una próspera escena fetiche), pero Londres es también un centro de finanzas internacional y la sede de un número en alza de empresas de alta tecnología, con un sector de puesta en marcha de nuevas empresas. (Según el London Community Small Business Centre, el 56% de las personas que ponen en marcha su propia empresa en Londres tiene menos de 35 años.) Esta clase empresarial de vigorosos y eficaces creativos mantendrá a Londres en primera línea como capital marcadora de tendencias, asegurándose de que Gran Bretaña sigue estando de moda bien avanzado el siglo que se inicia.

Glasgow: Pregunte a cualquiera que viva allí, y todos le dirán lo mismo: Glasgow está a punto de explotar. Es una ciudad que vibra con la cultura, ya sea música, arte, teatro, cine o diseño, gracias, en buena medida, a las ayudas del gobierno. Glasgow está clasificada como la segunda ciudad comercial del Reino Unido. Lo que no está nada mal para una ciudad que durante mucho tiempo estuvo eclipsada por la aburrida y conservadora Edimburgo.

En agudo contraste con la capital del país, Glasgow está considerada una ciudad urbana y con los nervios a flor de piel, como un lugar en que la gente se puede expresar libremente. A juzgar por el número de bares y clubes, a uno no le costaría mucho desmelenarse. Gran parte de la energía de la ciudad proviene de su variado y siempre inquieto panorama musical, cuyo acento está puesto en el pop *indie*, orientado hacia la guitarra y la música dance.

Nueva York: Es una meca para la gente que se dedica a todo, desde la moda, la gastronomía y las finanzas hasta el entretenimiento, el diseño, el estilo y las artes. La «ciudad que nunca duerme» es también el centro insomne de la vida «abierta 24 horas» y el último y más refinado mercado (piénsese en Madison Avenue, desde la tienda insignia de Barney's hasta la perfecta renovación por parte de Ralph Lauren de la Rhinelander Mansion en la calle 72). También es la sede del turbulento mundo del proverbial bazar turco en el mercado de las gangas del Lower East Side.

La ciudad de Nueva York es la quintaesencia del crisol étnico, habitado por personas de todo tipo de vida, desde los inmigrantes recién llegados, los debutantes de *Social Register,* los corredores de bolsa de Wall Street hasta los artistas del Greenwich Village. Al igual que Miami, está en el filo de la navaja de la cultura latina: uno de cada cinco residentes en la ciudad de Nueva York habla español en casa.

Tokio: Tokio ha sido durante mucho tiempo un marcador de tendencias, y no sólo en Asia sino en el mundo entero. Y parece que lo seguirá siendo en el transcurso de la próxima década y aún más. Además de su contribución a la música y a la moda, la ciudad se ha convertido desde hace poco en uno de los productores de modas de la cultura pop. Desde el Tamagotchi a la Japanimación, pasando por Pokemon y Hello Kitty, los japoneses han conseguido convertir los iconos culturales en una industria multimillonaria. Mientras que la gelatina y el cabello teñido de castaño pueden haber sido modas pasajeras, Hello Kitty ha celebrado su vigesimoquinto cumpleaños y es más popular que nunca. Sanrio vende mil millones de dólares al año en parafernalia de Hello Kitty, y Kitty tiene incluso su propio parque temático en un suburbio de Tokio.

Las capitales de la alta tecnología

En 1972, un periodista local tuvo la idea de llamar Silicon Valley (valle del silicio) a la zona de empresas que rodea a la universidad californiana de Stamford, haciendo referencia al silicio de que estaban hechos los chips de ordenador producidos por los fabricantes de semiconductores allí asentados. Ni remotamente se imaginaba el periodista que no sólo se utilizaría el apodo, sino que engendraría un buen puñado de imitaciones locales en todo el mundo. En la actualidad, según cálculos conservadores, hay alrededor de cincuenta nombres relacionados con «silicon», entre los que se encuentran Silicon Alley, Silicon Beach, Silicon Desert, Silicon Forest, Silicon Plateau, Silicon Tundra, Silicon Swamp, Silicon Holler, Silicon Mesa, Silicon Bayou, y nueve Silicon Prairies.

¿Qué tienen en común los centros de alta tecnología del mundo entero? Al igual que los expertos en informática que los habitan, tienen tendencia a aislarse del ajetreo del corazón de las ciudades, favoreciendo la formación de ciudades dormitorio en la periferia. Surgen en torno a los centros universitarios y de investigación y cerca de los aeropuertos importantes. En EE. UU., las empresas de alta tecnología se han reunido en las afueras de Boston, Chicago, Dallas, Los Ángeles, Nueva York, Filadelfia y en la zona del Research Triangle de Carolina del Norte. En otras partes del mundo se han agrupado en torno a Cambridge, Edimburgo, Belfast, Estocolmo, Haifa y Beijing.

Nosotros apostamos a que los nuevos sitios que emerjan no serán sólo productores de nuevas tecnologías, sino también auténticos líderes de tendencia:

Zhongguancun: China ha invertido 170 millones de dólares en un «proyecto Silicon Valley» en la provincia de Hebe, pero la verdadera acción se desarrolla en una calle de tres kilómetros de largo en las afueras de Beijing. Zhongguancun, cerca de las mejores universidades de China, está plagada de tiendas de informática, cibercafés y empresas embrión de alta tecnología. Los informes oficiales indican que las empresas de alta tecnología de la zona tienen unos ingresos anuales que sobrepasan los 4 100 millones de dólares.

Tel Aviv: Calificada por *Newsweek* como una de las diez áreas principales de la alta tecnología del mundo, la zona que rodea a Tel Aviv podría decirse que se ha convertido en la mayor incubadora de tecnología fuera de EE. UU. Haifa, ciudad portuaria al norte de Tel Aviv, es ahora un semillero de actividades de alta tecnología, y está atrayendo desde los empresarios jóvenes hasta los gigantes de la industria, como Microsoft e Intel. Israel cuenta con más de dos mil nuevas empresas de alta tecnología, en parte gracias a un innovador programa de incubación que proporciona fondos del gobierno para las empresas en ciernes. Además de la tecnología, Tel Aviv también está emergiendo como centro de géneros de cultura pop como la música *trance*, fomentado por el hecho de que muchos jóvenes israelíes viajan a la India o a Tailandia después de su período obligatorio de servicio militar, que dura cuatro años. La exótica espiritualidad del *trance* es para ellos lo que el *hip-hop* para la juventud urbana de EE. UU.

Austin (Texas): Hogar de una legión de «dellionarios» que han amasado una pequeña fortuna gracias a las acciones de Dell Computer, Austin es la sede de casi dos mil empresas de alta tecnología, que emplean a un 20% de toda la plantilla de trabajadores de la zona. (Desde 1990, las Silicon Hills de Austin han visto triplicarse los empleos de alta tecnología en comparación con Silicon Valley.) Austin también aloja una vigorosa comunidad contracultural que se está haciendo un nombre en la música y en el arte en general.

Dublín: Veinte años atrás, cuando su economía estaba en declive, Irlanda tenía poco que ofrecer a sus mejores y más brillantes ciudadanos. Con el fin de frenar el éxodo masivo de su juventud y de hacer arrancar a la economía, el gobierno irlandés estableció un compromiso con el sistema educativo nacional, potenciando la formación informática. Como resultado de ello, la isla Esmeralda está actualmente entre los países con mayor número de usuarios de la informática dentro de la UE. Además, cuenta con uno de los mayores crecimientos del nivel de vida del mundo y se cita como un potencial centro global de comercio virtual y de telecomunicaciones avanzadas.

Bangalore (India): Bangalore (actualmente conocida como Boomgalore) se ha convertido en un semillero de programadores y es el epicentro del impulso de la India para reconvertirse en centro de tecnología de Internet. Pese a la escasez de teléfonos y a la baja penetración de Internet, la India está apoyando su futuro en las computadoras hasta el punto de que el primer ministro, Atal Behari Vajpayee, traduce la sigla IT (tecnología de la información, TI) como «India's Tomorrow» (el futuro de la India). Se calcula que la industria de alta tecnología de Bangalore emplea alrededor de 40 000 personas, y se ha hablado de que los franceses van a conectar a Toulouse con Bangalore mediante un corredor de alta tecnología, debido a que ambas ciudades son los centros de la tecnología aeroespacial de sus respectivos países. La India tiene reputación como uno de los máximos productores de genios informáticos para catapultarse al reino de los países del Primer Mundo.

Capitales financieras

Los analistas han llegado al consenso de que, según todos los indicios, en el porvenir se reducirá el número de centros financieros, en la medida en que todos los actuales centros nacionales van siendo reemplazados por un puñado de centros internacionales. ¿Quién acabará quedando? Es poco probable que, durante mucho tiempo, Nueva York y Tokio tengan que enfrentarse a un serio desafío, pero algunos analistas creen que la posición de Londres como centro de finanzas internacional podría estar amenazada por su negativa, al menos por el momento, a adoptar la nueva moneda común europea. Frankfurt ha emergido ya como capital de finanzas de la nueva Europa, encargada de dictar la política monetaria para los demás países del euro.

Con su devolución a China, Hong Kong, uno de los mayores centros de finanzas del mundo, tiene un nuevo dueño, si no una nueva dirección. Pero China también tiene ahora sus propios centros financieros en rápido crecimiento, como es el caso de Shanghai y Shenzhen. Por su parte, Shanghai, muy conocida como la ciudad más cosmopolita y próspera de China, está bien situada para emerger como la primera megalópolis de China continental con categoría mundial. Entre las realizaciones más recientes de la ciudad está el aeropuerto internacional y el Centro Financiero Mundial de Shanghai, con 94 pisos y casi quinientos metros de altura, que será el edificio más alto del planeta cuando se inaugure en 2003. Todos los indicios apuntan a que Shanghai está eclipsando a Hong Kong para convertirse en el primer centro financiero de China, gracias a su soberbio emplazamiento geográfico, a su infraestructura, que mejora día a día, a las inversiones extranjeras y a la tradicional ética comercial de sus habitantes.

SEGUNDA PARTE

Cómo viviremos, aprenderemos, amaremos y jugaremos todos nosotros

CAPÍTULO VII

Vivir en la era digital

Hace algunos años, Richard Eastman, de Billerica (Massachusetts), que dirigía un foro de genealogía del proveedor de Internet CompuServe, en el curso de una reunión de las que mantenían todas las semanas unos veinte usuarios de su cibercomunidad, observó cosas extrañas en los mensajes de uno de ellos. Un mensaje del reverendo Kenneth Walker indicaba que éste no se encontraba precisamente bien. A continuación, Walker empezó a transmitir mensajes con llamativos errores de mecanografía. Otro socio de la cibercomunidad, una enfermera de Long Island, Nueva York, empezó a preguntarle inmediatamente al reverendo por sus síntomas. En un momento dado, según un informe de Reuters, Walker escribió: «Bi tecrado se derite... No es proma.» Unos minutos después, escribió: «Ola... tengo broblem..., greo voi tener ataque.» En ese momento Eastman empezó a preguntarle cuál era su número de teléfono y después de seis intentos por fin consiguió el número. Llamó a un operador telefónico y se encontró hablando con un oficial de policía de Escocia. La policía entró por la fuerza en casa de Walker unos minutos después y llevó al reverendo a un hospital.

Walker, quien según los médicos podría haber sufrido un ataque epiléptico, llamó a Eastman para darle las gracias. «Esto no fue nada heroico —dijo Eastman—. La única diferencia en este caso fue que ocurrió *on-line.*» Eastman, que ha escrito un libro sobre genealogía, y Walker, un experto en crónicas y archivos de Escocia, descubrieron a partir de entonces que tienen muchas cosas en común. «No deja de ser interesante que dos personas a más de cuatro mil kilómetros de distancia se relacionen tanto —dijo Eastman—. Es evidente que tenemos intereses comunes. Se podría decir que entre nosotros hay una afinidad.»

Bien venidos al vecindario global.

Las facetas humanas del cambio

> Para algunos, el ciberespacio es un mundo de fantasía y proyección... La misma distancia que permite a algunos decir lo que piensan realmente, permite a otros imaginar lo que más les gusta. No estamos ahí, no pueden vernos, de modo que pueden tomarnos por demonios o por ángeles, según sus preferencias; es su espejo. La mayoría de nosotros somos una combinación de ambas cosas. Sea como sea, todos regresamos a buscarlo todo, cielo e infierno; todos queremos más.
>
> STACY HORN, *Cyberville* (Warner Books, 1998)

Los autores de este libro no nos criamos entre ordenadores. A decir verdad, Marian siempre había pensado que eran el coto privado de los encantadores de serpientes, y cuál no sería su sorpresa cuando apenas dos años después de engancharse a AOL (America OnLine) se encontró con que los medios de comunicación la tildaban de «gurú de Internet». Como padre de tres hijos (nacidos uno a mediados de la década de 1970 y dos en la siguiente), Ira tuvo oportunidad de ver cómo los ordenadores se iban convirtiendo en parte fundamental de las vidas de cada uno de sus hijos. Cuando el hijo mayor de Ira, David, se graduó en la universidad, en su primer empleo tuvo que usar el ordenador para generar nuevas ideas para la creación de nuevas empresas. Lily (a la edad de once años) publicó años antes que su padre, al colaborar con Robert Pondiscio y Marian en *Going to the Net: A Girl's Guide to Cyberspace* («Entrar en la Red: Guía de chicas para el Ciberespacio», Camelot, 1996). El libro fue el resultado del interés de Marian por el medio y la comprensión, propia de todos los preadolescentes, de Lily, para quien Internet no sólo era «guay» —una fuente de información sobre famosos y demás «cosas que interesan a las chicas»— sino también un interfaz de comunicación mejor que el teléfono en muchos sentidos. Para cuando cumplió diez años, el hijo más pequeño de Ira, Nicky, que manejaba el teclado con dos dedos y era un ávido consumidor de juegos, se transformó en unos de esos navegantes de la red que son capaces de encontrar el mito de Escorpio *on-line* para un trabajo escolar.

Como muestra de cómo la tecnología de la informática ha impregnado incluso las vidas de los más jóvenes, Ann nos contó la conversación que había mantenido con su hijo de cuatro años, Jake, hacía dos semanas. Mientras hablaban de que el ordenador le permite a Ann conectarse con sus colegas de Nueva York y de todo el mundo, Jake insinuó que él incluso sería capaz de comunicarse *on-line* con Winnie the Pooh. Cuando su boba y vieja madre le dijo que a lo mejor 400 000 m^2 de bosque no daban acceso a Internet, su conectado hijito se mofó de ella diciendo: «¡Pero mami, seguro que Winnie the Pooh tiene un ordenador! ¡*Todo el mundo* tiene uno!» Esa misma noche, cuando terminó una llamada telefónica, Jake se volvió hacia su madre y dijo: «¿Desconecto?» Puede que Jake no sepa leer ni montar en una bicicleta con ruedecitas, pero ya domina a la perfección el lenguaje de la era digital.

Para los que se han «conectado», Internet ofrece un mundo de personas nuevas, de nuevas ideas y de nueva información. Cada vez se hace más evidente que la red también modificará el rumbo que toman las tendencias en todo el mundo. En la actualidad, la comunicación *on-line* se produce fundamentalmente en inglés (se estima que las tres cuartas partes de todos los sitios de Internet están localizados en países de habla inglesa). Sin embargo, puesto que Internet atrae a un público más global, cada vez se intensifican más los esfuerzos por darle un atractivo y una utilidad más amplia, permitiendo y alentando la comunicación y la colaboración de la gente en sus lenguas de origen. Entre el número cada vez mayor de portales de habla española que se han creado, por ejemplo, están Terra, Yupi, Quepasa.com y Chicanas.com, este último orientado a las mujeres.

Puesto que la población *on-line* va coincidiendo progresivamente con las realidades globales, podemos estar seguros de que las influencias interculturales ya no serán fundamentalmente el resultado de las tendencias establecidas por las capitales occidentales. En los últimos años, la comunidad *on-line* ha evolucionado, superando a los monstruos de la tecnología e incluyendo a los líderes del pensamiento y de la opinión que —mediante un seguimiento cercano e inteligente— pueden representar importantes barómetros para determinar cómo, cuándo y en qué medida las modas, tendencias y estilos particulares evolucionarán desde el «espacio mental» de Internet hasta el «mercado» del mundo del cara a cara. Son estos pioneros del futuro que viene los que van a reconfigurar el mundo de las comunicaciones y el comercio para el porvenir.

El mundo está conectado

Vaya diferencia que se ha producido en cuestión de años. En marzo de 2000, Nua Ltd. estimó que había trescientos millones de personas *on-line* en todo el mundo. Algo más del 40%, unos 137 millones de usuarios, accede a la red desde EE. UU. o Canadá; 83 millones lo hacen desde Europa, y 69 millones desde la región Asia-Pacífico. Sudamérica cuenta ahora con unos once millones de usuarios, pero se espera que este número aumente rápidamente ya que el mercado de Internet de habla española y portuguesa es en la actualidad el de más rápido crecimiento del mundo.

Por supuesto, en 2001 la gran mayoría del mundo seguirá desconectada, y parece muy poco probable que se produzca una penetración global del ciento por ciento en el curso de los diez o incluso veinte próximos años. De todos modos, Internet está llamada a ser un medio global ya que cada vez son más las actividades de negocios, investigación, entretenimiento y socialización que se producen *on-line*.

¿Quién está *on-line*?

Antes de examinar los niveles de penetración de Internet por regiones, queremos compartir con usted nuestra opinión de quién está o no en línea, y por qué es así. Al analizar los diversos grados de penetración, especialmente dentro de la UE, resulta fascinante comparar y contrastar las actitudes hacia Internet en países de niveles socioeconómicos similares. La realidad es que la infraestructura económica y de telecomunicaciones son apenas dos de los factores que tienen impacto sobre el uso de la red; también están en juego numerosas cuestiones sociales, e incluso emocionales.

El clima y las costumbres: El entorno social y físico de un país influye sobre el uso de Internet. En Europa del norte, por ejemplo, los inviernos largos, oscuros y fríos obligan a sus habitantes a pasar mucho tiempo en el interior, lo cual crea un entorno ideal para adquirir conocimientos informáticos y conectarse a la red. Tal como nos manifestó Katarina Varenius, estratega de marketing de Estocolmo: «La tendencia es que veremos a menos de estas personas en el jardín ya que estarán sentadas delante del ordenador. El ordenador es un lugar totalmente legítimo donde estar. No es necesario justificar a nadie si uno está o no haciendo algo útil.» Por la misma razón, los largos y plácidos veranos de Europa meridional hacen que la vida en las terrazas y en las playas sea prácticamente irresistible. ¿Por qué encerrarse con un ordenador y un módem cuando se puede salir y hacer vida social al sol?

Delimitación de la vida y el trabajo: Una de las razones por las que muchos consumidores se resisten a conectarse en muchos países es la línea mucho más sólida que se establece entre el trabajo y el hogar. En Estados Unidos, a la población activa no le preocupa la noción de estar «disponible». Desde el teléfono hasta el contestador, el buscapersonas o el ordenador, usamos las nuevas tecnologías para desdibujar la línea entre el trabajo y el hogar, permitiendo así la fusión de ambos mundos. Incluso hemos creado estilos de trabajo totalmente nuevos —las oficinas en casa, el teletrabajo y las oficinas virtuales— para sacar mejor provecho a las nuevas tecnologías. En muchas partes de Europa y América latina, en cambio, cuando cerramos la puerta de la oficina al final de la jornada de trabajo, nos desconectamos. No hay expectativas de que la gente deba o esté dispuesta a ocuparse de los negocios fuera de las horas tradicionales de trabajo.

Esta abrupta separación entre trabajo y hogar hace que resulte mucho más fácil entender por qué los ordenadores no forman parte de las cosas que es indispensable tener en casa en algunas partes del mundo. De hecho, la investigación demuestra que en muchos países el mercado de ordenadores domésticos se mueve, sobre todo, por el interés de formar niños competitivos y no por un deseo de ampliar la productividad personal o conectarse con los nuevos medios. Pero, al igual que otras barreras, el rechazo del consumidor a los ordenadores domésticos irá debilitándose a medida que las fronteras que separan lo personal de lo profesional y el trabajo del juego se sigan desdibujando, incluso en los países más apegados a la tradición.

Socioeconomía e infraestructura de comunicaciones: Es indudable que la economía desempeña un papel importantísimo en el acceso a Internet. Cuanto mayor es la renta, mayor es la probabilidad de que un hogar esté conectado; cuanto mejor pagado está el empleo de «camisa y corbata», tanto mayor es la probabilidad de acceder a un ordenador en el lugar de trabajo. La ecuación económica explica también las mayores tasas de penetración entre los habitantes urbanos, que tienen mucho más acceso a la tecnología y a ingresos superiores. En Francia, mientras sólo el 15% de la población total ha intentado alguna vez entrar en Internet, el 30% de los parisinos tiene acceso.

Otra cosa que influye sobre el uso de Internet es el hecho de que las líneas telefónicas y los ordenadores no han llegado todavía a muchas partes de Europa, e incluso las llamadas locales se facturan por minuto. No es sorprendente, pues, que en países como Hungría, Francia y la República Checa, estén brotando como hongos los cibercafés. En Europa central, donde la mayoría de la población no puede costearse el gasto de teléfono, es impensable comprarse un ordenador y conectar una línea de módem.

Sexo y edad: Las diferencias de sexo y edad también se ponen de manifiesto en el uso de la red, y los varones jóvenes son generalmente los que van a la vanguardia del consumo. En muchos países, sin embargo, la separación entre sexos se ha reducido a medida que el uso de Internet ha pasado de ser una preocupación de los aficionados para convertirse en una actividad de la vida diaria. También estamos asistiendo a la incorporación a Internet de los sectores más maduros de la sociedad. De hecho, en el Reino Unido los usuarios más asiduos son los mayores de sesenta años.

¿Inclinación a la izquierda?: Y, por último, en toda Europa hay indicios de que los individuos políticamente activos (como en la República Checa) y/o políticamente progresistas (como en Holanda) son los que más usan Internet.

El panorama de Internet por regiones

Estados Unidos

En febrero de 2000, Nielsen//NetRatings estableció el número de usuarios de Internet en EE. UU. en 123,6 millones, o aproximadamente el 45,3% de la población. Se calcula que en 2005, el 80% de los hogares de EE. UU. tendrán acceso a la red. Comprar es actualmente la actividad con más rápido crecimiento en Internet, según los resultados del segundo ciberestudio anual de America OnLine/Roper Starch. Forrester Research pronostica que las tiendas *on-line* llegarán a los 108 000 millones de dólares en 2003, y que el comercio virtual entre empresas en EE. UU. llegará a los 1 300 millones de dólares en el mismo período.

Entre los factores que impulsan el crecimiento de Internet en EE. UU. está el aumento de la presencia de la mujer, que actualmente representa el 49% de los usuarios según The Strategis Group. BizRate.com afirma que las mujeres fueron responsables del 58% de todas las compras de primera vez en los sitios de comercio virtual en 1999. También los niños y los adolescentes contribuyen al crecimiento de las conexiones: los analistas estiman que 77 millones de personas menores de 18 años estarán conectadas globalmente en 2005.

Europa

La fiebre de Internet está haciendo estragos en países del norte de Europa como Finlandia, Suecia y Holanda, pero todavía no ha infectado a sus vecinos del este y del sur, según un estudio del Angus Reid Group. Las tasas de crecimiento, tanto de penetración del ordenador como del uso de Internet, se han estancado en el este y el sur de Europa, y estas regiones tienen la mayor proporción de adultos que no expresan el menor interés por incorporarse a la revolución *on-line.*

¿Quiénes se han conectado? (porcentaje de adultos que entraron en Internet en los treinta días anteriores a la encuesta):

Suecia	53 %
Finlandia	44 %
Holanda	40 %
Alemania	29 %
Bélgica	28 %
Francia	22 %
España	18 %
Italia	16 %
Polonia	11 %

Fuente: Angus Reid Group, 2000

Reino Unido: En nuestras conversaciones con colegas y otras personas del Reino Unido, hemos descubierto que entre los británicos hay una tremenda ambivalencia en lo que respecta a los medios digitales. Reconocen sus ventajas como fuente de información, pero les produce un decidido malestar su potencial como alternativa a la interacción personal. Para contrarrestar esta percepción, Richard Branson ha estado tratando de motivar a Gran Bretaña para que se convierta en una presencia más destacada dentro del ciberespacio con su empresa en Internet, Virgin Net, un servicio *on-line* de ocio y entretenimiento. A comienzos de 2000, Virgin Net tenía 650 000 suscriptores de acceso gratuito, y otras 550 000 personas visitaban su principal portal todos los meses.

En total, según Continental Research, catorce millones de personas en el Reino Unido estaban conectadas a la red en el año 2000, alrededor de un 30% de la población adulta. Esto representa un aumento respecto del escaso 8% de fines de 1997. Al parecer, el reciente crecimiento se ha debido a la gran cantidad de mujeres y de gente de renta más baja que ha entrado por primera vez a Internet, aprovechándose muchas de ellas del acceso gratuito. Una encuesta del Departamento Británico de Comercio e Industria indicó que unos 7,6 millones de mujeres británicas estarían conectadas a comienzos de 2001 y esta cifra representaría la mitad de los usuarios de Internet del país.

Irlanda: Habiendo superado las vicisitudes económicas de anteriores décadas, Irlanda se reveló en la década de 1990 como un auténtico «tigre celta» revitalizado. El auge de su economía se debe en gran parte al marcado compromiso del país con la nueva cultura digital. La isla Esmeralda es actualmente el segundo exportador de software del mundo, después de EE. UU.

Escandinavia: Los países nórdicos de Europa se han ido cibercentralizando progresivamente, con unos niveles de penetración en Suecia, Noruega y Finlandia que duplican o triplican los del Reino Unido y el resto del continente. Tal como nos comentó uno de nuestro Exploradores de Tendencias daneses: «Internet ya no es el coto privado de los monstruos de la tecnología... Hasta el Teatro Real Danés está *on-line*, y también la familia real.»

Holanda: En Holanda, no sólo aumenta el número de ciudadanos que entran en Internet, sino que además lo hacen más a menudo. A partir de 2000, el número de personas conectadas era de 4,5 millones, alrededor del 28% de la población. Según un estudio, el correo electrónico sigue siendo la actividad más corriente, ya que el 80% afirma que es el uso primordial que le da. Sin embargo, la búsqueda de información específica e incluso la navegación sin destino presentaban cifras muy próximas, del 70% y el 61%, respectivamente.

Francia: A fines de la década de 1990, el primer ministro Lionel Jospin se convirtió en el primer gobernante francés en aparecer en un podio con un cibergurú, cuando dio la bienvenida al fundador de Microsoft, William H. Gates III, en una conferencia sobre tecnología. (El gobierno de Jospin ha declarado su disposición a incorporar Internet, aunque el idioma fundamental en la red sea el inglés.) En el verano de 1999, Jospin declaró con orgullo que su actitud positiva estaba dando resultados, ya que el uso de Internet en Francia había experimentado un espectacular aumento del 45% en los seis primeros meses, y que el sector de TI y comunicaciones era responsable del 5% del PNB de Francia —por encima de la industria del turismo y tanto como los sectores del automóvil y de la energía combinados. En 2000, unos 7,2 millones de usuarios de Internet de más de quince años entraban en la red en Francia, según Mediametrie, y el 40% de ellos eran mujeres. Por primera vez, el número de usuarios franceses que se conectan desde casa supera a los que se conectan en el trabajo: 55% frente al 43%. Alrededor de un tercio de los usuarios entran en el sistema con regularidad, y el 29% navega casi a diario.

Italia: Aunque el crecimiento de Internet ha sido lento en el sur de Europa, había 10,7 millones de italianos con acceso a Internet en la primavera de 2000, según informa Between ICT Brokers. Esto representa un aumento del 25% respecto a setiembre de 1999. Se estima que en 2001 habrá 15,3 millones de italianos *on-line.* El aumento de las cifras se ha disparado por el gran número de mujeres, de personas de 55 años o más y de desempleados que han entrado en el sistema.

España: A pesar de que tiene fama de ir con retraso en eso de Internet, España espera desempeñar un papel en la cultura emergente. A fines de 1999, unos 3,6 millones de españoles tenían acceso a Internet. Al igual que en el Reino Unido, el crecimiento se ha visto estimulado por la aparición de proveedores de acceso gratuito. Hay indicios de que los hispanohablantes podrían adueñarse de un enorme territorio en la red si se materializase un número suficiente de usuarios *on-line* en España y América latina. Iniciativas tales como el nodo Latin America Webopolis de StarMedia (www.webopolis.com/) fue creado para España y para tratar al mismo tiempo de enlazar a la inmensa extensión de hispanos, desde Tierra del Fuego a Miami.

Portugal: Portugal, que fue un centro del comercio mundial en las épocas en que esta actividad dependía de los viajes marítimos, ocupa actualmente un puesto muy marginal en la Europa digital. Años de estancamiento bajo una dictadura de derechas han dejado a Portugal con muchas carencias de infraestructura y desarrollo tecnológico. Por lo que respecta a navegar por la red, los portugueses tienen la ventaja de poder acceder al contenido en lengua portuguesa de su aventajado hijo en el Nuevo Mundo, Brasil. Pero aún más que en el caso de España, está por verse si el aliciente de la gran cibercultura latinoamericana bastará para tentar a más portugueses a sumarse al estilo de vida digital. Mientras tanto, organizaciones como Portugal em Linha (www.portugal-linha.pt/) se proponen reunir a todos los lusófonos del mundo.

Asia

Para la mayor parte de los asiáticos, Internet es más una promesa que una realidad, pero está dando acceso al mundo moderno a mucha gente de la región. El número de ordenadores sigue siendo bajo, pero están apareciendo cibercafés por todas partes y se espera que, a medida que los países vayan saliendo de la recesión de fines de la década de 1990, aumente el número de asiáticos que se sumen a las revoluciones digital y del comercio virtual.

Incluso durante la crisis, los gobiernos asiáticos se mostraron bastante activos en la promoción de Internet. Vietnam, cuyo gobierno ejerció una de las censuras más rigurosas y fue sumamente restrictivo respecto a la información, celebró en noviembre de 1997 un «Día vietnamita de Internet». La ocasión se aprovechó para conceder licencias a cuatro proveedores de servicio de Internet. Desde 1998, el Ministerio de Comercio Exterior y Cooperación Económica de China ha mostrado su empeño en incrementar las exportaciones a través de China Market (www.chinamarket.com.cn), un sitio en la red que conecta a los usuarios con las empresas chinas, que venden así más de 8 000 productos industriales. El sitio está en chino y en inglés y tiene también un foro de conversación para que la gente pueda hacer negocios. Durante su período de prueba, el sitio recibió más de medio millón de conexiones en la primera semana.

China: En China, el uso de Internet aumenta rápidamente a medida que el país va adoptando una economía más capitalista y mejora su infraestructura técnica y financiera, poniendo los servicios telefónicos y las tarjetas de crédito a disposición de un sector cada vez más amplio de la población. En 1999, casi nueve millones de chinos tenían acceso a la red, lo cual cuadruplicó con creces el número de un año antes. En 2000 había un número estimado de 35,6 millones de cuentas de correo electrónico en el país, las tres cuartas partes gratuitas. Los usuarios de Internet en China son en su mayoría jóvenes (las tres cuartas partes tienen menos de treinta años), y aproximadamente una quinta parte son mujeres.

El gobierno chino se debate entre el interés en el comercio virtual y el temor a las posibles repercusiones de una población conectada. Ha tratado de reglamentar el uso aplicando la vaga Ley de Secretos de Estado a Internet y también está experimentando con medidas para regular la publicidad *on-line.*

India: La gran mayoría de la población india no está conectada a Internet —sólo el 0,45% estaba conectada en 2000— y hay predicciones muy variables sobre lo extensa que llegará a ser la penetración. IDC prevé que haya diecisiete millones de usuarios en 2004, mientras que otros elevan la cifra a treinta millones. Todos coinciden, en cambio, en la necesidad de reducir el precio de los ordenadores y del acceso telefónico.

Contribuyendo a configurar el futuro de las tecnologías *on-line* de la India están el extenso sector de empresas de alta tecnología asentadas en el país y la legión de programadores informáticos indios que trabajan en el extranjero. Un número creciente de expatriados indios está contribuyendo a crear una nueva infraestructura digital para su patria. Entre los «punto-coms» que surgen en la India recién conectada se encuentran Aditi, proveedor de soluciones de comercio virtual y de software adaptado para empresas de todo el mundo, y netGuru, un desarrollador de software y de una red de portales de comercio virtual dirigida a los expatriados.

Japón: Según Access Media International, 19,4 millones de japoneses tenían acceso a la red a mediados de 2000, lo cual representa un aumento del 129% en apenas un año. Esto hace que Japón cuente con la mayor población de usuarios de Internet de Asia. DSA Group predice que la cifra llegará a 27 millones en 2002. Uno de cada seis japoneses tiene acceso a Internet a través del servicio de i-mode, y los usuarios de teléfono móvil son actualmente el segmento de la población conectada al sistema de más rápido crecimiento en Japón, donde se estima que la mitad de las unidades familiares tienen teléfono móvil. Las mujeres representan el 40% de los nuevos usuarios.

Malasia: Con su Supercorredor Multimedia para empresas y su ciberlegislación, que garantiza la libertad digital, Malasia está empeñada en convertirse en el centro de TI de Asia. Se calcula que en el año 2000, una cifra aproximada de un millón de malayos tiene acceso a la red.

Singapur: El gobierno de Singapur parece ser la jurisdicción de Asia más favorable a Internet. Con «IT 2000», la diminuta ciudad-Estado se ha comprometido ante sus cuatro millones de ciudadanos a hacer del acceso universal a Internet una de sus primeras prioridades, sobre todo para las minorías étnicas y para los grupos de bajos ingresos. El gobierno de Singapur ha destinado más de doscientos millones de dólares al montaje de Singapore-ONE, su red de banda ancha super rápida. Según cálculos de los analistas, en 2000, aproximadamente el 30% de la población del país estará conectada a la red. La Junta Nacional de Informática estima que en 2004, el mercado de comercio virtual de Singapur alcanzará una cifra de 2 500 millones de dólares, lo que multiplicaría por diez la de 1998. Como signo de lo venidero, cuando la

Unidad de Información Económica hizo la lista de los quince países «preparados para los negocios virtuales», Singapur figuró en octavo lugar, por delante de Hong Kong, Suiza, Irlanda, Dinamarca, Alemania, Francia y Bélgica.

Taiwan: El crecimiento *on-line* se mantiene constante en Taiwan, donde según estimación del *Computer Industry Almanac*, 4,79 millones de personas estaban conectadas a Internet a comienzos de 2000, es decir, más del 21% de la población. Forrester Research predice que para el año 2004 los taiwaneses realizarán el 16% de las ventas totales del país *on-line*.

Tailandia: Con un número aproximado de 700 000 ciudadanos *on-line* en 2000, el gobierno tailandés está poniendo en práctica diversas iniciativas para alentar el comercio virtual. De todos modos, el crecimiento del uso de Internet ha sido lento, entre otras cosas porque hay apenas 1,2 millones de ordenadores para una población de casi 62 millones. Se están tramitando nuevas leyes basadas en las «Leyes Modelo para el Comercio Electrónico» recomendadas por las Naciones Unidas, que darían a las transacciones *on-line* la misma categoría legal que las que se hacen por otros medios. La legislación contempla también aspectos tales como las firmas digitales, las transferencias electrónicas de fondos, el delito informático y el acceso universal a Internet.

América latina

Aunque el número de latinoamericanos que navega por Internet es relativamente bajo en comparación con otras regiones —una cifra estimada de 13,3 millones de usuarios a fines de 2000— IDC prevé que esta cifra llegará casi a duplicarse en 2003, llegando a 29,6 millones. Y de modo igualmente repentino, las regiones de habla hispana de América se han convertido en un mercado emergente que está atrayendo la atención de los titanes del sector. Bill Gates, de Microsoft, ha formado equipo con Carlos Slim Helu, el hombre más rico de América latina, para crear un portal que aunará la experiencia y el buen ojo de Microsoft con la penetración local de Teléfonos de México. Deberán enfrentarse a la competencia del Grupo Televisa, el mayor grupo de radiotelevisión en español del mundo, que se ha aliado con marchFIRST, el líder mundial de elaboración de páginas Web.

Mientras tanto, Terra Networks, que es propiedad de Telefónica de España, el mayor proveedor de telecomunicaciones de América latina, acaba de concretar la compra de Lycos, uno de los cinco portales más importantes de EE. UU., creando así Terra Lycos. La nueva empresa tendrá usuarios suficientes en Internet para competir con las tres empresas principales, AOL, MSN de Microsoft y Yahoo! StarMedia Network, un portal para los hablantes de español y portugués de todo el mundo, también proporciona acceso a Internet en algunos países de América latina, la mayor parte de cuyo tráfico proviene de México, Brasil y el mercado hispano de Estados Unidos.

Entre los factores que contribuyen al aumento del uso de Internet en América latina figuran la disponibilidad y popularidad crecientes del acceso gratuito a la red y el abaratamiento de los ordenadores en México; el descenso de las cuotas de acceso a la red en Brasil y de las tarifas telefónicas en Chile y en Argentina. Jupiter Communications pronostica que los ingresos latinoamericanos por comercio virtual se elevarán a 8 300 millones de dólares de aquí a 2005, habiendo partido de una cifra de 194 millones de dólares en 2000. Pero Jupiter advierte que el desarrollo de Internet será muy diferente en América latina de lo que fue en EE. UU.: «La escasa penetración del ordenador, el número reducido de tarjetas de crédito y la ineficacia de los mecanismos de realización obligarán a las empresas a buscar soluciones alternativas. Los dispositivos de acceso del tipo de los descodificadores, los bancos que facilitan el comercio electrónico y la incorporación del comercio virtual a los puntos de venta al detalle existentes marcarán el mercado regional.» El grupo de investigación predice que los ordenadores personales, los viajes, los productos alimenticios, los libros y la ropa, en ese orden, serán las principales categorías de venta en 2005.

La población hispana de EE. UU. vendrá a aumentar el mercado latinoamericano de Internet. Una encuesta de Cheskin Research descubrió que el número de ordenadores de las unidades familiares hispanas de EE. UU. había aumentado en un 68% entre 1998 y 2000, frente al aumento del 43% entre la población en general, aumento debido en gran medida al profundo interés de los consumidores hispanos por conectarse a la red. En el 2000, alrededor del 42% de los 31 millones de hogares latinos de EE. UU. tenían un ordenador, y el 64% de los usuarios latinos de ordenadores, además del *e-mail* utilizaban Internet para investigar, para comprar y/o para alternar socialmente. De ellos, el 43% había hecho incluso una compra en la red.

Brasil: Brasil es el líder regional por lo que respecta al acceso a la red, y las empresas ya hacen cola para aprovechar las ventajas del comercio virtual. Los bancos brasileños, por ejemplo, no sólo están ampliando sus servicios financieros *on-line*, sino que además están creando centros comerciales en la red dentro de sus sitios. Dada la escasez de tarjetas de crédito que hay en el país, el hecho de que los usuarios que compran *on-line* en los sitios del banco puedan pagar sus compras con dinero de sus cuentas corrientes no deja de ser un recurso ingenioso.

Colombia: Jupiter Communications estima que había 500 000 usuarios colombianos de Internet en febrero de 2000. IDC prevé que la cifra aumentará a 2,1 millones de aquí a 2007, y que el comercio virtual en Colombia crecerá en una cifra estimada de 22 millones de dólares en 2000 a 500 millones en 2003.

México: Se espera que el número de personas que tiene cuentas en la red en México aumente de 916 000 en 1998 a más de seis millones en 2004. Actualmente, el comercio virtual debe enfrentarse a unos sistemas informáticos anticuados, a unas redes de distribución ineficaces, a la falta de capital, a un fraude generalizado con las tarjetas de crédito y a la competencia de las empresas de EE. UU., que les arrebatan el negocio y los empleados. En muchos casos, el «comercio virtual» no es más que un empleado que copia información de tarjetas de crédito de la red, teclea la información en un aparato que se usa en las tiendas y procesa los datos fuera de Internet. Pero un estudio Tecnofin prevé que las empresas mexicanas generarán nada menos que tres mil millones de ventas en la red en el plazo de un par de años.

África

Aunque los niveles de penetración de Internet siguen siendo muy bajos en la mayoría de países africanos, las predicciones de los medios de comunicación y de las lumbreras de la tecnología señalan un rápido crecimiento en el conjunto de los países en vías de desarrollo, alimentado sobre todo por la necesidad de contar con canales económicos alternativos en las regiones con infraestructura insuficiente. Se espera que el aumento de la competencia entre los servicios de envío y de entrega, así como las mejoras en la seguridad de Internet, contribuyan a un auge futuro.

A pesar de los bajos niveles actuales de uso, los gobiernos africanos se están tomando Internet muy en serio: en Nigeria, los dos candidatos a las recientes elecciones presidenciales montaron sitios en la red para sus campañas. Más de medio millón de sudafricanos accedieron por primera vez a Internet en 1999, haciendo que la cifra total de usuarios en ese país llegara a los 1,82 millones, según informes de Media África. Hay también un millón de empresas usuarias en el país, mientras que en 1998 eran 700 000.

Presente y futuro: Posibles modalidades de conexión

El uso actual de Internet gira en torno a dos aparatos: un ordenador personal y un módem. Eso puede cambiar, ya que un número cada vez mayor de consumidores prefiere entrar en el sistema a través de la televisión o del teléfono móvil. Datamonitor prevé que el mercado del acceso a Internet por televisión se expandirá en un 45% entre 1999 y 2004. Se espera que los descodificadores de la televisión digital que proporcionan las cadenas superen en el mercado a las cajas de acceso a Internet proporcionadas por los servidores. (Por ese motivo las recientes negociaciones de AT&T son tan importantes para la vida digital del presente y del futuro.)

En 2000 había aproximadamente 28,8 millones de descodificadores en Europa, cifra que Datamonitor espera que aumente a 53,3 millones en 2003 y 67,1 millones en 2005. Según la predicción de Datamonitor, en este último año las cajas dedicadas serán 6,3 millones, y los descodificadores digitales interactivos llegarán a los 60,8 millones.

El impacto global de la tecnología WAP

La llegada de los teléfonos móviles con Protocolo de Aplicación Inalámbrica (Wireless Application Protocol, WAP) que ofrece acceso directo a Internet, añadirá una dimensión totalmente nueva a las posibilidades que ofrece la marca «-e» y alimentará la competencia por ofrecer contenidos fiables en la red. La naturaleza y la función de los teléfonos móviles nos lleva a creer que la tecnología WAP se convertirá en la opción más conveniente para los consumidores ocupados que necesiten obtener información con tan sólo pulsar un botón. Una vez inventada la tecnología, de lo que se trata ahora es de asegurar la provisión de información de fácil acceso, ya sea a partir de un gran nombre de marca en Internet, de un grupo de inversión, de una importante empresa de medios de comunicación o de un innovador grupo de expertos *on-line*.

El Grupo Virgin, que tiene intención de pujar para obtener licencias en la red para la tecnología WAP, actúa movido por la convicción de que, a largo plazo, más del 50% del comercio virtual se hará a través de los teléfonos móviles. Durlacher estima que el mercado del comercio por móvil alcanzará en el año 2003 una cifra de 22 750 millones de dólares. Dando crédito a estas predicciones, Nokia estima que habrá mil millones de usuarios de teléfono móvil en todo el mundo a fines de 2002. En 2003, el número de móviles con acceso a Internet superará al de ordenadores personales conectados a la red.

Desde mediados del año 2000, algunos propietarios de teléfonos móviles ya tenían acceso a sitios clave como Amazon.com y Ticketmaster OnLine. A medida que la competencia por proporcionar contenidos para los teléfonos WAP más avanzados se haga más encarnizada, se verán más asociaciones entre los principales fabricantes de teléfonos y las marcas «-e». En la feria CeBIT celebrada en Hannover en febrero de 2000, Motorola, Inc., anunció enlaces con diecinueve proveedores de contenido, entre ellos Amazon.com y Reuters. En EE. UU., el fabricante de software Oracle Corp. ha creado una nueva empresa para lanzar un portal en la red capaz de proporcionar acceso móvil a marcas «-e» tan importantes como eBay y E*Trade.

Los europeos se encuentran en una posición inmejorable para la adopción de la tecnología WAP, gracias a la elevada penetración del teléfono móvil y del GSM, una norma común para la telefonía móvil que aplican los líderes del mercado como Nokia, Ericsson, Motorola y Phone.com, ninguno de los cuales es una empresa estadounidense. Según un informe de Forrester Research, la penetración del uso del móvil para el acceso a Internet en Europa occidental está llamada a tener un crecimiento explosivo, pasando de apenas el 2% en el año 2000 al 34% en 2004, y está previsto que el número de usuarios regulares de Internet a través del teléfono móvil crezca de unos 6 000 a más de 131 000 en dicho período de cuatro años.

En África, el surgimiento de la tecnología WAP representa una oportunidad para el salto tecnológico. El nivel de propietarios de teléfonos móviles está muy por debajo de los niveles de Norteamérica y Europa. Según la investigación llevada a cabo por ACNielsen/SAARF, algo más de un tercio (34%) de los sudafricanos tiene teléfono fijo. Uno de cada diez sudafricanos posee, utiliza o mantiene un teléfono móvil, comparado con el 2% de 1996. El crecimiento ha sido observado en todas las provincias y en todos los grupos de población. De manera sorprendente, el 36% de los usuarios de teléfonos móviles no tenía una línea fija en 1999, incluidos el 27% de los usuarios ingleses/afrikaners y el 56% de los usuarios Nguni/Sotho.

PENETRACIÓN PREVISTA DE LA TELEFONÍA MÓVIL
EN EUROPA OCCIDENTAL

	2000	2001	2002	2003	2004
Pobl. (en millares)	387 515	388 216	388 921	389 628	390 339
Suscripciones a serv. de telefonía móvil	159 880	186 931	209 927	229 887	247 501
Propietarios de teléfonos con conexión a la red	7 051	39 839	107 115	173 737	219 370
Usuarios regulares de Internet por móvil	5 978	30 158	53 703	78 182	131 622
Penetración de teléfono con acceso a la red	2%	10%	28%	45%	56%
Penetración del uso de Internet por móvil	2%	8%	14%	20%	34%

Fuente: Forrester Research in Marketing & Media Europe, abril de 2000

Sin vuelta atrás

A pesar de los temores por cosas como la sobrecarga de información, la lentitud con que aumenta el número de ordenadores domésticos en algunas partes del mundo y el coste que representa conectar a personas de extremos remotos del globo, estamos convencidos de que el uso de Internet se convertirá en algo corriente en casi todas las partes del mundo durante la próxima década. Para aquellos de nosotros cuyas vidas ya están muy asimiladas a Internet, ya no hay vuelta atrás. Y en nuestra economía global, cuando las principales empresas de un continente se conecten a Internet, es indudable que los potenciales clientes, proveedores y competidores también lo harán, arrastrando a los consumidores de sus países.

A medida que las diversas tecnologías conectadas se unan en el fenómeno conocido como «convergencia», los cibernautas de todo el mundo quedarán enganchados a una red con cada vez menos fisuras que ya habrá cambiado el aspecto del mundo que hoy conocemos. Una vez que eso suceda —y que Internet llegue a ser auténticamente global— las modas y tendencias de América latina, África, Australasia y Europa se introducirán en las pantallas de los ordenadores alimentando a los ávidos buscadores, siempre dispuestos a adoptarlas, de Norteamérica y viceversa. Asistiremos a un intercambio gratuito de tendencias que modificará para siempre las bases del poder cultural de todo el mundo.

Tendencias probables

Estrechas conexiones: En el futuro próximo asistiremos al auge de las redes caseras, cuando las familias con varios ordenadores personales conecten sus aparatos entre sí y, quizá, al equipo de domótica.

Sintonizar y conectarse: El Henley Centre pronostica que en 2002 la televisión superará a los ordenadores como medio más popular para navegar por la red. Las familias querrán tener un televisor en todas las habitaciones que proporcione acceso a Internet desde todos los rincones de la casa.

Escuelas de una sola habitación: La tendencia a aprender a través de Internet y la difusión de la escolarización en casa coincidirán, y los arquitectos empezarán a incluir aulas conectadas en sus proyectos de nuevas viviendas.

En defensa de la intimidad: Mientras las empresas y las personas se enfrentan a las consecuencias de las nuevas tecnologías, el derecho a la intimidad se convertirá en el área de especialización de más rápido crecimiento entre los abogados.

Ordenadores regalados: En el futuro, cada vez se conseguirán más ordenadores de forma gratuita o a precios sustancialmente más bajos. Uno de los precursores en esta tendencia fue la mayor organización sindical de Suecia, la Lands Organisationen (LO), que negoció un acuerdo especial de *leasing*-compra de gran volumen para sus socios. Apenas cuatro meses después de haberse cerrado, en 1997, el acuerdo de la LO con el fabricante de ordenadores Hewlett-Packard representaba más del 30% de todos los ordenadores personales vendidos en Suecia ese año. En 2000, Ford Motor Company anunció su intención de ofrecer a sus 350 000 empleados de todo el mundo ordenadores gratuitos, además de acceso a Internet a cinco dólares por mes, para fomentar el conocimiento de nuevas tecnologías. Delta Airlines, American Airlines y Bertelsmann AG han anunciado planes similares.

Ciudades conectadas: La ciudad norteamericana de LaGrange (Georgia) está intentando compensar la brecha digital ofreciendo acceso de alta velocidad a Internet a través de las líneas de televisión por cable existentes. El alcalde, Jeff Lukken, declaró al *Financial Times*: «Queremos asegurarnos de que nadie se queda atrás. Debemos ocuparnos de las personas que están por debajo del nivel de pobreza y de los que no tienen acceso a Internet.» Las previsiones eran que a fines del año 2000 más del 80% de los residentes en LaGrange pudieran acceder a la red encendiendo sus televisores. El coste del proyecto, aproximadamente 300 000 dólares al año, correrá a cuenta de la ciudad.

Cabinas de entrada a la red: El crecimiento de usuarios *on-line* de Perú se ha visto frenado por el escasísimo número de teléfonos y de ordenadores, situación que se propuso modificar el primer proveedor de Internet del país, la Red Científica Peruana. La empresa está construyendo «cabinas públicas de Internet», es decir, oficinas con ordenadores conectados a la red para uso compartido. Tiene pensado instalar unas cuatrocientas en todo Perú. Según *Business Week*, la RCP espera construir también cinco mil «cabinas individuales» similares a las cabinas telefónicas, que llevarán el servicio de Internet a las plazas y a las esquinas de las ciudades.

Falta de especialistas: La actual escasez mundial de profesionales de tecnología de la información amenaza con agravarse, al menos en algunas partes del mundo. Europa y EE. UU. sufrirán la falta de casi dos millones de profesionales de TI en 2002, según un informe de IDC. La participación de Europa en este déficit será de más de un millón de trabajadores cualificados en TI, mientras que EE. UU. deberá enfrentarse a la falta de casi 850 000 durante el mismo año. IDC atribuye la escasez de cualificación al desgaste de las empresas y a la falta de formación.

Optar por quedarse fuera: Hay algunos indicios, tanto entre los partidarios como entre los detractores de las nuevas tecnologías, de que la noción de estar «disponible las 24 horas del día» —atados a la vida profesional a través del *e-mail*, de los teléfonos móviles, de los ordenadores portátiles, etc.— es el aspecto menos deseable de las nuevas tecnologías. En el futuro, es posible que «estar desconectado» se plantee no como algo digno de compasión, sino como una especie de símbolo de estatus entre los profesionales. Sólo aquellos que lo tengan todo podrán permitirse regresar a un estilo de vida más simple, predigital.

CAPÍTULO VIII

Ritos de purificación del cuerpo y del alma

Todo comienzo hace sentir al ser humano la necesidad de hacer limpieza para partir de cero. Piénsese en la rutina de limpiar los armarios en primavera. En los últimos veinticinco años aproximadamente, la necesidad de purificación se ha intensificado como consecuencia del aumento del número de sustancias nocivas, de la mayor inclinación a preocuparse por ellas y, por fortuna, del aumento de posibilidades que tenemos a nuestro alcance para combatirlas. Ya entrados en el nuevo milenio, podemos decir sin temor a equivocarnos que esta necesidad se hará más acuciante en las sociedades que miden el tiempo con el calendario occidental.

Las principales religiones tienen formas propias de purificación del cuerpo, la mente y el espíritu que suelen implicar el ayuno o la abstinencia de determinados tipos de alimentos. Los musulmanes observan el mes de ayuno del Ramadán, en que les está prohibido comer y beber entre la salida y la puesta del sol. Los hindúes no comen carne en los días de oración y en los festivos. Para los cristianos, los cuarenta días de la cuaresma, que terminan con la Pascua, han sido siempre una época de frugalidad después de los excesos del carnaval.

En este principio del siglo XXI, para mucha gente —creyente o no—, la purificación es sinónimo de desintoxicación. Los enfoques varían, pero de lo que se trata es de devolver al individuo a un estado más natural y puro. En este capítulo analizaremos los distintos medios que emplea la gente para conseguir este ideal.

Preparación del alma: En busca de la espiritualidad

Presente y futuro: Algo en que creer

Respondiendo a una creciente sensación de aislamiento, de desconexión respecto del mundo natural, y a los temores que suscitan la tecnología y el futuro, los occidentales se vuelven en busca de consuelo y de una nueva visión del misticismo, y a la espiritualidad de las religiones orientales y New Age. En EE. UU., la población hindú, que era de unas setenta mil personas en 1977, ha pasado a 800 000 en la actualidad. Y se estima que el budismo, la religión oriental que se extiende con más rapidez en EE. UU., cuenta con 750 000 fieles. En el Reino Unido, mientras que el número de monjes y monjas de las órdenes católicas tradicionales está en franco descenso, hay actualmente una lista de espera de seis meses para ingresar en la comunidad budista de monjes y monjas de un popular monasterio llamado Samye Ling, situado en Escocia.

La antigua tradición de la Cábala, una forma de misticismo judío, también atrae a estudiosos entusiastas de todo el mundo, entre ellos a famosos americanos como Madonna, Sandra Bernhard, Roseanne y Barbra Streisand. El misticismo es la respuesta «al hambre, a la sed, a una necesidad —semejante a la avidez de agua que se siente en el desierto— de conexión con los significados trascendentales», declaró Alan Bayer, representante de United Jewish Appeal a la revista *Time*.

Aunque sólo 20 000 estadounidenses afirman que su religión es la New Age, un 23% de los encuestados cree en la reencarnación, y el 12% cree en la astrología. Aprovechando la creciente búsqueda de conexiones espirituales, gurús como Marianne Williamson y Deepak Chopra no han dejado de sumar seguidores y dinero a un ritmo frenético durante la última década. Hace unos años, Chopra estimaba sus ingresos anuales en quince millones de dólares.

El reverendo Harry Maier, pastor luterano y profesor de la Escuela de Teología de Vancouver, tiene una explicación para las nuevas formas de ver la religión: «La gente desea tener una experiencia personal de Dios —afirma—. Quieren un Dios más fácil, más rápido, sin complicaciones, que puedan meter en el microondas.» Maier sostiene que Jesús es el icono pop perfecto, porque encarna muchos de los valores actuales. En esto coincidiría con la archidiócesis de Lansing (Michigan), cuyo director de seminarios ha indicado que a la diócesis «le encantaría poner algunos anuncios en MTV». Mientras tanto, la juventud americana baila al son de sus desvaríos religiosos hasta entrar en trance, y sus padres contratan a asesores espirituales personales y encuentran el verdadero amor en las reuniones de la iglesia o de la sinagoga.

Cura espiritual: La curación por la fe, de la que tanto se burlaron los practicantes de la medicina moderna, está adquiriendo legitimidad. El 99% de los 269 médicos entrevistados en una reunión de la American Academy of Family Physicians expresó su convicción de que una profunda creencia religiosa puede favorecer la curación. Las tres cuartas partes de ellos creen que las plegarias de los demás pueden contribuir a la recuperación de un paciente, y el 38% cree que los sanadores por la fe pueden hacer que la gente se sienta bien. Los recientes estudios que vinculan la fe y la curación han llevado a un número creciente de médicos a prescribir la plegaria y la meditación como complemento de la atención médica tradicional. De hecho, algunos centros de atención sanitaria de EE. UU. han empezado a incorporar la plegaria a sus tratamientos.

El hogar como santuario espiritual: En Norteamérica, un número creciente de compradores de viviendas solicita que tengan instalaciones para desarrollar prácticas religiosas y culturales específicas. Según un informe de *The wall Street Journal*, entre las instalaciones mencionadas figuran las necesarias para la práctica del *feng shui* chino (el arte y ciencia taoístas de vivir en armonía con el entorno), los jardines Zen para los budistas, las cocinas *kosher* en batería para las familias judías ortodoxas y las casas orientadas hacia La Meca para los musulmanes. En Florida, Suntosh Village, una comunidad de 130 viviendas para jubilados cerca de Orlando, ofrece un oratorio opcional para hindúes. Estas habitaciones, construidas en el lado de la casa que da a Oriente, tienen arcos y paredes revestidas de mosaicos, piso de mármol y armarios especiales para guardar los objetos de culto. «Casi toda la gente proveniente de la India oriental tendrá un espacio, si no una habitación, destinada a la plegaria —dice el portavoz del proyecto, Vince Desai—. Lo que hacemos es proyectar una habitación para este uso desde los planos.» En una traducción libre del sánscrito, *suntosh* significa «contento».

Trabajar por una fuerza superior: El renacimiento espiritual que está teniendo lugar en el mundo occidental se está introduciendo en el lugar de trabajo. En EE. UU., los empleados que buscan alimentar su alma organizan reuniones espirituales en el lugar de trabajo —desde grupos de plegaria hasta estudios de la Torah y pausas de meditación budista—, y empresas de la envergadura de Xerox, Motorola y Hewlett-Packard han ofrecido seminarios de meditación a sus empleados. Algunos altos ejecutivos integran sus creencias espirituales en la filosofía de la empresa. Por ejemplo, el presidente y director general de Timberland Company, Jeffrey B. Swartz, relaciona directamente los principios de la Torah a su dirección de una empresa que factura muchos millones de dólares, una conexión expresada por el compromiso de sus empleados con el servicio comunitario.

La santidad al alcance de todos: Sentados en un café de Berlín, Ira y Marian repararon en lo pequeño que se ha vuelto el mundo: los camareros eran de Milán, el barman de Albania y la música que se oía era nada menos que Barbra Streisand cantando la más santa de las plegarias judías. Lo más curioso era que la música se difundía en este espacio simplemente como una canción más, como entretenimiento. Mientras tanto, las imágenes religiosas aparecen en las prendas de Dolce & Gabbana, en joyas y en los libros que tenemos en las mesillas de noche.

Tendencias probables

El gasto espiritual: Desde los servicios bancarios hasta las tiendas, los empresarios atentos a las diversas sensibilidades religiosas ofrecerán una extensa gama de productos y servicios. Las líneas de tarjetas de felicitación, por ejemplo, se ampliarán para incorporar lemas de la New Age, celebraciones interconfesionales y fiestas «alternativas», como el solsticio de invierno. Las familias interconfesionales llegarán a transformarse en un importante nicho de mercado, y darán lugar a una mayor demanda de productos y servicios para cubrir sus necesidades específicas. El lugar cada vez más importante que ocupa la espiritualidad en la vida cotidiana se reflejará en ofertas tales como los campamentos espirituales de verano para los niños o las semanas de retiro para adultos, destinados a infundir en los participantes una renovación y un crecimiento espirituales.

Meditación por prescripción: El 74% de los profesionales de la salud cree que la curación espiritual ayudará a contener los costes médicos en el futuro. Los médicos reemplazarán la medicación por la meditación, recetarán el pensamiento positivo en lugar del Prozac. En una vuelta atrás respecto del castigo diario que representa un cóctel de veinte pastillas con el desayuno, los pacientes recurrirán al sencillo consuelo de la espiritualidad en busca de apoyo y de cura.

En defensa del cuerpo

Presente y futuro

Abajo las toxinas

La necesidad de desintoxicar y «purificar» nuestros cuerpos (y nuestro entorno) se ha extendido mucho desde que el libro de Rachel Carson *Silent Spring* hizo sonar la alarma en 1962. En los últimos años, la alarma se ha hecho sentir con más fuerza, y desde los titulares de los periódicos nos advierten de todo tipo de amenazas, desde la enfermedad de las vacas locas, hasta el misterioso descenso de la tasa de fertilidad masculina y los posibles peligros de las emisiones electromagnéticas. En el vocabulario popular, se solía utilizar el término *sustancias químicas* para designar a todas las sustancias fabricadas por el hombre y que se percibían como indeseables o peligrosas. Ahora se prefiere hablar de *toxinas,* un concepto mucho más fuerte que no sólo abarca lo que produce el hombre, sino también sustancias que se producen naturalmente y que van desde el veneno de las serpientes hasta los subproductos de bacterias y hongos. Confirmando su lugar dentro de la demonología moderna, las toxinas se presentan como uno de los peligros inminentes, uno de los blancos más propicios para los juegos destructivos de ordenador.

En el pasado, las preocupaciones por la ecología y la salud dieron lugar a importantes actuaciones colectivas que tomaron la forma de grupos de presión como Greenpeace. Pero el espíritu de autoayuda, de asumir la responsabilidad por la vida propia del siglo XXI, está llevando actualmente a millones de individuos corrientes de todo el mundo a adoptar sus propias estrategias eco-saludables que son una combinación de rechazo, enfrentamiento y eliminación. Para combatir las toxinas, los consumidores están recurriendo a diversos métodos y productos destinados a potenciar los sistemas naturales de eliminación del organismo. Las dietas de ayuno, por ejemplo —que pueden consistir en agua solamente o en un régimen basado únicamente en alimentos integrales— contribuyen a la desintoxicación al liberar en el organismo las toxinas almacenadas solubles en agua que a continuación son descompuestas por los órganos depuradores y excretadas. Para los que quieren resultados más rápidos, las tiendas de alimentos sanos venden toda una variedad de hierbas que supuestamente ayudan a desintoxicar. El Programa de Depuración Interna de Gaia's Supreme Cleanse (34,95 dólares), por ejemplo, se envía como un programa de dos semanas dividido en cuatro partes que permite una depuración total del organismo.

Una bocanada de aire fresco: Entre los productos cuyas ventas se han incrementado figuran los sistemas para el filtrado del aire doméstico y las aspiradoras que utilizan un sistema de filtrado del aire en lugar de la bolsa para recoger el polvo. También se venden a precios razonables las bolsas de microfiltrado que limitan la dispersión del polvo. El enemigo: los alergenos suspendidos en el aire, como los ácaros del polvo.

Los habitantes de ciudades con una contaminación feroz, como México, D. F., Tokio y Beijing, recurren a cabinas de oxígeno para descansar de la contaminación. Una versión más refinada de esta moda son los bares de oxígeno, que tienen mucha aceptación entre los norteamericanos y los europeos preocupados por la salud. El oxígeno también se ha convertido en artículo de primera necesidad en los balnearios, donde entre los tratamientos que se ofrecen figuran las píldoras de oxígeno, las bebidas con oxígeno adicional y los helados oxigenados. Sus auténticos defensores sostienen que una aportación regular de oxígeno no sólo da más energía, sino que además puede aliviar los síntomas de las alergias y la resaca. Aunque los atletas profesionales inhalan oxígeno antes de competir como suplemento energético, hay escasas evidencias científicas que sustenten las propiedades terapéuticas del mismo (y algunos médicos incluso advierten que un exceso de visitas a los bares de oxígeno puede dar como resultado una intoxicación y/o anormalidades celulares).

Comer religiosamente: Respondiendo a los temores de la contaminación de los alimentos, hasta los menos creyentes están recurriendo a los alimentos preparados de acuerdo con los dictados de la religión. La empresa Halim Mazmin Bhd de Malasia ha elegido trece países para la distribución de *halal* (comida aprobada por el islam) congelado. Entre los países elegidos, además de los del mundo islámico, figuran Gran Bretaña, China, Corea del Sur, Taiwan y EE. UU. «Hay una gran demanda de *halal* en diversos países, independientemente de la religión, ya que la comida *halal* tiene fama de ofrecer garantías de pureza y seguridad y es consumida de forma generalizada incluso por los que no son musulmanes», afirma el presidente ejecutivo, Halim Mohammad. También hay gentes que no son judías y que se interesan por la comida *kosher*, porque la consideran «más pura» que los productos no *kosher*. El terreno está abonado para que un fabricante de alimentos se autoproclame marca de «seguridad», ofreciendo un sello no religioso de pureza y seguridad.

Soluciones médicas alternativas (holísticas)

Junto a la aparición del paciente proactivo (del que ya se habló en el primer capítulo) se advierte un cambio cultural en la percepción de la medicina y de los fármacos en la sociedad contemporánea. La tradicional concepción mecanicista del cuerpo, según la cual un paciente lo lleva a un experto médico si y cuando algo no va bien, está siendo sustituida por un enfoque más holístico de la salud. Este nuevo enfoque —con su insistencia en el «bienestar»— se preocupa tanto de la prevención de la enfermedad como de la curación, ampliando así muchísimo la definición del cuidado de la salud.

Esta nueva insistencia en el bienestar trae aparejadas expectativas mucho más elevadas de lo que debe brindar la comunidad médica. Se supone que ahora los médicos y los medicamentos deben curar todas nuestras dolencias, sean éstas físicas o emocionales. No satisfechos con la oferta de la medicina tradicional occidental, cada vez son más los consumidores de Europa, Norteamérica y otros lugares del mundo que recurren a otras cosas, desde los remedios ayurvédicos hasta las antiguas hierbas chinas.

En Alemania y Francia, casi la mitad de la población utiliza alguna forma de medicina complementaria, y el 47% de los médicos de Holanda la practican. La demanda de tratamientos alternativos está surtiendo efecto sobre la medicina convencional. En Nueva York, instituciones tan afamadas como el Beth Israel Medical Center y el Memorial Sloan-Kettering Cancer Center utilizan tratamientos como la acupuntura, la fitoterapia y la hipnosis. El *Journal of the American Medical Association* informa de que el gasto en medicinas alternativas creció un 45%, alcanzando la cifra de 21 200 millones de dólares, entre 1990 y 1997.

A medida que se generalice la atención complementaria, es previsible que aumente el número de compañías de seguros que la incluyan en sus pólizas. En Suiza, el Departamento Federal del Interior ha decidido que el seguro de salud básico debe cubrir los costes de tratamientos complementarios como la acupuntura y las medicinas china y homeopática. En respuesta a los resultados de una encuesta realizada entre un millón y medio de asociados, Oxford Health Plans, una organización para el mantenimiento de la salud, ha añadido a su red regional de Nueva York aproximadamente mil representantes de medicinas alternativas, entre ellos masajistas, instructores de yoga, acupuntores, especialistas en nutrición y quiroprácticos.

El antiguo secreto chino: Asia Inc., una revista de actualidades, informa de que, después de años de recurrir a la medicina moderna, los ejecutivos asiáticos están volviendo a las antiguas técnicas de curación, entre ellas el masaje y la acupuntura. «Nos encontramos en la insólita situación de volver a presentar las antiguas técnicas a los jóvenes asiáticos», comentaba Nancy Bekhor, directora ejecutiva del Vital Life Centre de Hong Kong. Más que de estrés psicológico, de lo que suelen quejarse los asiáticos es de pérdida de energía física y emocional. Un popular sanador que atiende a muchos ejecutivos ofrece sesiones de 45 dólares que incluyen música relajante, fricciones vigorosas —tanto sobre el cuerpo como por encima de él— y una conferencia sobre curación por reencauzamiento y el mundo espiritual.

Curación natural, entorno artificial: En el futuro nos encontraremos con un mayor número de entornos artificiales dedicados a la «curación natural». La Alpha Health Environment Capsule, que se presentó en 1990 en Tokio, es un ejemplo de ello. Según un informe aparecido en el *Business Daily,* la cápsula, que está equipada con una sauna de calor seco, vibromasaje, aromaterapia, lámpara germicida, aire facial ionizado, indicador de calorías, luz ultravioleta, terapia de ondas cerebrales y sonido estereofónico (música New Age o sonidos naturales), fue pensada para hacer que sus usuarios «tengan mejor aspecto y se sientan y vivan mejor». El «pasajero» de la cápsula se relaja en la confortable y envolvente cama de la máquina provisto de unas gafas protectoras ligeras diseñadas para predisponer la mente a la meditación. Estas cápsulas, que ya gozan de popularidad en Corea, Japón y China, están empezando a introducirse en Occidente.

Ayuda natural

Las vitaminas y las hierbas medicinales cada vez más forman parte del arsenal de quienes pretenden mantener su organismo puro y saludable por medios naturales. La vitamina C, en particular, se vende como medio para combatir los radicales libres (sustancias químicas de gran reactividad que se sospecha son carcinógenas), pero la vitamina E se está colocando en el primer puesto.

El mercado de la fitoterapia se está disparando en EE. UU., habiendo pasado de unas ventas de 500 millones en 1992 a más de 3 000 millones seis años más tarde. Un estudio de la American Herb Association descubrió que los alemanes gastaron en 1996 2 300 millones de dólares en hierbas medicinales, y los británicos 146 millones. Y la investigación realizada por Gallup Canada demuestra que los canadienses se gastan todos los años unos dos mil seiscientos millones de dólares en productos naturales de salud, y que la demanda crece a razón del 15% anual.

Aunque los productos naturales y los suplementos de salud se consideraban otrora como lujos sólo al alcance de los mercados más ricos, hoy en día la tendencia se está trasladando también a los países subdesarrollados. En México, por ejemplo, la cadena Vitamin World, fundada en 1995, vio cómo se disparaban sus ventas en los doce meses anteriores a junio de 1998, con un incremento del 80% en Ciudad de México y Monterrey. La larga tradición mexicana en el uso de hierbas y de remedios caseros hechos con ellas ha favorecido a la industria del «naturismo», que ofrece vitaminas, complementos nutritivos, comida sana y cosmética natural. La estrategia de crecimiento de Vitamin World se basa sobre todo en la educación del consumidor, que la empresa fomenta mediante anuncios en la prensa, un informativo comercial, carteles de promoción y un sitio Web.

Muchos confían en los complementos de hierbas para la prevención o el tratamiento de enfermedades específicas. En EE. UU. cinco de estos productos —el ginkgo biloba (para mejorar la memoria), el hipérico (para favorecer el equilibrio emocional), el ginseng (para aumentar la energía), el ajo (para bajar el colesterol), la equinácea (para reforzar el sistema inmunológico) y el palmito aserrado (para prevenir los problemas de próstata)— representan el 85% de las ventas del sector. Tan sólo en 1997, las ventas en EE. UU. de ginkgo biloba alcanzaron los 90 millones de dólares, las de ginseng llegaron a los 86 millones y las de hipérico, a los 48 millones. Adams, Harkness & Hill, Inc., dice que los complementos especializados, como los productos de glucosamina para la osteoartritis, están impulsando el crecimiento a un ritmo del 32%.

Ejercicio oriental

Las endorfinas que se segregan con treinta kilómetros de marcha atlética no siempre compensan la cirugía que se necesita en la madurez para reparar los ligamentos y cartílagos dañados. Para obtener un «subidón» más beneficioso, un número creciente de occidentales estresados está recurriendo a la práctica de deportes orientales como el yoga y el tai chi.

Yoga: La finalidad general del yoga es aumentar la oxigenación de la sangre, estirar los músculos y aumentar la flexibilidad. Esto, a su vez, favorece la concentración y ayuda a reducir los niveles de toxinas, fuente de muchos problemas dérmicos y de muchos cambios de humor que no hacen más que aumentar el estrés. En el Reino Unido, un cuarto de millón de personas practican el yoga con regularidad y se espera que esta cifra aumente en un 20% en el año 2000. Roper estima que seis millones de americanos realiza ejercicios de yoga con asiduidad.

Además de usar el yoga para mantenerse en forma, sus partidarios se valen de él como técnica médica alternativa. Jon Kabat-Zinn, doctor en Medicina y fundador de la Clínica para la Reducción del Estrés del Centro Médico de la Universidad de Massachusetts, dirige un programa estándar de ocho semanas en el que combina el yoga y la meditación. *Business Daily* informa de que el Hospital Columbia-Presbyterian de Nueva York, en un intento de reducir el estrés y la depresión posquirúrgicos, acelerar la recuperación y prevenir problemas cardíacos, está experimentando con una batería de métodos alternativos de curación entre los que figuran el yoga, la hipnoterapia, el masaje sueco y el toque terapéutico. Las empresas con trabajadores estresados también están tomando buena nota de los efectos curativos del yoga. *Newsweek* informa de que CMP Media Inc., en Manhasset (Nueva York), tiene una sala de conferencias que dedica una hora a la semana al yoga. Un instructor dirige una clase adaptada a las distintas edades y situaciones de los empleados participantes.

Tai chi: En los últimos años, el centenario arte del tai chi se ha exportado de China a muchas partes de Europa y Norteamérica. Un corpus cada vez más abundante de pruebas científicas demuestra que este arte marcial «interno» —cuya finalidad es fortalecer el cuerpo y el *qi*, la energía personal o fuerza vital— puede disminuir la tensión sanguínea, aumentar la masa muscular, rebajar los niveles de sustancias químicas del organismo relacionadas con el estrés y evitar la fragilidad propia de la vejez. En muchas ciudades occidentales se dan actualmente clases de tai chi en entornos tales como los centros para la tercera edad, los parques y los programas de rehabilitación. Gannett News Services informa que algunas empresas también los están organizando. El European American Bank, por ejemplo, contrató a Jesse *Dos Búhos* Teasley, poeta y sanador, para que enseñara a sus empleados los principios del tai chi.

Come, bebe y manténte en forma

Presente y futuro

Agua, agua por todas partes

Los consumidores de todo el mundo, desanimados por los colores y sabores artificiales de los refrescos, cada vez se vuelcan más hacia las bebidas más sanas. Los zumos de frutas, los tés ya preparados y las bebidas isotónicas se están popularizando, pero el número uno en ventas en 1,4 millones de minibares de hoteles de todo el mundo no es ni más ni menos que el agua embotellada. En estos días, el agua embotellada es un símbolo de estatus, algo que se lleva con uno, una forma conveniente de saciar la sed y un artículo funcional y beneficioso para la salud.

Hasta los embotelladores de refrescos han pasado al ataque, y así Coca-Cola vende agua embotellada con la marca Dasani y su rival Pepsi-Cola ofrece Aquafina. Si las ventas siguen creciendo, dice un informe publicado en *Beverage Industry*, sólo los refrescos superarán al agua en categoría equivalente en 2005:

- En el Reino Unido, el consumo de agua embotellada ha superado a los zumos de frutas por primera vez en la historia, alcanzando un sólido aumento del 11% en 1999. Según predice el informe de *Grocer*, este crecimiento se mantendrá en un 10% anual.
- El agua embotellada es muy popular en Italia, especialmente entre las mujeres: el 90% de consumidoras la utilizan, frente al 29% en Francia, el 15% en España, y el 12% en Gran Bretaña.
- En China, las ventas de agua embotellada ascendieron a 4 000 millones de botellas en 1999, lo cual equivale a la mitad del mercado de las bebidas carbonatadas.
- En EE. UU., la venta de agua embotellada alcanzó los 4 000 millones de dólares en 1999, un 10% más que el año anterior, y Aquafina, de Pepsi, es la de mayor venta al detalle de este país.

A beberla toda: En el peor momento de los enormes incendios forestales que padeció el sureste asiático a mediados de la década de 1990, las autoridades aconsejaron a los ciudadanos que permaneciesen en sus casas y bebieran mucha agua para eliminar las toxinas del aire. Al parecer, la idea de eliminar toxinas está presente de forma intuitiva en la mentalidad humana. Aunque el agua simple y pura realiza este trabajo, cada vez habrá más oportunidades para los productos que favorecen la acción depurativa. Los franceses llevan tiempo afirmando que algunas aguas minerales favorecen el funcionamiento de los riñones, y en África occidental, donde hay mucha gente que cree que el paludismo puede eliminarse con la orina, los bebedores de cerveza buscan las marcas de las que se dice que estimulan la micción.

Eau de fleur: ¿Qué hace furor en la rompedora Gran Bretaña? El agua con infusiones de flores: el agua de flor de saúco levemente carbonatada y el agua mineral al limón de Safeway, el agua mineral ligeramente carbonatada de escaramujo y espino, y el agua refrescante de grosella y flor de saúco, para nombrar sólo unas cuantas. El agua embotellada mezclada con complementos dietéticos como el ginkgo biloba, el ginseng, o las multivitaminas también se hará cada vez más populares.

Tendencias probables

Agua para usos especiales: Prestemos atención a la aparición de agua embotellada y comercializada para entornos específicos. Water Concepts, Inc., ya está en el mercado con productos de este tipo. Además de su producto con cafeína Water Joe, está promocionando una línea de «aguas ligeras» reforzadas con hierbas y minerales que se vende en botellas verdes de medio litro: dENSITY, un producto sin sabor con 100 mg de calcio, un mineral esencial para la formación y el mantenimiento de los nervios, los músculos y la masa ósea; Ignite, con un ligero sabor a mango y 100 mg de ginseng siberiano para aumentar la producción de energía del organismo y mejorar la resistencia al estrés y a la fatiga; ReCALL, un agua con sabor a limón con 40 mg de ginkgo biloba que, según el fabricante, «puede favorecer la memoria, las funciones cerebrales, la circulación cerebral y periférica, la oxigenación y la circulación de la sangre»; ReSIST, con un ligero sabor a frutas del bosque y 100 mg de equinácea para reforzar el sistema inmunológico del organismo; y Serenity, con sabor a pomelo y 100 mg de hipérico para reducir el estrés y mejorar el estado de ánimo.

Purificación personal: Cada vez será mayor el número de consumidores que invertirán en sistemas de purificación del agua. Según la revista *Time*, los propietarios de viviendas americanos compraron sistemas de tratamiento del agua por valor de 450 millones de dólares en un año. Al menos un 12% de las familias norteamericanas someten el agua a algún tipo de tratamiento, a pesar de que el país cuenta con uno de los mejores sistemas del mundo de suministro de agua. Las principales preocupaciones de los consumidores son eliminar el plomo, las bacterias, el arsénico y otros contaminantes que influyen sobre el sabor y la inocuidad del agua.

Alimentos puros

«Dejad que mis manzanas se manchen, pero dejadme los pájaros y las abejas», cantaba Joni Mitchell en *Big Yellow Taxi*, hace treinta años. La canción fue uno de los primeros lamentos del pop a favor de la ecología. Desde entonces, la demanda de productos orgánicos por parte de los consumidores ha ido creciendo a paso firme en el mundo desarrollado, acicateada por el miedo a los contaminantes químicos y, más recientemente, a los productos modificados genéticamente. En un estudio realizado por Angus Reid Group Worldwide entre más de 5 000 consumidores adultos de todo el mundo, la tendencia hacia las modificaciones genéticas fue considerada negativamente por el 82% de los encuestados japoneses, el 73% de los alemanes y el 71% de los franceses. El 59% de los canadienses también manifestó su inquietud al respecto, seguido por el 51% de los estadounidenses y del 45% de los brasileños encuestados.

Europa: Según Datamonitor, la venta de alimentos orgánicos en Europa Occidental creció de 3 100 millones en 1995 a una cifra estimada de 5 300 millones en 1999. Según un informe del Servicio de Agricultura Exterior del Departamento de Agricultura de EE. UU., Italia ocupa el primer lugar en la agricultura orgánica de la Unión Europea, seguida por Alemania, Austria y Francia.

- *Francia:* Los supermercados franceses vendieron una cifra estimada de 257 millones de dólares en alimentos orgánicos en 1998, mientras que las tiendas especializadas vendieron aproximadamente 187 millones de dólares. Las ventas directas (mercados al aire libre, panaderías, etc.) realizaron ventas por valor de 223 millones de dólares de productos orgánicos ese mismo año. La cadena francesa de hipermercados Carrefour lanzó 48 productos orgánicos que abarcaban desde harina y aceite hasta chocolate y mermelada. Los productos de la línea Carrefour Bio cuestan entre un 10 y un 30% más que los productos no orgánicos, pero entre un 20 y un 30% menos que los productos orgánicos de marca.
- *Alemania:* En Alemania, se calcularon unas ventas de alimentos orgánicos de 2.000 millones de dólares en 1998, alrededor del 2% del mercado total de productos alimenticios.
- *Reino Unido:* Datamonitor estima que el mercado orgánico del Reino Unido duplicó con creces su volumen entre 1995 y 1998, pasando de 228 millones de dólares a 544,3 millones. Los principales minoristas de la alimentación respondieron a la preocupación de los consumidores por la seguridad de los alimentos introduciendo extensas líneas de alimentos orgánicos de marca privada en las que había verduras frescas, carnes, productos lácteos y pan. La cadena Tesco, por ejemplo, ofrece más de cuatrocientos artículos de este tipo. «Ahora está decididamente demostrado que el movimiento orgánico no es una moda pasajera», dijo un portavoz de Tesco. Peter Segger, director ejecutivo de Organic Farm Foods, el mayor proveedor de alimentos orgánicos de Gran Bretaña, declaró a *The Observer* que advertía un cambio fundamental en el mercado de alimentos orgánicos después de la aparición de la enfermedad de las vacas

locas (encefalopatía espongiforme bovina). «Ahora la gente piensa mucho más en el origen de sus alimentos,» dice Segger.

- *Holanda:* La mayor parte de los supermercados de Holanda tiene una sección de comida sana, y en 1998, Albert Heijn, la cadena de supermercados holandesa propiedad de Royal Ahold, lanzó su propia línea de productos orgánicos. La cadena, que tiene unos setecientos puntos de venta, tiene 150 productos orgánicos diferentes y tiene pensado ampliarlos a cuatrocientos para fines de 2002.

América latina: En América latina, nuestros Exploradores de Tendencias predicen un giro radical hacia la alimentación natural, sana, alejada de la imagen de las píldoras alimentarias de alta tecnología, las barras energéticas, etcétera. Un colega brasileño comentó que lo que se entiende por comida sana no será lo mismo en el futuro «que lo que solíamos imaginar a comienzos de la década de 1990, como por ejemplo los alimentos deshidratados de alta tecnología. En el futuro comeremos alimentos más sanos y naturales». Otro dijo, en México, que las «culturas culinarias tenderán a rechazar los alimentos procesados». Un Explorador de Tendencias del Perú prevé que «en 2005 los alimentos serán más naturales y más ricos en proteínas y vitaminas. No se usarán colorantes por su efecto sobre el organismo humano... Los envases serán mejores y reciclables, más fáciles de abrir y de mantener totalmente cerrados».

Estados Unidos: A pesar de que su coste es entre un 10 y un 15% superior al de los alimentos producidos por medios convencionales (como consecuencia de los más elevados costes de producción), la demanda de alimentos orgánicos se ha disparado en EE. UU., pasando de 178 millones de dólares en 1980 a más de 4 000 millones en el año 2000. El Food Marketing Institute informa de que el 73% de los supermercados tiene ahora alimentos orgánicos y naturales, y, según la Organic Trade Association, más del 30% de los productos orgánicos de EE. UU. se venden actualmente en supermercados normales.

Tendencias probables

Lo puro es bello: Es posible que a los consumidores se les ablanden los corazones al pensar en las frutas y vegetales cultivados «de modo natural», pero el aspecto no tan perfecto de gran parte de la producción orgánica es para muchos un factor disuasorio. Actualmente se están introduciendo opciones para los consumidores que buscan productos agradables a la vista y al paladar. Dos alternativas sin pesticidas: los productos hidropónicos y aeropónicos que se cultivan en ambientes controlados, cerrados, que no necesitan pesticidas, y las plantas genéticamente manipuladas que tienen una resistencia adquirida a las pestes que hace innecesarios los productos químicos.

Alimentos funcionales

En muchas partes del mundo, los consumidores han aceptado con rapidez la nueva generación de productos enriquecidos con vitaminas, impulsores de la vitalidad, que empiezan a aparecer en las estanterías de los supermercados. No importa que nadie se ponga de acuerdo sobre si las ventajas que prometen estos productos son reales, imaginarias o incluso científicamente determinables, los consumidores de todo el mundo están dispuestos a pagar más por la esperanza de que las patatas fritas de kava y la sopa de hipérico aporten una mejora real a sus vidas.

Los analistas del sector de EE. UU., Europa y Asia coinciden en que los nutricéuticos son la tendencia global en alimentación. Según el Institute of Medicine, se entiende por nutricéutico «cualquier alimento o ingrediente alimentario capaz de proporcionar un beneficio para la salud por encima de los nutrientes tradicionales que contiene». Según una encuesta del Food Marketing Institute, más del 80% de las compras que se hacen en las tiendas de comestibles (en EE. UU.) se hacen por razones de salud.

El *Nutrition Business Journal* predice que el mercado de los alimentos funcionales crecerá entre un 12 y un 15% anual en

EE. UU., llegando a elevarse las ventas hasta 32 000 millones de dólares en 2003. Empresas tan importantes como Kellogg y Unilever están apostando fuerte por ocupar el primer puesto en un mercado que, están convencidos, va a explotar. Aunque actualmente la mayor parte de los productos nutricéuticos se compran en las tiendas de alimentación, se prevé que las ventas *on-line* crecerán espectacularmente. Según Jupiter Communications, el mercado nutricéutico *on-line*, que era de un millón de dólares en 1998, crecerá hasta los 434 millones de dólares en 2003.

Las fuerzas que subyacen bajo la locura nutricéutica son la nueva conciencia nutricional de los consumidores, su actitud cada vez más independiente respecto de las decisiones que atañen a su salud, y su aceptación de las ayudas para el mantenimiento de la salud, como el ginseng y el ginkgo biloba. Actualmente, los fabricantes están empezando a diseñar nutricéuticos y complementos alimenticios que responden a las carencias específicas de grupos de consumidores, como las mujeres menopáusicas, los niños y las personas mayores.

Antojos de chocolate: Según noticias publicadas para satisfacción de los adictos al chocolate de todo el mundo, recientes estudios científicos han descubierto que el cacao y el chocolate contienen antioxidantes capaces de mejorar la salud cardiovascular. En un futuro próximo, el chocolate puede llegar a figurar en la lista de la compra de los consumidores conscientes, no por gusto, sino por una cuestión de salud.

A bebérselo todo: En Japón, se han introducido en el mercado bebidas con «polyoles» añadidos para reducir el riesgo de caries dental, y Coca-Cola ha lanzado un controvertido refresco para los adolescentes que contiene DHA, un ácido graso esencial que, según se dice, favorece la capacidad de aprendizaje. Las ventas de la leche fermentada Yakult, que existe en Japón desde 1935, alcanza ahora más de 23 millones de unidades diarias en unos dieciséis países de todo el mundo. El producto contiene 6 500 millones de bacterias del lactobacilo *casei shirota* que, consumidas a diario, se dice que favorecen la aparición de «flora intestinal positiva».

(Desde 1992, Japón ha aprobado más de 75 productos como «alimentos para uso sanitario especializado» y, entre ellos, figuran el arroz con proteína modificada para personas alérgicas y la leche fosfatada para los que padecen trastornos renales.)

Margarina anti-colesterol: Mientras tanto, la margarina finlandesa Benecol fue un éxito de tal magnitud en Europa que llegó hasta EE. UU. Esta margarina «curativa», cuyos poderes se deben a un ingrediente natural que se encuentra en los pinos, impide que el organismo absorba colesterol. En el mercado norteamericano se encuentra también Take Control, de Lipton, una margarina que reduce el colesterol y que fue lanzada en mayo de 1999.

Néctar nutritivo: Los investigadores han descubierto que el valor antioxidante de la miel depende del lugar donde las abejas recogen el néctar. (Los antioxidantes contrarrestan el efecto tóxico de los «radicales libres» que producen daño celular.) Investigadores de la Universidad de Illinois estudiaron diecinueve muestras de miel de catorce variedades florales y descubrieron que la miel producida a partir del néctar libado en las flores del alforfón de Illinois tenía un valor antioxidante veinte veces superior al de otras mieles. Una pista: cuanto más oscura es la miel, más antioxidantes contiene.

Los arándanos: ¿fuente de juventud?: Los arándanos pueden ser una arma poderosa contra algunos de los efectos del envejecimiento, según un estudio del Departamento de Agricultura de Estados Unidos (USDA). En experimentos hechos con ratas de laboratorio, los investigadores descubrieron que los arándanos, las fresas y el extracto de espinacas contribuyen a mejorar la memoria a corto plazo, pero el extracto de arándano también mejora el equilibrio y la coordinación. Anteriores investigaciones del USDA habían descubierto que los arándanos poseen una mayor actividad antioxidante que otras cuarenta frutas y verduras de venta en el mercado.

Tendencias probables

Comestibles por prescripción: Investigadores de Melbourne están experimentando con vacunas comestibles y han conseguido por vez primera insertarlas en alimentos genéticamente modificados. Esto podría ser una ayuda sanitaria inestimable para los países empobrecidos, porque además de ser menos costosas que las inyecciones, las vacunas suministradas en alimentos como los tomates y los plátanos no requerirían refrigeración, que no siempre está disponible en algunas zonas.

Compra unificada: Las tiendas de alimentación, que ya venden alimentos funcionales y nutricéuticos, ampliarán su oferta de atención a la salud incluyendo farmacias dentro de las tiendas, quioscos de información y cursos de nutrición. Según el Food Marketing Institute y el General Merchandise Distributors Council, el 78% de los consumidores encuestados considera que sus tiendas de alimentación son una buena fuente de información sobre cuestiones relacionadas con la salud.

Perfiles de alimentos preventivos: Cuando la investigación genética consiga determinar la predisposición de cada individuo a enfermedades específicas, la gente podrá consumir una combinación adecuada de alimentos funcionales para protegerse de la enfermedad. Los padres serán los primeros convencidos, y utilizarán perfiles alimentarios para planificar la dieta de sus hijos.

La defensa del planeta

Presente y futuro

Un solo mundo para consumir

En un esfuerzo por hacer el menor daño posible al planeta —y viceversa— la gente está haciendo suya la idea de que hay un solo mundo para consumir, el reconocimiento de que al comprar uno puede votar con su dinero y de que en este mundo «no hay más cera que la que arde». Al sufrir las consecuencias de siglos de derroche irreflexivo de los recursos naturales del planeta, el mantra medioambiental «rechaza, reduce, reutiliza, recicla» adquiere todo su significado. En un futuro próximo, el consumo se centrará en los productos reutilizables, de aplicación múltiple, que limiten el agotamiento de los recursos globales.

Claro que el movimiento ecologista de nuestros días no se limita a preservar nuestros recursos naturales, también tiene que ver con nuestra protección y la protección de nuestros hijos de los peligros ecológicos. Como parte de la tendencia hacia la «purificación», cada vez es mayor el número de consumidores que ansía llevar un estilo de vida sin toxinas. En pequeña escala, esto significa que asistimos a un movimiento hacia interiores respetuosos con el medio ambiente para garantizar nuestra salud y nuestra seguridad. A gran escala, estamos descubriendo formas de reutilizar, reciclar y reponer nuestros recursos naturales finitos.

De un verde chillón: Los habitantes de Copenhague no se cortan a la hora de ser verdes: los recorridos «verdes» por la ciudad, las guías de ecología urbana y un museo ecológico no son más que muestras de destinos turísticos que hablan de los ideales medioambientales de la ciudad. Vesterbro, una zona que estaba muy deteriorada y que fue objeto de una renovación urbana, se enorgullece de sus retretes respetuosos con el medio ambiente, con filtros vegetales y agua residual limpia que se usa a continuación para llenar la cisterna.

Madera ecológica: Los muebles fabricados con recursos no sostenibles preocupan tanto a los consumidores como a los ecologistas, y la preservación de los grandes bosques ha recibido el espaldarazo del programa de certificación del Forest Stewardship Council. Este organismo informa de que B&Q, una de las principales cadenas de tiendas de muebles de jardín de Inglaterra, se ha comprometido a comprar sólo productos de madera que lleven el sello de aprobación del consejo. Assi Doman, una de las mayores empresas madereras de Europa, se ha aliado con el Worldwide

Fund for Nature para promover la madera aprobada por el consejo.

Crecer juntos: Un estudio realizado en la Feria del Mueble de Milán indica un creciente interés por los muebles actualizables, elementos desmontables que pueden añadirse o adaptarse a medida que cambian las necesidades o que lo permiten las finanzas del comprador. IKEA, por ejemplo, presenta ahora muebles de cocina modulares encajados en estructuras de madera que pueden apoyarse en el suelo o colgarse de la pared. La idea es que los jóvenes puedan invertir en unos cuantos elementos simples e ir agregando otros a medida que aumentan sus familias y sus ingresos. También se pueden comprar móviles para la habitación del bebé susceptibles de transformarse en centros de juegos para niños pequeños y más tarde en unidades de arte para niños mayores. También tienen mucha aceptación los moisés que se convierten en cuna, luego en cama para niños pequeños y finalmente en asiento de columpio. Algunos fabricantes de muebles incluso están fabricando mesas con juegos de patas intercambiables que los padres pueden ajustar a las alturas de sus hijos a medida que éstos van creciendo.

Productos puros

Aunque Crystal Pepsi fue un fracaso cuando se lanzó a principios de la década de 1990, la tendencia hacia los productos cristalinos se ha extendido mucho más allá de las bebidas New Age para afectar a los desodorantes, los champús, los lavavajillas y todo tipo de artículos de tocador. Independientemente de los ingredientes reales utilizados, los consumidores siguen considerando que estos productos son más puros, naturales y saludables. La pureza vende tanto que hasta los fabricantes incapaces que no pueden afirmar que sus productos sean «totalmente naturales» pueden llegar a hablar de características «puras», diciendo que son «hipoalergénicos» o «no probados en animales».

Pasarse a lo natural: En la industria de la salud y de la belleza, el atractivo de los ingredientes naturales (frente a lo sintético) en cosmética está dejando pingües beneficios a los fabricantes de todo tipo de artículos, que van desde el champú vegetal hasta la pasta de dientes a base de hierbas.

- Desde que en 1978 empezó a vender champús vegetales, Aveda se ha transformado en una potencia internacional de cien millones de dólares que ahora pertenece a Estée Lauder. Hoy en día, más de treinta mil salones de belleza tienen varios cientos de artículos que llevan la marca Aveda.
- Tomando como base la experiencia de The Body Shop en el Reino Unido, Origins Natural Resources, una línea de cosméticos y productos de aromaterapia respetuosos con el medio ambiente, sólo tardó seis años en convertirse en un negocio de 45 millones de dólares. La división de más rápido crecimiento de Estée Lauder, un gigante del sector, es Origins, que tiene diecinueve tiendas independientes y cuarenta «tiendas dentro de tiendas» en EE. UU., Dinamarca, Inglaterra, Alemania y Japón.
- Tom's of Maine, desde hace tiempo un clásico en los establecimientos de alimentos saludables, ha empezado a abrirse espacio en las farmacias y supermercados de EE. UU. Su pasta de dientes natural (sin aditivos, colorantes ni azúcares) a base de hierbas representa actualmente unas ventas anuales de aproximadamente veinte millones de dólares. La empresa vende aproximadamente 250 productos totalmente naturales, entre ellos desodorante, champú y colutorio bucal.

En el jardín del bien y del mal: Los jardineros se resisten al reflejo rotuliano de eliminar a cualquier insecto con un pesticida. En la actualidad hay métodos alternativos que en realidad son métodos de antaño y entre los que figuran la introducción de insectos beneficiosos, las plantaciones complementarias, los jabones insecticidas, los atomizadores de elaboración casera y la eliminación manual.

Niños sin química: La de mantener a los bebés alejados de la influencia de la química es una industria en rápido crecimiento. La ropa para bebés hecha de algodón de cultivo orgánico, por ejemplo, se vende como la ropa más saludable para los bebés porque no tiene residuos de pesticidas ni de productos químicos que puedan absorberse a través de la piel. Respondiendo a las preocupaciones de los padres, Playskool de Hasbro ha lanzado una línea de productos y juguetes para niños con protección antibacteriana Microban. Lo que se pretende es proteger a los juguetes, y por extensión a los niños que los usan, de la proliferación de gérmenes y bacterias. Los niños mayores pueden comprar un producto llamado No Sweat (Sin sudor) que es una badana que se adhiere al interior de la gorra de béisbol. La badana con carbón activado lleva un bactericida que absorbe la humedad.

CAPÍTULO IX

El amor y la lujuria

Acoso sexual. Adicción al sexo. Homosexualidad. Cibersexo. Bajo una forma u otra, la cuestión del sexo, que en otra época era tabú, se ha convertido en uno de los principales temas de conversación... y de debate. ¿A qué se debe este interés permanente por lo que sucede en las alcobas del mundo? En muchas sociedades, el sexo y la sexualidad se consideran cuestiones morales. Hay quienes consideran que los nacimientos fuera del matrimonio, la lucha por los derechos homosexuales y la exhibición de actos sexuales en televisión y en el cine ponen en evidencia la decadencia de la civilización. Otros consideran que este punto de vista es intolerante y de mentalidad estrecha, y que ha convertido los actos de amor y/o de pasión en algo «sucio».

Como especialistas en marketing, a nosotros nos interesa el sexo por una razón ligeramente diferente. Somos estudiosos del arte de la venta sexy y nos resulta curioso que se utilice el sexo para vender todo tipo de cosas, desde ropa interior hasta automóviles, desde perfumes hasta discos compactos. Es indudable que el grado de sexualidad en la publicidad varía mucho de un país a otro. Anuncios que son bien vistos en el clima de apertura sexual de Europa nunca podrían exhibirse en la televisión de un país tan puritano como EE. UU. En la economía global, estas diferencias en las actitudes y las costumbres complican el trabajo de los especialistas en marketing. De hecho, algunos analistas han advertido a importantes empresas de EE. UU., entre ellas McDonald's y Pepsi, que si quieren atraer a los consumidores del otro lado del

Atlántico, tendrán que aumentar el componente sexual de sus campañas publicitarias.

La comprensión de las variadas costumbres culturales que rodean al sexo y a la sensualidad será indispensable para los especialistas en marketing que en el futuro pretendan organizar campañas para todo el mundo. El éxito de las campañas de marketing transfronterizas dependerá de que satisfagan o no los deseos de cada mercado en cuanto a excitación y estimulación sin ofender la sensibilidad de los consumidores de otros países a los que vayan destinadas, tarea nada fácil dada la gran variedad de actitudes respecto al sexo que hay en todo el mundo.

Presente y futuro

La redefinición del sexo

Hasta cierto punto, el sexo es sexo. El acto sexual propiamente dicho no ha cambiado a través del tiempo. Es cierto que hay variaciones interesantes, pero se puede tener la certeza de que todo lo que se haga en el terreno del sexo ya ha sido hecho antes. De todos modos, hoy en día estamos asistiendo a una redefinición del sexo, ya que las nuevas actitudes y las nuevas tecnologías empiezan a modificar nuestra forma de ver —y de practicar, incluso— el acto sexual.

La nueva intimidad: Los que prefieren rodear de eufemismos las conversaciones sobre sexo, a veces prefieren referirse al acto sexual como «relaciones íntimas». Pero ¿qué significa realmente hoy «mantener relaciones íntimas»? ¿Implica la intimidad contacto físico, o simplemente conocimiento personal? ¿Se puede tener una relación íntima con alguien a quien no se ha visto nunca? Y si la definición de tener relaciones íntimas está cambiando ¿también modifica nuestra definición de la infidelidad? Un informe aparecido en *Newsweek* afirmaba que la nueva manera de definir el adulterio es que se trata tanto de «un pecado del corazón y de la mente como del cuerpo, o incluso tal vez más». Y la esencia de un «lío», según el doctor Frank Pittman, psiquiatra norteamericano, es la intimidad secreta entre dos personas que es preciso proteger con insinceridad. «La infidelidad no tiene nada que ver con la persona con la que uno se acuesta —dice—, sino con la persona a la que mentimos.» Los partidarios de esta teoría sostienen que el «adulterio emocional» se comete cuando una persona que no es el propio cónyuge ocupa un lugar mayor que éste en nuestros pensamientos y fantasías.

En el reino de lo virtual, la ciberintimidad —ya sea a través de los foros de conversación de la red, el *e-mail* o el teléfono— está empezando a tener tanta legitimidad y fuerza como la intimidad real. En una carta al consultorio sentimental de Ann Landers, en EE. UU., un ciberamante escribía: «Conocí a mi novia en Internet. Ella es canadiense y yo vivo en Illinois. Sólo nos hemos visto personalmente una vez, pero en los últimos meses nos hemos... enamorado.» Otro norteamericano de Nueva Jersey inició un juicio de divorcio contra su esposa alegando que sus apasionados mensajes por *e-mail* a un hombre al que nunca había visto constituían adulterio. El juez no estuvo de acuerdo... esta vez. Si quedaba alguna duda sobre la verdadera naturaleza de una relación electrónica, quedó disipada por un caso sensacional que surgió hace algunos años en EE. UU. Un hombre furioso mató a su esposa tras enterarse de que había recibido flores de un hombre al que había «conocido» en Internet.

El comercio del «Silicon Sex»

El sexo ha estado presente en Internet desde los primeros boletines electrónicos de comienzos de la década de 1980, cuando los empresarios descubrieron que le gente estaba dispuesta a pagar por bajar fotografías sugerentes y participar en obscenas conversaciones en forma de mensajes electrónicos. Hoy en día hay una oferta mucho más variada y mucho más lucrativa. Los clientes de las tiendas de strip-tease virtual, por ejemplo, pagan hasta diez dólares el minuto por hablar con una bailarina de strip-tease y ver una actuación en vivo en vídeo. Los clientes de Virtual Dreams, una empresa con sede en Las Vegas que dice facturar cerca de un millón de dólares al mes, pagan 5,99 dólares al minuto por observar y dirigir a una bailarina personal, o apenas 2,99 dólares por minuto por entrar en las fantasías de otros clientes. Por término medio, las llamadas duran unos doce minutos, pero algunos clientes llegan a gastarse varios cientos o incluso miles de dólares. También hacen su agosto los sitios donde se venden productos para adultos, desde ropa interior sexy hasta vídeos educativos. Jupiter Communications valoró en 175 millones de dólares las ventas *on-line* de contenido erótico en 1999.

Gastar más de lo que pueden permitirse en las páginas de cibersexo puede que no sea la mayor preocupación para algunos. Al aumentar la cantidad de gente que accede a Internet, algunos expertos prevén que habrá un aumento de compulsivos del cibersexo. El doctor Al Cooper, investigador del Marital and Sexuality Center de San José, California, hizo un estudio en el que descubrió que aproximadamente el 1% de los encuestados admitía que dedicaba más de once horas a la semana al cibersexo, lo cual los colocaba en el grupo de los compulsivos. Puede que el porcentaje «parezca pequeño —dice el doctor Cooper—, pero aplicado al panorama en general podría representar cientos de miles de individuos». Su investigación indica que un 20% de los hombres y un 12% de las mujeres acceden al cibersexo desde su lugar de trabajo.

Renacimiento del romanticismo

Los proverbiales *yin* y *yang* entran en juego otra vez. En el campo del amor y la lujuria asistimos tanto al auge del *silicon sex* como a la vuelta a los gestos románticos de una época más apacible. En *Last Night in Paradise: Sex and Morals at the Century's End* («La última noche en el Paraíso: sexo y moral al final del siglo») la autora americana Katie Roiphe sostiene que los jóvenes no saben bien a qué carta jugar en sus intentos de volver a dar significado al sexo. «Tenemos tanta libertad, y una igualdad sin precedentes entre los sexos, y no estamos contentos», explicaba a un periodista del *New York Times.* Roiphe atribuye la popularidad de la escritora británica del siglo XIX Jane Austen, cuyas novelas *Emma* y *Sentido y sensibilidad* fueron llevadas al cine en filmes de gran presupuesto, a una nostalgia por el romance y por un mundo en el cual el cortejo seguía unas reglas muy claras.

Hoy en día, la novela rosa representa aproximadamente un 55% de las ventas de ediciones de gran tiraje en rústica en EE. UU., y genera unos ingresos anuales de alrededor de mil millones de dólares, según Romance Writers of America. Las mujeres afroamericanas, asiáticas e hispanas representan alrededor de un tercio de los lectores de este género, lo cual hace que los romances multiculturales sean uno de los subgéneros de mayor auge en el sector. Al ampliarse el mercado, también se han ampliado las tramas; los históricos destrozacorpiños de épocas pasadas representan apenas una fracción del mercado rosa. Siguiendo la tendencia del cine y la televisión, la novela rosa se vuelve hacia los aspectos sórdidos de la vida moderna, como el acoholismo y la ignorancia. El género también se está apartando de las escenas violentas, como las de las doncellas avasalladas por piratas y otros bribones. En la década de 1990, las heroínas de las novelas pocas veces son sometidas a malos tratos.

Tal como señaló el *U.S. News & World Report*: «Las [novelas rosas] tan denostadas por las feministas, que las consideraban un edulcorante mental para amas de casa oprimidas, son saludadas ahora como un género feliz y descaradamente subversivo por un número cada vez mayor de mujeres eruditas.» Las heroínas típicas de la moderna novela rosa tienen trabajos que las satisfacen y encuentran hombres maravillosos con los cuales pueden practicar un sexo consentido y placentero. A veces tienen que luchar, pero siempre ganan.

En el mundo de la moda, lo romántico sigue gozando de popularidad tanto en la alta costura como en las colecciones de *prêt à porter*. El resurgimiento romántico implica frunces, volantes y estampados florales. Las películas de época han contribuido a la tendencia de los volantes, desde los vestidos de talle imperio de *Emma* hasta los vestidos y echarpes diáfanos, etéreos que lucía Kristen Scott Thomas en *El paciente inglés*. «Es un poco nostálgico —declaró la diseñadora francesa Agnes Trouble al *Chicago*

Tribune—. El miedo al siglo XXI ha inspirado encantadoras fantasías del pasado como alternativa a las incertidumbres del mañana», sostiene. «Podemos aceptar las diferencias y los sinsabores de la vida diaria —dice Richard Martin, que está a cargo de The Costume Institute en el Metropolitan Museum of Art de Nueva York—, pero de vez en cuando queremos algo especial, algún elemento de fantasía y distinción. Eso es el romance.»

El erotismo generalizado: El erotismo hace furor en estos días como refugio de las parejas que huyen de la pornografía pura y dura pero necesitan un empujón en su vida sexual. Los productos eróticos van desde los vídeos (*The Voyeur, Cabin Fever*) hasta las casetes (*The Ten Commandments of Pleasure: Erotic Keys to a Healthy Sexual Life* [«Los diez mandamientos del placer: claves eróticas para una vida sexual sana»)] y libros (*The Erotic Edge: Erotica for Couples* [«El límite erótico: erotismo para parejas»], *Real Moments for Lovers* [«Momentos reales para amantes»], la trilogía de *La Bella Durmiente* de Anne Rice). De hecho, el número de libros eróticos publicados aumentó en un 324% durante los seis primeros años de la década de 1990, según la *Guía temática* de *Books in Print,* mientras que la cifra global de libros publicados sólo aumentó un 83%. El género se ha subdividido hasta el infinito, abarcando desde la primera experiencia sexual hasta el erotismo sadomasoquista o el erotismo de los vampiros. Una clara señal de que el erotismo está consiguiendo una aceptación generalizada. A pesar de la habitual mojigatería de EE. UU., ahora ya hay colecciones de erotismo para mujeres en el catálogo del Book of the Month Club.

Ropa interior sexy: Animando a todas las mujeres a empezar por autoseducirse, empresas como Victoria's Secret han convencido a la población femenina para que eleve la «ropa interior» utilitaria a la categoría de «lingerie». Lo que antes era costumbre recibir como regalo, es hoy en día una compra que se hace personalmente. El Reino Unido, antiguo bastión de la ropa interior sobria, se cuenta entre los países que están experimentando una auténtica explosión del interés por las braguitas lascivas. Según *The Daily Telegraph,* ni siquiera ese portaestandarte de la respetabilidad que era Marks and

Spencer «puede oponerse a la invasión comercial de la ropa interior sexy, ni al consiguiente despertar de la sensualidad de las mujeres británicas». ¿Cuáles son los colores más picantes de la lencería europea? Están dentro de la paleta de los impactantes: el escarlata, el violeta oscuro y el negro. En EE. UU., la línea de lencería Vassarette ha introducido Technoshine, una línea de «lencería sexy y cómoda» a buen precio dirigida a las consumidoras a las que les gusta el aspecto y la sensación de la lencería pero no quieren pagar los precios de las grandes tiendas. El lanzamiento multimillonario que ha hecho la empresa incluye una asociación con minoristas de descuento, como Wal-Mart, Kmart y Target Stores, para promocionar el producto en el punto de venta.

La pasión por la lencería no es exclusiva de Occidente:

- En China, donde hasta hace poco estuvo prohibida la publicidad de lencería, ahora tienen muy buena acogida las prendas que antes se consideraban decadentes. La demanda de lencería ha aumentado un 20% al año en Shanghai y Beijing, e incluso a mayor ritmo en ciudades más pequeñas.
- En la India, los sujetadores de diseño tienen una gran demanda. Munish Tangri, que dirige un negocio familiar de ropa interior con treinta años de antigüedad, declaró a *India Today* que hasta comienzos de la década de 1990 era «más que suficiente» tener existencias de veinte modelos de sujetador, pero hoy en día hasta setenta modelos son «insuficientes». En el verano se produce un verdadero auge del sujetador, dice Tangri, cuando las jovencitas buscan sujetadores de buen diseño, sin tirantes y muy escotados para lucir vestidos sin hombros o transparentes.
- «Los *bodis* de seda, los camisones de satén y los conjuntos de dos piezas estan haciendo verdaderos estragos en el mundo árabe», señala *Business Monthly*, el periódico de la Cámara de Comercio Americana en Egipto. Como en otras partes del mundo musulmán, la ropa que luce durante el día la mujer egipcia es conservadora, pero en la intimidad de su dormitorio, una mujer casada puede ponerse lo que se le antoje delante de su marido. Sevel, una de las empresas más conocidas de Egipto,

empezó a confeccionar lencería en 1986 bajo licencia de la francesa Valisère. La empresa vio aumentar sus ventas de 177 000 dólares a 3,26 millones de dólares en el transcurso de un año.

Aromas seductores: Según *Elle Decoration*, descubrir el lado sensual de cada uno es fundamental para mantener la salud física y mental. La revista señaló que los seres humanos pueden identificar más de diez mil aromas diferentes. Después de siete horas de privación sensorial, la mente decae y empieza a producir su propio estímulo: la ansiedad. En casos extremos se llega a sufrir alucinaciones y espejismos.

La relación entre la sensualidad y los aromas es algo que se explota cada vez más. Aunque las velas aromáticas hace tiempo que se han introducido en los hogares, las que tienen supuestas propiedades terapéuticas están adueñándose de una cuota de mercado cada vez mayor. Sus partidarios consideran que los aceites esenciales (extractos vegetales) contenidos en esas velas alivian toda una serie de dolencias que van desde los dolores de cabeza hasta la tensión. Algunas, con nombres como Seducción y Sensualidad, se venden incluso como afrodisíacos e «incitadores». «Forma parte de la tendencia creciente a mimarnos —dice Susan Rogers, de la tienda de productos de belleza y para el hogar Crabtree & Evelyn—. La gente busca formas de complacerse que sean saludables y la liberen del estrés.» También están alcanzando mucha popularidad las fragancias que afirman «centrar el cuerpo y la mente». Chakras, por ejemplo, es una colección de fragancias unisex que supuestamente se adaptan a la química corporal de una persona e inducen las diversas sensaciones cuyo nombre llevan las fragancias. Entre las variedades que ofrecen figuran Atracción, Felicidad y Satisfacción.

La aromaterapia se está imponiendo también entre los hombres. En el mercado de las fragancias masculinas es previsible que las campañas de promoción se trasladen desde los grandes almacenes a lugares tales como los puntos de transbordo del transporte público y los acontecimientos deportivos.

Nuevos cánones de atracción femenina

Siguiendo una tendencia que tendrá un impacto enorme sobre los sectores de la belleza y la moda, se están redefiniendo las nociones de feminidad y belleza:

Por la edad hacia la perfección: En primer lugar, la edad óptima para ser deseable es mucho más avanzada de lo que lo era hace veinte años. Si se hace una comparación entre la jovencísima Ivanka Trump y la más madura Ivana Trump, creemos que Ivana, con sus cincuenta y algo, está más cerca de la cúspide. En EE. UU. y Europa, mujeres famosas que ya han superado los cuarenta posan desnudas, inspirando deseo y curiosidad a un tiempo. No cabe duda de que esas imágenes venden: un número de *Playboy* en el que aparecía como figura de portada Farrah Fawcett, que en ese momento tenía cincuenta años, vendió más del doble que la media. Esas presentaciones consiguen vender también otra cosa: la imagen de una mujer de mediana edad que no sólo es hermosa, sino también sexy. Aunque esto no es nada nuevo para los europeos —pensemos en el atractivo perdurable de Catherine Deneuve y Simone Signoret, entre otras— América siempre se ha caracterizado por lo que se ha dado en llamar el culto a la juventud.

Mejor más llenitas: La delgadez es otro canon de belleza que se está cuestionando. Laila Alwi, que es en Egipto el sex symbol por excelencia, dice que pesa 60 kg, pero el público calcula que pesa más de 90. *Radio and TV Magazine* de Egipto señaló que las estrellas del cine y la televisión de ese país «fluctúan entre la obesidad y la rechonchez» y da a entender que su lema es «¡Abajo la escualidez!». Los publicistas locales admiten que ahora buscan una estética decididamente más llena en su marketing de masas.

Aunque la esbeltez sigue siendo el ideal de belleza en EE. UU., hay pruebas de que los americanos están empezando a aceptar a las mujeres más gruesas: la señora Americana Media mide 1,60 m y pesa 65 kg. Un número cada vez mayor de revistas dirigidas a las mujeres más gruesas, entre ellas *Big Beautiful Women*, *Radiance* y *Mode*, están creciendo en popularidad. Su mensaje es: no es necesario ser delgada para vestir bien y llevar una vida apasionante y satisfactoria. Insistiendo en el mismo mensaje, hay un cúmulo de libros que aconsejan «no hagas dieta», entre ellos el de Glenn Gaessner, *Big Fat Lies* («Mentiras grandes y gordas»), el de Richard Klein, *Eat Fat* («Come grasa»), y el de Barbara Altman Bruno titulado *Worth Your Weight* («Vales lo que pesas»).

Como respuesta a las nuevas realidades, un número creciente de reconocidos diseñadores de moda está añadiendo tallas más grandes a sus colecciones para atender las necesidades de los 65 millones estimados de mujeres norteamericanas que usan tallas superiores a la 50. En esta lista figuran Ellen Tracy, Emanuel Ungaro (con la marca Emanuel), Dana Buchman, MaxMara (Marina Rinaldi), David Dart, Carole Little, Liz Claiborne (Elisabeth) y Tamotsu. Además, en la agencia de modelos Ford de tallas grandes hay cincuenta mujeres, entre ellas Emme, designada por la revista *People* como una de las cincuenta personas más hermosas.

Todos somos sensuales: Llevando aún más lejos la redefinición de la belleza física, una campaña de marketing norteamericana de la empresa Colours, fabricante de sillas de ruedas de alta tecnología, rompió con la tendencia tradicional de la publicidad a mostrar a los discapacitados como personas asexuales y pasivas. Con la intención de llamar la atención sobre la sexualidad de los discapacitados, la campaña Gente de Colours mostraba imágenes como, por ejemplo, la de una mujer cuadrapléjica embarazada y semidesnuda en una silla de ruedas, y la de una pareja abrazándose en la cama, a cuyo lado había una silla de ruedas. Se atribuye a la campaña la virtud de propiciar una apertura entre los discapacitados y la sociedad en general. «La comunidad de los discapacitados está llegando a su mayoría de edad —declaró Tony Coelho, que preside el Comité del Presidente de Estados Unidos sobre Empleo de Personas con Dispacidades, al *Toronto Star*—. Mucha gente del mundo de la publicidad y de los medios de comunicación nos sigue retratando como personas incapaces de tener estos sentimientos. Esto resulta educativo. Muestra a todo el mundo que los discapacitados tienen las mismas apetencias sexuales, y tanta sensualidad e interés por su cuerpo como los que no están discapacitados.»

A la caza del consumidor gay y lesbiano

Se estima que el mercado gay y lesbiano abarca entre dieciséis y veinte millones de personas tan sólo en EE. UU., y las empresas están empezando apenas a reconocer el valor de estos consumidores. Según Yankelovich Partners, los gays y las lesbianas no suelen tener una renta más alta que el consumidor medio, pero por lo general son gente culta y disponen de más dinero porque es menos probable que tengan hijos. Además, según Simmons Market Research, este sector de población es muy leal a las marcas, y el 87% afirma su tendencia a comprar las marcas que se publicitan directamente para ellos.

A medida que la homosexualidad sale del armario, las grandes empresas (especialmente en Norteamérica y Europa) responden a lo que la prensa británica ha denominado «el poder de la libra rosa». British Airways está patrocinando la Rainbow Card, una tarjeta de afinidad que apoya la causa homosexual. Además, los publicistas están incitando al mercado con fuerzas renovadas. Ikea fue la primera marca que presentó a una pareja gay en su publicidad general. Desde entonces, las imágenes asociadas con los gays y las lesbianas han empezado a proliferar en la publicidad impresa de productos que van desde el vodka Absolut (incluido el Absolut Fetish) hasta los cheques de viaje de American Express (que presenta a una pareja de lesbianas en un anuncio impreso), desde los coches Subaru hasta las hamburguesas vegetales Gardenburger.

La publicidad en las publicaciones homosexuales también está en alza. Los ingresos por publicidad en las publicaciones gays en EE. UU. aumentaron un 20% en 1998. Y las listas de marketing directo de homosexuales pasaron de aproximadamente 200 000 nombres en 1979 a cinco millones en 1999, según Triangle Marketing Services. En 1997, IBM y United Airlines hicieron publicidad en revistas gays por primera vez. Y en 1998, los Dockers, de Lévi-Strauss, publicaron un anuncio de doce páginas en la revista *Out* con la imagen de diez figuras excepcionales del mundo homosexual.

En los anuncios de televisión aparecen ahora parejas del mismo sexo, personajes famosos de reconocida homosexualidad, *drag queens* e incluso uno o dos transexuales. Michael Wilke, corresponsal de *Advertising Age*, ha reunido cerca de cien anuncios comerciales de todo el mundo que presentan y evocan imágenes homosexuales. Algunos aparecieron en un lugar destacado de *The New York Times*. Entre ellos:

- Un anuncio australiano de Domestos, un atomizador de limpieza que vende Unilever PLC, presentaba a un personaje que se parecía al transexual de la película *Priscilla, reina del desierto*. El anuncio termina con la afirmación del personaje de que un baño que se ha limpiado con Domestos es «digno de una reina».
- Un anuncio de vaqueros Diesel muestra una clase de entrenamiento en un campamento de *scouts*. Mientras un apuesto joven hace la respiración boca a boca a su instructor, mayor que él y con barba, en la pantalla aparece de forma intermitente la imagen de una hermosa mujer joven. Sin embargo, el anuncio termina con el *scout* y el instructor alejándose juntos a caballo y con un guiño del mayor de los dos a la cámara.
- Un anuncio impreso del licor de whisky Bailey's presenta dos tazas guiñándose el ojo, ambas con una leve depresión en el asa. El texto reza: «Nuestra edición limitada de tazas de café puede conseguirse en todo el país, pero sólo se reconoce como pareja en Hawai.»

A la caza del dólar viajero rosa: El sector del turismo ha puesto sus ojos en los homosexuales como nicho lucrativo del mercado. La International Gay & Lesbian Travel Association, que ha pasado a tener mil doscientos socios cuando eran apenas veinticinco en 1983, estima que los agentes de viajes que la integran facturan aproximadamente mil millones de dólares en viajes al año. El Reino Unido por sí solo atrae a 500 000 visitantes americanos de estos grupos al año. Como signo indudable de las proporciones del mercado, la tradicional editorial de guías de viajes Fodor ha publicado una *Guía Gay de Estados Unidos*. La publicación se guió por un estudio de EE. UU. que demostraba que los gays y las lesbianas gastan más dinero en turismo que cualquier otro grupo de consumidores. Fodor está pensando en publicar guías gays de diferentes ciudades europeas.

Mientras tanto, algunos paraísos turísticos están compitiendo por la categoría de paraíso gay. La isla turística de St. Maarten está haciendo guiños a los consumidores gays simplemente por el hecho de que tienen mucho dinero para gastar. (En cambio, la isla de Gran Caimán denegó no hace mucho la entrada a un crucero en el que viajaban 850 hombres homosexuales con el pretexto de que no era seguro que los hombres se comportaran adecuadamente.)

Marketing on-line*:* La mejor manera de llegar a los homosexuales en el futuro podría ser tener una presencia en Internet. Hasta la fecha, ningún otro medio ha sido capaz de llegar de una forma tan eficiente y efectiva a este sector del público. Las dos mayores revistas mensuales gay en EE. UU., *Out* y *The Advocate*, han tenido tirajes de 175 000 y 100 000 ejemplares respectivamente. Mientras tanto, sitios en la red como Gay.com y PlanetOut reciben aproximadamente un millón o más de visitantes al mes. Según Simmons Market Research, las probabilidades de que los gays y las lesbianas entren en la red eran tres veces mayores que para la población en general en 1997. Y un informe de eMarketer estimaba que el número de gays y lesbianas en la red en todo el mundo llegará a los diecisiete millones en 2005.

Reacción anti-gay: A medida que las imágenes de homosexualidad que aparecen en los medios de comunicación y en la publicidad se convierten en algo corriente, asistiremos a una resistencia cada vez mayor entre los que consideran que la homosexualidad es una aberración. En EE. UU., la figura de la radio Doctora Laura se ha visto mezclada en una controversia como resultado de sus declaraciones anti-gay, e incluso hemos sido testigos de una campaña lanzada para tratar de convencer a gays y lesbianas de que se «convirtieran» a la heterosexualidad. Una organización cristiana conservadora, Center for Reclaiming America, junto con otros catorce grupos, publicaron anuncios en *The New York Times*, *The Washington Post* y *USA Today*. En uno de ellos se presentaba la foto de «ex homosexuales» con la leyenda al pie «Los homosexuales pueden cambiar».

Es previsible que la batalla se haga cada vez más encarnizada, especialmente ante la actitud de gays y lesbianas que exigen la igualdad de derechos, entre ellos el derecho a casarse. Según los resultados de la Encuesta nacional sobre salud y vida social, que se hace periódicamente y a la que muchos consideran como el estudio más extenso de la sexualidad americana, la homosexualidad sigue siendo considerada como «impropia en todos los casos» por el 67% de los norteamericanos adultos. Los matrimonios entre personas del mismo sexo —permitidos en Dinamarca, Noruega y Suecia— fueron prohibidos en EE. UU. en 1996. La organización Defensa del Acto del Matrimonio de EE. UU. define el matrimonio como la unión legal entre un hombre y una mujer y permite a los estados no reconocer los matrimonios entre personas del mismo sexo formalizados fuera de sus fronteras. Si bien los estados pueden legalizar las uniones homosexuales, esos matrimonios no serán reconocidos por el gobierno de EE. UU. a efectos fiscales o de otro tipo. (Sin embargo, el estado de Vermont aprobó recientemente una legislación otorgando protección legal a las parejas homosexuales constituidas en «uniones civiles».)

La batalla también se está librando en el frente del consumo. Los delegados de la Convención Bautista del Sur 1997 votaron a favor de boicotear la Walt Disney Company debido a su supuesta inclinación «anticristiana y contra la familia». Entre los motivos de queja planteados contra Disney por este grupo de presión, que reúne a quince millones de personas, figuran la extensión de los seguros de salud a las parejas de sus empleados gays, su negativa a impedir a los grupos de homosexuales organizar eventos en los parques temáticos de la empresa, y el hecho de que permitir al personaje protagonista de la serie de televisión «Ellen» (propiedad de la Disney) salir del armario. El boicot no tuvo éxito.

La edad de la abstinencia

No deja de resultar curioso que, en esta época de mensajes sexuales tan explícitos, la abstinencia haya empezado a ponerse de moda. En el Reino Unido, cuatro de cada diez solteras de edades comprendidas entre los 16 y los 49 años no mantienen relaciones sexuales, según una encuestra general de unidades familiares de la Office for National Statistics. A diferencia de lo que sucedía durante las décadas de 1970 y 1980, cuando lo más normal era pasar directamente de la barra del bar a la cama de un perfecto desconocido, la gente empieza a sopesar los riesgos —físicos y emocionales— antes de lanzarse al acto sexual. Y hasta hay ídolos adolescentes que promueven la abstinencia antes del matrimonio como algo «guai». Entre ellos figuran la cantante norteamericana Britney Spears; Ronan Keating, el vocalista de la banda irlandesa Boyzone, y la estrella de la NBA A. C. Green, fundador de una campaña de atletas por la abstinencia.

La vuelta a la abstinencia tiene algo que ver con el miedo a las enfermedades de transmisión sexual, pero también es el resultado de la mayor posibilidad de elección que tiene la gente en la actualidad. Ya no hay una pauta establecida que hay que seguir en la vida (por ejemplo, del instituto a la universidad, luego al matrimonio, a continuación los hijos y así hasta la jubilación); en Europa y Norteamérica, en particular, hombres y mujeres pueden seguir trayectorias diversas, escogiendo alternativas a lo largo del camino. Y no practicar el sexo es una más entre esas alternativas.

En Francia, la abstinencia prematrimonial también tiene algo que ver con la vuelta al romanticismo. El país está a las puertas de «una nueva revolución sexual», según indican los resultados de un estudio realizado entre la población comprendida entre los 15 y los 18 años de edad por el Centro Nacional Francés de Investigaciones Científicas. Mientras que veinte años atrás se hacía un disociación entre el sexo y el amor, los adolescentes encuestados en la década de 1990 citaron el amor hacia su pareja como la razón número uno para perder la virginidad, un paso que dan a la edad promedio de dieciocho años (aunque entre la burguesía se retrasa hasta los veinte). El matrimonio también está en alza, en marcado contraste con el agudo declive de otros lugares de Europa (y de EE. UU.). «Toda una generación rechazó la institución del matrimonio, a la que consideraba anticuada y burguesa —observa la socióloga Martine Segalen—. Pero, ahora... ya no hay una oposición ideológica al matrimonio.» Y al parecer, tampoco hay oposición a seguir casados: la tasa de divorcios de Francia es una de las más bajas de Europa, y con tendencia a la baja.

Campaña en pro de la abstinencia prematrimonial: Un número cada vez mayor de colectivos está enarbolando la bandera de la virginidad como valor. A comienzos de la década de 1990, los cristianos conservadores respondieron al aumento de embarazos y de la promiscuidad entre los adolescentes con una campaña en pro de la castidad denominada «El verdadero amor espera». Cientos de miles de jóvenes de EE. UU. y Canadá firmaron el manifiesto de la organización propugnando la abstinencia hasta el matrimonio. El Canadian Challenge Team, un movimiento que nada tiene que ver con el anterior, se vale de voluntarios universitarios entrenados que dedican unas seis semanas al año a hablar a los adolescentes canadienses de la castidad. El equipo, financiado mediante donaciones privadas, visita aproximadamente cuatrocientas escuelas al año y ha recibido invitaciones para intervenir en EE. UU., Inglaterra e Irlanda. La presentación insta a los adolescentes a esperar hasta el matrimonio para practicar el sexo, no porque Dios así lo mande, sino porque es beneficioso para las relaciones. Y en EE. UU., la administración Clinton anunció un programa de 250 millones de dólares para difundir entre los americanos el mensaje de que el sexo antes del matrimonio «puede tener efectos psicológicos y físicos indeseables».

Todo menos «eso»: Sin embargo, un descenso del acto sexual en sí mismo no significa el fin de las relaciones sexuales. El sexo oral —al que algunos consideran menos íntimo y menos arriesgado que el acto sexual— ha pasado a ser una práctica de iniciación sexual muy corriente entre los adolescentes estadounidenses. Se evita el embarazo, se conserva la virginidad, y muchos adolescentes creen (erróneamente) que no tienen que tomar ninguna precaución contra el Sida cuando practican el sexo oral.

La amante moderna

En la era del feminismo se denostó a las amantes por considerarlas parásitos inmorales que degradaban a su género y les quitaban a otras mujeres lo que les pertenecía por derecho. Se daba por supuesto también que las mujeres que se liaban con hombres casados sólo querían precipitar un divorcio para casarse a continuación con esos hombres. En la actualidad, eso está cambiando ya que cada vez son más las mujeres que se lían con hombres casados y no tienen la menor intención de entablar una relación permanente.

Se dice que la psicoterapeuta Alison Patterson declaró: «La nueva generación de amantes dista mucho de ser patética y dependiente: es fuerte, independiente y descarada... y opta por rechazar el matrimonio y el compañerismo estrecho a favor de relaciones cortas.» Victoria Griffin, autora de *The Mistress: Histories, Myths and Interpretations of the «Other Woman»* («La amante: historias, tópicos e interpretaciones de "La otra"») coincide con Patterson: «Valoro mi independencia y me horroriza la vida doméstica y familiar. Al mismo tiempo, me encanta tener una relación íntima a escondidas... O sea que mi ideal es alguien que no pueda estar conmigo todo el tiempo, pero que cuando esté conmigo lo esté plenamente.»

Más adelante, es muy posible que asistamos al resurgimiento de la antigua «cortesana», a medida que un número creciente de mujeres se conviertan en amantes «profesionales» y hagan de ello su carrera.

Panorama global: Una ojeada a las alcobas y costumbres sexuales del mundo

Los duros alemanes: Por lo que al sexo se refiere, Alemania es un caso aparte. En palabras del *Daily Telegraph*: «Cuero, goma, ataduras, homosexualidad, bisexualidad o sadomasoquismo: nadie se sentirá jamás un extraño en Alemania... a menos que tenga esposa y dos hijos y su vida sexual sea normal.» No hace mucho tiempo, una de las principales emisoras públicas de televisión de Alemania encargó a doce de los directores de cine más destacados, entre ellos Nic Roeg, Ken Russell y Susan Seidelman, la realización de películas eróticas de media hora de duración, lo cual atrajo grandes audiencias. Y casi todas las ciudades alemanas grandes y medianas tienen una sucursal de la cadena Beate Uhse, que ahora es una empresa de gestión pública y que vende gran variedad de pornografía, juguetes sexuales y lencería.

Pronósticos en cueros: En Europa del Este, el sexo vende bien y hasta se usa para los informativos y los pronósticos meteorológicos en televisión. Los hombres y mujeres del tiempo de TV Nova, de la República Checa, empiezan el programa de madrugada desnudos y a continuación se van poniendo prendas adecuadas para el tiempo que anuncian. Y en Rusia, los presentadores del informativo principal, «La verdad desnuda», realizan entrevistas casi desnudos. La presentadora del programa se va desnudando mientras lee los titulares del día, y la chica del tiempo hace un strip-tease. El programa tiene una audiencia máxima y los políticos se desviven por ser entrevistados.

El nuevo «servicio de habitaciones» de Brasil: Cuando la crisis económica del país dejó el poder adquisitivo por los suelos, algunas parejas que antes hacían el amor en caros moteles se decidieron a hacerlo al aire libre. En la actualidad, un emprendedor ingeniero de Brasilia ha tratado de aprovechar esta tendencia construyendo garajes a los que ha bautizado como «Sólo amor», donde por unos cuatro dólares las parejas pueden meter el coche en un espacio de unos doscientos metros cuadrados y disfrutar de cierta intimidad. También tienen a su disposición un teléfono para llamar al «servicio de habitaciones». Algunos residentes locales se han quejado de este atropello, pero el alcalde de la ciudad declaró: «Preferiría que mi hija hiciera el amor en uno de esos garajes a que lo hiciera en la calle, a la vista de todo el mundo.»

La casa de cristal de Santiago: A medida que aumenta la apertura política en Chile, las manifestaciones artísticas de sus ciudadanos también se hacen más abiertas. Una casa de cristal situada a cien escasos metros de la sede del gobierno, en Santiago, mostraba a una actriz realizando todas sus actividades diarias, desde la ducha matutina desnuda, hasta el uso del cuarto de baño. Ya se han planteado tres juicios contra la «casa transparente», dos por «escándalo público» y «ofensa a la moralidad y las buenas costumbres», y uno por parte de la policía por alteración del orden. El último de los tres indicaba que la actriz estudiante había sido acosada sexualmente al salir de la casa.

Los cambios de parejas: Los clubes de intercambio vuelven a estar de moda en Francia, bajo un nuevo nombre: *club échangiste.* En los últimos años, el número de estas salas en París ha pasado de unas diez a más de cincuenta, y otras doscientas han brotado en otros lugares del país. Una encuesta informa que 400 000 hombres y mujeres franceses visitan este tipo de establecimientos al menos una vez al año. Los clubes ya no son el coto privado de parejas casadas de mediana edad; ahora atraen a una multitud joven y amante de las novedades.

«Enjo kosai»: Según una encuesta, las tres cuartas partes de las estudiantes japonesas de edades comprendidas entre 13 y 18 años han sido solicitadas sexualmente por hombres maduros. Una serie de artículos aparecidos en los periódicos donde se exageraba el número de chicas menores de edad dispuestas a acostarse por dinero, no hizo más que echar leña al fuego y algunas escolares se dejaron arrastrar por la publicidad. Algunas venden favores para

poderse comprar caros artículos importados de marca. Esta tendencia se denomina *enjo kosai* que puede traducirse más o menos como «citas compensadas». Las estudiantes que quieren sacarse un dinero pero no quieren convertirse en chicas de la noche propiamente dichas pueden vender su ropa interior usada a tiendas especializadas y trabajar en clubes telefónicos, donde los hombres pagan por conectar con «citas» potenciales. Los padres y los educadores se echan la culpa mutuamente mientras el país entero debate si las escolares son víctimas de los medios, consumistas cómplices o síntomas de una sociedad enferma.

Tendencias probables

«Sexbots»: The Futurist, una revista publicada por la World Future Society, predice que en años venideros se contará con una mayor variedad de alternativas de placer virtual. Según la revista, en el futuro se extenderán los robots que ofrecen compañía sexual (ya se ha hablado de prototipos en Japón). Los llamados *sexbots* tendrán rasgos humanos y serán blandos y flexibles, como lo último en muñecos para niños. Unos vibradores proporcionarán estímulos táctiles, y sistemas sonoros simularán «las palabras amorosas».

Insignias tecnológicas: Muchas veces, romper el hielo es el paso primero y más difícil a la hora de ligar. Pero los que no se comen una rosca porque no pueden articular palabra tienen a su alcance una solución de alta tecnología. Se trata de insignias tecnológicas o, como han dado en llamarlas algunos, «botones del amor». Estos pequeños artilugios tecnológicos pueden llevarse en la camisa o en la solapa. En Japón hay un radiotransmisor en forma de pendiente, el LoveGety, del que ya se han vendido un millón de unidades. Está preprogramado para emitir seis mensajes como baile, diversión, cine, copa y cena, y cuando se da una coincidencia con otro aparato empieza a parpadear una luz verde. El siguiente milagro de LoveGety se llama Gaydar, y puede programarse para que transmita entre hombres o entre mujeres.

Comprobación de antecedentes: ¿Hasta qué punto conocemos a ese ligue de la red con el que acabamos de citarnos para tomar café? Por precios que van de 39 a varios cientos de dólares, un número creciente de empresas de investigación se comprometen a averiguar los antecedentes de los posibles ligues. Ed Pankay, un investigador privado que se precia de haber espiado la vida de más de diez mil novios y posibles maridos, declaró al *Denver Post*: «En la actualidad, las mujeres investigan a sus cónyuges lo mismo que los bancos a los que solicitan un crédito.» Los investigadores de Washington Research Associates describen a la mayoría de su clientela como mujeres solteras competentes, de buena posición, que han conocido a sus parejas en foros de Internet. La empresa estima que alrededor del 80% de las historias que cuentan los hombres contiene algún tipo de exageración, aunque menos del 20% han mentido escandalosamente.

Balnearios del sexo: A medida que el sexo y la sensualidad se van haciendo más abiertos, asistiremos a la aparición de balnearios para mujeres solas que ofrezcan satisfacción sexual (con auxiliares sexuales en lugar de hombres), instrucción sexual y tiendas de juguetes sexuales.

Prendas perfumadas: En la medida en que se va entendiendo mejor la conexión entre los aromas y la emoción, es previsible que los fabricantes impregnen la ropa con fragancias que despierten sensaciones sensuales.

CAPÍTULO X

Estilos familiares

La sociedad humana se ha construido, en su mayor parte, sobre la base de la familia. Y tradicionalmente, la familia estaba constituida por el marido, la mujer y su progenie biológica. Hoy en día, el modelo está siendo sustituido por otro menos rígido, en el que tiene cabida todo, desde padres solteros con sus hijos, familias reconfiguradas después de un divorcio, o dos o más amigos que viven bajo el mismo techo. Según un estudio del Centro Nacional de Investigación de Opinión, afiliado a la Universidad de Chicago, «la familia más corriente en el siglo XXI estará formada por personas no casadas sin hijos». Más aún, dice el autor del estudio que la mayoría de las familias con hijos «probablemente no incluirá a los dos padres biológicos de los hijos».

Ya estamos asistiendo a estos cambios. En 1998, apenas algo más del 25% de las unidades familiares de EE. UU. estaban formadas por una pareja casada con hijos, mientras que esa cifra era del 45% en 1972. Ese mismo año, el 14% de las parejas de la UE estaban encabezadas por una sola figura paterna, según Eurostat. Y esto alcanza a una de cada seis familias en la mayoritariamente católica Irlanda. Gran Bretaña tenía el mayor porcentaje de unidades familiares monoparentales, con un 23%, y Grecia el más bajo, con un 7%. En Francia, más de uno de cada tres niños nace ahora fuera del matrimonio, igual proporción que en EE. UU. Es más, fuera de los círculos católicos tradicionalistas, la «ilegitimidad» al parecer ya no conlleva un estigma en la mayor parte de Europa. En los países nórdicos, especialmente, vemos que la tendencia es a la maternidad en solitario: la proporción de hijos de soltera es del 49% en Noruega, del 54% en Suecia y se lleva la palma Islandia, con un 65%.

La tecnología también está introduciendo una nueva flexibilidad en la vida familiar. Actualmente, mucha gente considera perfectamente aceptable que una lesbiana tenga un hijo por fertilización en probeta o que un hombre soltero adopte un niño. Las madres de alquiler son cada vez más comunes, y la edad límite para que una mujer pueda tener hijos parece ampliarse cada vez más con el paso de los años gracias a los nuevos procedimientos médicos. Se sigue investigando sobre avances reproductivos como la congelación de óvulos, la congelación de tejido ovárico y la píldora cuya finalidad es posponer la menopausia. Procedimientos como la técnica experimental de transferencia de núcleos de óvulos —que consiste en inyectar el núcleo del óvulo de una mujer mayor en el citoplasma de una donante de óvulos más joven y proceder a continuación a la fertilización en probeta— podría ofrecer otra alternativa a las mujeres de edad avanzada. Estos y otros métodos podrían permitir a las mujeres ampliar su edad fértil hasta bien avanzada la cuarentena o incluso hasta la cincuentena.

El mundo feliz de la paternidad

El arte del malabarismo

En el hogar, las mujeres se enfrentan a la abrumadora presión de triunfar como esposas y como madres y de traer un sueldo a casa. En la década de 1980, los medios de comunicación hicieron circular la idea de que las mujeres eran capaces de hacerlo todo: dirigir una empresa, ser madres perfectas y hacer que sus maridos pidieran siempre más (ya fuera que ese «más» significara sexo o la perfecta taza de café). En 2001, son muchas menos las mujeres convencidas de que pueden hacerlo o tenerlo todo, y muestran un resentimiento cada vez más manifiesto hacia los que se atreven a sugerir otra cosa. La mujer de hoy entiende que la vida moderna es una especie de juego malabar en el que hay que tratar de encontrar algún tipo de equilibrio que sean capaces de aceptar tanto ellas como sus familias y sus empresas. Y alcanzar ese equilibrio no es nada fácil.

En dos encuestas a más de tres mil mujeres británicas realizada por los expertos de Demos, se puso en evidencia la distancia cada vez mayor entre mujeres con distintos estilos de vida: entre las mujeres que tienen hijos y las que no, entre las solteras y las casadas, entre las que tienen educación superior y las menos educadas, y entre las mujeres de distintas generaciones. Helen Wilkinson, coautora del informe, comentaba: «Si las nuevas oportunidades no van acompañadas de políticas que permitan a las mujeres establecer un equilibrio entre la carrera y la familia... entonces las diferencias en la remuneración y las oportunidades podrían volver a agrandarse, la frustración experimentada por las mujeres menos cualificadas podría explotar, y una vuelta a los valores tradicionales podría hacer volver a la mujer al hogar.»

Presente y futuro

¿Otra vez en zapatillas y embarazadas?

La idea de que las mujeres vuelvan a los confines de la vida doméstica puede parecer una situación poco probable. Sin embargo, en EE. UU., numerosas encuestas demuestran que las mujeres jóvenes de hoy tienen más probabilidades que las de hace una década de manifestar interés por quedarse en casa después del nacimiento de sus hijos. Y esto no se queda en una mera expresión de deseos: encuestas realizadas por el Bureau of Labor Statistics indican que en la actualidad el porcentaje de mujeres jóvenes que tiene un empleo es menor que en 1987.

Una razón por la que más mujeres se quedan en casa mientras sus hijos son pequeños es la escasez de guarderías adecuadas, clasificada por la Oficina del Censo de EE. UU. como el gasto más importante de las familias jóvenes después de la alimentación y la vivienda. Con tarifas que en algunos de los mejores centros se elevan a los mil dólares mensuales, nada tiene de extraño que este servicio esté fuera del alcance de muchas familias. Además, son muchas las madres jóvenes que se sienten presionadas por la sociedad y la familia para quedarse en casa con sus hijos. Mientras que hace apenas un par de décadas las mujeres se sentían un poco fuera de lugar si decidían quedarse en casa, hoy en día es más corriente que las mujeres sean castigadas (de forma sutil o no tan sutil) por «anteponer la carrera a la familia». Y en el vertiginoso ritmo laboral actual, cada vez se hace más difícil para una mujer atender a las exigencias del trabajo y del hogar, lo que hace que cada vez sean más las mujeres que optan por pedir una «excedencia» de un par de años o más.

¿Significa esto que asistiremos a una retirada de la mujer del mundo del trabajo? No hay que contar con ello. Un estudio realizado por The Whirlpool Foundation reveló que el 48% de las madres que actualmente están en casa con sus hijos tienen pensado volver al trabajo en algún momento, sobre todo por razones económicas, pero también por un deseo de realización personal.

La búsqueda de integración y armonía

¿Cuál es la solución para dar cabida a la familia en el vertiginoso ritmo del mundo laboral? Cada vez más los padres dan más importancia a la armonía entre trabajo y vida, y procuran alcanzar un equilibrio entre ambos mundos. La cooperación de las empresas puede resultar básica: el Informe de Tendencias de 1999 de *Work and Family* revelaba que las personas que trabajan para empresas a las que consideran respetuosas con la familia tienen menos probabilidades de sufrir estrés en sus vidas profesionales y personales. En países con un mercado de trabajo limitado, las empresas que entienden esto se preocupan por atender las necesidades de sus empleados, ofreciendo apoyo para la atención de los hijos, guarderías en el lugar de trabajo, ayudas para pagar los colegios e incluso comidas para llevar a casa en la cafetería. Algunas empresas, entre ellas C. R. Laurence Co. de Los Ángeles y Tommy

Hilfiger USA de Manhattan, ofrecen ayuda en forma de libros y seminarios para padres.

La formación de «personal» doméstico: Un resultado de la lucha de los padres por conjugar las responsabilidades en el trabajo y en el hogar es la mayor dependencia de ayuda externa. Está surgiendo un mercado para las agencias de servicios orientados hacia la familia. Estas agencias ofrecen ayuda para todo, desde organizar la casa hasta extender talones, pasando por hacer recados e ir a la compra. Cuando Ann vivía en Tampa, Florida, una de sus vecinas recurría a una agencia de servicios llamada The Perfect Task, que ofrecía servicios de canguro, cuidado de animales domésticos, realización de la compra y de recados, envoltura de regalos, organización de la casa, extender talones, pago de facturas y trabajos de ordenador, entre otras cosas. También en Tampa hay una empresa llamada Rent-a-Husband, que ofrece el servicio de personas mañosas para reparaciones en el hogar.

Otra ayuda para familias abrumadas es el servicio de cocineros personales. Durante generaciones, la aristocracia europea, y luego la burguesía, empleó a cocineros personales. La tendencia se desplazó hacia el Oeste durante la Edad Dorada, cuando los nuevos ricos norteamericanos contrataban cocineros privados como distintivo de su «llegada» a la sociedad. Hoy en día, los consumidores con posibilidades de todo el mundo siguen esta tendencia, recurriendo a agencias que les proporcionan comidas elaboradas por un profesional.

La United States Personal Chef Association, creada en 1992, contaba con 3 200 socios en el año 2000. Otro grupo, la American Personal Chef Association, tenía en sus filas a 1 400 profesionales en 2000 y recibe entre cincuenta y sesenta nuevos socios por mes, según su directora ejecutiva Candy Wallace. En 1999, la revista *Enterprise* clasificó al sector de los cocineros personales, que mueve 120 millones de dólares, como el segundo entre los más pujantes de EE. UU. Christian Paier, de origen austríaco y fundador de la empresa con sede en Los Ángeles Private Chefs, Inc., denomina a la nueva generación de profesionales de la cocina «los preparadores físicos personales del nuevo milenio».

La ampliación de la familia

Un número cada vez mayor de padres se está tomando en serio el proverbio africano que hizo famoso Hillary Clinton: «Se necesita una aldea para criar a un niño.» En una época en la que cada vez es menor el número de familias que permanecen en el mismo lugar generación tras generación, es posible que cada vez se cuente menos con la ayuda de los abuelos, de las tías y tíos y de otros parientes. Como consecuencia de ello, algunos padres están creando sus propias redes de ayudantes y educadores.

Lo que sigue es un extracto de una carta abierta que apareció en el diario holandés *De Volkskrant.*

> Nosotros teníamos niños y ellos no. Había sido decisión del destino y la aceptábamos. Nuestros amigos, que vivían a la vuelta de la esquina, evidentemente disfrutaban con nuestros hijos y también se ocupaban de ellos. Compartíamos las alegrías y las cargas y pronto se convirtieron en nuestros co-padres. A nosotros nos gustaba, teniendo en cuenta la gran responsabilidad a la que debe hacer frente uno cuando tiene niños, un día tras otro, las veinticuatro horas del día. Cuando los niños estaban en su casa, nuestros amigos eran los padres y nosotros los huéspedes. Los niños se sentían cómodos con esta situación; en esas ocasiones hacían muchas cosas divertidas, tenían sus propias normas, sus propios amigos, juguetes y rituales.

En especial los padres solteros y divorciados, cada vez necesitarán más el apoyo de personas ajenas a la familia, de la escuela, del gobierno, de las empresas o de las instituciones religiosas.

No olvidemos a la abuela: Dejando de lado las demás alternativas familiares, muchos padres necesitados de ayuda recurren a sus propios padres. Según la Oficina del Censo de EE. UU., 3,7 millones de abuelos tenían nietos viviendo con ellos en 1997, y el número iba en aumento; aproximadamente en el 35% de estos casos no estaba presente ninguna de las figuras paternas. Más aún, la proporción ya no es de «cuatro a uno»; con las familias combinadas, los niños de hoy pueden tener seis abuelos o más. Pero ya sea en la función de cuidadores primarios, o en la de comprar cosas básicas como alimentos y ropa, o simplemente como presencia afectuosa en la vida de un niño, los abuelos de clase media con posibilidades económicas están dispuestos a emplear gran parte de su tiempo y de su dinero en sus adorados nietos. Hay empresas decididas a sacar el mayor provecho de esta oportunidad, entre ellas Genesis Direct, que hace marketing directo de juegos y pasatiempos, y que publica un catálogo de «Regalos para los nietos» complementado por boletines trimestrales y un club de cumpleaños de los nietos. También en EE. UU., la agencia Grandtravel organiza paquetes de vacaciones para abuelos y nietos, y la cadena de tiendas de juguetes Toys «R» Us tiene un programa llamado Grandparents «R» Us, que incluye un sitio en Internet que mantiene a los abuelos al corriente de las últimas tendencias en juguetes.

Sin hijos por elección

A medida que aumenta el número de mujeres que llega a la conclusión de que no se puede tener todo, cada vez son más las que eligen su profesión en lugar de los hijos. Los índices de fertilidad en la UE han caído de forma constante, y se encuentran ahora por debajo del nivel de reemplazo de 2,1 hijos por mujer, siendo la media actual general de 1,45. Casi una cuarta parte de las mujeres nacidas en 1973 todavía no habrán tenido hijos al llegar a los 45 años, mientras que la proporción era de una de cada diez entre las nacidas en 1943. Y en EE. UU., el 44% de las mujeres de edades comprendidas entre los 25 y los 29 años no tenía hijos en 1995, proporción que era del 20% apenas tres décadas antes; el 26% de las mujeres de entre 30 y 34 años no tenían hijos, frente al 12% de 1965. Según National Center for Health Statistics (EE. UU.), las mujeres que optan por no tener hijos suelen ser mujeres con estudios superiores, menos tradicionales, menos religiosas, blancas, urbanas y profesionales. También suelen entablar relaciones matrimoniales más igualitarias.

En Europa occidental, el hecho de que aumente el número de mujeres sin hijos, ya sea por elección o llevadas por las circunstancias, tiene serias repercusiones. El descenso de la natalidad agravará una carga económica que ya es grave, ocasionada por la creciente proporción de ciudadanos de edad avanzada. En un artículo aparecido en *Population and Demographic Review*, el demógrafo Jean-Claude Chesnais da a entender que elevar el estatus de las mujeres en los países afectados podría ser una condición previa para aumentar los índices de natalidad. Señala que en Italia, donde los subsidios por hijo fueron prácticamente suprimidos en las dos últimas décadas y donde la mujer sigue luchando por conseguir la igualdad en el trabajo y en casa, el índice de natalidad descendió de 2,4 hijos por mujer a comienzos de la década de 1970 a 1,2 en el año 2000. (Sólo España, con un 1,1, tiene un índice más bajo dentro de la Unión Europea.)

En Japón, las mujeres tienen apenas 1,39 hijos de media, muy por debajo de lo que se necesita para mantener estable la población. De mantenerse la tendencia, el resultado será una escasez de trabajadores para dar impulso a la economía y también de contribuyentes para financiar unos gastos de pensiones y atención sanitaria que está previsto que se disparen en las próximas décadas. La estrechez de las viviendas y los rígidos roles matrimoniales que marca la tradición han desalentado a los japoneses de tener más de uno o dos hijos, pero la perspectiva de un futuro «sin hijos» está obligando al país a reconsiderar seriamente sus valores familiares. Tomando las riendas de sus vidas, algunos japoneses están respondiendo a las necesidades de sus esposas ayudándoles más en casa y apoyando su decisión de trabajar fuera del hogar; las empresas están dando incentivos a las familias que tienen hijos ofreciendo horarios de trabajo más flexibles; y por todas partes están surgiendo empresas de canguros para cubrir las necesidades de cuidados de día. El gobierno japonés también ha financiado una campaña para alentar a los hombres a asumir más responsabilidades domésticas, entre ellas el cuidado de los hijos y la limpieza.

Más tendencias en materia de paternidad

Presente y futuro

Replanteamiento de la paternidad

«Se ha dicho que la paternidad es el nuevo rock and roll», decía el jefe de redacción de la revista *Later* para hombres. Su afirmación pretendía explicar el hecho de haber añadido a la publicación —que se caracteriza sobre todo por tratar temas «de hombres» y publicar fotos de mujeres medio desnudas— una nueva sección para padres donde se dan consejos sobre el cuidado de los bebés.

Dejando de lado las modas, la importancia del papel que desempeñan los padres en la vida de sus hijos es algo cada vez más reconocido. Según la organización norteamericana The National Fatherhood Initiative, los niños de hogares donde no hay una figura paterna tienen el triple de posibilidades de fracaso o deserción escolar. El grupo estima que hasta el 60% de los violadores convictos, el 70% de los adolescentes acusados de asesinato y el 70% de los que cumplen penas de prisión de larga duración, se criaron sin la presencia de un padre. En Singapur, una encuesta entre adolescentes delincuentes reveló que más de un tercio se quejaba de que sus padres eran demasiado estrictos o que los habían descuidado.

Pruebas anecdóticas señalan una mayor disposición entre algunos padres a acercarse más a sus familias renunciando al ideal masculino y sacrificando tiempo de trabajo. Cuando el viceprimer ministro australiano renunció a su cargo porque sus viajes repercutían demasiado en su vida familiar, se convirtió en un héroe nacional, y su actuación fue alabada por el primer ministro, John Howard, como «una estupenda demostración de que los hombres están asumiendo una responsabilidad en pie de igualdad hacia sus familias». El ex secretario de Trabajo de EE. UU., Robert Reich, el presidente de American Express, Jeffrey Stiefler, y el actor norteamericano Mandy Patinkin son sólo tres de los hombres de gran notoriedad social que mencionaron su deseo de pasar más tiempo con sus hijos como una de las razones principales para dejar puestos de trabajo de gran prestigio.

El impulso del permiso por paternidad: El permiso de posparto ya no es sólo para las mujeres. El permiso por paternidad es especialmente corriente en los países nórdicos: más de un 80% de los hombres suecos opta por acogerse al permiso de paternidad, proporción que es del 60% en Finlandia, incluido el primer ministro Paavo Lipponen entre quienes lo solicitan. Un cambio de actitudes alentará a un número cada vez mayor de europeos y americanos a seguir el ejemplo, aunque tal vez en una escala más modesta. Tras el nacimiento de su cuarto hijo, el primer ministro británico Tony Blair se tomó un permiso de paternidad limitado e hizo parte de su trabajo desde casa. Ya se empieza a hablar de una reacción, pues algunos hombres se sienten presionados a cuidar de sus recién nacidos cuando preferirían seguir trabajando.

Papás embarazados: Los hombres que se preguntan qué se siente al estar embarazado podrían tener algún día la oportunidad de descubrirlo. El profesor Lord Robert Winston, experto británico en fertilidad, ha anunciado que en la actualidad es técnicamente posible que un hombre dé a luz a un niño. El todavía teórico escenario requiere la implantación de un embrión en el abdomen de un hombre, la conexión de la placenta a un órgano interno (el intestino, por ejemplo) y un parto por cesárea. También sería necesario un tratamiento con hormonas femeninas. Lord Winston, que describe la técnica en su libro *The IVF Revolution,* admite que el proceso podría ser peligroso para el padre, por el riesgo de hemorragia. Dados los pros y los contras, nos atrevemos a predecir que la mayoría de los hombres seguirá prefiriendo ser padre a la manera tradicional.

La paternidad de diseño

Una nueva tendencia en EE. UU. y en Europa es el número cada vez mayor de parejas de lesbianas y de gays que quieren ser padres. A esto se le ha dado en llamar la «paternidad más planificada del mundo» ya que los gays y las lesbianas suelen recurrir a la adopción y a la inseminación artificial para hacer realidad su deseo de tener hijos y educarlos. Como respuesta a esta tendencia, cada vez hay más recursos disponibles para acudir en su ayuda, desde sitios en Internet hasta médicos, hospitales y bancos de esperma, y hasta libros infantiles que presentan a padres del mismo sexo. Además, la protección de estas familias ha recibido el espaldarazo de jueces dispuestos a aprobar adopciones de «segundo padre» por parte de parejas del mismo sexo. Recientemente, dos hombres británicos que tuvieron gemelos con ayuda de una madre de alquiler en EE. UU. marcaron un hito al ganar en los tribunales de California un caso que les permitió figurar en la partida de nacimiento de los niños como sus padres. La pareja espera que este veredicto anime a otras parejas gays a tener hijos, según el *Manchester Evening News.*

Óvulos a precio de oro: Gracias a la cifra estimada entre cincuenta y ochenta millones de personas de todo el mundo que tienen problemas de fertilidad, el campo de la medicina de la reproducción es sumamente lucrativo, y cada vez son más las empresas virtuales que se ponen manos a la obra. Las agencias de fertilidad *on-line* ofrecen bases de datos de donantes que contienen información sobre la edad, la estatura, el peso, la raza, los antepasados y el CI del donante, así como sobre su capacidad visual y si es zurdo o diestro. El director de una agencia, con sede en Colorado, que tiene siete sitios en Internet dice que ésta ha contribuido enormemente a aumentar los ingresos de la empresa. En EE. UU., el fotógrafo de temas eróticos Ron Harris hizo furor al anunciar su intención de celebrar subastas en Internet de óvulos donados por hermosas modelos. A continuación se suscitaron muchos debates sobre la legitimidad del plan, pero en cuestión de unos cuantos días su sitio había recibido más de cinco millones de visitantes.

¿La desaparición del matrimonio?

No sólo la paternidad está cambiando, sino también la institución del matrimonio. En el primer capítulo hemos hablado del gran aumento de los solteros en todo el mundo, incluidos los hombres y mujeres que no se casan nunca. Otra cosa que tiene un efecto poderosos sobre la familia del siglo XXI es el aumento de los divorcios, ya que va en aumento el número de personas que no están dispuestas a mantener un matrimonio que no es satisfactorio. Hoy en día se considera que empezar otra vez es una alternativa más aceptable que seguir «atado» y ser infeliz. Veamos algunos datos:

- El índice de divorcios de Gran Bretaña —que ya es el más alto de Europa occidental— va en aumento. En la actualidad, dos de cada cinco matrimonios del Reino Unido terminarán en divorcio.
- En los países nórdicos, el número de matrimonios ha descendido a la mitad desde 1950, cuando se casaban nueve personas de cada mil, ya que ahora la proporción es sólo de cuatro por mil. Todavía más, de los escandinavos que sí se casan, el 50% se divorciará antes de que sus hijos cumplan los 18 años.
- En Italia, la pequeña ciudad de Vastogirardi ha visto reducirse su población de 3 000 a 823 habitantes en las tres últimas décadas. Se echa la culpa en gran parte a la gente que se niega a casarse. Respondiendo a esta tendencia, el alcalde de Vastogirardi ha llegado a proponer un impuesto para los individuos que eligen la soltería. Vastogirardi no es un incidente aislado en Italia: el número de unidades familiares de un solo miembro es el único crecimiento demográfico que está experimentando Italia actualmente.
- En China, donde la tasa global de divorcios es del 10,4%, el índice de divorcios en Beijing se duplicó entre 1990 y 1994, pasando del 12 al 24,4%. Más del 70% de los divorcios son iniciados por las mujeres, y la causa más alegada es el adulterio.

- Japón es uno de los países donde la gente se casa más tarde, a una edad media de 28 años las mujeres, y de 31 años los hombres. A lo largo de los últimos quince años, el número de mujeres que llegan solteras casi a los treinta años se ha elevado del 30% al 50%. Según el ministro de Sanidad y Bienestar de Japón, una de cada siete chicas nacidas después de 1980 se quedará soltera el resto de su vida.

Amor a la carrera: Para las personas que quieren seguir casadas pero no están dispuestas a hacer el sacrificio de vivir en el mismo lugar, los matrimonios a distancia se están convirtiendo en algo cada vez más corriente. Según la Oficina del Censo de EE. UU., el número de americanos que declaró estar casado, no separado, pero cuyos cónyuges vivían en otro sitio, aumentó en un 21% desde 1994 hasta 1998, llegando a los 2,4 millones. Los expertos han atribuido el aumento a múltiples factores, desde «el abaratamiento de los viajes en avión» hasta la tendencia a familias más pequeñas.

Cada uno por su lado: Una tendencia similar es la del número cada vez mayor de matrimonios que prefiere tener residencias separadas, aunque vivan en la misma zona. En Japón se llama matrimonios «de fin de semana» a aquellos cuyos miembros deciden vivir cada uno en su casa para tener más independencia.

Hijos para la era digital

Además de que las estructuras familiares están cambiando con los tiempos, los padres de hoy se enfrentan a la oportunidad —y a la presión— de educar a sus hijos en un mundo donde la tecnología cambia a un ritmo vertiginoso. Las expectativas son elevadas. Los recursos son abundantes. El tiempo (como siempre) es limitado. Y la carrera continúa.

Presente y futuro

Mayor impulso competitivo

Las dos últimas décadas han sido testigos de cambios espectaculares en la vida de los niños... y de sus padres. Las nuevas tecnologías, desde los vídeos hasta las consolas de videojuegos, desde los ordenadores domésticos hasta los aparatos de música portátiles y los reproductores de MP3, han creado un mundo en el cual los niños pueden estar enchufados prácticamente todas las horas de vigilia. Al mismo tiempo, se ha bombardeado a los padres con mensajes de que sus hijos no tienen la menor esperanza de salir adelante a menos que superen a los demás.

Esta presión para preparar a la próxima generación se debe a numerosos factores. En un mundo rápidamente cambiante y cada vez más global, los padres tienen la sensación de que sus hijos tendrán que competir no sólo con sus conciudadanos, sino también con los ciudadanos de todo el mundo. En EE. UU. se advierte a los padres de que sus hijos dedican mucho menos tiempo y energía a los estudios que los niños japoneses de su edad. En Japón, a su vez, algunos padres están empezando a preocuparse porque sus hijos están siendo perjudicados por una insistencia en la memorización en perjuicio del pensamiento creativo, que es lo que se estimula en EE. UU. Los sistemas educativos de todo el mundo están vigilando la competencia, de cerca y de lejos, en un esfuerzo por asegurarse de que *sus* hijos no queden rezagados.

Los padres también son muy conscientes de la competencia en la escena local. En EE. UU., los niños de hoy forman parte de la generación Eco. Son más numerosos que los miembros de cualquier otra generación desde el tristemente célebre *baby boom* que se produjo después de la Segunda Guerra Mundial, y, por lo tanto, deben enfrentarse a una mayor competencia por el espacio en todo, desde las guarderías a la enseñanza preescolar y los programas de enriquecimiento. Además de esto, los padres ven cómo proliferan los «niños millonarios», jóvenes empresarios que apenas han dejado atrás la adolescencia y ya se están forrando con sus empresas de Internet. Esto contribuye a exacerbar la sensación de que los niños no tienen tiempo que perder para ponerse a la cabeza del pelotón.

El resultado: las mujeres embarazadas se colocan sobre la barriga aparatos que enchufan a Mozart a sus niños nonatos; los nuevos padres pasan cintas en otros idiomas y pegan fichas de estimulación visual en blanco y negro en las habitaciones de sus hijos. Las guarderías están equipadas con ordenadores supermodernos, mientras que los chicos de la escuela elemental pasan sus horas extraescolares en centros de orientación, clases de artes marciales, clases de música y campamentos de enriquecimiento. Los programas de música, baile y gimnasia no se venden como una forma de que un niño pase una hora divertida, sino más bien como un medio para estimular visual y auditivamente, mejorar la coordinación y aprender disciplina y liderazgo. Además, los juguetes ya no son «chismes para jugar», sino «instrumentos de desarrollo», objetos para conseguir que Álvaro y Carlos aprendan más rápido a leer y escribir, sean musicalmente más dotados y más listos que Adrián y José. ¿Diversión? A menos que vaya a darle al niño una ventaja competitiva ¿quién puede permitirse esa pérdida de tiempo?

Pequeños monstruos de la informática

Para asegurarse de que sus niños tienen todas las ventajas formativas, cada vez son más los padres que compran lo que se ha dado en llamar «edutenimiento», productos que combinan el aprendizaje y la diversión. Muchas veces se trata de productos de alta tecnología. Los cargamentos de juguetes electrónicos de aprendizaje, por ejemplo, crecen a un ritmo aproximado del 28% al año en EE. UU., según la Toy Manufacturers Association.

Los padres del 90% de hogares de EE. UU. que tienen ordenador dicen que sus hijos, por lo general, hacen un uso activo del ordenador en vez de ver la televisión. Nada tiene de sorprendente, pues, que el software educativo para niños sea un negocio en auge, cuando los padres se apoderan de complejos programas gráficos, de matemáticas y de ortografía (el hijo pequeño de Ira aprendió las tablas de multiplicar con un juego de ordenador), enciclopedias en CD-ROM, y muchos otros tipos de software de edutenimiento.

Las grandes empresas están fomentando los conocimientos informáticos entre sus empleados y sus familias dándoles ordenadores para que se los lleven a casa. Empezó Ford Motor Company anunciando que ofrecería a sus 350 000 empleados de todo el mundo ordenadores, sin cargo, y además acceso a Internet por cinco dólares mensuales, en un intento de mejorar el uso de las nuevas tecnologías. Poco después le siguió Intel, anunciando su intención de dar a sus 70 000 empleados, gratis, ordenadores y acceso a Internet, un desembolso que representa el salario de varios meses en algunos emplazamientos de la empresa como Costa Rica, donde los sueldos son bajos. Un portavoz comentó que la intención de la empresa no es hacer que la gente trabaje en casa, sino permitir el uso del ordenador para fines de ocio y educación. Delta Air Lines, American Airlines y el grupo Bertelsmann AG de medios de comunicación han anunciado planes similares.

En algunos países, semejantes actos de generosidad corporativa han merecido el apoyo del gobierno. Siguiendo el ejemplo de Suecia, el año pasado el Reino Unido eliminó el impuesto de los equipos informáticos proporcionados por las empresas a sus empleados para su uso doméstico. Y los propios gobiernos también están empezando a involucrarse. Hoy en día, los niños de América latina van a la escuela apenas una media de cinco años, pero la región está esforzándose por preparar a sus jóvenes para competir en el siglo XXI. Costa Rica está haciendo un esfuerzo para equipar a todas las escuelas de enseñanza secundaria de un laboratorio de informática para que cada alumno pueda tener una dirección de *e-mail*. Además, el gobierno tiene pensado aumentar el número de escuelas secundarias del país en un 15%, y ha incluido en sus presupuestos un 6% de su PIB para educación. (Por comparación, Chile dedica el 7% de su PIB a educación, y Brasil el 1%.)

Correr, correr y correr

En estos días de trabajadores conectados, competencia exacerbada y sobreabundancia de información, la percepción de falta de tiempo está teniendo un impacto importante, y no sólo en los horarios familiares. Según la doctora Betsy Weaver, directora ejecutiva y presidente de Families Plus LLC de Boston: «El tiempo es precioso. Los padres no quieren que sus hijos pierdan el tiempo en actividades que no sirvan a un fin superior... sea éste cual sea.» Además, los padres están cada vez más preocupados por la seguridad de sus hijos en un mundo en el cual el juego en la calle sin supervisión puede poner en peligro la vida o representar la pérdida de un miembro. La consecuencia involuntaria: entre la actividad académica, las clases de karate, piano y otras por el estilo, lo más frecuente es que los niños tengan 60 horas o más programadas a la semana, lo que puede dar lugar al «síndrome del niño apresurado», término acuñado por el profesor David Elkind, de la Universidad Tufts, a comienzos de la década de 1980.

Los expertos advierten de que cada vez son más los niños sobreprogramados e incluso estresados, y señalan alarmados el aumento de psicofármacos como el Ritalin y el Prozac entre niños de cuatro años e incluso menos. (En EE. UU, el consumo de estos medicamentos entre los niños de entre dos y cuatro años aumentó en un 50% entre 1991 y 1995.) Los investigadores sugieren que el aumento se debe, en parte, al número creciente de niños que asisten a guarderías y a otro tipo de programas y a los que se presiona para que se adapten a normas establecidas de conducta.

La insistencia en la seguridad

Al mismo tiempo que los padres se preocupan por la evolución y el futuro éxito de sus hijos, están mucho más ansiosos que las generaciones anteriores por las cuestiones relacionadas con la seguridad. Además de los asientos de los coches, los interfonos para la vigilancia de los bebés y los cierres de los armarios, los padres noveles compran cosas como tronas con tratamiento antibacteriano para mantener a raya a los *E. coli*, la salmonella y otros gérmenes; alfombrillas de baño sensibles al calor que indican cuándo el agua está demasiado caliente; cintas acolchadas para los cantos de las chimeneas y las mesillas; detectores de monóxido de carbono; barreras de plexiglás para las escaleras; tapas para los hornillos y cierres de seguridad para impedir que los niños curiosos abran los hornos, los asientos de los inodoros y los secadores de ropa.

Los padres que deben dejar a sus hijos al cuidado de otros están especialmente preocupados por todo tipo de cosas, desde los malos tratos hasta los abusos sexuales, pasando por la ingestión accidental de drogas o la posibilidad de que su hijo pueda ser objeto de negligencia. Las *nannycams* y otros aparatos de vigilancia doméstica se han popularizado mucho, lo mismo que las *webcams* en las guarderías, que permiten a los padres entrar en una página de seguridad de Internet para ver lo que están haciendo sus hijos en cualquier momento del día. En la actualidad, el número de niños a los que llevan en coche al colegio en Gran Bretaña se ha multiplicado por diez con respecto a treinta años atrás, y aunque hay más niños que tienen bicicleta, a pocos de ellos se les deja montarla en la calle.

«Discípulos de la disciplina»

A lo largo de los últimos años, hemos observado un llamamiento a volver a la disciplina como reacción a la educación permisiva de las décadas de 1970 y 1980. Están apareciendo libros de orientación para padres con títulos como *Spoiled Rotten* («Menudo malcriado») y *Raising a Responsible Child* («Criar a un hijo responsable»), y la actriz estadounidense Marilu Henner ha publicado *I Refuse to Raise a Brat* («Me niego a criar a un mocoso maleducado»). En EE. UU., los padres que buscan un entorno educativo más disciplinado para sus hijos están contribuyendo al renovado interés por las academias militares.

En el extremo derecho de la ecuación está un cuadro cada vez más numeroso de proveedores conservadores, por lo general cristianos, de asesoramiento sobre educación autoritaria. Entre sus partidarios más conocidos se cuentan John Rosemond y Gary y Anne Marie Ezzo, que dirigen Growing Families International, una organización con fines de lucro cuya finalidad es «dar recursos que inculquen principios bíblicos a las familias». Aconsejan someter a los recién nacidos a un régimen de alimentación estricto y emplear el castigo corporal con los niños que se salen de la raya. Si bien la American Academy of Pediatrics ha expuesto ideas que contradicen los puntos de vista de los Ezzo y de Rosemond, señalando, por ejemplo, que los padres de los recién nacidos deben llegar a un «horario mutuamente satisfactorio para la alimentación, el sueño y el despertar», muchos padres están respondiendo al mensaje que les envían los conservadores de hacer que el mocoso entre en razón a golpes.

Acogida de otras razas dentro de la familia

Ya hemos dicho en este capítulo que la definición de *familia* se está ampliando para dar cabida a adultos no emparentados que viven juntos, pero también está empezando a contemplar la presencia de individuos no emparentados de otras especies. En EE. UU. se llega incluso a ver esquelas fúnebres de animales de compañía a los que se menciona como si fueran personas próximas en la línea de parentesco.

Según una encuesta de 1999 realizada por la American Animal Hospital Association, el 84% de los propietarios de mascotas se considera padre o madre de su animal; el 78% saluda en primer lugar a su animal al llegar a casa, frente al 13% que saluda primero a su cónyuge; el 43% tiene una foto de su animal en la oficina; para el 34%, la mascota es el tema principal de conversación con sus amigos y compañeros de trabajo; y el 31% lleva una foto de su animal en la cartera. En EE. UU., las principales empresas de tarjetas de felicitación están ampliando su selección de tarjetas de animales, lo cual no es nada extraño si se tiene en cuenta que el 67% de los dueños de mascotas firma tarjetas y cartas supuestamente enviadas por sus animales de compañía.

Equipamiento para animales de compañía: Las mascotas se han convertido en un floreciente negocio. Tan sólo en EE. UU., los dueños de animales de compañía gastan 23 000 millones al año en sus mascotas, cifra que está aumentado a un ritmo del 15% anual. Evidentemente, esto no corresponde a sobras y huesos. Según *Adweek,* el aumento del gasto destinado a las mascotas es consecuencia de que sus dueños consideran a sus animalitos como hijos, y como no pueden pasar con ellos todo el tiempo que quisieran, se sienten culpables y los atiborran de comida para gourmet y juguetes lujosos.

Como los propietarios tienden, cada vez más, a considerar a sus animales domésticos como un miembro más de la familia, los especialistas en marketing de nichos de mercado están sacando productos y servicios que permiten a las mascotas participar en actividades de familia fuera de casa. Por ejemplo, los amantes de la vida al aire libre pueden adquirir ya salvavidas, raquetas para nieve, cascos y demás elementos para sus perros. Los dueños de perros de algunas partes de Norteamérica y de Europa también pueden ir a campamentos de verano para personas y perros, donde los dueños y sus animales pasan juntos una semana nadando, haciendo excursiones, jugando al *frisbee,* y divirtiéndose en general en compañía de otros perros y de sus dueños.

Una mascota sana: No resulta del todo raro hoy en día oír hablar de perros y gatos a los que se somete a operaciones a corazón abierto, trasplantes de riñón o a los que se ponen aparatos de ortodoncia para corregir la dentadura. ¿Y para el chucho deprimido? Prozac, por supuesto. En EE. UU., los consumidores gastan más de 7 000 millones de dólares al año en atención médica para gatos y perros. De más está decir que esto ha abierto un nuevo mercado para los seguros médicos e incluso para las clínicas veterinarias.

Los dueños interesados en la medicina preventiva están recurriendo a los alimentos naturales y a los complementos nutritivos para sus perros y gatos. Según la Natural Pet Products Association, la categoría de productos naturales para animales de compañía experimentó un vertiginoso aumento del 1 500% entre 1992 y 1999, alcanzando unos beneficios superiores a los 65 millones de dólares. El empleo de medicamentos de homeopatía, hierbas y otros complementos también va en aumento. Los dueños de animales de compañía dan a sus mascotas glucosamina para los dolores de las articulaciones y equinácea para reforzar el sistema inmunológico.

Tendencias probables

Marcadores de moralidad: Mientras la sociedad debata temas como el aborto, las mujeres trabajadoras y los derechos de los gays, los consumidores exigirán a las empresas que pongan al descubierto sus lealtades e inclinaciones. Algunas marcas dejarán de lado las imágenes de la vida familiar tradicional, mientras que otras las adoptarán. Y las empresas idearán nuevos métodos de transmitir mensajes que reflejen el abandono de las pautas tradicionales.

Mantener la pasión: En el futuro, el ciudadano medio puede tener expectativas de cambiar varias veces de pareja a lo largo de la vida, y la seducción y el sexo seguirán moviendo a las multitudes que han superado los cuarenta años, especialmente cuando los representantes de la generación del *baby boom*, «dueños de su sexualidad», alcancen la edad dorada. La industria farmacéutica ya anda a la busca de un equivalente de la Viagra femenina, para devolver la libido a las mujeres de edad avanzada.

Los conservacionistas del matrimonio: En contra de la idea predominante de que el divorcio es muchas veces lo mejor para los hijos, la investigación actual indica que el divorcio puede ser más devastador de lo que se había pensado. Esto ha dado lugar a la aparición de programas que ayudan a los padres y a los hijos a superar un divorcio. En EE. UU., programas como Kids' Turn y

Sandcastles recurren al arte, a la representación de roles y otros medios creativos para animar a los niños a hablar de sus sentimientos. En algunos casos se sigue un programa por decisión judicial. Los jueces de Dade Country (Florida), por ejemplo, no conceden un divorcio en el que haya hijos de por medio hasta que la familia no haya terminado el programa Sandcastles.

El auténtico Sr. Mamá: Con el aumento del número de mujeres que trabajan, asistiremos a un aumento de los padres que se quedan en casa. Cuando sea mayor el número de padres que se ocupan activamente del cuidado de los hijos, veremos surgir un importante movimiento social en pro de los derechos de los padres, y los padres divorciados o solteros harán campaña para que les concedan una participación más importante en la vida de sus hijos.

Ayuda para lo más pesado: A medida que aumenta la edad a la que los hombres se convierten en padres, irá apareciendo una nueva especie de niñeros jóvenes y atléticos que se encargarán de los aspectos más agotadores de la paternidad (por ejemplo, jugar al fútbol en el parque con los niños).

Centros de preparación para madres: Muchas madres primerizas de hoy no saben atender a sus recién nacidos porque no vienen de familias en las que tuvieron que cuidar de hermanos más pequeños. A falta de parientes experimentados, cada vez serán más las nuevas madres (y futuras madres) que acudirán a centros de preparación para madres antes o después del nacimiento de su primer hijo. En Corea del Sur ya hay centros de posparto que están haciendo su agosto, según Associated Press. Tradicionalmente, las mujeres coreanas vuelven a casa de sus madres para que las atiendan en el último mes de embarazo y en el mes siguiente al parto. Estos centros hacen suyo el papel de «hacer de madre de la madre», liberando así a las abuelas de esa carga. (Con la posibilidad de los permisos por paternidad, aumenta la presión sobre los padres para que colaboren.) Se calcula que un 10% de las mujeres coreanas recurren a los doscientos centros de posparto que han surgido en todo el país. Una cadena cobra aproximadamente 960 dólares por una estancia de tres semanas que comprende clases sobre la atención del bebé y un programa de ejercicio físico.

Reservar la fecha: Como consecuencia de que cada vez se tiene menos tiempo, se está volviendo a imponer en EE. UU., una antigua tradición prenupcial: la de enviar anuncios de compromiso. El tiempo medio entre el compromiso y la boda se ha ampliado a dieciocho meses, y las parejas sienten la necesidad de señalar su compromiso de alguna manera. A este resurgimiento ha contribuido también la tendencia a la dispersión geográfica de las familias; los invitados a la boda vienen de lejos y necesitan saber la fecha con antelación para planificar el viaje.

Fechas de vencimiento de la licencia matrimonial: Todas las ventajas (atención sanitaria conyugal, etc.) sin el compromiso de por vida.

Poligamia de hecho: Es previsible que aumente el número de personas que forme nuevas parejas «de por vida» sin deshacerse de las anteriores; habrá casos en los que una persona reúna a varias parejas bajo un mismo techo, lo cual dará mayor seguridad económica y aumentará el número de manos que se hacen cargo de las tareas domésticas.

Contratos de confidencialidad: Antes de una relación extramatrimonial, las partes querrán que se firmen acuerdos de confidencialidad donde se establezcan penas en caso de que se filtre información a la prensa, o al cónyuge actual.

En busca del número dos... tres... o cuatro: En la medida en que sigan aumentando los índices de divorcio, veremos aumentar el número y la categoría de servicios discretos de búsqueda de pareja para hombres y mujeres casados que quieran encontrar la próxima pareja «de su vida», o simplemente un amante adecuado.

CAPÍTULO XI

El hogar

Después de la comida y el sexo, es posible que su necesidad más urgente sea la de asentarse y crear un espacio propio. Al adentrarnos en el siglo XXI, exigimos que nuestras casas satisfagan multitud de necesidades, incorporando no sólo cosas prácticas, sino también aspectos espirituales y emocionales. Instalados en nuestros castillos privados, nos refugiaremos en pequeños lujos como colchas de cachemira y cojines de terciopelo. Decoraremos nuestro hogar con cerámica artesanal y fotografías en blanco y negro. Los renovaremos para recuperar la armonía y crear espacios personalizados.

Puesto que ahora la nostalgia es sinónimo de confort, nuestra curiosidad por todo lo antiguo nos llevará hacia lo elegante y lo ecléctico. Incluso en el jardín buscaremos la serenidad de otrora añadiendo fuentes y cenadores y plantando especies heredadas. En lugar de las casas de exposición de las últimas décadas, crearemos centros espirituales, lugares de calma y estabilidad en medio de un mundo demasiado frenético. Estas ansias de confort y nostalgia, por fuertes que sean, se atemperarán con un enfoque moderno de diseño inteligente y de lo último en tecnología. Gerald Celente, del Instituto de Investigación de Tendencias de Rhinebeck, Nueva York, predice que las casas se promoverán como «espacios sin mantenimiento, tecnológicamente avanzados, funcionalmente eficientes, de fácil acceso y respetuosas con el medio ambiente». Ya están apareciendo en todo el mundo prototipos de casas inteligentes y comunidades conectadas, precursoras de una era de vida racional.

No hace mucho, los constructores y arquitectos podían partir sin problema de determinados supuestos sobre el tamaño de la familia (madre, padre y un número X de niños, dependiendo del país) y sobre la función de la casa (un lugar para dormir, comer y disfrutar del tiempo libre). Pero la familia del año 2001 está encaminada a la diversidad y esas categorizaciones ya no son aplicables a la mayoría de las casas. La casa moderna también tiene que expandirse. El hogar del siglo XXI es mucho más que un lugar donde reposar la cabeza y guardar las posesiones. Tiene que servir de lugar de trabajo, de centro de salud, de retiro espiritual, de centro de telecomunicaciones, de zona de seguridad, y más. En un mundo incierto, la casa se ha convertido en un refugio. En el nivel más amplio, un intento de cultivar la comunidad ha dado como resultado una mezcla peculiar de apertura (nuevo urbanismo) y de amurallamiento (comunidades cerradas).

En este capítulo, presentamos un panorama general de las tendencias actuales que afectan el entorno hogareño. Si lo que ustedes buscan es una ojeada a los colores de moda para las cocinas modernas, con todos los respetos les aconsejamos que consulten una revista de decoración. Hemos preferido centrarnos en las tendencias que tienen probabilidades de acompañarnos hasta bien entrado el tercer milenio, no apenas la próxima temporada.

Presente y futuro

Nuevos enfoques en el diseño del hogar y la evolución de la comunidad

En todo el mundo, los cambios en la economía y en las ideologías han hecho que la propiedad de la casa esté al alcance de más gente que nunca. Europa, por ejemplo, tiene un índice de propietarios de vivienda del 56%, que llega al 86% en España, el 80% en Irlanda, el 75% en Italia y el 73% en el Reino Unido. En Alemania, en cambio, la proporción es apenas del 31%.

Un factor presente en gran parte del mundo es un cambio en la estructura de las unidades familiares. En el capítulo I, nos hemos referido al espectacular aumento de los solteros en todo el mundo. Esto está influyendo de forma significativa en el mercado de la vivienda. En EE. UU., por ejemplo, la National Association of Realtors llegó a la conclusión de que, por lo que respecta a los números, el mayor incremento entre los compradores de viviendas de la última década lo protagonizaron las unidades familiares encabezadas por una mujer soltera, con o sin hijos. En 1998, las solteras de EE. UU. compraron un millón de viviendas, frente a las 400 000 de 1987. Y se ha estimado que será necesario construir otros cinco millones de casas de aquí a 2015 para satisfacer la demanda de las mujeres solteras.

Además del mayor número de solteros, lo más probable es que entre los propietarios del mañana haya un número creciente de padres de hijos emancipados y de parejas con un solo hijo que buscan viviendas pequeñas, al alcance de su presupuesto. En cambio, las familias multigeneracionales necesitarán casas más grandes que puedan renovarse fácilmente de acuerdo con las necesidades de los miembros de la familia y que den cabida a los amigos o parientes que llegan de visita. También aumentará el número de adultos no emparentados que comprarán juntos una vivienda.

El nuevo urbanismo: En nuestros contactos con los clientes, uno de los temas dominantes en los que hemos insistido estos últimos años ha sido la tendencia de los consumidores a buscar una comunidad. A medida que cada vez más nuestras interacciones se producen a través del *e-mail* y de Internet, aumenta la sensación de aislamiento. Un estudio realizado en el Instituto Stanford para el Estudio Cuantitativo de la Sociedad se descubrió que las personas que pasan más de cinco horas semanales *on-line*, también pasan menos tiempo con la familia y los amigos. El estilo de vida moderno —que implica numerosos traslados y largos desplazamientos entre el hogar y el lugar de trabajo— hace también que la gente tenga menos oportunidades de vivir en una comunidad que proporcione relaciones. Un tercio de los británicos no conoce a sus vecinos de al lado, y son más frecuentes la completa indiferencia o la hostilidad manifiesta que las buenas relaciones de vecindad, según un estudio de la Universidad de Cambridge aparecido en el *Daily Mail.* «Ahora tenemos montones de conocidos, pero muchas veces son personas a las que apenas hemos visto... En el año 2005 hablaremos con otras personas menos de tres horas al día», dice el profesor John Locke.

En EE. UU., las amistades también están siendo las víctimas de unas vidas apremiadas por la escasez de tiempo. Esto es achacable a jornadas de trabajo más largas, al aumento de los viajes de negocios —hasta un 14% desde 1994— y a la inundación de «infotenimiento» que nos mantiene conectados a todo, excepto a los demás. El *e-mail* transforma a las amistades reales en virtuales, y la disposición de más medios económicos hace que la gente compre viviendas de fin de semana que la mantienen alejada del círculo social. También es culpable en parte el aislamiento propio de la vida moderna: las tiendas de barrio han sido sustituidas por centros comerciales; los parques se han transformado en zonas peligrosas, y las casas ya no se construyen en torno a plazas que invitan a la gente a reunirse y charlar.

Al perder la sensación de pertenencia que solía acompañar a las comunidades asentadas en un lugar, vamos dando pasos para crear nuestras propias comunidades especializadas, ya sean culturales, basadas en un interés determinado o incluso creadas en torno al ciberespacio. Un número creciente de urbanistas —conocidos como nuevos urbanistas— trata incluso de reproducir el sentido de comunidad que caracterizaba a los pequeños pueblos y ciudades del pasado, aunque con algunos toques del siglo XXI.

En un congreso sobre el nuevo urbanismo que tuvo lugar en Austin (Texas), Neal Peirce, autor de *Citistates,* que dio la conferencia inaugural, observó que el nuevo urbanismo «me dice que la gente quiere algún tipo de asociación y que no se siente feliz con la naturaleza inconexa de su vida y de sus contactos. ¿Qué tiene que ver con esto el nuevo urbanismo? Por primera vez en décadas nos permite pensar en la comunidad como geografía, como un lugar físico. Nos recuerda que, a pesar de que nos llenamos tanto la boca hablando de las comunidades, hemos dejado perder la más básica de todas las comunidades: la comunidad geográfica, asentada en un lugar, donde la gente tiene lo que más le importa, el contacto personal que hacen posible unas calles y zonas peatonales más acogedoras y que ofrecen variedad y personalidad».

Hay varios principios básicos que caracterizan el enfoque de pueblo del nuevo urbanismo: un diseño que parte de la densidad y no de la dispersión; un diseño para peatones y también para coches, con aceras y zonas de equipamientos a una distancia que pueda recorrerse a pie, todo ello apoyado por una red de calles estrechas; un diseño con límites, fuera de los cuales quede preservado el terreno rústico; diseño con espacio para actos públicos, como pequeños parques y plazas mayores rodeadas de los edificios públicos (ayuntamiento, iglesia y estafeta); diseño que permite integrar todo tipo de economías y de usos del terreno, por ejemplo, viviendas más baratas encima de las tiendas; y diseño para reducir al mínimo el derroche de energía resultante de desplazamientos innecesarios en coche, reduciendo así la contaminación del aire y el tiempo que se pierde en los atascos de tráfico.

Siguiendo con esta tendencia, se generalizarán los elementos arquitectónicos que procuren instituir un sentido de comunidad. Habrá más edificios de apartamentos con comedores comunes, por ejemplo, y más viviendas cooperativas. Se volverá también a los clubes privados, donde los padres puedan mandar a sus hijos a jugar sin temer por su seguridad y donde los adultos puedan reunirse para compartir su tiempo de ocio y de diversión.

Construcción ecológica: Ya nos hemos referido antes en este libro al consumismo puro y a los hábitos de compra ecológicos. Este deseo de proteger el planeta está ganando predicamento dentro del sector de la construcción. Los partidarios de la construcción ecológica, conocida también como arquitectura medioambiental responsable o sostenible, utilizan estrategias como la selección informada de materiales, la planificación de la energía y la gestión de los residuos de la construcción para garantizar que se haga el mínimo daño al medio ambiente. En el centro mismo del movimiento de construcción ecológico está la convicción de que los recursos del mundo son limitados y de que a quien más beneficia la utilización eficiente de los recursos es a la propia sociedad.

La conservación de la energía es una de las piedras angulares de este movimiento. Aunque las técnicas de construcción de máximo aprovechamiento de la energía puedan costar más que las alternativas tradicionales, muchas tienen la ventaja de que permiten ahorrar dinero a largo plazo. La idea de una casa cuyo funcionamiento utilice menos energía y sea más económico resulta atractiva a la mayoría de los compradores, independientemente de cuál sea su actitud respecto del medio ambiente. Entre las técnicas que se utilizan para conseguir un bajo consumo de energía figuran el diseño solar pasivo, que consiste en estudiar bien la orientación del edificio para aprovechar todo el calor del sol, así como la luz diurna y la sombra, y en aislar bien la construcción; una construcción de masa térmica elevada, que retenga calor en invierno y se mantenga fresca en el verano; sistemas de calefacción y refrigeración con ventanas de rendimiento energético; bombillas de bajo consumo y sensores que apagan la luz cuando no hay nadie en la habitación; y la reducción de aguas residuales mediante uso de grifos de flujo controlado y conservación del agua, xeripaisajismo (empleo de plantas autóctonas en el paisajismo para reducir las necesidades de agua), irrigación subterránea para reducir la pérdida de agua por evaporación, sistemas de recolección del agua de lluvia y reciclaje de las aguas servidas (un sistema que recoge, almacena y filtra el agua de los baños, los lavabos y las duchas antes de usarla para las cisternas o para riego).

Además de aplicar técnicas para reducir el gasto en electricidad y en gas, los constructores ecologistas también tratan de reducir la «energía incorporada», que es la utilizada para fabricar los componentes de un edificio y transportarlos hasta la obra. En Gran Bretaña, por ejemplo, se calcula que la energía incorporada podría representar casi una sexta parte del consumo nacional de energía. Los productos y técnicas que implican menos elaboración (por ejemplo, la reutilización de tejas o de ladrillos provenientes de demoliciones) o que se producen localmente (por ejemplo, la construcción de adobe) requieren mucha menos energía, de modo que son una carga menos para el medio ambiente.

Es probable que los productos ecológicos pasen a ser más baratos a medida que aumente su demanda. Algunos almacenes de materiales de construcción ya se especializan en productos usados y/o adecuados desde el punto de vista medioambiental. En Boulder (Colorado), dos almacenes ecológicos obtienen unos beneficios anuales de un millón de dólares: Planetary Solutions es una exposición orientada hacia la decoración donde se venden revestimientos para suelos, pintura y recubrimientos de paredes; su empresa gemela, Eco-Products, es un aserradero.

A medida que se vayan agotando los recursos de la Tierra, el enfoque sostenible de la construcción y la urbanización pasará a ser no sólo posible sino también necesario. El compromiso con la construcción sostenible es evidente en muchos niveles, desde los organismos gubernamentales hasta grupos sin ánimo de lucro, desde los fabricantes de productos hasta los arquitectos.

A medida que la construcción ecológica se hace más necesaria, veremos cómo las técnicas que ahora se consideran «marginales» llegan a generalizarse. Por ejemplo, cada vez se construirán más casas parcialmente en el subsuelo. Las toneladas de suelo que rodean la casa reducen el consumo de energía en casi la mitad, y la casa se mantiene fresca en verano y caliente en invierno. La instalación de hileras de ventanas de rendimiento energético en la parte frontal de la casa, permite la entrada de luz y reduce la sensación de claustrofobia.

Otra técnica que se está generalizando es el uso de balas de paja para la construcción de casas. La técnica consiste en aplicar balas de paja (quinientas para una casa de 500 m^2) darles forma a continuación y cubrirlas con una malla metálica. El paso final consiste en estucar la parte exterior de la casa. Las casas así construidas se han puesto de moda en algunas zonas de Nuevo México, donde hay algunas de hasta 700 m^2 valoradas en un millón dólares. (Sin embargo, no se sabe todavía cómo aguantan los soplidos de los lobos grandes y malos.)

Vivienda flexible: Aunque siempre existirá un mercado para las casas baratas y estándar, los constructores empiezan a darse cuenta de que vale la pena ofrecer características e instalaciones personalizadas atractivas para un grupo determinado. Esto es aplicable especialmente a sociedades multiculturales como EE. UU., donde grupos de origen cultural y étnico diferente obligan a los constructores a hacer proyectos de casas que se salen de lo tradicional. A los compradores de hoy les interesan especialmente las casas que toman en cuenta las necesidades espirituales y/o religiosas. También tienen cada vez más aceptación las habitaciones y los espacios de «interés especial», pensados para los intereses de los dueños de la casa. Un cinéfilo o un forofo del deporte podrían preferir una sala de cine en casa con acústica semejante a la de las salas profesionales, mientras que para un enófilo lo ideal sería una bodega climatizada, y un aficionado a los cigarros podría insistir en una habitación de fumar con ventilación especial y un humidificador incorporado.

Según señaló Andrea Saveri, director del Instituto para el Futuro de Menlo Park, California: «En el pasado, muchas adquisiciones de [viviendas] se basaban en el antiguo paradigma de la familia tradicional y de los empleos tradicionales. Todo eso se viene abajo. Si en una casa hay varias personas que hacen cosas diferentes, la vida cotidiana es muy distinta de lo que era hace veinte años.» Partiendo tal vez del reconocimiento de que el cambio (de las necesidades, del modo de vida y de las preferencias) es lo único constante, los compradores modernos buscan proyectos de casas flexibles y adaptables que les permitan vivir en una casa determinada todo el tiempo que quieran, sin incurrir en costosas renovaciones cada vez que atraviesen por un cambio de menor o mayor envergadura en su vida.

Planificar el envejecimiento de la población: A medida que la gente vive más tiempo, cada vez es más necesario construir casas adaptadas a las necesidades de los mayores. Las tendencias de diseño que ya son comunes en las comunidades de jubilados, empiezan a verse también en la construcción residencial destinada a todo tipo de público. Entre otras cosas, tramos más cortos de escaleras, casas de una o dos plantas, con un cuarto de baño incorporado al dormitorio principal en la primera planta, con el máximo aprovechamiento de la luz natural (beneficiosa para la vista cansada), el uso de palancas en lugar de picaportes y duchas equipadas con asientos. También se dejan soluciones «ocultas». Por ejemplo, las puertas y escaleras estrechas son dos de los problemas principales para las personas con movilidad restringida. Para dar mayor flexibilidad, en algunos proyectos modernos se dejan paneles en el suelo pensados para eliminarlos de un golpe y aumentar así el espacio, o armarios que coinciden uno sobre otro en las casas de varias plantas y que hacen posible la posterior instalación de un ascensor.

Otras cosas que pueden preverse son estanterías y mesas de altura regulable para diferentes estaturas; paredes interiores reforzadas que permitan la instalación de barandillas; precableado para instalación de seguridad, calefacción, iluminación y puntos de luz; y la inclusión de un espacio que pueda ser utilizado en un momento dado para instalar a un cuidador que viva en la casa.

La oficina doméstica: Nada tiene de raro, dada la actual mezcla de trabajo y vivienda, que las adaptaciones de la casa en oficina doméstica estén de moda, sobre todo en habitaciones sobrantes, en el desván y en el *office* de la cocina. En EE. UU. y en algunas partes de Europa, es normal que algunas viviendas tengan una oficina completa, con cableado para la nueva tecnología, o dos estudios para familias en las que hay dos personas con profesiones distintas. La moda de la oficina doméstica también ha señalado la necesidad de un diseño flexible. Hay tabiques que pueden quitarse o correrse respondiendo a las necesidades y preferencias. A la hora de construir una casa, también se piensa en las necesidades en materia de comunicaciones (actuales y futuras). «Creo que no tardaremos en tener en las casas suelos de paneles, como en las oficinas —declaró Chris Westhead, de Gordon Lindsay Design, a *The Times* (Londres)—. Eso nos permitirá sacar cables en cualquier punto o cambiar los espacios cuando lo necesitemos.» Westhead acaba de terminar en Londres una casa con una columna vertebral de fibra óptica que recorre las seis plantas, anticipándose a la casa inalámbrica.

Vivienda adaptable: Planificando para el futuro, un equipo de profesionales de la Universidad McGill de Canadá ha presentado la Casa Futura, una vivienda de tres plantas en la que la gente puede optar por adquirir sólo el espacio que necesita y que puede pagar. Una vez que los compradores han decidido cuántas plantas quieren, eligen un modelo de distribución sobre catálogo. «Se pueden vender las casas del mismo modo que se venden los coches —dice Avi Friedman, de McGill—. En otras palabras, no hay motivo para que una persona que no come nunca en casa se quede una cocina grande y cara.» La Casa Futura está pensada también para que cambiar los tabiques o modificar las tuberías sea una cuestión sencilla.

La casa cableada

Zap. Sale un televisor de la mesa de una cocina. Zap. La luz se difumina. Zap. Una voz activada por ordenador dice la hora. No, no es el genio de la lámpara. Es la nueva tecnología de la «casa inteligente». Las casas adecuadas al nuevo milenio serán interactivas; con el mensaje adecuado harán que suene nuestra música favorita, vigilarán a los visitantes y conectarán a sus propietarios con el mundo exterior. Por todas partes están surgiendo prototipos de comunidades. En *National Mortgage News* (EE. UU.) se dijo que Mark Borsuk, de Real Estate Transformation, había declarado que las casas que no respondan a la tendencia «infotecnológica» —es decir, que no integren hardware y software informático, redes y telecomunicaciones en la vida diaria— se verán como rémoras de la era industrial. El grupo Cahners In-Stat estima que el cableado de las viviendas de EE. UU. moverá 1 400 millones de dólares en 2003. La Home Automation Association prevé un crecimiento del sector del 29% anual hasta 2005.

Las casas inteligentes no son en modo alguno un fenómeno exclusivo de Estados Unidos. Puri Casablanca, una urbanización de cuatro torres de apartamentos en régimen de comunidad de propietarios en Yakarta Sur, está equipada con un sistema de diseño australiano que permite a los residentes manipular la iluminación y los aparatos eléctricos de su casa a través del teléfono. El sistema de sensores infrarrojos pasivos enciende las luces al detectar movimiento en una habitación. En Japón, el Grupo Matsushita Electrical Industry está trabajando en un modelo de infraestructura de información para el hogar denominado HII (Home Information Infrastructure), cuya comercialización está previsto que empiece en 2003. Pantallas distribuidas en todas las habitaciones permitirán al propietario vigilar las actividades y usar los aparatos de toda la casa, y además conectarse a Internet. En el dormitorio habrá un equipo de consulta médica que permitirá al usuario introducir un síntoma y cierta información física básica y llamar a su médico, que a continuación hará un diagnóstico basado en esa información y en el historial médico del paciente.

En síntesis, la automatización del hogar permite a la gente controlar hechos monótonos, reiterativos en el tiempo o en el espacio. Por lo general, los consumidores optan por automatizar sus viviendas por una o más de cuatro razones: conveniencia, ahorro de energía, seguridad o confort. Pero no resulta barato: Home Furnishings Network indica que el precio de automatizar una casa con un sistema que cubra seguridad, iluminación, comunicaciones, oficina doméstica, entretenimiento, controles medioambientales y manejo de los aparatos puede superar los diez mil dólares. A los sistemas se accede por teléfono, sistemas de vídeo remotos, ordenadores domésticos y/o teclados. Se dispone incluso de tecnología para «pesar» cada una de las habitaciones de la casa a fin de determinar cuántas personas hay en ella, por si uno quisiera saber cuánta gente hay en casa sin moverse de la cama. A medida que la tecnología doméstica se vaya refinando, el centro neurálgico de la casa y los distintos aparatos se fusionarán con la estructura de la casa, pasando tan desapercibidos como las tuberías y los cables de la luz.

Puesto que la mayoría de los propietarios no pueden instalar en su vivienda de una sola vez un sistema de automatización global, los fabricantes ofrecen actualmente sistemas simplificados que realizan sólo algunas funciones. Este enfoque de venta reduce el coste inicial y permite a los consumidores expandir los sistemas a medida que sus economías lo permiten y que la necesidad lo impone. En la actualidad, los aficionados al bricolage ya pueden comprar software y sistemas hardware que permiten a los ordenadores personales programar los sistemas de iluminación, de calefacción y de refrigeración, y el funcionamiento diario, semanal o de una sola vez de los electrodomésticos. Mientras algunos sistemas sólo permiten la conexión y desconexión, otros soportan macrofunciones para la programación de series de órdenes basadas en condiciones (por ejemplo, si uno no está en casa y afuera está oscuro, el sistema enciende la luz del estudio).

Aunque actualmente la automatización de la casa es optativa, puede que en los próximos años se convierta en algo inevitable. Como los recursos energéticos son cada vez más escasos y más caros, las empresas de servicios públicos están experimentando con planes de uso en horas punta y valle, parecidas a las tarifas de día/tarde/noche que ya han popularizado las empresas telefónicas. Cuando se pongan en práctica esos planes, las facturas reflejarán la ventaja de poner en funcionamiento los principales aparatos durante las horas valle (por lo general, de 10 de la noche a 6 de la mañana). La tecnología de automatización doméstica supervisa el encendido y apagado de aparatos, y permite a los habitantes de la casa dormir sin ser molestados. En EE. UU. ya se está experimentando con los llamados sistemas de gestión de la energía.

Enchufar: Hoy en día, para mucha gente la automatización doméstica es una «pijada», pero estar conectado a Internet es una necesidad. Partiendo del reconocimiento de esta necesidad, un número cada vez mayor de promotores urbanísticos instalan en las casas y edificios de apartamentos un precableado con conducciones de alta velocidad llamados cables de «Categoría 5» (CAT-5). Estas conducciones llevan datos y señales de vídeo a los equipos informáticos y televisores de la casa con una velocidad diez veces superior a la de las líneas telefónicas normales. El cableado CAT-5 permite llamadas telefónicas más claras, mejora la recepción y agiliza el acceso a Internet. Dentro de esta misma década se dispondrá de dos tipos de cable aún más rápidos —el cable coaxial y el de fibra óptica— para aplicaciones domésticas.

La gente que se hace construir su propia casa ya está aprovechándose de la posibilidad de diseñar una red informática integrada. Lucent Technologies comercializa HomeStar, un sistema de cableado para la automatización doméstica que proporciona un acceso de 128 K a Internet desde cualquier habitación de la casa e integra aparatos tales como videograbadoras, fax, ordenadores personales y teléfonos. El coste del sistema oscila entre 700 y 2 000 dólares. Al mismo tiempo, en Malasia, las casas del Kulim Hi-Tech Park ofrecen enlaces con la red de telecomunicaciones que permiten a los residentes interactuar, comprar, hacer operaciones bancarias y pagar facturas *on-line* con garantías de intimidad, gracias a las medidas de seguridad que lleva incorporadas la red de fibra óptica.

Electrodomésticos inteligentes: ¿Qué es una casa inteligente sin electrodomésticos inteligentes? Los artilugios de alta tecnología que en un principio contribuyeron a alentar el aislamiento por el simple hecho de permitirnos estar más tiempo en casa, ahora nos ayudan a hacer de la casa un lugar más agradable. Desde los hornos automáticos para hacer pan, que nos permiten tener pan fresco a capricho, hasta las compras *on-line* que nos traen a casa prácticamente todo lo demás, los consumidores nos estamos acostumbrando a la idea de que la alta tecnología puede contribuir en gran medida a que en una casa nos sintamos «como en casa».

En los próximos años, veremos como los microchips se trasladan del ordenador a otros aparatos modernos, desde la lavadora hasta la cámara de vídeo. Los siguientes son los productos actualmente disponibles o en fase de prototipo:

El mensa-microondas: El banco de microondas, de NCR, permite a los usuarios pagar facturas, obtener recibos de Internet y llevar una lista de la compra que se puede enviar automáticamente a uno de los servicios de alimentación *on-line.* Ah, y también cocina.

Frigoríficos amables: En la casa Microsoft del futuro, hay un frigorífico que no sólo mantiene frescos los alimentos sino que además puede anunciar mensajes familiares o una lista de la compra. El frigorífico informatizado también está conectado al supermercado local para que el consumidor pueda mantenerse al día de las ofertas de la semana. ICL y Electrolux se han asociado para producir el Screenfridge. Este frigorífico inteligente permitirá a los usuarios enviar y recibir correo electrónico, ver televisión y manejar la banca personal. Incluso podrá cargar la lista de la compra hacia un ordenador conectado al carro de compra en el supermercado.

Escáner doméstico: ¿Está usted cansado de hacer las listas de la compra a mano, o de memoria? Si es usted cliente de los supermercados Tesco, del Reino Unido, puede usar un escáner PalmPilot para reconocer los códigos de barras de los productos que tiene en casa, que a continuación se añadirán automáticamente a su lista de la compra por Internet.

Reparaciones a distancia: Bosch-Siemens de Alemania está trabajando en un lavavajillas cuyas averías pueden ser diagnosticadas a distancia por los técnicos.

El hogar como refugio

Como antídoto contra el estrés de la vida moderna, el hogar se ha convertido en un lugar para relajarse y reponer energía, un lugar donde se da más importancia al confort y a la serenidad que al aspecto y la presentación. Del mismo modo que las telas de tacto placentero vuelan de las estanterías del departamento de ropa, la gente compra muebles tapizados de cuero, de algodón y de sedas de tacto sensual. También empiezan a rechazar los muebles formales, de respaldo recto, y prefieren los de cojines mullidos en los que uno se puede sumergir.

En las nuevas viviendas, la tendencia es hacer habitaciones más espaciosas, y a aprovechar mejor el espacio. Jeremy Myerson, escribiendo para *The Times* (Londres), observó que «la reducción del espacio en el trabajo, especialmente la nueva disposición de las oficinas, que mete a presión a los empleados en atestadas disposiciones abiertas, hace que resulte más atractiva esa idea de oasis espacioso que nos espera en casa. A su vez, las generosas proporciones de tantos nuevos entornos públicos —los centros comerciales, la escala gigantesca de los nuevos restaurantes de diseño— hace que a la gente le resulte cada vez más insoportable vivir en casas formadas por una serie de habitaciones minúsculas». Myerson entrevistó al arquitecto David Adjaye, quien cree que la tendencia a la apertura «tiene que ver con la creación de un espacio abierto donde la gente pueda respirar e inspirarse».

A medida que las tendencias en el diseño de las casas se deciden por un plano más abierto —grandes espacios de estar y grandes cocinas en lugar de ambientes separados— los espacios privados, como el dormitorio y el baño, adquieren una importancia particular. «Mientras que la cocina es un lugar donde reunirse, una habitación social, la cama y el cuarto de baño son zonas de soledad, de escape —señala Irene Wilson, vicepresidenta de departamento y directora de moda de la empresa Spiegel, de venta por catálogo—. Son lugares para estar a solas, para hacer ejercicio, comer, ver la televisión, leer, hacer trabajo de oficina o simplemente disfrutar del tacto de la ropa de cama y de los productos de baño y mimarse con ellos.»

Hay una cosa de la que cada vez están más convencidos los consumidores: una casa que requiere mucho mantenimiento no es un refugio. Los consumidores quieren casas fáciles de limpiar, con una utilización eficaz del espacio. Los elementos funcionales como apagavelas, jarras, sujetalibros y mesas portabandejas han reemplazado a las fruslerías como piezas decorativas. Y los exteriores e interiores que no requieren mantenimiento gracias al uso de materiales que pueden durar años y requieren un cuidado mínimo se están popularizando cada vez más. También es fundamental poder almacenar en casa. Un almacenaje inteligente facilita la organización y permite a la gente tener provisiones y reducir el número de visitas a los centros de compras. Los jardines pequeños, que requieren mucho menos mantenimiento que los grandes parques, son los preferidos entre los profesionales jóvenes y ocupados, y entre los propietarios de más edad.

Tomarse la seguridad en serio: Por lo general, las «casas del futuro» se imaginaban hechas de cristal, con líneas nítidas y aspecto futurista, pero los arquitectos están desechando esa idea a favor de otra tendencia que se impone rápidamente: las casas con aspecto de fortaleza o de misiones españolas, con altos muros para ahuyentar a los delincuentes (y a los vecinos curiosos) y ventanas estrechas y largas que dejan entrar menos luz. Se dice que la preferencia por este tipo de arquitectura refleja los temores que tiene la gente a la falta de intimidad y de seguridad. Los sensores de movimiento, las alarmas y los pulsadores de pánico cobrarán cada vez más importancia, lo mismo que los armarios ocultos, los escondites blindados y las barricadas disimuladas. Los refugios en casa son ya una especie de moda. Las casas de Los Ángeles diseñadas por el arquitecto Hugh Newell Jacobsen, de Washington, D. C., por ejemplo, están pensadas para ser tan seguras como un refugio nuclear. Según él mismo dijo en un artículo muy difundido: «En cuanto se dispara una alarma... toda una familia puede introducirse en una habitación protegida por una puerta de acero, con su propio generador y agua corriente, y usar un número de teléfono que no figura en la guía para pedir socorro.» La obsesión cada vez mayor por la seguridad doméstica ha llevado a algunos a comparar las casas modernas con los refugios acorazados. Las comunidades cerradas, comunes en el Reino Unido y en Brasil, encontraron un mercado también en EE. UU. Muchas de estas propiedades multifamiliares valladas tienen sus propios guardias de seguridad.

La tendencia retro: Al igual que en la moda, el diseño y la decoración de la vivienda han dado un giro decididamente retro. Esto puede atribuirse en parte a nuestra búsqueda común de seguridad (que nos hace evocar la seguridad propia del pasado), pero es también un intento de recuperar el encanto y el refinamiento que tantos echamos en falta en nuestra época. Sea cual sea el motivo, hemos desarrollado una notable fascinación por todo lo antiguo. Desde los muebles hasta la construcción de edificios, estamos volviendo la vista atrás y escogiendo cosas de las épocas que nos resultan más deseables.

- *De aspecto victoriano:* En los últimos años, por todo Long Island (Nueva York) han aparecido los nuevos victorianos. Con sus aguilones, sus porches delanteros, sus guijarros decorativos y sus torretas cónicas, las nuevas casas victorianas son una copia exacta de los extravagantes originales de las postrimerías del siglo XIX. «A la gente le encanta la sensación de comunidad [que evoca lo victoriano] —dijo a *Newsday* Suzanne Costa, agente de Coach Realtors en Northport—. Lo victoriano ha conquistado el corazón de la gente, especialmente en esta era de la tecnología.»

- *En el porche:* Mientras tanto, el porche, ese símbolo de una forma de vida más relajada, se está convirtiendo otra vez en algo insustituible en muchas casas. Según el Real State Center de la Universidad A&M de Texas, el 53% de las nuevas viviendas norteamericanas tienen porche delantero. Desde los porches tradicionales, abiertos o acristalados, hasta los solariums internos, estos puentes hacia el exterior se consideran auténticas salas de estar al aire libre. También son una inversión inteligente: los propietarios pueden recuperar hasta el 70% del coste medio de 22 000 dólares que representa un porche a la hora de revender, según la revista *Money*.
- *Lugares acogedores:* Los bungalows también vuelven, brindando un medio decididamente acogedor, a caballo entre lo moderno y lo tradicional, el lugar perfecto donde mezclar y combinar estilos. Alabados por Gustav Stickley en 1909 como una casa reducida a su forma más simple, el bungalow invita a la expresión personal con su eclecticismo arquitectónico.
- *El encanto de lo polvoriento:* Lo andrajoso ya estuvo de moda en la década de 1970, cuando se pretendió convencer a la gente de que las casas a punto de derrumbarse y los muebles de segunda mano eran hermosos y no una maldición. La nueva versión de esta tendencia consiste en comprar reproducciones realistas: muebles de segunda mano a los que se da un aspecto antiguo y gastado, materiales cuidadosamente decolorados que parecen comidos por el sol. Cuanto más descuidados, tanto mejor. Min Hogg, jefa de redacción de *The World of Interiors,* dijo al *Independent on Sunday*: «Ahora el polvo tiene su sello, da a la gente un pasado que no ha tenido. Se salta una generación, de modo que mudarse a una casa antigua parece más apropiado y natural.»
- *Estilos de vida copiados:* ¿Está usted demasiado ocupado para

crearse un estilo personal? No es problema. En estos días, la tendencia es simplemente comprar el de otro. Sólo tiene que quitar el envoltorio de plástico, y todo lo que conforma un estilo de vida ya es suyo... En la inauguración de su tienda Grand Central Terminal de Nueva York, J. Peterman Co. presentó su colección «Recuerdos de Cole Porter». Entre las piezas que la componen había réplicas de las sillas con tela de cebra que había en el apartamento del músico en París, y del piano Steinway que tocaba en el Waldorf-Astoria. Y la Colección Ernest Hemingway de Thomasville Furniture refleja los lugares donde vivió el escritor, entre ellos Kenya, Key West y La Habana, y refleja su osadía y fuerza con grabados étnicos y muebles de caña y cuero. Hay incluso un escritorio para escribir de pie, precisamente lo que necesitan quienes tienen los mismos problemas de espalda que él.

El atractivo de lo pequeño

A medida que los antiguos lujos —microondas, lavavajillas y otras cosas similares— se convierten en «imprescindibles» los propietarios de viviendas instan a los fabricantes a transformar estos aparatos haciéndolos más convenientes y discretos. Para algunos, la respuesta está en los aparatos compactos, ya sea porque ocupan un espacio reducido o porque quieren otro para el dormitorio principal u otro ambiente de la casa, o simplemente porque no tienen familia y no necesitan aparatos tan grandes. Los siguientes son algunos de los aparatos de escala reducida que pueden encontrarse actualmente en el mercado:

- ¿Un refrigerador en el tocador? A medida que los dormitorios principales se hacen más grandes, cada vez es más común que los dueños de casa instalen *kitchenettes*, ya sea en el dormitorio propiamente dicho o en un vestíbulo adyacente. (El segundo frigorífico ya no es nada nuevo: el 18,1% de las unidades familiares de EE. UU. ya tienen uno, según el *San Diego Union-Tribune.*) Para que el aparato pase desapercibido entre el mobiliario, Sub-Zero ofrece actualmente una línea con un pequeño frigorífico o un frigorífico-congelador que puede instalarse sobre pedido dentro de un vestidor o un armario, o incluso en un cajón.

- Miele, el fabricante alemán de electrodomésticos, comercializa un lavavajillas de unos cuarenta y cinco centímetros al precio de 1 595 dólares. Este Slimline tiene cabida para nueve servicios y tiene las dos bandejas tradicionales, pero es más estrecho y elegante que el modelo medio, de 60 cm.
- El DishDrawer, de la firma neozelandesa Fisher & Paykel, consta de dos compartimentos de lavado independientes con bajo consumo de agua. Facilita la separación del cristal y la loza y es más adaptable que la mayoría de los lavavajillas grandes a las cargas pequeñas.
- El lavavajillas de sobremesa Mini-Maid, de Equator Corp., tiene un tamaño adecuado para embarcaciones, caravanas y pequeños apartamentos. Tiene capacidad para una fuente, ocho platos normales y ocho de ensalada, 48 cubiertos, ocho vasos y cuatro tazones de café.

Hacerlo uno mismo

La vida se acelera cada vez más. El tiempo de trabajo se confunde con el personal. Nuestros hijos están sobrecargados. Muchas veces nuestros días son una carrera frenética por atender a las exigencias de nuestras empresas, de nuestras familias y las nuestras propias. ¿Puede sorprender a alguien que miremos con nostalgia a épocas pasadas en las que la vida era más sencilla? ¿Las épocas en que «salir de la oficina» significaba dejar atrás el trabajo? ¿Cuando se pasaban las veladas con la familia en torno a una mesa, o en casa de amigos o vecinos?

En estos días, nos aferramos a la apaciguadora simplicidad de épocas anteriores amueblando nuestras casas con elementos de otro tiempo, haciendo punto de cruz o algún otro trabajo manual o saboreando la sensación de satisfacción que proporciona «hacer algo uno mismo». Aunque añadir algún proyecto doméstico a nuestra lista de «cosas que hacer» podría parecer una extraña manera de simplificar, muchos propietarios de casas renuevan su energía concentrándose en un proyecto sencillo que les dé una sensación de conexión con el pasado. Así, los fines de semana se convierten en una ocasión para empapelar el cuarto de los niños, instalar molduras o poner una nueva puerta de tela metálica. En el Reino Unido, casi la mitad de los propietarios hacen algún tipo de mejora todos los años, contribuyendo a alimentar un sector que genera 49 000 millones de dólares al año. En EE. UU., el mercado de mejoras domésticas representó 135 000 millones en 1999 y estaba previsto que creciera a 150 000 millones al finalizar el año 2000, según la National Association of the Remodelling Industry.

El bricolaje se ha popularizado tanto que ha dado lugar a toda una serie de libros, revistas y programas de televisión. Home & Garden Television (HGTV) tiene 41 millones de telespectadores tan sólo en EE. UU., y sus programas también se ven en Europa, Asia, Australia y Próximo Oriente. En el mercado latinoamericano, los abonados a la televisión vía satélite pueden sintonizar Casa Club TV, un canal dedicado a mejoras en la vivienda y a recetas de cocina. A diferencia de décadas anteriores, actualmente son las mujeres las que compran el 50% de los 30 200 millones que se gastan en ferretería y bricolaje, según un estudio de Ace Hardware (EE. UU.). Como resultado de ello, Ace cambió su lema de «Todo para los manitas» a «Todo para la gente manitas».

Aunque la aplicación práctica de las mejoras domésticas hechas por uno mismo es decididamente un campo en el que casi no interviene la tecnología, la fase de planificación ha entrado en la Era Digital. Hay toda una gama de paquetes informáticos que permite a la gente mañosa diseñar sus propias casas y jardines. Entre los títulos figuran *Diseño para la casa y la oficina en 3D*, *Planificador de habitaciones de realidad virtual en 3D* y *El arquitecto del jardín*. Los programas de diseño doméstico permiten tomar decisiones en pantalla sobre cualquier cosa, desde la ubicación de un mueble hasta el derribo de tabiques sin tener que pasar por un engorroso trabajo.

Las mejoras domésticas son también un tema popular en Internet, donde hay numerosos sitios que ofrecen de todo, desde consejos hasta planos de proyectos y venta de productos. Superbuild.com, por ejemplo, ofrece un espacio en el cual los visitantes pueden intercambiar ideas, obtener consejos útiles y acceder a vistas generales de más de cien proyectos. ¿Necesita pintar una habitación? Seleccione «Pintura de paredes o techos» y encontrará una lista de lo que necesita y esquemas paso a paso. El sitio HouseNet brinda a los visitantes una oportunidad de hacer cualquier cosa, desde investigar sobre un proyecto futuro hasta calcular y diseñar los planos, o conversar con otros aficionados en los foros de debate. El sitio presenta también un centro de ventas *on-line* en el cual se pueden adquirir productos para la casa y el jardín.

Grupos de tiendas como IKEA, John Lewis, Wickes y MFI utilizan un sistema de fotorrealismo llamado PlanIt, que puede servir para diseñar cocinas, dormitorios, cuartos de baño, salas de estar e invernaderos. En cuestión de minutos, PlanIt puede diseñar un habitación con los productos que se pueden conseguir en una tienda determinada. Los dibujos iniciales son de calidad borrador, lo que permite que el sistema trabaje con rapidez. PlanIt hace incluso el cálculo del coste de los muebles y saca un presupuesto pormenorizado. Una vez que el cliente está satisfecho con el precio y la imagen en borrador, el sistema reelabora la imagen usando el fotorrealismo.

Tendencias probables

Ruido saludable: La contaminación acústica es, sin duda, una fuente innegable de angustia en la actualidad. Lo opuesto a la «contaminación acústica» es el «ruido saludable», que se hace circular por el refugio de uno y que fomenta la felicidad, la salud y la productividad. Según *Science News,* un número cada vez mayor de «ecologistas acústicos» —personas de campos tan dispares como la ciencia, la historia, la geografía, la tecnología y las artes— está empezando a prestar atención a la forma de preservar, alentar y multiplicar los sonidos que le gustan a la gente. Los ecologistas acústicos estudian los efectos de la tecnología y la intervención humana en el entorno acústico mientras piensan maneras de fomentar la conciencia acústica y crear entornos sonoros equilibrados. ¿Está muy lejos la aplicación de esta ciencia al entorno doméstico?

La fusión cultural: Las mezclas étnicas están de moda. En el intento de crear un espacio auténticamente personal, los consumidores mezclarán elementos de África, Asia, América latina, Europa, cualquier sitio que les guste. Veremos en las casas reproducciones de antigua escultura china sobre muebles de diseño norteamericano, combinados con telas con motivos africanos.

Los manitas del jardín: Al aumentar la afición por la jardinería (más del 37% de los hogares de EE. UU. tienen actualmente al menos un jardinero que se precie), veremos aumentar los esfuerzos por reducir el tiempo y la energía necesarios para atender el jardín. Habrá productos mejorados y más opciones para hacer pedidos por Internet, así como un número cada vez mayor de parcelas en alquiler, de tamaño familiar, para cultivar flores u hortalizas en el medio urbano.

Jardines y huertos comunales: Desde África a Europa o Norteamérica, los jardines y huertos comunitarios tienen cada vez mayor aceptación, lo cual es un reflejo del doble deseo de conectar con otras personas por un lado y con la tierra por el otro. Algunos de los jardines y huertos tienen como objetivo potenciar el sentido de comunidad y de interacción social entre personas de las zonas circundantes. Otros fueron pensados para proporcionar el alimento que tanto necesitan los residentes más pobres. En el proyecto Common Ground de Orange County (California) los niños no sólo aprenden jardinería y horticultura, sino que además producen alimentos para el banco de alimentos del condado. El *L.A. Times* informa de que el proyecto —cuya finalidad original había sido fomentar la conciencia nutricional y reducir la violencia— ha tenido tanto éxito que el Departamento de Educación de California espera que se creen jardines y huertos en todas las escuelas del Estado.

Empezar de la nada: A algunos aficionados al bricolaje ya no les basta con hacer un arreglo rápido o dar un lavado de cara. Una de las tendencias más significativas en materia de vivienda es lo que en Gran Bretaña se denomina «autoconstruir». Entre 1996 y 1998, el número de casas «autoconstruidas» se duplicó, según *The Independent on Sunday.* Pero no esperen ver a un autoconstructor cavando los cimientos o clavando clavos. Un autoconstructor compra una parcela, encarga los planos, compra los materiales y luego contrata a profesionales para hacer el trabajo. También florece el mercado de casas prefabricadas. Las hay que vienen con estructuras tradicionales de madera, y también de cristal y acero. El cliente empieza por elegir uno de los planos disponibles, que a continuación puede adaptar a sus necesidades. En envíos escalonados, van llegando los componentes de la casa al lugar de la obra, listos para proceder a su montaje y acabado. Según *American HomeStyle & Gardening,* con un coste de 500 a 600 dólares por metro cuadrado, las casas prefabricadas pueden costar un 20% menos que una casa proyectada por un arquitecto específicamente para un cliente.

Comunidades virtuales: El ordenador y el módem permiten a la gente formar comunidades que atraviesan las fronteras geográficas, sociales, culturales y económicas. Para una evaluación de las posibilidades y limitaciones de las comunidades en línea, véase *The Virtual Community,* del gurú de Internet Howard Rheingold. El libro de Rheingold está disponible en www.well.com/user/hlr/vcbook/index.

Feng shui: En los últimos años, el antiguo arte chino del feng shui se ha popularizado en todo el mundo occidental. Desde Nueva York a Londres, los propietarios de casas y los directores de empresas están reconfigurando los espacios en un intento de potencial el *ch'i,* o fuerza vital. En los años venideros, veremos a un número creciente de promotores y constructores de viviendas construir residencias de acuerdo con estos principios.

Casas de marca: A medida que las marcas reconocidas cobran cada vez más valor, es previsible que asistamos a un auge de las «comunidades de marca». Harrods y Disney son dos de las empresas que encabezan este movimiento. ¿Tardará mucho en seguirles Richard Branson?

Servicios centralizados: Dando un paso que sin duda marcará una tendencia, la corporación inmobiliaria Coldwell Banker ha introducido un programa «conserjería» que pone a los compradores de viviendas en contacto con proveedores «aprobados» de servicios de mejoras domésticas. El servicio fue pensado para beneficiar a los propietarios que tienen muy poco tiempo para investigar y elegir proveedores por su cuenta. Según un estudio realizado por Beta Research Corporation, el 80% de las personas que compra una vivienda en EE. UU. hace reformas importantes durante el primer año de vida en ella.

Arquitectura fluida y cerámica inteligente: Prepárese para una nueva ola de materiales inteligentes, entre ellos las plaquetas de cerámica autolimpiantes, «metales que memorizan la forma» y pinturas camaleónicas que cambian de color según la ambientación interior.

CAPÍTULO XII

Deportes, ocio y entretenimiento

El ocio es un negocio importante, no sólo por el dinero que mueve sino también por la influencia sobre la forma en que concebimos la vida. Ha pasado de ser el coto privado de unos pocos afortunados a formar parte de las expectativas de cualquier consumidor moderno, lo mismo que las instalaciones sanitarias y las carreteras pavimentadas. Incluso ha dado lugar a una disciplina académica y a departamentos especializados en universidades de todo el mundo, especialmente en Norteamérica, Gran Bretaña y Australia.

A primera vista, puede parecer sorprendente que la industria del ocio no la hayan inventado las culturas latinas, tan amantes de los placeres y de la *dolce vita.* La propia palabra con que se lo designa en inglés, *leisure*, viene del latín y entró a través del francés. E, indudablemente, las siestas, las fiestas y las terrazas de los cafés son un invento de las culturas latinas. Pero mientras estas culturas han adoptado siempre un enfoque más ocioso de la vida, nuestro concepto moderno de ocio ha sido inventado en mayor o menor medida por sociedades postindustriales como la anglosajona. El tiempo de ocio es el *yang* del *yin* que es el tiempo de trabajo, y las industrias del ocio han surgido con especial pujanza en las culturas donde impera la llamada ética protestante del trabajo, que también suelen tener una mentalidad más empresarial.

«Los empresarios anglosajones han sido por lo general los primeros en ver las oportunidades de explotación comercial de las industrias del ocio», explica el doctor Greg Richards, profesor británico de la Research Unit on Leisure and Work de la Universidad de Tilburg, en Holanda. El doctor Richards y sus colegas académicos de todo el mundo pasan su jornada de trabajo estudiando este fenómeno emergente. Una cosa que están descubriendo el doctor Richards y otros es que las distinciones que antes se veían claras entre el trabajo y el tiempo libre ya no se sostienen. «Ya no basta con pensar en el ocio como el tiempo en que la gente está fuera de su trabajo —dice el doctor Richards—. Con todas las posibilidades de ocio disponibles, por no mencionar los compromisos familiares y sociales, montones de personas se sienten presionadas por las obligaciones incluso en su tiempo libre: "*Tendría* que ver esta película, leer ese libro, hacer más ejercicio..."»

A medida que los límites en la vida se vuelven cada vez más borrosos, es probable que las actividades y el tiempo de ocio se definan no sólo por lo que hacemos objetivamente, sino por cómo nos sentimos subjetivamente con respecto a lo que estamos haciendo.

El ocio en la era digital

Con tanto como se habla de la forma en que las nuevas tendencias y tecnologías están cambiando el mundo de la empresa, resulta fácil pasar por alto hasta qué punto han afectado a nuestra vida personal. Las nuevas tecnologías han alcanzado a casi todos los aspectos del ocio y el entretenimiento personal y lo están cambiando todo, desde nuestra forma de ver una película hasta el modo en que participamos en los deportes y el lugar que elegimos para ir de vacaciones.

El hecho de estar conectados a un sinfín de fuentes de contenido también ha modificado nuestras expectativas sobre el entretenimiento. Ya no nos satisfacen una cuantas fuentes de programación o información. En lugar de esperar a la transmisión del sábado de «Wide World of Sports», como hacíamos muchos de nosotros en la década de 1970, vemos el canal ESPN de televisión por cable los siete días de la semana o visitamos el sitio de Internet de nuestro deporte favorito. Hoy en día, vivimos para esa estimulación constante que representan «Supervivientes» o «Gran Hermano» y sudamos con los detalles —minuciosos, por cierto— de la vida en la pecera, ya que somos participantes y observadores al mismo tiempo. Con menos de eso nos ABURRIMOS. Hasta los niños pequeños, que en una época estaban perfectamente satisfechos con un muñeco de trapo, insisten ahora en tener compañeros de juego animados que se rían, lloren, bostecen e incluso hagan pis cuando a ellos les dé la gana. Supimos que el futuro había llegado cuando Lego lanzó sus Mindstorms, con sus ladrillos inteligentes que pueden programarse por ordenador para hacer cosas que hubieran sido inimaginables hace una década.

También nuestro consumo de películas cambió de forma espectacular. Los cinéfilos de más de 30 años recuerdan la época en que teníamos dos opciones: o ir a ver una película a nuestro cine local (por lo general una sala con una sola pantalla), o esperar un par de años para ver una versión modificada en la televisión. Hoy en día, podemos escoger entre ver una película en nuestros multicines locales o esperar unos cuantos meses para verla en la Visión por Pago, alquilarla en un videoclub, verla en uno de los canales por cable de primera línea, o comprarla en vídeo, en disco láser o en DVD. Los que no pueden esperar a que se pase en el cine una película determinada, también tienen la posibilidad de bajar clips de Internet antes del estreno. En muchos casos, podemos complementar nuestra experiencia en el cine comprando la banda sonora de la película, juguetes, ropa, libros y otros productos relacionados con ella, o jugando a un juego vinculado a la película en el ordenador o en la videoconsola.

Y está además la música, un sector que se defiende con uñas y dientes de las fuerzas del siglo XXI. El cambio de los LP por los CD estuvo bien (¿puede haber una manera mejor de vender a alguien el mismo álbum dos veces?), pero llegaron luego las fuerzas desbocadas del MP3 y el Napster. A pesar del aumento de las ventas de discos, los juicios por la propiedad intelectual se están convirtiendo en un lugar común en el sector de la música ahora que los discos compactos grabables permiten bajar música de Internet. Esto nos trae a la memoria los intentos de Hollywood de impedir la venta de aparatos de vídeo porque las películas grabadas de las emisiones de televisión podían perjudicar las ventas.

Lo cierto es que Internet, las emisiones vía satélite, la tecnología informática y de los videojuegos y otras facetas de nuestra era digital se están confabulando para cambiar la naturaleza misma de los deportes, del ocio y del entretenimiento. En lugar de seguir siendo testigos pasivos, se nos está invitando a entrar en un mundo interactivo. Y como cada vez se pone más alto el listón del entretenimiento participativo, el consumidor llegará a tener mayor control sobre el proceso de entretenimiento, desdibujando aún más la línea que separa al artista del público, al programador del receptor.

Presente y futuro

El gran negocio del deporte global

Hasta el deporte, que siempre fue una actividad de escasa tecnología, ha entrado en la era digital, tanto para los participantes como para los aficionados. También ha adquirido una dimensión mucho más global, ya que los aficionados pueden elegir a sus deportistas favoritos de cualquier lugar del mundo. Con sólo pulsar un ratón o un mando a distancia, se puede tener la experiencia del fútbol en Milán, del hockey en Toronto, del béisbol o del baloncesto en Nueva York, de un corrida de toros en Madrid o de un combate de sumo en Tokio. Y mayor audiencia significa mayor negocio, que es lo que mueve al deporte en el siglo XXI. Cualquiera que vaya a un gran estadio del mundo podrá ver que antes, durante y después del juego se hacen tratos comerciales. Las corporaciones compran localidades preferentes en los estadios para entretener a sus clientes reales o potenciales. Se regalan entradas para el campeonato para facilitar un negocio. En el Madison Square Garden de Nueva York no es raro ver a gentes de negocios dejarse caer en sus asientos, abrir sus carteras y sus ordenadores portátiles y no levantar la vista hasta el fin del espectáculo.

Hasta hace poco, el deporte profesional no había hecho

grandes fortunas en Europa, pero eso está cambiando. Ahora, los deportes importantes, y los consiguientes ingresos por publicidad, el patrocinio de los atletas y las oportunidades de marketing, están empezando a hacer su agosto desde Amsterdam hasta Zaragoza. En los últimos años han aparecido docenas de canales deportivos en la televisión digital y de acontecimientos de pago por visión, han crecido como la espuma las retribuciones de los jugadores y se ha producido un aumento ingente en las pujas por los derechos de emisión. Cuando en 1998 se jugó en Francia el Mundial de fútbol, los organizadores previeron 37 000 millones de espectadores para los 64 partidos, más del doble que en los Juegos Olímpicos de Atlanta.

En EE. UU., cada vez son menos los acontecimientos deportivos que no se vinculan a una corporación. Todos los equipos de fútbol universitarios llevan ahora el nombre de una corporación. En cambio, Ira recuerda que mientras estaba trabajando en un acuerdo de patrocinio en los primeros tiempos de la red de cable del Madison Square Garden, le fue totalmente imposible negociar la inclusión de publicidad en el marcador: los responsables del hockey y los directivos del Garden consideraron que aquello sería «demasiado comercial» para el deporte. Ahora, gracias a tecnologías del tipo de Princeton Video Imaging, el distintivo «virtual» del estadio interrumpe la transmisión en cualquier momento. Ahora el telespectador puede ver la publicidad en todas partes, desde las vallas hasta las marcaciones del centro del campo (fútbol), o el espacio que queda entre los postes de la portería (fútbol, rugby). Hasta los tiempos muertos de la televisión tienen patrocinadores en directo para el público presente en el campo. Todo lleva una marca y la hora de celebración de un partido se determina según las conveniencias de la televisión y no teniendo en cuenta lo más favorable para el deporte.

En todo el mundo, el deporte está dando pingües beneficios para todos, desde los diseñadores de moda hasta los fabricantes de software y de equipamiento deportivo. Puede que uno no sea capaz de igualar a un as como Michael Jordan, pero al menos puede usar sus zapatillas. Durante una década, Nike Inc. supo aprovechar con éxito el deseo del consumidor actual con su lema «Just do it» («Simplemente hazlo»), una campaña que ahora se está ampliando con un mensaje algo más suave, «I can» («Yo puedo»). Aunque la empresa con sede en Oregon logró figurar entre las diez mayores marcas del mundo, junto a otras de la categoría de Coca-Cola y McDonald's, los tiempos están cambiando y actualmente Adidas está poniendo en peligro la supremacía de Nike. Para ganar una cuota mayor del mercado global, el director ejecutivo de Nike, Philip Knight, se dispuso a lograr una presencia más intensa en el mayor deporte del mundo, el fútbol europeo. Entre los esfuerzos de Nike por desbancar a la alemana Adidas AG figura la adquisición por parte de Knight, por doscientos millones de dólares, del equipo nacional de Brasil. Más recientemente, la empresa lanzó una división de marketing de acontecimientos globales para presentar a sus atletas de todo el mundo. Pero el camino no se presenta fácil. Cuando Nike y Adidas competían por el patrocinio del All Blacks, la New Zealand Rugby Football Union escogió a Adidas, lo que da la pauta de la ventaja que las compañías de alcance global tendrán sobre sus competidoras de cultura más nacionalista en el futuro.

Reducción de distancias entre los sexos

Tanto dentro como fuera del campo de juego, las niñas y las mujeres aprovechan su tiempo libre llevando una vida más activa y practicando deportes, y los fabricantes y minoristas se pelean por conseguir su cuota de mercado.

Según el Grupo de Marketing de Deportes Femeninos, una de cada tres mujeres estadounidenses practica hoy en día algún tipo de deporte, mientras que esta proporción era de una de cada 27 en la década de 1970. Además, las mujeres compran más de la mitad de lo que se vende en muchas cadenas de tiendas deportivas, incluidas las compras para otros miembros de la familia y para otras personas. Según la Asociación de Fabricantes de Artículos Deportivos, las mujeres hacen el 73% de todas las compras en el mercado de artículos deportivos, que mueve 34 000 millones de dólares. Más aún, la investigación realizada por la National

Sporting Goods Association demuestra que las mujeres son las responsables del 53% de las compras por valor de 15 000 millones de dólares del sector del calzado deportivo.

Los fabricantes de artículos deportivos están respondiendo a este mercado emergente con un diseño de equipo especial para la mujer. Por ejemplo, la mujer tiene un centro de gravedad más bajo que el hombre, menos fuerza en la parte superior del cuerpo y en los brazos, manos y pies, que son más pequeños, y tiene unas pantorrillas que se extienden más hacia la parte baja de la pierna que las de los hombres. Spalding ha sacado una línea de guantes de *softball* con aberturas más estrechas para la mano y los dedos. La empresa fabrica también palos de golf más cortos que los normales y con empuñaduras más pequeñas, así como pelotas más pequeñas y ligeras para el mismo deporte. Rawling ha creado un casco para jugar al *softball* con un agujero para pasar por él una coleta. Louisville Slugger fabrica bates de béisbol más ligeros para las mujeres. El fabricante de rifles Browning ha sacado una escopeta de calibre 12 que pesa bastante menos que las versiones para hombre, y que tiene una culata que se adapta mejor a la figura y la mano de la mujer. Y Eddie Bauer, REI y otros venden sacos de dormir para mujer que son más cortos que los de los hombres.

También está en alza el interés de la mujer por los deportes que tradicionalmente estaban reservados a los hombres. Deportes que el que fuera presidente de EE. UU. y deportista apasionado, Teddy Roosevelt, definió en una ocasión como «auténticos deportes para la raza varonil: el béisbol, el *jogging*, el remo, el fútbol, el boxeo, la lucha, el tiro, la equitación y la escalada» atraen de repente a gran número de mujeres. El rugby, el mayor de los deportes de contacto total, es uno de los elegidos por las mujeres en los clubes de EE. UU. y Canadá. Se calcula que 46 000 mujeres juegan al rugby en Canadá, lo que lo convierte en el de mayor crecimiento entre las mujeres del país. Nada tiene de sorprendente que las mujeres citen las mismas razones que los hombres para disfrutar de los deportes de contacto: alivio del estrés, descarga de adrenalina y las ventajas sociales de pertenecer a un equipo.

El aumento de la participación de las mujeres en los deportes organizados ha creado un público para las competiciones profesionales femeninas que antes no existía. Tan sólo en EE. UU., entre las nuevas ligas profesionales figuran la Women's United Soccer Association, la Professional Volleyball League, la Women's Professional Fast Pitch League, y la excelente liga de baloncesto WNBA. Esta liga, que ya está entrando en su cuarto año, ha crecido al ritmo de dos franquicias por año, pasando de las ocho que tenía originalmente a las dieciséis. Entre sus patrocinadores figuran desde Coca-Cola hasta la campaña contra el cáncer de mama. En 2000, la WNBA generó cobertura por transmisiones en 158 países y 23 idiomas. También tiene una liga afiliada en Europa, con equipos en Francia, España, Italia y Alemania.

Simplemente póntelo

Al convertirse el ocio en una prioridad, lo mismo pasa con todo el equipo necesario para practicarlo. Y del mismo modo que aquellos que no dejan el asfalto ni por casualidad cambian sus coches pequeños por todoterrenos, los que no salen de delante del televisor tiran el dinero en prendas deportivas hechas de telas como el Polartec y el Gore-Tex. En Australia, hay un enorme mercado para las prendas de aventura, y las tiendas hacen su agosto con artículos como las botas de montaña, las mochilas e incluso la ropa interior impermeable. La cadena minorista Kathmandu duplicó sus ventas en 1999; ahora tiene diecinueve tiendas en toda Australia y Nueva Zelanda.

Esperando sacar tajada del creciente mercado de la ropa para deporte y aventura se encuentran marcas de tanto renombre como Polo Sport, de Ralph Lauren, Tommy Hilfiger y Donna Karan, cada una de las cuales ha diseñado un línea de zapatos deportivos. Los especialistas de marketing de este nicho también están de enhorabuena, entre ellos las tiendas de venta por correo Soccer Madness y Title 9 Sports, cuyo catálogo se especializa en ropa deportiva para mujer. Además, los catálogos de artículos deportivos ofrecen cosas tales como seminarios y viajes de aventura patrocinados por una marca. L. L. Bean, por ejemplo, ofrece Escuelas de Descubrimiento al Aire Libre, con esquí y excursiones en canoa y en kayak orientadas a familias. Eddie Bauer ofrece viajes guiados a lugares exóticos de todo el mundo.

Limitar el riesgo de la promoción

En las últimas décadas hemos visto a los atletas convertirse en el centro de muchas campañas de promoción de los productos. Ahora eso está cambiando, ya que cada vez son menos las empresas dispuestas a vincular su imagen —y sus beneficios— a alguien que puede acabar teniendo unos antecedentes penales más impresionantes que su talla deportiva. Las empresas optan, cada vez más, por patrocinar acontecimientos, equipos, e incluso deportes enteros, en lugar de individuos. Además de ayudarles a controlar mejor el riesgo, este enfoque permite a los especialistas en marketing dirigirse a un espectro más amplio de consumidores, muchos de los cuales tal vez no aprobasen la elección de un jugador en particular. La notable excepción a esta regla son los atletas retirados. Símbolos del deporte como Michael Jordan, Wayne Gretzky y John Elway son las apuestas de menos riesgo dentro del patrocinio individual. Y un ejemplo aún mejor es el ex boxeador George Foreman, que consiguió transformar su imagen de luchador mezquino y airado en la de un padre entrañable y cariñoso y portavoz de una serie de productos de Salton. Ahí está, si no, el éxito del *grill* de Foreman que elimina las grasas y ayuda a conservar la figura y el hecho de que el atleta retirado fuese capaz de vender su nombre a la empresa por 137,8 millones de dólares.

Fuera de EE. UU., los atletas están considerados como dioses y, por lo tanto, tienen más valor para el patrocinio. Tienen más probabilidades que los atletas norteamericanos de atraer a los aficionados por sus proezas atléticas o por sus buenas obras, al revés que los antiguos deportistas que destacaban como tipos malos. Por este motivo, es probable que veamos más acuerdos de patrocinios del tipo del establecido entre SportsYA!, el principal portal en español y portugués, y dos de las figuras deportivas más destacadas de Brasil: el campeón mundial de Fórmula Uno Emerson Fittipaldi y esa leyenda del fútbol que es Zico. Ambos actúan como asesores dando contenido editorial y manteniendo foros de debate en directo, y serán incluidos en anuncios, promociones e iniciativas de marketing de acontecimientos.

Hasta extremos aún mayores

La década de 1990 fue testigo del auge de los «deportes extremos» (denominación que odian los que participan en ellos), una tendencia a la que algunos pronosticaban un corta vida. Por el contrario, la búsqueda de la descarga de adrenalina sigue cautivando a la juventud de todo el mundo —y a los maduros representantes de la generación del *baby boom*—, aunque los deportes han tenido que reinventarse para mantener su lozanía y atractivo. En cuanto una actividad queda superada, los entusiastas buscan otra cosa todavía más extrema. He aquí, por gentileza de Maxim, un panorama de una emergente serie de actividades para poner los pelos de punta que deberían bastar para mantener temporalmente saciados a los buscadores de emoción:

Bicicleta de montaña invernal cuesta abajo: Por lo general, los aficionados a la bicicleta de montaña se lanzaban ladera abajo en el verano, cuando no había nieve. Con bicicletas especialmente diseñadas para pistas de esquí o de motos para nieve, los ciclistas ya no tendrán que esperar al deshielo primaveral.

Boarding de aguas bravas: Imagínense dominando la corriente de un río torrentoso sobre un trozo de plástico de apenas un metro y medio de largo, medio metro de ancho y diez centímetros de espesor. La tabla en sí misma está construida para soportar grandes choques, pero el deporte implica tanto contacto que los participantes llevan casco, rodilleras acolchadas, guantes de protección y chaleco salvavidas.

Boarding de montaña: Un grupo de surfistas australianos soñaba con practicar su deporte en tierra. Para ello inventaron un patinete gigante con estructura de metal. La tabla se eleva aproximadamente a quince centímetros del suelo gracias a unos neumáticos todo terreno que permiten rodar por encima de casi todo.

Boarding sobre hielo: Imagínense a un practicante de windsurf sobre un lago helado con dos hojas largas, delgadas y cortantes fijadas debajo de la tabla. La tabla tiene la capacidad de giro de un patinete y puede alcanzar una velocidad de 90 kilómetros por hora.

El atleta del milenio: Más veloz, Más alto, más fuerte

De seguir los avances en el terreno de la tecnología, la ciencia y la medicina, el atleta del siglo XXI competirá con un cuerpo y un equipamiento nunca vistos. Los nuevos equipos de alta tecnología y la mejor forma física lo han cambiado todo. En el salto con pértiga, por ejemplo, la marca mundial sólo avanzó en cinco centímetros entre 1942 y 1960, girando en torno a los 5,30 m. Pero el reemplazo de las pértigas rígidas por otras hechas de compuestos de aluminio, fibra de vidrio y grafito en 1963, permitió que la marca aumentase en 60 cm en tres años, y ahora está cerca de los siete metros. Cualquier ventaja, por pequeña que sea, ayuda: los trajes de baño enteros diseñados para ayudar a los nadadores a desplazarse por el agua de forma más eficiente fueron autorizados para los Juegos Olímpicos de Sydney, no sin cierta controversia. Adidas, Nike, Speedo y TYR se cuentan entre los fabricantes de equipos de natación que más invierten en investigación y desarrollo para mejorar las telas y los diseños y permitir así un mayor rendimiento. Según un informe de *Los Angeles Times,* los fabricantes de trajes de baño esperan que la tendencia hacia los bañadores enteros se transmita de los círculos competitivos a la moda normal, y que la indumentaria con aplicación de la misma tecnología se imponga también en otros deportes como la caída libre, el surfing y el triatlón.

Además de mejorar el equipo y la indumentaria deportiva, los investigadores del deporte también están trazando el mapa de los límites del cuerpo humano en un intento por determinar hasta dónde es posible seguir avanzando. En el Olympic Trainning Center de EE. UU., el equipo de natación es el que más se aprovecha de estos esfuerzos: los nadadores son remolcados por la piscina para poder determinar en qué lugar de su cuerpo es más fuerte la resistencia al avance y modificar en consecuencia su técnica para reducir dicha resistencia. El fondo y los lados transparentes del Flume —un tapiz rodante acuático que bombea 270 000 litros de agua a través de una piscina de diseño especial— hacen posible que las cámaras registren cada brazada de un nadador. A continuación, los datos se introducen en un ordenador que calcula la fuerza hidráulica y presenta la figura del nadador con vectores que representan la elevación y el arrastre. Una ventaja adicional: el Flume está alojado en una cámara hiperbárica que permite a los nadadores entrenarse en cualquier «altitud».

Y no vayan a pensar que se deja de lado el aspecto mental del atletismo. La zona. La corriente. La armonía. El momento Zen. Nada que pueda considerarse confluencia óptima entre mente y materia se deja al azar entre los atletas. Actualmente, en países de todo el mundo, casi todos los deportes cuentan con psicólogos que ayudan a los atletas a integrar el enfoque mental y la capacidad física. Las técnicas de visualización y autohipnosis, incluso las cintas de competiciones simuladas con las voces de los anunciadores olímpicos, todo contribuye a poner a punto el vínculo mente-cuerpo.

Las grandes apuestas hacen estragos en todo el mundo

Para un número creciente de gente, la emoción de la competición no está en participar sino en apostar sobre su resultado. En todo el mundo, las apuestas gozan de una popularidad nunca vista, no sólo como forma de entretenimiento sino también como vía alternativa al duro trabajo por obtener el éxito financiero. Según datos del gobierno, el juego es una actividad de ocio de las más populares en España, donde se jugaron más de 3 100 millones de pesetas en 1996 (último año del que se tienen cifras). Tiran de esta tendencia numerosos fenómenos sociales, entre ellos nuestra creciente demanda de gratificación inmediata y de búsqueda de emoción. Esta última se ha descrito como una reacción a los temores de la gente y a las incertidumbres sobre la vida en el tercer milenio.

En 48 de los cincuenta estados de EE. UU., hay alguna forma de apuesta legal, regulada. Entre las opciones figuran las loterías del Estado, los juegos de rascar y ganar, los casinos, las carreras de caballos y de perros, las terminales de vídeo, etc. Los norteamericanos gastan más de 550 000 millones de dólares al año en el juego, una cifra que, según la revista *Mother Jones*, supera los ingresos de los cines, los terrenos deportivos, los parques temáticos, los cruceros en barco y los discos... todo junto. *Annals of the American Academy of Political & Social Science* (marzo 1998) identifica el juego como uno de los sectores de más rápido crecimiento de la economía, responsable de aproximadamente el 10% del gasto en actividades de ocio.

Este florecimiento del juego hace que muchos sectores piensen en la posibilidad de forrarse con la tendencia. Por ejemplo, las líneas aéreas están aprovechando el hecho de que sus pasajeros llevan dinero en el bolsillo y además tienen necesidad de matar el tiempo, tanto en el aeropuerto como durante los vuelos. Veamos dos ejemplos: Singapore Airlines utiliza un sistema de vídeo interactivo para permitir que los pasajeros jueguen durante el vuelo. Según la empresa, las apuestas son pequeñas ya que lo que se pretende es entretener a los pasajeros, no hacer que ganen o pierdan grandes sumas de dinero. El aeropuerto Schipol, de Amsterdam, atrae a los pasajeros hacia su casino, que tiene 75 máquinas tragaperras, una ruleta y juegos de cartas.

Los jugadores también acuden en tropel a Internet, alentando las expectativas de que el juego en Internet —llamado *nambling* o Interapuestas— llegue a ser un sector capaz de mover 10 000 millones de dólares. Ya están en funcionamiento cientos de sitios en la red relacionados con el juego, que van desde los casinos virtuales hasta revistas y foros de discusión. Algunos sitios en la red permiten apostar dinero en juegos de azar, como el blackjack y la ruleta, y también hacer apuestas sobre acontecimientos deportivos. Por lo general, se establece una línea electrónica de crédito antes de hacer las apuestas. A los ganadores se les paga por cheque o mediante transferencia a las cuentas de sus tarjetas de crédito; las pérdidas se reflejan en los estados mensuales de las tarjetas de crédito.

Tendencias probables

Para mucha gente, el futuro más probable es un tratamiento para su adicción. Según el Council on Compulsive Gambling, el 5% de los jugadores se vuelven compulsivos y el 90% recurren a actividades delictivas para financiar su hábito. Casi el 80% de los jugadores compulsivos piensan en la posibilidad de suicidarse, y el 14% lo intentan.

El entretenimiento en venta

Hoy en día, el entretenimiento no se limita a los estadios deportivos, a las pantallas de televisión o al cine. Las tiendas se presentan como un competidor clave, ya que las empresas hacen lo que haga falta para que la gente entre una y otra vez y se gaste su dinero. Lo que se pretende es hacer que los consumidores tengan la sensación de estar aprovechando al máximo su precioso tiempo libre.

Centros de entretenimiento para toda la familia: La gente se ha aficionado tanto a eso de hacer toda la compra en un sólo lugar, que ahora también pide lo mismo por lo que respecta al entretenimiento. Quiere tener muchas opciones —«diversión para toda la familia»— bajo un mismo techo. Para satisfacer esta demanda, aparecen como hongos los centros de entretenimiento, como las galerías de alta tecnología GameWorks, una empresa conjunta del estudio DreamWorks de Steven Spielberg, Universal Studios y Sega. El complejo original, de 3 000 m^2, en Seattle, se compone de una serie de galerías de videojuegos, experiencias de realidad virtual, ordenadores conectados a Internet y escenarios para actuaciones rodeados de paseos y restaurantes situados en entresuelos. Está prevista la construcción de más de cien GameWorks en todo el mundo de aquí al 2002; todos ellos conectados a través de Internet para que los jugadores puedan competir con otros de todo el mundo.

Mientras tanto, el rival de DreamWorks, Walt Disney Company, está abriendo una serie de centros Club Disney. Estos centros, dirigidos a las familias con niños pequeños, tienen ordenadores multimedia con acceso a Internet, una zona de recreo, un laberinto, un estudio cinematográfico, un centro de artes plásticas, restaurantes, tiendas y salas para celebrar fiestas de cumpleaños. En San Francisco, Sony ha creado un centro de recreo que tiene quince salas de cine, un cine con 3-D Sony Imax, restaurantes, actuaciones musicales en directo, tiendas temáticas de Sony y Discovery Channel, y galerías interactivas y zonas de juego diseñadas por el autor de temas infantiles Maurice Sendak.

Decidida a no quedarse atrás, Heron International ha abierto Ciudades Heron en Barcelona y Madrid. El Can Dragó de Heron en Barcelona tiene un hotel de dieciséis plantas, tiendas, gimnasio, bares, restaurantes y dieciséis salas de cine. También está introducida en este mercado Castle City Properties, una subsidiaria de la empresa Castle City Estates del Reino Unido. Castle City está construyendo un centro mixto comercial y de ocio y espera recaudar unos cuarenta millones de libras (68 millones de dólares).

En países como España, conseguir que la gente repita la experiencia puede depender del éxito de las salas de cine. España tiene la mayor asistencia al cine per cápita de los cinco territorios más extensos de la UE. El 35% de la población acude al cine por lo menos una vez por mes, y la industria cinematográfica española está viviendo su propio resurgimiento. En 1998, España produjo 96 películas, cuando en 1994 sólo se habían hecho 44.

Comer como entretenimiento: La comida se encuentra sometida actualmente a muchas presiones. Además de proporcionar sustento, tiene que ser sabrosa, rápida y DIVERTIDA. Los programas televisivos de cocina han pasado de ser puramente instructivos a ser un 90% de personalidad/espectáculo, y un 10% de comida. Pensemos en el programa «Iron Chef» de Japón, que ha cautivado al público de EE. UU. y otros países con sus duelos de chefs y su espectacularidad.

Y ahora que los niños están tomando sus propias decisiones sobre la compra de comida (Datamonitor estima que los niños influyen sobre el 60% del total de compras de alimentos en categorías clave como los dulces de chocolate), la exigencia del valor lúdico se ha disparado. Después de todo, tiene que competir con los videojuegos, Napster y Pokemon. Las empresas de alimentación responden con ofertas más divertidas, ya sea en la elaboración de los alimentos o envasándolos de forma atractiva para los niños. El queso viene ahora en «bolsas de malla», el yogur se vende mezclado con copos de cereales y con trozos de fruta, y las fresas frescas se acompañan con salsa de chocolate. Y los pobres padres, mientras, tratan de infundirles un mínimo sentido de la alimentación sana...

Las nuevas mecas de la música

En las últimas décadas del siglo XX, la música angloamericana tuvo un impacto tremendo sobre la cultura juvenil de todo el mundo. En estos días, sin embargo, esta influencia se está debilitando a medida que los jóvenes de Asia, Europa continental y otras partes empiezan a desempeñar un papel más activo en la escena musical global. Aunque EE. UU. sea responsable de más de una cuarta parte de las ventas de música del mundo, sus días de predominio parecen contados. También el sector musical de Gran Bretaña está perdiendo influencia. En 1985, los artistas de EE. UU. y el Reino Unido representaban el 65% de las ventas musicales de Europa; en 1995 ese porcentaje había caído al 45%.

En adelante, los centros de influencia de la música no se limitarán a uno o dos mercados, sino que se dispersarán por todo el planeta, incluidas Asia, América latina, África y Europa oriental. Asistiremos también a un auge de la música del mundo, con elementos como el Folk Scat de Bulgária, el Yungchen Lhamo del Tibet y el Hukwe Zawose de Tanzania. Gracias a la tecnología y a la economía global, la fecundación intercultural continúa.

En la actualidad, América latina ha empezado a ocupar un lugar central en la escena musical global, gracias en gran parte al éxito internacional de *Buena Vista Social Club.* Asistimos también a un aumento de la fusión de sonidos: Bloque, un grupo de Colombia, por ejemplo, combina el rock con los ritmos nativos de la India y de África. La influencia actual del *rap* y el *hip-hop* es poderosa, pero cada vez la oiremos más amoldada a otras culturas y «rapeada» o cantada en otros idiomas además del inglés.

Las grandes escapadas. Nueva definición de las vacaciones

A pesar de lo encantados que estamos con nuestras múltiples y nuevas posibilidades de ocio, no podemos pasar por alto que nuestro tiempo libre, en general, es cada vez más limitado. Mientras asistimos a una reunión aparentemente interminable, o esperamos que una cajera adolescente termine de charlar con sus amigas, o recogiendo la comida preparada para la cena, la mayor parte de nosotros siente el anhelo de algo diferente. Podemos echarle la culpa a cualquier cosa que se nos ocurra, lo más probable es que tengamos razón. Esta insatisfacción tiene sus raíces en todo, desde el desequilibrio entre vida y trabajo hasta la sobrecarga de información. La mayor parte de nosotros no tenemos la opción de escapar de ellos haciendo un gran viaje por Europa, alquilando una mansión junto a un lago durante unos meses, o dejando nuestros trabajos y empezando de cero en un nuevo escenario. En lugar de eso, nos conformamos con dosis pequeñas, con breves respiros para alejarnos de las tensiones de la vida diaria, que nos permiten recuperar las fuerzas y empezar de nuevo. Aunque estas escapadas a menudo no pasan del entretenimiento tradicional —una película absorbente o una excursión— también incorporan una nueva especie de búsqueda basada en la relajación y el rejuvenecimiento.

Viajes virtuales: Cualquiera que esté enchufado a las nuevas tecnologías sabe lo duro que puede resultar desengancharse. En una trampa interesante, los trabajadores recurren a esa misma tecnología para dejar atrás las rutinas del trabajo aunque sólo sea por diez minutos y se toman unas vacaciones virtuales de limpieza mental. Un itinerario por Internet ofrece las ventajas de un viaje a Europa sin los inconvenientes del desfase horario. Desde el alboroto del Oktoberfest de Munich (www.oktoberfest-guides.-com) hasta la aventura de un safari por África (www.safaris.com/baobab), los límites del viaje están determinados sólo por la velocidad del módem de que se disponga.

Combinar negocio y placer: Los viajantes de negocios frustrados por el tiempo que pasan en la carretera empiezan a escaparse combinando las vacaciones familiares con sus itinerarios comerciales. Como cada vez son más las empresas que pagan el viaje del cónyuge, los padres tienen la posibilidad de aprovechar al máximo el tiempo en familia reduciendo al mínimo los gastos. Hoy en día, más de 43 millones (más del 15%) de todos los viajes de negocios incluyen a un hijo, un aumento del 63% respecto de 1990, según la Travel Industry Association of America (TIAA). Para atraer a este sector del mercado, un 18% de los 12 000 socios de la American Hotel and Model Association ofrecen ahora programas para niños. Camp Hyatt (asociado a la cadena de hoteles Hyatt), por ejemplo, ofrece toda una gama de actividades especiales para niños, incluidas ofertas educacionales tales como clases de idiomas y recorridos por la naturaleza.

Viajes rápidos: Todos los que lo tenemos complicado para tomarnos aunque sea un fin de semana largo, nos dedicamos a hacer breves escapadas a hoteles y balnearios locales. La TIAA informa de que el número de escapadas de fines de semana ha aumentado en un 70% en la última década y los viajes de uno a cinco días representan actualmente casi la mitad de todos los que se hacen en EE. UU. Para aprovechar esta tendencia, el Club Mediterranée de Francia ha modernizado su oferta centrándose en los miniclubs, versiones urbanas de sus pueblos de vacaciones que uno puede visitar por un día o incluso unas cuantas horas. Los miniclubs tienen *bistrots*, cafés, productos de marca propia y zonas de actividades en las que los clientes pueden escalar rocas o hacer buceo.

Fines de semana para mujeres: Haciendo un guiño al aumento del poder adquisitivo de las mujeres solteras, el sector de viajes está diseñando productos y servicios para ellas. El Sheraton Grande Tokyo Bay Hotel, por ejemplo, ofrece paquetes especiales para mujeres solas que quieren escaparse un fin de semana a un entorno reconfortante, con toda una serie de amenidades pensadas para mimarse. Por unos doscientos dólares por persona, la popular «Noche de Cenicienta» del Sheraton incluye un estancia en una habitación de lujo, una sesión de aromaterapia, servicio de habitaciones para el desayuno y el libre uso de las instalaciones del hotel, entre ellas la piscina y el gimnasio.

Quédate en casa a ver las vistas: La ola futura en viajes puede ser el «turismo en casa». La gente empieza a descubrir los tesoros y placeres ocultos en sus propios patios, estén donde estén. En Francia, por ejemplo, el entusiasmo de los turistas norteamericanos ha animado a los nativos del país a explorar o redescubrir los alrededores de su pueblo. Algunos australianos están siguiendo la misma pauta. Jacqueline Huie, profesora adjunta de la Universidad de Queensland, en Brisbane, señala que hay una avalancha de guías orientadas hacia los residentes de la ciudad más que a los visitantes. Huie declaró a *Christian Science Monitor* que estos exploradores urbanos piensan: «¡Qué gran ciudad ésta en que vivimos! ¿Por qué no le echamos un vistazo?»

Acampadas de lujo: Los trabajadores quemados que buscan escapar de la carrera infernal se refugian en la naturaleza. Pero para mucha gente, las acampadas ya no tienen nada que ver con «pasar incomodidades». En vez de eso, los campistas acuden a «campamentos de lujo», donde la gente con posibilidades económicas puede montar a caballo, salir de excursión, ir en bicicleta o simplemente «empaparse» de naturaleza, y todo eso sin renunciar a las comidas de gourmet y al masaje diario al final de la jornada.

Uno de esos campamentos de lujo es Costanoa, en la costa de California, donde la oferta comprende «bungalows-tienda» totalmente equipados con porches delanteros, chimeneas, sistemas estéreo Bose y dos líneas telefónicas superrápidas en cada habitación. A la hora de la comida, los huéspedes pueden acudir a la tienda del campamento, donde hay platos de gourmet y delicatessen y que ofrece una amplia variedad de platos y postres.

Gustos lujosos: Los artículos de lujo también son una forma de permitirse una «miniescapada», y que los consumidores se obsequien con gustos relativamente baratos de una época menos febril: puros, chocolates finos, martinis, relojes de bolsillo, la moda de la década de 1940... Todo forma parte de un intento de atrasar el reloj para evocar una época en la que los ordenadores, los teléfonos móviles y los Palm Pilots no tenían cabida en nuestras vidas.

Tendencias probables

¿Recetas culturales?: Investigadores de Suecia han llegado a la conclusión de que la actividad cultural puede sumar años a nuestra vida. Según informe de *Forbes FYI*, un equipo supervisado por Lars Olov Bygren entrevistó a más de 12 000 personas con preguntas sobre su estilo de vida en 1982, 1983 y 1991 y descubrió que los que asistían regularmente al cine, a conciertos, al teatro y a otros acontecimientos artísticos —o siguen la trayectoria de sus equipos deportivos locales— tenían la mitad de probabilidades de contarse entre los 850 sujetos aproximadamente que murieron durante el tiempo que duró el estudio. Esas actividades, supone Bygren, influyen más sobre la longevidad que la educación, los ingresos, la actividad física o el tabaco, porque provocan emociones poderosas que estimulan el sistema inmunológico. En la medida en que aumente el número de médicos que aceptan los métodos alternativos de curación, es previsible que consejos como «vaya a dos representaciones de ópera/partidos de fútbol/teatro y llámeme por la mañana» lleguen a formar parte de las prescripciones estándar.

El deporte virtual: Los sitios de Internet con contenidos deportivos seguirán proliferando y prosperando. Según un informe aparecido en *Screen Digest*, el gasto de publicidad en los sitios de deportes *on-line* alcanzará los 6 270 millones en 2005, desde los 612 millones en 1999. La venta de artículos deportivos está previsto que ascienda a 5 800 millones de dólares y se espera que la venta de entradas llegue a los 2 900 millones en 2005.

La red de mujeres fans: La convergencia será el resultado natural del aumento de la participación de la mujer en el deporte y de su mayor número de conexiones a Internet. Según una encuesta de NPD OnLine Research, el 36% de las mujeres que entran en la red lo hacen en páginas de deportes para conocer las últimas noticias. De ellas, el 23% dice que Internet es su fuente primaria de información sobre deportes.

Functional Fitness: Los gimnasios de todo el mundo están peinando canas. Los hombres y mujeres de más de 55 años representan el segmento de mayor crecimiento en el sector de los gimnasios, habiendo registrado un aumento del 118% entre 1987 y 1997. Programas de «gimnasia funcional» especialmente diseñados procuran ayudar a los ancianos a mantener su independencia centrándose en fomentar la fuerza y la agilidad para atender a las necesidades cotidianas, como abrir frascos y subir y bajar los bordillos altos. Respondiendo a las necesidades de este mercado, el operador japonés del club deportivo XAX ha añadido lecciones de *hula* como actividad adecuada para las personas mayores, construyó rampas para facilitar el acceso dentro de los gimnasios y prevé descuentos en las cuotas en algunos de sus locales.

Consumo ilusorio: Ahora que lo más normal es que la gente tenga los armarios a rebosar y que su estómago adopte la curva de la felicidad, puede que haya llegado el momento del marketing del «menos es más»: el consumo ilusorio. Según una noticia de Associated Press, en Tel Aviv se está aplicando experimentalmente la idea de la «cena conceptual». El Café Ke'ilu (que puede traducirse libremente del hebreo como «Café Ilusorio») sirve comida sin grasa, sin azúcar, sin colesterol, sin sustancia. Sí, sin sustancia, como el aire puro. El café, propiedad del afamado chef suizo Philippe Kaufman, cobra entre 3 y 6 dólares por pedidos ilusorios de *mousse* de anguila, ensalada de granada (en temporada), sesos de carnero en salsa de lima-limón. Lo que se hace no es comer, sino celebrar el ritual de comer. Si el café tiene éxito, abrirá una franquicia en Nueva York.

Deportes mentales: Puesto que el «conocimiento» se ha impuesto como *la* mercancía por excelencia del siglo XXI lo más probable es que el éxito se mida por la proeza intelectual y no por la proeza física. O sea que las flexiones de la materia gris pasarán a formar parte de cualquier programa de ejercicio holístico. Y los «deportes mentales», como el ajedrez y el bridge, seguirán creciendo en popularidad.

Los seres virtuales: Parece ser que una regla empírica de la revolución digital es que si algo parece real y se comporta como si lo fuera, se puede decir que es real. Como mínimo, es entretenimiento. Desde el juego de citas virtuales de Sony, Tokio Memorial (sobre el que se han lanzado medio millón de adolescentes japoneses), hasta la heroína de culto Lara Croft, que es un producto de ordenador (del videojuego Tomb Raider y representada en el cine por la oscarizada Angelina Jolie) hasta las ventas del álbum del personaje virtual Kyoko Date, el universo paralelo del ciberespacio está creando sus propias formas de vida.

Camino del sur: Hoy en día, los confines de la tierra son el único lugar donde los ricos y famosos pueden evadirse de todo. Esa realidad, sin duda, ha contribuido a la fama de ese territorio salvaje y remoto que es la Patagonia, una región con muchos kilómetros cuadrados de lagos, bosques y montañas que abarca el sur de Argentina y Chile. Para los fanáticos de los forajidos, la Patagonia podría evocar al lugar donde Butch Cassidy y Sundance Kid trataron de huir del largo brazo de la ley. Ahora, personajes famosos como George Soros, Sylvester Stallone, Ted Turner y los hermanos Benetton están comprando enormes extensiones de tierra con la esperanza de escapar a las ubicuas lentes de los paparazzi. Casi una sexta parte de la Patagonia es propiedad de apenas 350 extranjeros.

Deportes para ver: Los analistas predicen que los deportes más populares entre los chicos de EE. UU. en el año 2006 serán el baloncesto (incluido el femenino), el hockey sobre hielo, el patinaje artístico y el golf.

Ejercicio sobre la marcha: Como el tiempo libre será cada vez más escaso, pasará a integrarse el ejercicio en nuestra vida cotidiana. Será normal encontrar miniclubs de ejercicio en las lavanderías, los aeropuertos y los centros comerciales, y nos concentraremos en tablas de gimnasia más cortas en vez de las largas excursiones al gimnasio que eran norma en el pasado.

TERCERA PARTE

El futuro de los negocios

CAPÍTULO XIII

El futuro del trabajo

A medida que vamos entrando en una era de mercados globales, producción automatizada y virtualidad, no sólo asistimos a cambios en el lugar de trabajo sino también en el trabajador. Para competir con eficacia en la nueva economía, las personas y las empresas deben ser emprendedoras y tener una actitud positiva por lo que respecta al cambio. Nuestra transición de una era industrial localizada por países a una era digital global hará necesarios nuevos parámetros del puesto de trabajo, una cualificación renovada y nuevos enfoques en la forma de llevar a cabo nuestros negocios día a día y en la forma de planificar nuestras carreras. Este capítulo comprende diversas tendencias con las que topamos en nuestro sector y en otros al reinventarse a sí mismos los trabajadores y las organizaciones para responder a los retos de un mundo cambiante.

El capital humano

Los analistas predicen que en el próximo siglo es probable que el empleo, tal como lo conocemos, quede desfasado en la mayoría de los países industrializados del mundo. Por primera vez en la historia, la mano de obra está siendo eliminada sistemáticamente del proceso económico. Las innovaciones tecnológicas como los cajeros automáticos, las transacciones financieras realizadas por Internet, el uso de códigos de barras electrónicos y de lectores ópticos en los puntos de venta y la promesa de las compras desde casa a través de la televisión interactiva están reduciendo significativamente el número de personas necesarias para hacer el trabajo. Es poco probable que las industrias que dan lugar a estas innovaciones tecnológicas generen empleo adicional porque, a diferencia del invento del automóvil, que hizo que tanto el caballo como la calesa quedaran obsoletos pero creó millones de puestos de trabajo en el proceso, los productos y servicios creados en la era de la información requieren cada vez menos trabajadores en el proceso creativo y de funcionamiento que aquellos productos y servicios a los que vienen a sustituir.

Cada vez más, los triunfadores en el mercado del trabajo serán agentes libres, flexibles, emprendedores, dispuestos a trabajar cada vez en un proyecto distinto. En una economía global ferozmente competitiva, las organizaciones valorarán a los trabajadores con una elevada formación, con voluntad de servicio, productivos y dispuestos a pasar a otra cosa una vez terminado un proyecto. Aunque el 50% de la fuerza laboral trabajará duro para tener una empresa técnica en el próximo siglo, la capacidad de moverse entre el trabajo técnico y el no técnico será valorada. Y a medida que algunos países desarrollados asistan a una reducción de sus poblaciones nativas en edad productiva en las próximas décadas, cada vez tendrán que depender más de los talentos importados y de la inteligencia artificial.

Presente y futuro

El retorno de los mandos intermedios

Del mismo modo que la mano de obra en el sector de las manufacturas fue reemplazada por robots en la década de 1970, y que los puestos contables y financieros fueron ocupados por ordenadores con programas de contabilidad en la década de 1980, los puestos de trabajo en la dirección media empezaron a mermar en la década de 1990 como consecuencia de los avances en la tecnología que hicieron que la información pasara a manos de la población en general. Hace apenas unos años, las filas de la dirección media se reducían a un ritmo de 23 000 empleados por mes en EE. UU. Comentando esta tendencia, la revista *Time* predijo que para el año 2001, sólo ascendería en EE. UU. un directivo de cada cincuenta, cifra que había sido de uno de cada veinte en 1987.

Desde entonces, la dirección intermedia ha experimentado una recuperación sorprendente, en contra de todas las predicciones. De hecho, una encuesta realizada por Management Recruiters International (MRI) descubrió que el 56% de los ejecutivos encuestados tenían pensado aumentar su personal directivo y profesional. Respondiendo a los resultados de la encuesta, el presidente de MRI, Alan Schonberg, señaló: «La demanda de directivos medios nunca ha sido más alta... Es la más alta registrada en la historia de esta empresa, que tiene ya 33 años de vida.» Según el Departamento de Trabajo de EE. UU., la de «directivo» es una ocupación situada entre las diez primeras con el mayor potencial de crecimiento, representando hasta el 14,2% de las plantillas frente a apenas el 11,8% que representaba hace once años. De hecho, en la actualidad hay escasez de trabajadores con cualificación suficiente como para hacerse cargo de estos nuevos puestos de trabajo en la dirección media. En EE. UU., el año pasado, la tasa de desempleo para los puestos directivos era apenas del 1,9%.

¿A qué se debe esta vuelta atrás? Se hace necesario el tipo de pensamiento estratégico que los ordenadores no son capaces de reproducir (todavía). Al mismo tiempo, en el lugar de trabajo hay cada vez más equipos formados por menos gente, por lo cual se necesitan más directivos que se encarguen de supervisarlos. Además, algunas empresas redujeron demasiado su personal a comienzos de la década de 1990 y ahora tratan de recomponerlo. En EE. UU., la mayor demanda se da entre los directivos del sector de las telecomunicaciones, la tecnología, el transporte, la construcción y los servicios financieros.

Esto no significa que sea fácil conseguir estos empleos: el nivel ha subido junto con las oportunidades de trabajo. De los directivos de las filas intermedias se espera hoy que sean visionarios y líderes.

El cuidado de los que quedan

Los seres humanos que se han mantenido dentro de las plantillas después de la irrupción de los ordenadores son más valiosos que nunca para sus empresas. En un mundo cada vez más competitivo, cada vez es mayor el número de empresas que presta atención a esto, reconociendo que a menudo es más caro contratar y formar a nuevos trabajadores que potenciar el valor de los que ya tienen. Retener a los empleados tiene una importancia especial en las partes del mundo que disfrutan de una prosperidad sostenida, ya que aumenta la presión sobre las empresas para atraer y mantener tanto a los trabajadores a tiempo completo como a los más esquivos trabajadores con contrato temporal.

Un estudio realizado por NewsAlert y K. Russo Associates Inc. concluye que las empresas de alta tecnología y las de nueva creación siguen atrayendo a los empleados con talento ofreciéndoles sólidos paquetes de beneficios. A medida que aumenta la importancia de la materia gris, las empresas de Internet cortejan a sus trabajadores con opciones sobre sus acciones, planes de atención médica y dental, asociación a gimnasios subvencionados, la posibilidad de teletrabajo, más días de vacaciones pagadas y entornos informales de trabajo. Jack Welch, director ejecutivo de General Electric, ha declarado: «Dedicamos todo el tiempo a la gente. El día que fallemos con el personal, esta empresa estará acabada.»

Premiar la productividad: Mientras las empresas compiten por atraer y conservar a los trabajadores con talento, muchas están reconfigurando sus estructuras de trabajo para que sean no sólo más flexibles, sino también más divertidas. Lo que se persigue es mejorar la moral del trabajador, reducir su estrés, ayudarle a resolver conflictos, motivarle para que sea más productivo, y simplemente hacer del lugar de trabajo un lugar que resulte más agradable. Las empresas que no sepan muy bien cómo inyectar más diversión en su fórmula empresarial pueden contratar a organizaciones como Playfair Inc. de Berkeley (California) para enseñar a sus directivos a ver a sus empleados como seres humanos integrales con intereses y preocupaciones al margen de la empresa. El enfoque de Playfair insiste en el humor como una técnica esencial para la formación de equipos. En Boston, Grand Circle Travel ha designado a uno de sus empleados «director de diversión».

Mientras tanto, en BMC Software de Houston (Texas) las oficinas son un hogar fuera del hogar para los empleados, con una cocina bien abastecida, una acogedora sala de televisión y un piano. Para los empleados que quieren combatir el estrés se pueden organizar sesiones de masaje, y la empresa ofrece hamacas, baloncesto, juego de la herradura y volei-playa. ¿Almuerzo de gourmet? Por supuesto. Y eso por no mencionar el banco, la tienda, la lavandería y el salón de peluquería y manicura que funcionan dentro de la propia empresa. Y BMC no es la única. De las «Cien mejores empresas para las que trabajar en EE. UU.», de la revista *Fortune*, 46 tienen un servicio de comidas a domicilio para que los empleados no tengan que cocinar, y 26 ofrecen servicio de asistencia para que los empleados no tengan que hacer la compra, planificar o preocuparse por las pequeñas cosas.

Pero en el lugar de trabajo, lo mismo que en la vida, no hay nada que sea gratuito... ni un almuerzo... ni una manicura. En una columna del *Guardian,* el observador de tendencias laborales del Reino Unido, Richard Reeves, llama a las empresas supertolerantes «las Absorbentes», y expresa sus sospechas respecto del motivo último: «Estas empresas introducen planes para hacer que tu vida sea más fácil, pero sólo con una condición: que se la entregues a ellos; que trabajes dieciocho horas diarias y que durante los fines de semana, comas, practiques deportes, juegues e incluso duermas en la oficina al servicio de sus beneficios.»

Parques corporativos: En Tampa (Florida) y Hampton (Virginia) la empresa NetP@rk está convirtiendo los grandes centros comerciales en «aldeas electrónicas», con espacio colectivo para oficinas y lugares de ocio tales como piscinas, pistas de *jogging*, rutas naturales, oficinas de correos y plazas hoteleras. Además, los empleados de las empresas arrendatarias pueden alojar a la mascota de la familia en las perreras del centro comercial o apuntar a sus niños en la guardería para que estén atendidos durante el día.

¿Hasta que la muerte nos separe?

Es posible que en los lugares de trabajo del mañana, algunas caras nos resulten terriblemente familiares. Una encuesta realizada en 1998 por la Retired Persons American Association descubrió que el 80% de la generación del *baby boom* espera trabajar al menos a tiempo parcial durante los años de «jubilación». Los trabajadores de edad más avanzada ya están teniendo buena acogida entre los empleadores presionados para encontrar ayuda cualificada en un mercado de trabajo muy limitado. En los cuatro últimos años, los que han retrasado su jubilación o se han reincorporado a las plantillas han contribuido el doble que la población en edad productiva al crecimiento de la fuerza laboral en EE. UU.

Incluso el gobierno federal está haciendo lo suyo por mantener en activo a los trabajadores de más edad: en abril de 2000 derogó una medida de la época de la Depresión que penalizaba a las personas de edades comprendidas entre 65 y 69 años por trabajar, reduciendo o eliminando sus subsidios de la Seguridad Social si sus ingresos anuales superaban los 17 000 dólares.

Trabajar menos, producir más

No siempre hay una correlación positiva entre las largas jornadas de trabajo y el aumento de la productividad, según un informe sobre las tendencias laborales de alcance mundial realizado por la Organización Internacional del Trabajo (OIT), organismo perteneciente a las Naciones Unidas. El informe señala que los trabajadores europeos están poniéndose al nivel de los norteamericanos por lo que a productividad se refiere (a juzgar por las tasas de crecimiento económico de sus países), aunque trabajan menos horas.

La OIT cita las siguientes medias nacionales para las horas de trabajo anual per cápita:

EE. UU.	1 966
Japón	1 889
España	1 809
Reino Unido	1 731
Francia	1 656
Hong Kong, Bangladesh, Sri Lanka, Malasia, Singapur y Tailandia	1 300-2 200
América latina y el Caribe	1 000-1 800

Algo que alienta la tendencia a la reducción de la semana laboral es el deseo de muchos gobiernos de reducir los niveles de desempleo. Así pues, es previsible que la semana laboral reducida se implante cada vez más en Europa. En los Países Bajos se está imponiendo la semana de cuatro días y 36 horas, a pesar de las objeciones de muchos líderes empresariales. Entre las empresas que ya han puesto en marcha esta política se cuentan la cadena minorista holandesa Koninklijke Bijenkorf Beheer (KBB) y los bancos del grupo Internationale Nederlanden y ABN Amro.

Según el Departamento de Trabajo de EE. UU., aproximadamente el 22% de los profesionales, directivos y empleados administrativos norteamericanos tienen la opción de adoptar horarios de trabajo flexibles, y cada vez son más las empresas que dan a los empleados un número establecido de días libres remunerados por año para que ellos los programen de la forma que les resulte más conveniente (en lugar de que la empresa establezca qué vacaciones pueden tomar los empleados). También hay en marcha un movimiento de compensación de las horas extraordinarias con días libres.

Cabezaditas reparadoras y retroceso de la siesta: Aunque el número de horas trabajadas un día cualquiera varía de un país a otro, el sueño, o la falta de él, es una queja universal. En EE. UU. cada vez son más las empresas que animan a sus trabajadores necesitados de sueño a echarse un sueñecito en el trabajo. P. M. Clary, «agente especial» de la consultora de informática con sede en California 42 IS Consulting, declaró al *Washington Post*: «Todos trabajan duro y dedican muchas horas. Exigimos mucho a nuestros empleados; lo lógico es, entonces, que tengan todo lo que necesitan para conservar la salud.» Y no sólo eso, sino que además el gasto de café y refrescos ha descendido en un 30% desde que se creó la sala de siestas de la empresa.

Resulta interesante que, mientras que la cabezadita de mediodía se pone de moda en EE. UU., la siesta tiende a desaparecer en muchos países del Mediterráneo, entre ellos Portugal, Italia, Grecia e incluso España, el país que dio nombre a la siesta. España está ocupada creando más puestos de trabajo —400 000 al año— que cualquier otro país miembro de la Unión Europea, y se están cubriendo las nuevas plazas con más mujeres que hombres. Una de las consecuencias de esta tendencia es que estas mujeres trabajadoras no tienen tiempo para volver corriendo a casa y preparar una comida caliente antes de la tradicional siesta. Debido a esto, los asesores laborales y los empresarios piden la reestructuración del día de trabajo, pasando de la jornada tradicional de 9 de la mañana a 8 de la tarde, con tres horas intermedias para el almuerzo y la siesta, a una jornada continua de 8 de la mañana a 4 de la tarde. Según una encuesta de ámbito nacional, actualmente sólo el 24% de la población española duerme la siesta con regularidad. Y en un país donde los restaurantes sólo sirven cenas a partir de las 9 de la noche y donde los principales programas de televisión se pasan entre las 10 y las 12 de la noche, hay muchos trabajadores con falta de sueño. (Puede que ésta sea la razón de que el consumo de café per cápita haya aumentado en un 10% desde 1988.)

Educación permanente

Los trabajadores con más posibilidades de triunfar en las próximas décadas serán los que reconozcan la necesidad de actualizar permanentemente su cualificación y de trabajar para mantener o ampliar su ventaja competitiva, porque nada garantiza que la organización para la que trabajan hoy vaya a necesitar mañana la formación que tienen actualmente. Y en la sociedad actual, obsesionada por los conocimientos, una carrera de cuatro años cada vez más es tan sólo un prerrequisito para tener entrada en las empresas del futuro. Entre los empleados actuales, el 50% de la cualificación queda desfasada en un lapso de tres a cinco años.

Presente y futuro: Aprendizaje corporativo

Las empresas en expansión cada vez dependen más de la cualificación que posee su «capital humano»: de aquí al año 2005, la mano de obra cualificada representará el 85% de todos los puestos de trabajo, frente a apenas el 20% de 1950. Nada tiene de sorprendente que, como resultado de este rápido desplazamiento hacia una economía basada en el conocimiento, el 70% de los directores ejecutivos del sector de la alta tecnología afirme que encontrar y mantener empleados cualificados es el mayor reto al que se enfrentan. El vacío de conocimiento resultante ha creado enormes oportunidades para el mercado de la formación corporativa y para las universidades con programas empresariales:

- Se prevé que de aquí a 2003, el mercado de la formación corporativa supere los 365 000 millones de dólares.
- Mientras que en 1970 sólo funcionaban 200 universidades con programas empresariales, a fines de 2003 ese número habrá llegado a 2 000.
- Actualmente, el 11% de las quinientas empresas de Fortune de EE. UU. cuenta con un encargado de la gestión de la información (*Chief Knowledge Officer*). Hace cinco años, la gente se hubiera reído de esta idea.

Aunque el sector actual de la formación corporativa está muy fragmentado y está compuesto por pequeños centros de enseñanza, muchos de los actores de este nicho están adquiriendo empresas de contenido y de tecnología para suplir sus deficiencias, y está empezando a imponerse la subcontratación. Creemos que aunque en el presente apenas el 25% de la formación corporativa se subcontrata, en el futuro, las empresas sólo se ocuparán de sus competencias básicas y subcontratarán el resto de la formación, dándole el tratamiento de inversión.

La Escuela Virtual: con la evolución hacia un solo mercado, una sola economía —todavía no, pero llegará— y teniendo en cuenta que el 30% de los beneficios del S&P 500 llegan de fuera de EE. UU., las empresas necesitan una educación coherente, multilingüe a la que pueda accederse desde cualquier lugar y en cualquier momento. Esa necesidad, unida a la creación de «nuevos» puestos de trabajo que requieren una cualificación más alta, a un mercado laboral más estrecho y a una población adulta insuficientemente formada en muchos países, está favoreciendo la tendencia hacia una educación corporativa *on-line.*

Una tendencia importante en la formación corporativa *on-line* es el mercado del inglés como segunda lengua. Los costes del aprendizaje del inglés no sólo se reducirán gracias a Internet, sino que además la formación *on-line* ofrecerá mayor flexibilidad, provocando una explosión en este mercado de 50 000 millones de dólares.

La formación *on-line* no sólo es más asequible y significa un ahorro de tiempo (prácticamente se elimina el tiempo de desplazamiento), sino que además representa un recorte de costes del 40-60% con respecto a los cursos impartidos por un instructor. De hecho, casi 40 centavos de cada dólar que se invierte en el aprendizaje corporativo presencial corresponde a costes de desplazamiento. Además, hay estudios que demuestran que los estudiantes pueden retener hasta un 250% más con la formación electrónica que con los cursos presenciales. No es extraño, pues, que Merrill Lynch prevea que el volumen del sector de la formación corporativa *on-line* pasará de 1 100 millones de dólares en 1999 a 11 400 millones en 2003.

Previsión: Una de las palabras que más ha sonado en los últimos años ha sido previsión, que indica la actitud de las empresas que ponen la vista en el punto al que quieren llegar en el medio a largo plazo y determinan los cambios que son necesarios para asegurarse de llegar a él. Texas Instruments ha hecho algunas previsiones enumerando, hasta con un año de anticipación, qué puestos de trabajo están en peligro y preguntando a esos empleados: «¿Qué es preciso que hagamos para ampliar sus perspectivas a fin de pueda ocupar otro puesto de trabajo en nuestra empresa o en otra?» Tanto los trabajadores como las empresas han llegado a la conclusión de que si no dedican ahora tiempo a prepararse para el futuro, podrían muy bien encontrarse con que ya no habrá lugar para ellos cuando lleguen a ese punto.

La economía de los trabajadores autónomos

Las fusiones, las reducciones de personal y las demás grandes tendencias empresariales —en particular, la revolución del «punto.-com»— han dado lugar a un mundo del trabajo mucho más fluido de lo que fue para las generaciones anteriores, en el que los trabajadores pasan de un puesto de trabajo a otro, de una empresa a otra e incluso de un sector a otro a lo largo de su carrera laboral. La notoria disminución de la lealtad de empresa ha propiciado que los trabajadores se muestren mucho más inclinados a asumir la responsabilidad de su propio éxito en lugar de atar sus esperanzas a los logros de una organización.

Es así que, a pesar del deseo de las empresas de retener a «los mejores y más brillantes», es evidente que la era del 9-a-5 —con su promesa de empleo de por vida a cambio de una promesa de lealtad— ha terminado y que el contrato básico de trabajo ha sido redefinido. Los puestos a tiempo completo están siendo reemplazados ahora por trabajadores eventuales: consultores, contratistas independientes y trabajadores a tiempo parcial. Un estudio realizado por Lee Hecht Harrison/Human Resources Institute llegó a la conclusión de que, en las 90 empresas participantes, el 25-35% del trabajo estaba en manos de trabajadores eventuales o contratistas externos.

Se cree que actualmente, en Estados Unidos, unos 25 millones de trabajadores son *free agents*, lo cual significa que trabajan por contrato. Las estimaciones sobre la proporción global de los trabajadores eventuales va de menos del 5 hasta el 30%. Y muchas de estas personas trabajan a un alto nivel: la empresa de trabajo temporal Olsten Corporation ha observado que más de una de cada tres empresas emplea trabajadores eventuales en puestos de dirección o profesionales. Entre las empresas que recurren a trabajadores eventuales:

- El 53% utiliza contables.
- El 32% mantiene especialistas en sistemas de información.
- El 28% utiliza profesionales de recursos humanos.
- El 27% usa profesionales administrativos.
- El 45% tiene previsto incrementar su uso de empleados eventuales durante los cinco años próximos, y el 51% tiene pensado mantener los niveles actuales.

En el futuro, los avances de la tecnología que hace posible trabajar desde cualquier lugar harán que la proporción de trabajadores con contrato temporal sea mucho más elevada. Según las estimaciones, en 2005 el 50% de la población activa de EE. UU. estará formada por *free agents* sin una vinculación permanente a la empresa. En *Job Shift: How to Prosper in a Workplace Without Jobs* («Cambio de puesto de trabajo: cómo prosperar en un mercado de trabajo sin puestos fijos») el doctor William Bridges, consultor sobre la transición laboral, describe su visión de un mundo laboral en el cual casi todos los empleados son eventuales o trabajan por contrato de obra; según él, en los años venideros la gente ya no tendrá un puesto de trabajo, sino que simplemente hará trabajos. En suma, los trabajadores crearán y harán funcionar sus propias empresas, envasando y vendiendo su experiencia en determinadas tareas. Desde un punto de vista ideal, dice Bridges, a estos trabajadores se les pagará por la tarea y se llevarán una tajada de los beneficios. Entre otras ventajas, la «desempleización», tal como la denomina Bridges, ayudará a las empresas a aliviar la creciente carga de la atención sanitaria y de otros beneficios.

Las OPOC: A medida que los trabajadores dependen menos de la lealtad empresarial y más de su propia cualificación, al tiempo que se aprovechan de las oportunidades que ofrecen las nuevas tecnologías, cada vez crece más el número de ellos que monta su propio despacho. Es el auge de las OPOC (oficinas pequeñas, oficinas caseras):

- En EE. UU. hay treinta millones de unidades familiares que tienen oficinas en casa, un tercio más que en 1992, según la investigadora de mercado IDC/Link. Hombres y mujeres trabajan desde casa casi en igual proporción, según el Departamento de Trabajo, pero las mujeres tienen más tendencia a trabajar exclusivamente desde casa. En 1999, cincuenta y dos millones de personas de EE. UU. trabajaron desde su casa.
- La tendencia al trabajo en casa ha tenido la misma intensidad en otros lugares del mundo. Una encuesta de Morgan & Banks predijo que al llegar el año 2010, uno de cada cuatro australianos trabajará desde su casa. En 1997 se estimó que las empresas unipersonales eran el 12% de la población laboral, lo cual representa un aumento del 68% en poco más de dos décadas.
- Eurostat informa que aproximadamente la mitad de las empresas pequeñas y medianas de Europa son empresas unipersonales. Los países europeos con la mayor concentración de pequeñas empresas son los países del Mediterráneo: España, Portugal, Italia y Grecia.
- Alemania tiene el mayor número de trabajadores en casa de Europa, unos 3,6 millones tan sólo en la parte occidental del país. Actuando como punta de lanza en la tendencia de las grandes empresas a desprenderse de costes fijos mediante la promoción del trabajo en casa, IBM de Alemania tiene aproximadamente un 25% de su personal trabajando en casa.

Para ayudar a esta nueva variedad de trabajador a sobrevivir fuera del nido corporativo, están surgiendo por todo el planeta las «incubadoras» —o «refugios»— para las pequeñas empresas de reciente creación y con mentalidad expansiva. (Véase el capítulo XIV para más información sobre incubadoras de empresas.) Entre los incentivos para sus socios figura el espacio de oficina por una fracción del coste del espacio minorista, y el asesoramiento gratuito. A los socios se les ofrece ayuda en todo, desde la creación de un plan empresarial hasta la compra de infraestructura. Se espera que las ventas de servicios de información *on-line* al mercado de las OPOC llegue a los 2 500 millones de dólares, y se prevé que la información de marketing *on-line* y los servicios de generación de iniciativas constituyan el mayor segmento de ventas de las OPOC.

Aunque mucha gente piensa que trabajar desde casa libera de presiones laborales, el 75% de los encuestados considera que conjugar las demandas del trabajo con las cuestiones personales o familiares es «en cierto modo un reto» o «un gran reto».

Presente y futuro

La Europa empresarial

Aunque los economistas llevan años anunciando la desaparición del estado del bienestar «desde la cuna hasta la tumba» europeo, los cambios han ido llegando con lentitud. Es cierto que Suecia ha realizado importantes recortes en su red de seguridad social, y Alemania ha puesto sobre la mesa de negociación algunas de las medidas de su contrato social de posguerra, pero si las protestas laborales que tuvieron lugar en Francia hace unos años pueden tomarse como indicio, es probable que los cimientos del estado del bienestar se mantengan firmes, al menos a corto plazo.

Paradójicamente, el estado del bienestar puede ser responsable, sin embargo, del nacimiento de una cultura del trabajador empresarial en toda Europa. Porque, mientras las empresas evitan el peso financiero de los trabajadores a tiempo completo, cada vez recurren más a trabajadores a tiempo parcial o eventuales. Una encuesta realizada entre 5 000 empresas medianas y grandes de Europa por la Red Europea para la Gestión de Recursos Humanos de la Universidad Cranfield (Cranet-E) reveló un pronunciado aumento del trabajo a tiempo parcial y eventual como parte de una mayor flexibilidad en las empresas en general. El resultado del estudio fue que los empresarios europeos son hoy más proclives a emplear a trabajadores con contrato por obra y a permitir el teletrabajo a sus empleados, y también a permitir horarios de trabajo más flexibles.

Abrir un espacio propio

Una encuesta de la organización sin ánimo de lucro Catalyst reveló que actualmente las mujeres poseen el 60% de la riqueza en EE. UU. NASDAQ informa, por su parte, de que el 47% de sus accionistas son mujeres. Gran parte de este capital se gana por medios independientes: a lo largo de la última década, las mujeres han montado el doble de empresas que los hombres. Otras organizaciones de EE. UU. —la Administración de la Pequeña Empresa, la Oficina del Censo y la Fundación Nacional para Mujeres Propietarias de Empresas— han descubierto los siguientes hechos:

- En EE. UU. las mujeres poseen 9,1 millones de empresas, lo que representa más de una de cada tres de las empresas del país. Estas empresas aportan anualmente a la economía norteamericana 3,6 billones de dólares y dan empleo a 27,5 millones de personas.
- Las empresas que pertenecen a mujeres de grupos minoritarios, que representan actualmente más de 184 000 millones de dólares en ventas, tienen un índice de crecimiento que triplica el índice global de EE. UU.
- Según las cifras más recientes a las que tenemos acceso (1992), el 13% de las empresas cuyas propietarias son mujeres participaban en el comercio internacional.

En Alemania, un tercio de todas las empresas de reciente creación pertenecen a mujeres, cuando esta cifra era apenas del 10% en 1975. A estas alturas, los economistas estiman que las 150 000 nuevas empresas gestionadas por mujeres de Alemania Oriental han creado aproximadamente un millón de nuevos puestos de trabajo y han hecho una contribución de unos 15 000 millones de dólares al PNB anual de Alemania. Los investigadores que estudian el crecimiento de las nuevas empresas en Alemania afirman que las empresas gestionadas por mujeres tienen un desarrollo más lento que las gestionadas por hombres. Una de las razones es que los beneficios no son una motivación tan fuerte entre las empresarias. Según las encuestas gubernamentales, las mujeres citan los beneficios en cuarto o quinto lugar entre las razones para montar sus propias empresas, por detrás del deseo de ser autosuficientes y de poner en marcha sus propias ideas. Entre los hombres empresarios, el beneficio es el motivo número uno.

Virtual como de costumbre

Aunque nos hemos embarcado en nuevas aventuras dentro del sector de la publicidad, nuestras raíces están en Chiat/Day, uno de los primeros entornos de oficina virtual. Ann trabajaba con Marian desde una oficina virtual incluso antes de unirse a Chiat/Day. ¿Han valido la pena nuestros experimentos con la virtualidad? Por supuesto que sí. La pura verdad es que, cuando trabajábamos para TBWA como Departamento del Futuro, para nuestro equipo de siete personas hubiera sido imposible haber brindado un nivel comparable de servicio diario a nuestra casa matriz de no haber sido por nuestro estilo de trabajo virtual. El hecho de que siete de nosotros viviera en tres zonas horarias diferentes hacía que al menos durante una media de veinte horas diarias, un miembro de nuestra unidad se encontrase leyendo, pensando, procesando información o generando estrategias que a continuación trasladaba a los colegas de la siguiente zona horaria.

Cuando nos incorporamos a Young & Rubicam en 1997, Ann y nuestra jefa de investigación secundaria, Amy Woessner, se convirtieron en los primeros miembros del personal virtual de Y&R. En la actualidad, Ann y Amy se comunican con el resto de los miembros del grupo y con los colaboradores independientes por *e-mail* y mediante mensajes electrónicos instantáneos (y, de forma mucho más esporádica, por fax o por teléfono). Hasta que Ann voló a Nueva York para conocer a nuestros nuevos jefes (más que nada, para convencer a Y&R de que existía realmente), llevaba años sin ver a Marian, y fue la primera vez que se reunió con Ira, aunque ya llevaban tres años de estrecha colaboración. Desde entonces, Ann sólo se ha reunido una vez más con Ira y Marian, cuando The Intelligence Factory convocó una reunión del grupo para junio de 2000.

El hecho de que Ann exista sobre todo en la sombra ha dado lugar a algunos intercambios interesantes con los clientes. Tras una presentación ante los ejecutivos del sector danés del juguete (relativa al lanzamiento de un producto en EE. UU.), Ira y Marian mencionaron a nuestras «brillantes investigadoras norteamericanas», haciendo referencia a Ann y a otra empleada virtual de aquella época, Christy Lane Plummer. Un cliente respondió: «¿Quiere decir que su gente más valiosa está en EE. UU.? Eso es magnífico. ¿Cuándo podremos meterlos en nuestra cuenta?» Fue necesario dedicar los cinco minutos siguientes a explicar que estos miembros clave de nuestro personal no sólo trabajaban ya en la cuenta sino que además se habían encargado de todos los ensayos de producto y suya era la mayor parte de las recomendaciones estratégicas subsiguientes. Los dos llegamos a acostumbrarnos a oír y contestar preguntas sobre nuestras «imaginarias» empleadas americanas.

¿Hasta qué punto adoptarán la virtualidad otras oficinas y empresas en los años venideros? No creemos posible que —al menos en algunas décadas— llegue a eliminarse el contacto cara a cara. Después de todo, la mayor parte de nosotros todavía cree en el valor de un apretón de manos y en la consolidación de relaciones sentados ante la mesa del almuerzo o de la cena o en una sala de reuniones. Sí es previsible, no obstante, un llamativo aumento en el volumen de comunicaciones de negocios realizadas por medios virtuales, ya sea en salas de reuniones por intranet o de foros de conversación *on-line* o a través de *e-mail* o del videoteléfono.

Presente y futuro: El teletrabajo

Lo que se ha dado en llamar teletrabajo o trabajo en casa ya es algo corriente tanto en Europa como en Norteamérica. Según el Foro Olsten sobre Gestión de la Tecnología del Lugar de Trabajo, el 51% de las empresas de EE. UU. permite actualmente a sus empleados teletrabajar gracias a la aplicación de programas piloto ya en marcha, y el 74% tiene previsto aumentar su empleo del teletrabajo. Los teletrabajadores podrían trabajar para una empresa local (en ocasiones dividiendo su tiempo entre la oficina y su casa), como colaboradores independientes o consultores, o incluso como empleados de una empresa situada al otro extremo del mundo.

Según la investigadora de mercado Link Resources, 37 millones de unidades familiares de EE. UU. —el 38% del total— tienen por lo menos una persona realizando en casa un trabajo remunerado. El segmento de crecimiento más rápido del sector del teletrabajo (que es actualmente de 8,4 millones de personas) es el de las personas empleadas por corporaciones que trabajan en casa a tiempo completo o parcial.

Una cifra estimada de treinta a cuarenta millones de norteamericanos teletrabajan, por su propia cuenta o por la de empresas para las que trabajan. AT&T e IBM se cuentan entre las mayores corporaciones que han instituido esta práctica. IBM estima que se está ahorrando cien millones de dólares por año tan sólo en sus operaciones en Norteamérica. En una encuesta a la que sometió a los empleados de una de sus divisiones, IBM descubrió que el 87% considera que su productividad y su eficacia aumentaron de manera espectacular desde que empezaron a trabajar en casa.

En conexión permanente

Pensemos en los enormes cambios que se han producido en el lugar de trabajo en los últimos quince años. Cuando Marian y Ann, recién salidas de la universidad, se incorporaron al mercado del trabajo a mediados de la década de 1980, apenas se estaba empezando a extender el uso el fax, que poco a poco fue sustituyendo a los aparatos de télex. Las empresas que utilizaban ordenadores los tenían conectados a un enorme ordenador central escrupulosamente mantenido dentro de un recinto con atmósfera controlada. Los secretarios y auxiliares administrativos escribían las cartas en máquinas IBM Selectrics, y los documentos importantes eran entregados en mano por mensajeros.

Quince años más tarde, hasta las oficinas en casa están equipadas con ordenadores y aparatos de fax. Las máquinas de escribir han pasado a ser reliquias. Los documentos comerciales se envían de forma casi instantánea de una oficina a otra, de un país a otro, a través de módem. Los correos personales han sido reemplazados en su mayor parte por FedEx, DHL y otras empresas de mensajería que garantizan «total y absolutamente» la entrega al día siguiente. ¿Y a cuántos de nosotros nos resulta inimaginable actualmente ir por la ciudad sin hacer una o dos llamadas de trabajo por nuestros teléfonos móviles?

Presente y futuro: Trabajar en cualquier parte y en cualquier momento

El ejecutivo actual, hombre o mujer, ya no está atado a su mesa de trabajo, sino que puede hacer negocios desde la oficina de un cliente, desde un hotel o a bordo de un avión, desde cualquier lugar al que puedan ir un ordenador portátil y un módem. Esta oficina dentro de un maletín ofrece grandes ventajas, pero también aumenta el riesgo de intrusión de la vida profesional en la vida privada. Una consecuencia de las nuevas tecnologías es una población emergente de «guerreros de la carretera», que es el mote puesto por el sector de viajes al número cada vez mayor de viajantes de negocios que pasan más tiempo en ruta que en la oficina: 70, 90 y hasta más de 100 días al año.

Hay una gran demanda de guerreros de carretera en el sector de los viajes. Los hoteles Hilton han calculado que los 10 000 clientes que representan el 1 % superior de su programa de clientes frecuentes, representan aproximadamente el 15 % de todos los ingresos provenientes de estos clientes. Entre los incentivos otorgados por las líneas aéreas y los hoteles a estos guerreros de la carretera figuran su inclusión en primera clase con billete de clase turista, la admisión en salas de espera VIP y el alojamiento en plantas exclusivas con restaurante y servicios especiales durante las 24 horas. A los mejores clientes se los ha premiado incluso con coches nuevos, viajes para jugar al golf en

Escocia y entradas para las ceremonias de entrega de los premios Grammy y de los Oscar.

A diferencia del teletrabajador centrado en su casa, el guerrero de la carretera aprovecha las nuevas tecnologías para atender sus obligaciones de trabajo en otras ciudades, en otros países y en el espacio aéreo que hay en el medio. El hecho es que los artilugios tecnológicos que hicieron realidad la oficina en casa (y que se suponía iban a eliminar los fastidiosos viajes de negocios) han tenido un efecto liberador sobre el personal que estaba casi encadenado a su mesa de trabajo una década atrás. Ahora tienen la flexibilidad necesaria para ir allí donde sus negocios lo requieren, para meter su oficina en una maleta de un modo muy similar a como metían el inevitable traje azul hace unos años. En lugar de pensar que el contacto personal se ha convertido en una formalidad pasada de moda, muchos futuristas consideran que el aumento de los desplazamientos es una señal de que dichos contactos cobran cada vez mayor importancia.

El nuevo espacio de la oficina

Como presidente de Chiat/Day Nueva York, Ira tuvo en 1994 su oportunidad de participar en un acontecimiento histórico importante. Le encargaron que se ocupase de garantizar una transición sin tropiezos de la agencia a una oficina «virtual». Según sus palabras, cuando trabajaba en la edición original de este libro en 1997:

> Mientras escribo esto desde una casa de campo de Bellagio (Italia) y lo transmito a Marian en Evian (Francia) y a Ann en Tampa (Florida) no puedo evitar tomar conciencia de lo mucho que ha cambiado nuestro entorno de trabajo en cuestión de unos años apenas. A fines de 1993 Jay Chiat me describió una visión que según él lo había asaltado, en su forma absoluta, mientras se deslizaba con sus esquís por Telluride Mountain, en Colorado. Su visión consistía, en esencia, en una organización cuyos miembros no se veían constreñidos por restricciones físicas o jerárquicas, en la que cada persona tenía acceso a las he-

rramientas necesarias para crear el entorno más adecuado para hacer su trabajo de la mejor manera posible.

Al realizar una auditoría de la utilización del espacio, descubrimos que en cualquier momento determinado, aproximadamente el 50 % del espacio privado de los empleados estaba vacío, mientras que los espacios de reunión se hallaban siempre ocupados en un 100 %, formándose a menudo colas para acceder a ellos. Cualquier día que se considerase, había miembros del personal que estaban de vacaciones o enfermos, otros se encontraban reunidos en las oficinas de clientes, en los estudios de producción, etcétera. No había ningún momento en que estuviesen todos en sus escritorios.

El paso siguiente que dimos fue llevar a cabo una auditoría del espacio de almacenamiento e hicimos un recuento de lo que había en aquellas filas interminables de archivadores y demás unidades de almacenamiento. Parte del material que encontramos eran auténticos datos «de información» relacionados con las cuentas de clientes. Sin embargo, en muchos casos descubrimos que había múltiples copias en papel de la misma información y, lo que resultaba aún más desalentador, que no siempre se ponía al alcance de los miembros del personal pertinentes. Nos encontramos también con cosas tales como una botella de vino estropeado del año pasado (ofrecida como obsequio de Navidad por un proveedor de medios de comunicación), montones de periódicos viejos, restos de comida que hacía tiempo había dejado de ser comestible, etcétera. En suma, incluso contando con un alquiler a buen precio en nuestro emplazamiento del centro de la ciudad (a diferencia de Madison Avenue, el costoso entorno donde tradicionalmente se alojan las empresas de publicidad de EE. UU.), ¡estábamos pagando los armarios a precio de oro!

La visión de Jay consistía en reestructurar la oficina realizando un cambio en un solo paso. Teníamos que reorganizar el espacio físicamente del mismo modo que estábamos: por equipos de cliente. El 50 % de la oficina se convertiría en una «sala de proyecto», un lugar permanente donde tuvieran lugar la actividad relativa al cliente del momento y las interacciones del equipo central. Un 20 % adicional de nuestro espacio se dedicaría a salas de proyectos «temporales», lugares donde montar nuevas estrategias publicitarias, para trabajar en las campañas y para mantener conversaciones privadas. Estas salas temporales podrían reservarse por medios electrónicos (para un tiempo comprendido entre 10 minutos y 10 semanas, o incluso más), de modo que estuvieran disponibles para funcionar como oficinas privadas de acuerdo con las necesidades de cada momento.

Para este concepto serían fundamentales la reorganización de la información y su recuperación. Todos los documentos en papel fueron pasados a archivos electrónicos y almacenados en un servidor central de archivos. Una vez allí, cualquier miembro del personal podría acceder a ellos mediante una contraseña, ya fuese a través de la red interna de la oficina o mediante acceso remoto por módem. Además de dejar libre el espacio de archivo, este sistema aseguraba un acceso universal a la información colectiva de la agencia, permitiendo al personal ser productivo en cualquier lugar y en cualquier momento.

Conseguimos así un trato justo. Se les pidió a los miembros de nuestro personal que cedieran su espacio privado y a cambio se les dio libertad para trabajar donde quisieran. Como nuestro personal estaba formado en su mayor parte por personas jóvenes (24 años de edad media), llegamos a la conclusión de que el mejor modelo era la universidad. Los grupos se reunían para colaborar (como si fuera para una conferencia o un seminario) y salían con una tarea y una fecha de entrega. Nadie les dijo cómo hacer su trabajo, cómo programarlo ni dónde estaban los recursos. Su responsabilidad era hacer lo que mejor pudieran y entregarlo a tiempo. El que lo hacía bien, triunfaba; el que no, fracasaba. Y eso regía para todos los niveles de la agencia.

Tomamos prestada incluso la idea del «sindicato estudiantil», y creamos un lugar en el cual los miembros del personal podían reunirse, saludarse e interactuar. Allí se situaron también los armarios personales de todos ellos. Resultaba interesante observar la papelera semanal y ver cómo la gente iba confiando cada vez más en el sistema virtual e iba abandonando la seguridad del papel que habían traído a escondidas de la oficina anterior.

El último paso que dimos fue acabar con todos los teléfonos que sonaban hasta cansarse en puestos de trabajo vacíos. Nos limitamos a cortar los cables. Rolm nos proporcionó un sistema PBX de teléfono inalámbrico que permitió la implantación de telefonía portátil en los 3 000 metros cuadrados de espacio físico.

¿El resultado? Además de reducir nuestras necesidades de espacio en casi dos tercios, la transición al entorno virtual infundió a la agencia un poderoso impulso energético al aficionarse los empleados cada vez más a usar herramientas tecnológicas que hacían sus horas de trabajo más productivas.

En la última media década, hemos visto cómo otros representantes de nuestro propio sector y de otros empezaban a adaptar y adoptar algunos de los elementos básicos de la visión de Jay Chiat. En ese espacio de tiempo empezamos a confiar cada vez más en que la virtualidad cambiaría de forma permanente los lugares y los estilos de trabajo del mañana.

Presente y futuro

Se configura la oficina del mañana

Llegaremos a ver cambios significativos en el diseño de la oficina a medida que se vaya haciendo realidad la oficina del mañana. Los cambios en el espacio físico incitarán al trabajo en equipo a expensas de la intimidad, con instalaciones tales como unidades de tecnología centralizadas, cocinas, salas de descanso y centros de servicio dotados de ventajas tales como tintorerías, comida para llevar (para las comidas en la oficina o en casa) y guarderías. Los expertos en la empresa reunidos en un simposio de la International Association of Corporate Real Estate Executives estuvieron de acuerdo en que la oficina del futuro tendrá menos espacio por empleado (con espacios de trabajo más eficientes gracias a la tecnología) y además estará diseñada prestando más atención al entorno cotidiano de los trabajadores. Los tragaluces, las ventanas que puedan abrirse y la mejora de los sistemas de ventilación son algunas de las características que está previsto se incorporen a lo largo de la próxima década.

También el mobiliario de oficina está experimentando cambios, adquiriendo mayor movilidad y flexibilidad. Un ejemplo de ello son los Refugios Personales de Steelcase Inc., que cuestan 7 000 dólares cada uno. Son cabinas pequeñas, cilíndricas, con una puerta que puede cerrarse. Tienen espacio interior suficiente como para contener una superficie de trabajo plana, equipo informático, teléfono, un cajón archivador y demás piezas estándar de un escritorio. También lleva incorporados una pizarra y un reproductor de CD. A diferencia de los omnipresentes cubículos actuales, los Refugios Personales ofrecen intimidad y la posibilidad de comunicarse con los compañeros de trabajo, ya que los refugios se agrupan en torno a una gran mesa parecida a un rompecabezas que puede dividirse en varias partes. Cuando se abren las puertas de los refugios, los empleados pueden entrar en el espacio común y salir de él para hablar con sus colegas, participar en reuniones o simplemente escuchar.

La «ergonomía cognitiva» será la siguiente gran innovación en materia de diseño de oficinas. Partiendo de la teoría según la cual hay una relación directa entre el lugar donde uno trabaja y su forma de pensar, el ámbito de la oficina se diseñará con miras a fomentar la comunicación, la creatividad y la interacción.

Los «escritorios compartidos» y el «alojamiento»

Los «escritorios compartidos» (menos escritorios que trabajadores) son algo cada vez más extendido en todo el mundo. Cisco Systems ha impuesto este concepto en sus oficinas de todo el mundo. Tomando su oficina de Nueva York como campo experimental, la empresa calculó que se podría ahorrar 7 millones de dólares a lo largo de cinco años. El programa se puso en marcha cuando se descubrió que los empleados sólo usaban sus cubículos el 30% del día. Las secretarias y los directivos han conservado sus oficinas y cubículos permanentes.

Como una variable de los «escritorios compartidos», en algunas empresas se ha adoptado lo que se ha dado en llamar «alojamiento». En cada oficina hay un conserje que asigna escritorios de acuerdo con las necesidades. No obstante, la mayoría de los días laborables, el espacio de trabajo de un empleado consiste en equipo informático con la última tecnología equipado con contestador y acceso remoto a ordenadores y teléfonos. Todo está relacionado con la «conectividad».

Ernst & Young aplicó el «alojamiento» en sus oficinas de Nueva York y Chicago y consiguió reducir el espacio físico en un 25%. Actualmente, las oficinas cuentan con un escritorio por cada tres trabajadores. Según la revista *Fortune*, esta empresa de contabilidad-consultoría espera ahorrar cuarenta millones de dólares anuales cuando haya reconfigurado de modo similar todas sus oficinas.

La búsqueda del futuro

Presente y futuro

Navegar en busca de trabajos

Las nuevas tecnologías no sólo están cambiando la forma en que hacemos nuestro trabajo, también están cambiando nuestra forma de encontrarlo, e Internet se está convirtiendo rápidamente en un recurso inapreciable tanto para quienes ofrecen empleo como para quienes lo buscan. En el 49.º Congreso y Exposición Anual de la Sociedad para la Gestión de los Recursos Humanos, celebrado en California, aproximadamente dos tercios de los seiscientos ejecutivos de recursos humanos encuestados indicaron que usaban Internet para encontrar personal.

Las bolsas de trabajo en Internet suelen estar dirigidas a un público profesional y colegiado orientado hacia los puestos ejecutivos. Y puesto que es más probable que las personas que se mueven a sus anchas en los ordenadores naveguen por la red, la atención siempre se ha centrado marcadamente en los puestos relacionados con la informática y la tecnología de la información.

Recientemente se ha ido acentuando la tendencia a centrarse también en creativos y trabajadores independientes, probablemente porque estas profesiones se prestan para el uso frecuente de Internet. Los sitios más recientes, entre los que se cuenta Elance.com, fueron diseñados específicamente para el «autónomo» que quiere contratar trabajo independientemente.

Los nuevos trabajos del mañana ofrecen servicios con una :-)

No cabe duda de que la era digital dará lugar a nuevas oportunidades de trabajo para todo tipo de especialistas en alta tecnología, entre ellos los diseñadores de programas multimedia y los coordinadores de intranet. Pero en un siglo en el cual el tiempo es un bien cada vez más valioso, podemos esperar que surjan también todo tipo de profesiones orientadas hacia los servicios, llamada cada una de ellas a responder a nuestras necesidades humanas de una manera diferente. Lo que sigue es una muestra de esas posibles ocupaciones.

Mamás on-line: Empresarios que hacen de todo, desde enviar recordatorios por *e-mail* de los aniversarios y cumpleaños, hasta programar visitas al dentista y dar consejos para el cuidado de la salud.

Consultores educacionales: Además de aconsejar sobre los colegios a los que deben asistir nuestros hijos, estos consultores crearán planes de educación individualizados, complementados con sesiones de tutoría, selecciones de software educacional, opciones de entretenimiento educativo, etcétera.

Buscadores on-line: ¿No tiene usted tiempo de buscar en Internet una información determinada? Contrate a alguien que lo haga por usted, incluso puede tenerlo siempre a su disposición pagando una cantidad mensual.

Especialistas en sistemas a prueba de niños: Se trata de especialistas que vienen a su casa y le instalan todo lo necesario para que sea segura para los bebés y los niños revoltosos. También se prevé un aumento de los salvaniños en casa, masajes a domicilio y clases de nutrición, así como especialistas en seguridad que incorporen a su casa todas las medidas necesarias para protegerla de los delincuentes.

Nanis de barrio: Cada vez habrá más guarderías tipo «parking de niños». Estos centros podrían funcionar en casas particulares o en algo parecido a un centro de día.

Cocineros a domicilio: Se prevé un aumento de las empresas que distribuyen comidas precocinadas congeladas a familias escasas de tiempo. Una ventaja sobre las comidas para llevar es que éstas pueden prepararse de acuerdo con las necesidades y los gustos individuales.

El aumento de trabajadores por contrato, de OPOC y de trabajadores eventuales también dará lugar a muchas oportunidades de negocio.

Servicios de reparación a domicilio: Cuando el ordenador recién estrenado de Ann tuvo un problema, el fabricante le envió a un técnico a su casa en el plazo de tres días para repararlo. Es de esperar que existan servicios de este tipo disponibles para todo tipo de equipos electrónicos.

Arrendamiento de equipo y domiciliación de empresas: En lugar de invertir sin más en costosos equipos, los empresarios prudentes arrendarán el equipo necesario o alquilarán un cubículo (o espacio de reunión, según las necesidades) en un centro empresarial. También es seguro que aparecerán centros de videoconferencia y consultores de tecnología que asesorarán a los teletrabajadores y a los autónomos sobre la adquisición de tecnología.

Instructores: El ritmo vertiginoso del cambio tecnológico, combinado con el aumento de trabajadores contratados por obra, dará lugar a una necesidad creciente de personas capaces de formar no sólo a los empleados de una empresa, sino también a los trabajadores autónomos.

Entrenadores ejecutivos: Una de las tendencias más novedosas en las empresas dedicadas a ayudar a las personas ocupadas a salir adelante es el campo de los «entrenadores ejecutivos». A cambio de hasta quinientos dólares al mes, los entrenadores se ponen en contacto telefónico semanalmente con los clientes para ayudarlos a establecer prioridades en sus objetivos y a administrar mejor sus empresas y sus vidas. Ocupa un lugar central la Coach University, fundada en Salt Lake City, Utah, en 1992. Se trata de un centro de formación totalmente virtual, al que asisten quinientos estudiantes que participan en clases por medio de teleconferencias y bajan datos del sitio que tiene en Internet la universidad (www.coachu.com). El curriculum, compuesto de 36 ciclos, cuesta 2 495 dólares y en él se gradúan asesores profesionales que son en parte consultores, en parte terapeutas y en parte amigos.

Tendencias probables

Regreso a lo elemental: Después de engolfarse en las gratificaciones, los trabajadores saldrán huyendo del afectuoso control del Gran Hermano. Los refugiados ávidos de libertad abandonarán el nido, dejando atrás el café para todos y los «acogedores salones».

Agárralos como puedas: Es previsible que se produzca una intensificación de las relaciones empresa-formación que permitirá cazar a los estudiantes técnicos cualificados incluso antes de que dejen el instituto.

Seguro acumulable: Los subsidios móviles —especialmente los subsidios de salud y discapacidad— llegarán a ser la norma a medida que florecen las actitudes emprendedoras y se transforma en un recuerdo lejano el empleo a largo plazo.

Descansos sabáticos: Ahora que los empleados y las empresas ya no están casados de por vida, es previsible que veamos una extensión de los descansos sabáticos entre los distintos segmentos de una carrera profesional. Los trabajadores pueden optar por tomarse un descanso del trabajo por diversas razones, como criar a los hijos, volver a la universidad, poner en marcha una empresa domiciliada en casa, o simplemente tomar perspectiva y considerar en qué dirección quieren avanzar a continuación. Es de esperar que esta tendencia conlleve la generalización de sesiones de asesoramiento que ayuden a las personas a planificar su seguridad personal mientras disfrutan de estos años ocasionales de renacimiento y reabastecimiento; la ampliación de la vida laboral, ya que los individuos optarán por postergar su jubilación para tomarse tiempos de descanso en épocas anteriores de su vida, y la concesión de períodos sabáticos remunerados como parte de las ventajas que ofrecen las empresas a los empleados que realizan funciones muy estresantes.

Nada de corbata: Los códigos de indumentaria para la oficina seguirán relajándose a medida que la generación del *baby boom* vaya tomando las riendas de las empresas y extienda la ropa informal de los viernes al resto de la semana. Es previsible que los diseñadores y las tiendas de ropa masculina amplíen su «línea informal de negocios».

Los centros de teletrabajo: El teletrabajo hará que los lugares físicos de trabajo tengan más que ver con la filosofía y el estilo de vida de los trabajadores que con la profesión elegida.

Campamentos de trabajo por cuenta propia: Campamentos intensivos sobre técnicas empresariales enseñarán a los adolescentes las técnicas necesarias para triunfar en el próximo siglo.

Colaboración interprofesional: Los estilos de trabajo flexible harán necesaria una colaboración formal e informal entre empleados. Como los trabajadores pasarán de un puesto de trabajo a otro y de una carrera a otra, esta sólida colaboración con un compañero de trabajo les dará mayor estabilidad y flexibilidad, permitiendo a ambas partes más libertad que si cada uno trabajara aisladamente en un entorno corporativo. De estas colaboraciones se beneficiará también el empresario, ya que le garantizarán un flujo de trabajo constante incluso cuando una persona se ausente por vacaciones, por maternidad o paternidad, o por un largo viaje de negocios.

Nada de trabajo los fines de semana: La firma de contabilidad Ernst & Young ha dado un paso que seguramente imitarán otras empresas y ha prohibido las telecomunicaciones durante los fines de semana. Se han dado instrucciones a los empleados para que venzan la tentación de comprobar si tienen mensajes de *e-mail* o en el contestador entre el viernes por la noche y el lunes por la mañana. Esta nueva política se debe a la preocupación por el estrés de los empleados y a la dificultad de la empresa por retener a las mujeres.

Señuelos comunitarios: Las promociones urbanísticas atraerán a los posibles interesados en comprar o en alquilar una vivienda con instalaciones pensadas para los que trabajan en casa, que podrán comprender desde centros de negocios hasta gimnasios y seminarios sobre finanzas u otros temas dirigidos a los empresarios.

El regreso de la «colonia industrial»: Las empresas de alta tecnología atraerán a los trabajadores hacia apartamentos/casas/condominios subvencionados conectados al lugar de trabajo.

«Grupos de discusión» chispeantes: Adiós a los «equipos» laboriosos de trabajadores. Es cierto, son industriosos, pero en cambio no son encarnizados partidarios del cambio. Están llamados a ser reemplazados rápidamente por los «grupos de discusión». Estos minigrupos apasionados, de trama no jerárquica y muy unidos rebosan de nuevas ideas que quieren llevar a la práctica, más que nada porque el grupo les hace sentir que con su trabajo pueden cambiar algo. Según Harold Leavitt, profesor de conducta organizativa y psicología de la Escuela de Negocios de Stanford: «El juego se llama ahora velocidad e innovación... Los equipos funcionaban muy bien en lo que respecta a la productividad, pero los grupos de discusión son más adecuados para la velocidad.»

CAPÍTULO XIV

Tendencias de los negocios y del consumismo

Del mismo modo que cambian nuestros lugares y nuestros modos de trabajo, también experimentan cambios las realidades básicas que configuran los sectores industriales y las transacciones de negocios. Por ejemplo, la tendencia actual hacia la globalización tiene implicaciones para la estrategia de marcas, la información de mercado y las técnicas de gestión en todas las empresas que aspiren a ser internacionales. El panorama se complica por la necesidad de funcionar tanto en el mercado tradicional como en el «espacio de mercado», el mundo virtual de Internet. En el futuro, los negocios se harán en estos dos universos paralelos, y las empresas tendrán que decidir la conveniencia de hacer negocios en ambos mundos y dónde y cómo hacerlos.

Para entender el entorno de negocios predominante es necesario entender que las únicas constantes para el futuro son un cambio y una tensión cada vez más vertiginosos. La gente de todo el mundo se encuentra ante la necesidad de mantener su competitividad en una economía global. Se enfrenta a incertidumbres relacionadas con la vida en el próximo milenio y es bombardeada con cuestiones tan «locales» como la delincuencia y la violencia indiscriminadas, el cambio de costumbres sociales, el peso de los impuestos y, en algunos casos, la inestabilidad económica. En una sociedad en la que el tiempo apremia y hay una sobrecarga de información, los consumidores buscan la tranquilidad que surge de la estabilidad, la coherencia y la fiabilidad; cualquier producto que simplifique la vida será considerado como un recurso de gran valor.

Presente y futuro

El consumidor global

«La próxima será la década de las tiendas globales —afirmó PricewaterhouseCoopers en un informe de enero de 2000—. La dimensión global de los mercados hace que la comunidad de los consumidores sea, con mucho, la de más rápido crecimiento del planeta. Los mercados crean lo que necesitan todos los minoristas: consumidores de clase media.» Gracias al sostenido resurgimiento de los mercados de consumo, que ha propiciado el espectacular crecimiento de la renta en el mundo en vías de desarrollo, la incipiente clase media global comprenderá a casi 2 000 millones de personas. Eso significa mucha pasta de dientes.

En el capítulo I, introdujimos la idea del nuevo consumidor y afirmamos que la feroz competencia y el creciente refinamiento de los consumidores equipados con Internet hacen que el control ya no lo tengan las empresas sino los consumidores. Será de máxima importancia para el mundo de los negocios el establecimiento de canales de información entre una empresa y su base de clientes. La mayoría de los minoristas de hoy diría que está enfocada hacia el consumidor, pero en realidad está mucho más centrada en sus productos y en sus puntos de venta. En una era en la que el mercado de masas está quedando desfasado, las empresas tendrán que encontrar necesariamente una manera personal de interactuar con el consumidor, valiéndose de técnicas de marketing individualizadas o de productos personalizados o, preferiblemente, de ambas cosas a la vez.

En el capítulo XVII hablaremos más detenidamente del marketing para el consumidor global. Entre los imperativos que abordamos están el «localismo global» (combinación del alcance global con el interés hiperlocal), el agrupamiento global de los mercados de consumo y la diferenciación del producto. Baste decir que el tiempo en que un producto pueda comercializarse en todo el mundo con un único mensaje de producto no se vislumbra todavía... y que puede que no llegue nunca. Mientras tanto, las empresas extenderán cada vez más sus tentáculos hacia los mercados locales y la tendencia a la descentralización cobrará cada vez más importancia.

La escasez de tiempo

La ampliación de los horarios de trabajo y la reducción del tiempo de ocio hace que muchos consumidores tengan más dinero y menos tiempo para gastarlo. La escasez de tiempo conlleva una sociedad de horarios ampliados, ya que los minoristas se adaptan a las necesidades de los clientes apremiados por el tiempo permaneciendo abiertos 24 horas al día. La tendencia que se ha impuesto en EE. UU. de las tiendas abiertas las 24 horas está empezando a ganar adeptos en otras partes del mundo. En el Reino Unido, los supermercados Tesco, ASDA y Sainsbury's han adoptado el horario de 24 horas en algunas localidades (aunque no siete días a la semana). Y el grupo de expertos de la Fundación Futuro estima que de aquí al año 2010, la sorprendente cifra de 40 000 millones de libras (65 800 millones de dólares) de negocio se realizará fuera de los horarios comerciales regulares en el Reino Unido. La falta de tiempo libre de los consumidores —o al menos su sensación de que tienen falta de tiempo libre— tiene unas implicaciones tremendas para las empresas que desean ganarlos como clientes. En esta sección nos dedicamos especialmente al sector minorista, pero la escasez de tiempo se hará sentir en toda la industria, donde tanto el empresario como el empleado pelearán por sacar el mayor jugo posible a cada hora de trabajo, aunque reconociendo también el tributo que hay que pagar por esto en «capital humano».

Consumidores ricos en dinero pero pobres en tiempo: El surgimiento de una escasez de tiempo en la sociedad contemporánea traerá aparejada una tendencia clara hacia los consumidores «con mucho dinero pero poco tiempo». «Hay gente que adora el día de compras en el que recorren las tiendas cargada de bolsas, pero hay un número cada vez mayor de consumidores "con mucho dinero pero poco tiempo" que lloran cada minuto que pasan haciendo la compra», dice un representante de la consultora británica Verdict Research Limited. Somerfield, una gran cadena de supermercados de Gran Bretaña, señala que la gente dedica una media de trescientas horas anuales a hacer la compra, un tiempo que preferiría disfrutar en alguna otra ocupación. Es previsible que las crecientes desigualdades de la sociedad y el subempleo den lugar a una polarización entre unos consumidores «con mucho dinero pero poco tiempo» y otros «con poco dinero pero mucho tiempo».

«Con el paso del tiempo, los comerciantes que triunfarán serán los que hagan la experiencia de la compra menos pesada», dice Toni Earnshaw, de Y&R Advertising. «Los consumidores nos dirán que la mayoría de las veces lo que quieren es entrar, comprar y salir. Los minoristas que hagan posible esta experiencia perfecta se verán recompensados con creces.»

Compra unificada: La falta de tiempo y la competencia de Internet harán que los minoristas tengan que atender a consumidores que buscan la manera de aprovechar al máximo y de la mejor manera posible sus experiencias adquisitivas. Siguiendo el consejo del lema de Wal-Mart y de otras cadenas de descuento, que reza «acumula mucho y véndelo barato», los minoristas tratarán cada vez más de ofrecer todo lo que hay bajo el sol. La supertienda británica Tesco ya está ampliando su negocio no alimentario para ofrecer toda una gama de servicios bajo un mismo techo. Y Carrefour, la gigantesca cadena francesa de hipermercados, tiene pensado diversificarse hacia la venta de coches en 2002, cuando queden abolidos los concesionarios exclusivos en el sector. En los próximos años asistiremos a la explotación de potentes marcas y sólidas franquicias de consumo por parte de un puñado de minoristas de gran envergadura, en un intento de dominar todos los sectores del comercio minorista.

Relajación: La hostelería es un buen ejemplo de un sector que está procurando ayudar a su clientela a aprovechar al máximo su precioso tiempo libre. Hilton, por ejemplo, está explotando de manera experimental dos nuevos «Centros de Estilo de Vida para el

Viajero»: el Salón de Salud está equipado para el ejercicio físico y tiene un minibar en el que pueden encontrarse zumos, yogur y tentempiés saludables para los viajeros que tratan de seguir algún tipo de dieta mientras están fuera de casa. El Salón Antiestrés tiene una fuente, plantas naturales, vídeos de yoga, masajes y productos de aromaterapia para ayudar a los huéspedes a desconectar después de un viaje agotador.

La economía de la experiencia

En un mundo en el que los consumidores están siendo bombardeados sin parar con mensajes, cada vez resulta más difícil atraer y mantener su interés. Hasta los lujos se han convertido en algo tan común que han perdido su capacidad de sorprender. Lo que están empezando a entender las empresas de productos de moda es que, en la actualidad, el auténtico valor no reside necesariamente en el producto o el servicio que se ofrece, sino en la «experiencia». Los coleccionistas de experiencias quieren probar el mayor número posible de cosas.

A medida que se vaya intensificando la competencia por captar la atención de los consumidores europeos, a los creadores de productos no les quedará más remedio que ir en todo un paso más allá, haciendo que sus productos sean más brillantes, más rápidos, más grandes/pequeños, más sabrosos, y así indefinidamente. En la actualidad, todo tipo de empresas está poniendo en el mercado experiencias, transformando una cena o la visita a una tienda de electrónica en una aventura extraordinaria. Volkswagen ha ideado la forma de convertir la compra de un coche en una aventura e invita a sus posibles clientes a alojarse en un hotel y vivir la «experiencia» de conducir cada uno de sus coches en un museo interactivo. Volvo ha ofrecido a los compradores de coches de EE. UU. un viaje gratuito a una de sus 27 sedes en Europa para elegir su coche nuevo.

¿Qué es lo que mueve esta búsqueda de experiencias? Cada vez es mayor el ansia de procurarse una vida plena, flexible y variada. Un número creciente de personas se está enfrentando a la vida de una manera selectiva, buscando emociones en viajes de aventura; buscando entre los lujos asequibles, como los masajes especiales y pagando la cuota de participación en círculos exclusivos, aun cuando eso sólo le dé derecho a pasar una hora en un salón de gran categoría. Nuestra misión: aprovechar todo lo posible, haciendo varias cosas a la vez siempre que podemos, para asegurarnos de que no malgastamos un solo momento.

En el futuro triunfarán las empresas que entiendan dos cosas: 1) Los coleccionistas de experiencias quieren probar el mayor número posible de cosas, de modo que las porciones deben ser manejables; y 2) sin un elemento inesperado, hay pocos motivos para repetir una experiencia (una lección que Planet Hollywood no aprendió). Dos ingredientes principales para hacer que una experiencia sea memorable son la sorpresa y la satisfacción.

¿Cómo puede un minorista seguir prosperando en un mundo en el que el listón del entretenimiento sube cada vez más? En «Welcome to the Experience Economy», un artículo publicado en *Harvard Business Review,* B. Joseph Pine II y James H. Gilmor establecieron los cinco principios del éxito que enumeramos a continuación:

- Primero, dar con un tema coherente, que impregne la experiencia entera.
- Segundo, apuntalar el tema con indicaciones positivas (ejemplo: señales que resulte fácil seguir).
- Tercero, eliminar las indicaciones negativas, los mensajes visuales o sonoros que distraigan del tema o que lo contradigan.
- Cuarto, ofrecer recuerdos que ayuden al usuario a evocar la experiencia.
- Por último, hacer que participen todos los sentidos —con imágenes, sonido, etc.— para intensificar la experiencia y hacerla más memorable.

Las compras por ordenador

Hace apenas unos años, cuando Internet se presentaba todavía como una entidad misteriosa anunciada a bombo y platillo, era lógico que los expertos en marketing se dijeran «Vale, pero ¿quién está detrás de esto?» y, a continuación se preguntaran: «¿Quién se lleva el dinero de esto?» Hoy en día, la respuesta a ambas preguntas es «montones de gente». El número de usuarios crece rápidamente, y numerosos minoristas, afianzados y nuevos, han demostrado que se puede hacer mucho negocio *on-line.*

Aunque el comercio por Internet es un medio eficaz de llegar al consumidor global de casi todas partes del mundo, la creciente importancia de este canal de ventas no significa que las tiendas de ladrillo y cemento vayan a desaparecer del panorama. No, cada vez habrá más empresas que adopten una estrategia mixta en la que se mezclen el mundo real y el comercio electrónico. Esto significa que los minoristas se verán obligados a reevaluar sus percepciones del mero valor de ventas por metro cuadrado. Tendrán que pensar en una manera de usar sus tiendas —tal vez su único contacto cara a cara con el público consumidor— para fomentar la lealtad a la marca y aumentar el gasto por cliente.

Estados Unidos

Tal como se señaló en el capítulo VII, se calcula que el 80% de las unidades familiares de EE. UU. tendrán acceso a Internet en el año 2005. En la actualidad, comprar es la actividad de Internet que experimenta el crecimiento más rápido en EE. UU., con unos ingresos que pasarán de los 524 000 millones de dólares de 1999 a una cifra estimada de 850 000 millones de dólares en 2000. Forrester Research predice que la venta al detalle *on-line* llegará a ser de 108 000 millones de dólares en 2003, y que el comercio electrónico de empresa a empresa será de nada menos que 1,3 billones de dólares en el mismo período.

Las cifras de ventas *on-line* pueden ser un poco equívocas. En

2005, los consumidores de EE. UU. gastarán más de 632 000 millones de dólares en canales fuera de Internet como resultado de búsquedas realizadas *on-line*, según una predicción de Jupiter Communications. Esto triplica con creces la cantidad que está previsto gasten directamente en la red durante ese año. La mayoría de los minoristas que utiliza canales múltiples no dispone de medios para hacer un seguimiento de las ventas en los distintos canales.

Europa

Como muchas de las prácticas de competencia desleal que frenaban el desarrollo de los servicios por Internet en Europa han ido desapareciendo gradualmente, el comercio electrónico parece listo para despegar:

- Según la International Data Corporation (IDC), el 20% de los compradores de Europa comprará regularmente *on-line* en el año 2003, es decir que se habrá triplicado con creces el número actual. Prevé un aumento de los ingresos de 10 300 millones de euros (9 850 millones de dólares) en 1999 a 124 000 millones de euros (118 600 millones de dólares) en 2003.
- Forrester Research estima que las ventas totales *on-line* (incluida la venta minorista al consumidor y la venta de empresa a empresa) llegarán a 1,6 billones de dólares en Europa para 2004, y que el comercio electrónico de empresa a consumidor por sí solo experimentará un crecimiento anual de casi el 100% hasta 2005. Dataquest vaticina que las ventas *on-line* al consumidor en Europa superararán los 115 000 millones de dólares en el año 2003.
- Al impulso del crecimiento en la categoría del consumidor contribuirán la mejora de las tiendas *on-line* y el libre acceso a Internet, que actualmente alcanza sólo al 30% de los nuevos usuarios. Los consumidores internautas europeos, según Fletcher Research, darán más importancia a la información sobre el servicio y el producto que al precio.

No todos los países europeos están aceptando el comercio

electrónico al mismo ritmo, ni de la misma manera. Según IDC, Alemania y el Reino Unido tienen actualmente más de la mitad de los compradores virtuales de Europa. Mientras el 11% de los adultos de Gran Bretaña compró artículos *on-line* en 1999, sólo lo hicieron entre el 1 y el 2% en España. Un informe de Forrester Research señala: «Los alemanes tienen el doble de probabilidades de comprar libros en línea que los holandeses, los suecos tienen la mitad de probabilidades de comprar billetes de avión en línea que los británicos y comparativamente, los franceses casi no tienen probabilidades de comprar nada.» Hay quienes atribuyen la reticencia francesa a entrar *on-line* al temor de que su lengua no sobreviva en el mundo electrónico.

Malas noticias para las tiendas virtuales europeas, Boston Consulting Group afirma que hasta el 20% del mercado minorista de Europa en Internet puede llegar a estar dominado por empresas norteamericanas. Aunque numerosos minoristas europeos han montado sitios de comercio virtual, el 93% de su negocio proviene del país de origen de la empresa. Según el informe, estas tiendas virtuales seguirán perdiendo terreno frente a sus competidores de EE. UU. a menos que conquisten el fragmentado mercado de Europa con innovadoras soluciones lingüísticas y estrategias paneuropeas.

Las tiendas virtuales de grandes marcas con base en EE. UU. han tenido éxito hasta ahora en el espacio del mercado europeo por su temprana aparición y por haber hecho grandes inversiones en marketing. Pero las empresas europeas están contraatacando abasteciendo a la diversidad de su mercado. Un ejemplo de ello es la oferta del Grupo Boxman, que ofrece sitios multilingües en ocho países europeos, un paso que le ayudó a captar el 25% del mercado europeo.

América latina

Aunque los usuarios latinoamericanos de Internet representarán apenas el 5% de los 372 millones de usuarios mundiales en 2003, según un informe de junio de 2000 de eMarketer, se prevé que la región experimente un crecimiento del comercio virtual de una cifra estimada de 3 200 millones de dólares en 2000 a 15 000 millones de dólares en 2003, impulsado sobre todo por las clases socioeconómicas más altas. Forrester Research es mucho más optimista respecto del potencial de crecimiento en el comercio virtual latinoamericano, y habla de unos ingresos de 82 000 millones de dólares en 2004, donde los principales protagonistas, Brasil y Argentina, tendrán unas ventas *on-line* de 64 000 millones de dólares y 10 000 millones, respectivamente.

Dada la escasez de tarjetas de crédito y de infraestructura de telecomunicaciones de la región, se prevé que la mayor parte de la actividad del comercio virtual de América latina a corto plazo surja de transacciones entre empresas más que de ventas a los consumidores. La relación de empresa a empresa y comercio *on-line* al consumidor puede cambiar, sin embargo, en el curso de una década. Jupiter Communications predice que si bien el número de usuarios latinoamericanos de la red se multiplicará por seis o más entre 1999 y 2005, pasando de 10,6 millones a 66,6 millones, el número de compradores *on-line* se multiplicará por los menos por dieciséis, pasando de 1,4 millones a 22,7 millones. ¿Qué comprarán? Aunque los libros y la electrónica casera han sido los productos más vendidos hasta la fecha, Jupiter afirma que en 2005, el gasto *on-line* corresponderá sobre todo a las categorías de ordenadores personales, viajes y comestibles.

Marketing en el Ciberespacio

Sumarse a la revolución del comercio virtual no significa automáticamente un aumento estratosférico de las ventas, como han descubierto muchas empresas establecidas. La compra *on-line* requiere un cambio de mentalidad, y es poco probable que éste se produzca de forma natural en las empresas más grandes. La empresa de inversión Piper Jaffray observa que sólo un reducido porcentaje de las ventas en el ciberespacio ha correspondido a páginas Web de minoristas tradicionales. Sin embargo, esto no ha desalentado a las tiendas de ladrillo y cemento de seguir la corriente del comercio *on-line*. Después de todo, el comercio *on-line* tiene un margen de beneficio un 4% más elevado que las formas de venta tradicionales, según Forrester Research.

El conjunto de marcas virtuales que actualmente ofrecen sus servicios está llevando a lo que un periodista dio en llamar la «punto com-fusión». El gran número de sitios que promueven los mismos productos y servicios *on-line*, y el hecho de que ninguna página (salvo una URL pegadiza) sea mejor que otra, significa que las empresas virtuales que no consiguen destacar entre la multitud desde el principio corren el riesgo de caer en el más absoluto de los olvidos. Las empresas «punto-com» que no tengan una publicidad de marca suficientemente distintiva y centrada en los méritos de sus propias marcas podrían acabar incluso promoviendo las marcas de sus rivales. Parece ser que una iniciativa publicitaria mal dirigida de Pets.com en EE. UU., por ejemplo, rindió enormes dividendos a su rival, Petopia.com. Un representante de Petopia manifestaba su satisfacción: «Están haciendo un trabajo excelente poniendo nuestra marca en todo el espacio.»

Según nuestros colegas de Landor Associates, es difícil conseguir un punto singular de diferencia en el campo de la tecnología, donde todos parecen estar haciendo algo nuevo y diferente. Aun cuando se consiga la diferenciación, eso no garantiza el éxito comercial. La fama de ser innovador virtual o de ser el primero en saltar al comercio *on-line* no tiene por qué traer aparejado el predominio de la marca: es preciso acompañarlo de un mensaje constante, significativo de la marca, para asegurarse las compras habituales y reiteradas del consumidor *on-line*.

Difundir la palabra

A la causa de las tiendas en la red de todo el mundo contribuye el marketing vírico, el boca a boca de la era digital. Con el sencillo hecho de agregar su marca a cada mensaje enviado, el proveedor de correo electrónico gratuito Hotmail, con base en Internet, constituye uno de los mayores éxitos en la historia del marketing vírico. Otros son el de la sueca LetsBuyIt.com, que permite a grupos de consumidores ofrecer precios bajos sobre toda una gama de productos, y la gigantesca tienda virtual Amazon.com, que montó sus filiales Amazon como un programa de consulta con participación en los beneficios.

Hay múltiples maneras de convencer a los consumidores para hacer marketing vírico para la marca de uno. Tal como ya dijimos, los planes de compra con descuento de grupo pueden tener mucho éxito. Otros comercializadores prefieren la opción de ofrecer *e-mail* con marca. Este sistema puede funcionar también con las marcas del «mundo real» que quieren trasladar su imagen a Internet. Los medios de comunicación han informado de que la revista *Vogue*, por ejemplo, piensa ofrecer a sus clientes un servicio de *e-mail* gratuito con una dirección terminada en «Vogue.com». Si el plan tiene éxito, el servidor Vogue.com aparecerá en los ordenadores de todo el mundo de forma que parezca una recomendación personal del producto. Puede preverse una inundación de direcciones electrónicas con marca cuando las empresas del «mundo real» y de Internet despierten a la posibilidad de presentarse como «conectores.» (Atención: mientras que una publicación elegante de primera línea como *Vogue* encontrará un mercado dispuesto para su correo electrónico entre los consumidores que deseen definirse e identificarse como lectores de *Vogue*, es probable que las marcas menos atractivas tengan más problemas para convencer a los consumidores de que usen su dirección como «conector».)

Las incubadoras de empresas

Desde las áreas en declive industrial norteamericanas hasta las comunas ociosas de Ucrania, desde el subcontinente indio hasta el valle tecnológico del Sinaí, en Egipto, una nueva forma de iniciativa cooperativa está ayudando a lanzar a cientos de pequeñas y medianas empresas a la nueva economía. Las incubadoras de empresas, con paquetes llave en mano que combinan servicios financieros, apoyo de alta tecnología y planificación empresarial con instalaciones tradicionales tales como espacio y equipo de oficina compartido, están haciendo de catalizadores para miles de empresas que se inician. Una incubadora de empresas imparte cursos de choque efectivos sobre gestión práctica, ayudando a los neófitos a fortalecer sus alas.

Según la Asociación Nacional de Incubadoras de Empresas (National Business Incubation Association, NBIA) con base en Athens (Ohio), sólo en EE. UU. hay más de seiscientas incubadoras de empresas, y en todo el mundo son más de 1 500. El informe de 1998 sobre el Estado del Sector de las Incubadoras de Empresas de la NBIA, en EE. UU., las incubadoras han sido responsables de la puesta en marcha de casi 19 000 empresas que siguen funcionando, habiendo sumado casi un cuarto de millón de empleos a la plantilla laboral.

Las incubadoras pueden formarse a partir de recursos obtenidos de oficinas gubernamentales, universidades y organizaciones sin fines de lucro creadas para el fomento de las empresas. También pueden ser entidades corporativas cuyo objetivo es reducir los posibles beneficios. Sea cual sea su formato, las incubadoras de empresas han demostrado ser iniciativas productivas a lo largo de los veinte últimos años. Twinning, con sede en Amsterdam, dirigida por el antiguo ejecutivo informático Roel Pieper, fue pionera en el concepto de incubadora en Europa y sólo en 1999 ayudó a poner en marcha cuarenta nuevas empresas.

La inversión corporativa y las sociedades de obras públicas

Ansiosas de participar en los comienzos de las empresas que pueden ganar mañana miles de millones, las empresas están dispuestas a echar una mano. En Inglaterra, por ejemplo, Microsoft ha hecho una fuerte inversión en la zona de Silicon Fen en torno a Cambridge. En 1997, el gigante de la informática invirtió cincuenta millones de libras para montar un laboratorio de investigación en Cambridge, y otros diez millones en las iniciativas tecnológicas del área de Cambridge.

Diversas combinaciones de financiación privada y pública alimentan otros proyectos de todo el mundo:

- La Organización para el Desarrollo Industrial de las Naciones Unidas está apoyando el crecimiento de programas de incubación con cooperación académico-gubernamental en Colombia, fomentando parques industriales en Ecuador y asesorando a funcionarios pakistaníes sobre la forma en que pueden ayudar las incubadoras a suavizar el impacto social de la privatización.
- El International Technology Research Institute está gestionando un programa piloto para crear su Programa de Desarrollo de Incubadoras de Empresas en Kíev y Kharkiv (Ucrania). Lo que se pretende es ayudar al sector de tecnología de las pequeñas empresas en una región que está tratando de reaprovisionarse después de setenta años de planificación centralizada.
- El Programa de Incubación de Empresas del Industrial Technology Centre de Hong Kong está tratando de ayudar al creciente sector de Internet de la China continental apadrinando a las empresas especializadas en multimedia, funcionamiento en la red, software y sistemas, microelectrónica y componentes y telecomunicaciones. Hasta el momento, el programa ha ayudado a más de 75 empresas de alta tecnología.
- El gobierno egipcio ha montado el Programa de Fomento de la Tecnología para que actúe como catalizador del sector de alta tecnología, al cual ha identificado como factor crucial para aumentar el nivel de vida de la población de Egipto.

Tendencias probables

Las redes económicas: A medida que aumente la actividad de las incubadoras, puede preverse un aumento del trabajo interconectado de las empresas acogidas dentro de la misma incubadora. Por ejemplo, la incubadora brasileña Ideia tiene pensado utilizar el espacio publicitario de una empresa que se inicia para promover el arranque de otra.

Competidores globales: No hay que perder de vista los cambios de la economía global cuando las regiones subdesarrolladas empiecen a incorporarse a la economía de Internet sin tener que crear y mantener la costosa infraestructura necesaria para soportar la economía tradicional que se basaba en la industria.

La privatización

En todo el planeta, la privatización está anunciando el fin de las antiguas e ineficaces industrias estatales, en sectores que van desde la energía hasta las telecomunicaciones. Ofrece a las empresas nuevas oportunidades y da a los consumidores mayor capacidad de elección, pero esto no se consigue sin costes humanos. Los informes de la *Lloyd's List* revelan que en América latina y el Caribe, miles de trabajadores se han quedado sin trabajo debido a la privatización del sector portuario. En China, grupos de estudiantes y sindicatos se oponen a la privatización de los servicios públicos por miedo a que aumente el desempleo y aumenten las diferencias entre ricos y pobres.

Los nuevos mercados

Después de haberse impuesto en Europa y partes de Asia, la privatización está empezando a penetrar en Próximo Oriente. Irán la está aplicando como forma de lanzar su economía, y los países del Golfo están avanzando cautelosamente hacia la producción privada de energía para atender a la demanda de la industria y de la población. Egipto se ha comprometido a abrir sus sectores de la construcción, las finanzas, el turismo y el transporte a los inversores extranjeros; igual camino pueden seguir las telecomunicaciones.

La revista de la Corporación Financiera del Banco Mundial informa de que una nueva generación de líderes de varios países africanos ha puesto en marcha ambiciosos programas de privatización. La entrada de una segunda empresa de telecomunicaciones de ámbito nacional ha puesto servicios asequibles al alcance de la población de Uganda, un país con una de las tasas más bajas del mundo de penetración de líneas fijas. La privatización ha transformado también la Fábrica de Cerveza de Tanzania, una empresa estatal que siempre daba pérdidas, en una de las empresas más rentables del país.

Los economistas chinos sostienen que las empresas del Estado no hacen más que añadir más producción excedente, que ha inundado el país de productos invendibles. Aunque los jefes del Partido Comunista han descartado repetidas veces la privatización, el gobierno ha prometido «alentar y guiar» la entrada de empresas de propiedad privada y de otras no administradas por el Estado. También en Asia, el gobierno de la India ha anunciado sus planes de privatización de las aerolíneas indias y de las empresas de panadería del sector público.

Tendencias probables

Venta de ingenios: Al aumentar el número de países que pone en marcha medidas de desregulación y privatización, los expertos extranjeros ofrecen su asesoramiento y su experiencia. Por ejemplo, las empresas francesas, con años de experiencia en el «uso de empresas públicas y privadas para gestionar obras públicas», están ayudando ahora a Kuwait a hacer la transición, según informa el *Kuwait Times.*

El poder de la marca: Las empresas públicas sucederán a los «punto-coms» como nueva frontera de las marcas.

Pujar por todo: Atención a la transformación que introducirá Internet en el negocio mayorista de la energía, donde las guerras de ofertas *on-line* sustituirán a las relaciones personales.

El aire que respiramos: A medida que aumente la contaminación ¿llegará a privatizarse el aire puro? Día llegará en que las empresas avispadas se ofrezcan a bombear aire puro en nuestras casas u oficinas... por un precio.

En el saco: En Gran Bretaña, es posible que a corto plazo los consumidores puedan comprar la electricidad y el gas en el supermercado. La firma ICL, de IT, predice que Tesco y otras cadenas de confianza ofrecerán servicios de valor añadido a sus clientes habituales.

Los piratas de los negocios

No hace falta un título de Stanford ni del INSEAD para triunfar en los negocios, especialmente si se es una persona mañosa. Según el gurú de la gestión Charles Handy, algunos de los empresarios de más éxito en el mundo —individuos que han creado algo importante de la nada— tienen tres características en común: dedicación, tenacidad y «diferencia». También señala que muchos de ellos no poseen los tradicionales masters en administración de empresas.

Al igual que sus antepasados del mundo empresarial, los piratas de los negocios de hoy están abriéndose camino gracias a la identificación precoz de nichos de mercado y de tendencias sociales. Pero, a diferencia de las generaciones anteriores, también se están aprovechando de su acceso a la tecnología. Desde EE. UU. hasta América latina, desde Australia hasta Europa, los empresarios «lumbreras» son una generación de prospectores virtuales que tratan de hacerse con un territorio en la mayor fiebre del oro desde Klondike. Para montar un negocio en la red no se necesita un gran capital inicial ni lujosos locales de venta al público. Basta con tener una idea original.

América latina es un mercado lleno de lo que *Business Week* denomina «millonarios a la espera» en Internet. Carlos Slim Helu, que controla la telefonía en México y es el hombre más rico de América latina, y StarMedia Network, la empresa de altos vuelos de los medios de comunicación en Internet, dirigida por Fernando J. Espuelas, un director ejecutivo de 33 años, se cuentan entre los grandes protagonistas dispuestos a saltar sobre el negocio *on-line* latinoamericano.

Ir o no ir a la universidad

En el Reino Unido por lo menos, carecer de una carrera universitaria no tiene por qué ser un obstáculo para triunfar en los negocios, a juzgar por una encuesta del periódico *Sunday Business.* Dos tercios de los principales empresarios de Gran Bretaña no tienen título universitario, y 66 de los cien primeros abandonaron el sistema educativo antes de licenciarse. No obstante, en economías menos complejas, una educación académica sigue considerándose un activo importante. Las escuelas de negocios de EE. UU. y Europa han registrado un aumento espectacular en las solicitudes de masters en administración de empresas de estudiantes de Rusia. A pesar de su coste, los rusos están ansiosos de adquirir una preparación para los negocios que tenga mayor aceptación en el mercado. También en China se aprecia una enorme demanda de este tipo de formación, a la que los empresarios ven como un paso adelante en el avance económico.

Tendencias probables

1:1 marketing on-line: Según la Direct Marketing Association de EE. UU., el 48% de las empresas de este tipo usan servicios *on-line* para las ventas y el marketing. Red Screen Talk, un producto de Sky Alland Marketing, ha ampliado la interacción con el cliente para los vendedores *on-line.* Red Screen Talk, que representa un avance respecto de los formularios de respuesta automatizada y de las opciones genéricas de «contact@», soporta servicio al cliente en tiempo real en forma de moderno foro de debate privado (el equivalente en Internet de «operadores a la espera») y también una función de «Rellamada en la red» que permite a los clientes programar una hora adecuada para recibir una llamada de seguimiento.

La formación comercial: En EE. UU., los padres preocupados por el futuro de sus hijos insisten en que se integre la formación comercial en los planes de estudios de la escuela pública desde las edades más tempranas, dando lugar a un debate a gran escala sobre si la empresa privada tiene cabida en las escuelas públicas, y hasta qué punto la tiene. Los padres partidarios de la formación comercial encuentran extraños apoyos en los grupos políticos conservadores recalcitrantes, que consideran estos planes de estudios como un medio para calmar a los receptores del bienestar futuro; los liberales insisten en que la escuela pública siga siendo una zona de mentalidad libre no mancillada por las fuerzas del capitalismo.

Disputándose a los inmigrantes: Según un estudio realizado por el Instituto de Política Pública (Public Policy Institute, PPI) de California, inmigrantes cualificados de China, Taiwan y la India dirigen actualmente una de cada cuatro empresas de Silicon Valley. El PPI anuncia que la preocupación pública por la posibilidad de que los trabajadores nacidos en el extranjero desplacen a los locales será reemplazado por un reconocimiento de cómo los empresarios extranjeros crean puestos de trabajo, riqueza y vínculos económicos globales.

Consorcios en la red: Lo previsible es que cada vez más empresas *on-line* se unan en un esfuerzo por realizar mayores economías de escala. Uno de los ejemplos más notables es el de Air France, American Airlines, British Airways, Continental Airlines Delta Air Lines y United Airlines, que llegaron a un acuerdo para invertir un total de cincuenta millones de dólares para crear y explotar un sitio en la red a través del cual comprar y vender elementos tales como combustible, aviónica y piezas para los motores, así como servicios de mantenimiento. De un modo similar, los principales minoristas de Europa y EE. UU. se han unido para crear un mercado de comercio virtual de empresa a empresa denominado WorldWide Retail Exchange. Las empresas, entre las que figuran Tesco, Auchan, Royal Ahold y Kmart, esperan que este ámbito de compensación les permita reducir costes y les facilite las transacciones con más de 100 000 proveedores, socios y distribuidores.

Nuevos planes de incentivo: Visa Internacional ha anunciado planes para ofrecer incentivos financieros a los bancos emisores y atraer a mayoristas cuyos puntos de venta admitan tarjetas inteligentes. En primer lugar se dirigirán a los mayoristas del sector turístico y dentro de las ciudades de EE. UU. que sirven como centros internacionales, por ejemplo Nueva York y San Francisco. En la India, la creciente competencia está obligando a los mayoristas a ofrecer incentivos innovadores a fin de que los minoristas tengan existencias de sus productos y los expongan en lugares destacados. Por ejemplo, el Club de Prestigio de Productos Personales de HHL ofrecerá a los grandes minoristas una tarjeta de crédito del Citibank de marca compartida que otorgue «puntos de prestigio» a cambio de actividades promocionales. Los minoristas pueden compensar puntos contra compras hechas con la tarjeta, que también ofrecerá ventajas tales como seguros de vida y de hogar.

Cortar cupones: Los cupones *on-line* están ganando popularidad. Según un estudio realizado por NPD OnLine Research, más de la mitad de los encuestados dijeron que se habían enterado de los cupones virtuales mientras navegaban por la red, el 27% respondió a anuncios *on-line*, y el 7% recibió la información a través de parientes o amigos. Un buen 80% de los que tenían conocimiento de los cupones dijeron que los usarían más menudo en el futuro. En el presente, el mercado está dominado por dos sitios: coolsavings.com (con una cuota del 51%) y ValuePage.com (35%).

Agentes de compra inteligentes: La tecnología de Frictionless Commerce, con sede en Cambridge (Massachusetts), ayuda a los usuarios a clasificar productos por su rendimiento de acuerdo con los criterios elegidos por ellos mismos, sopesando, por ejemplo, la facilidad de uso frente a la calidad del servicio. Sólo cuando ya está elegido el producto, entran en juego criterios tales como el precio y la disponibilidad. El modelo puede aplicarse a un número ilimitado de productos: Frictionless formó equipo con Wingspan-Bank.com, por ejemplo, para ayudar a los consumidores a elegir fondos de pensiones.

CAPÍTULO XV

Dinero falso

No es casualidad que los bancos parezcan templos, preferiblemente templos griegos, ni que los suplicantes que acuden a realizar los ritos del depósito y el reintegro instintivamente bajen la voz hasta adoptar el tono del temor de Dios. Hasta los cajeros más noveles adquieren a las pocas semanas de ocupar su puesto la oficiosidad de los hierofantes que vigilan una llama eterna. No sé cómo se inician tan rápidamente en los misterios del culto, ni quién los instruye en las inflexiones precisamente articuladas del desprecio por el lego, pero de algún modo aprenden a pensar de sí mismos que son proveedores del ADN monetarizado que es el soplo de la vida.

LEWIS H. LAPHAM, *Money and Class in America*

«El amor por el dinero es la raíz de todos los males», dice el Nuevo Testamento. Eso no es cierto, dijo el escritor inglés Samuel Butler, quien sostuvo que la raíz de todos los males es la falta de dinero. Somerset Maugham comparó el dinero con un «sexto sentido sin el cual no se puede hacer un uso pleno de los otros cinco». El economista norteamericano John Kenneth Galbraith afirmó que el dinero, «junto con el amor, es la mayor fuente de goce del hombre, y junto con la muerte, su mayor fuente de ansiedad». Y el escritor español Miguel de Cervantes consideró al dinero en términos pragmáticos cuando escribió en *Don Quijote* que «un poco en el propio bolsillo es mejor que mucho en la bolsa de otro hombre».

En los albores del siglo XXI, el dinero ha adoptado tantas formas que a muchos de estos autores les resultaría difícil identificarlo. Desde las tarjetas de plástico de crédito y de débito hasta los certificados de depósito y el dinero electrónico, gran parte del dinero que tenemos hoy en día realmente parece que no existe. No tenemos monedas que hacer tintinear en la mano, ni billetes para guardar en el bolsillo, ni gemas que podamos admirar bajo las luces brillantes. Todo lo que tenemos son trozos de papel, o píxeles en la pantalla de un ordenador, que nos dicen que tenemos dinero por ahí... en algún lugar. Gran parte de la fortuna que poseemos en estos días no tiene el aspecto del dinero, ni tiene el tacto del dinero. Sólo podemos confiar en que funcione como dinero cuando llegue el momento de gastarlo. (Y tenemos que confiar en que siga estando allí, porque para quienes tienen dinero invertido, el nivel de riqueza puede fluctuar hasta tal punto que la mitad o más de ella puede evaporarse prácticamente de la noche a la mañana.)

Vivamos donde vivamos, el dinero está cambiando. Y también están cambiando las instituciones que lo salvaguardan y lo administran. De hecho, se podría sostener, sin temor a equivocarse, que ningún sector renace, muta, se reorganiza y se redefine a mayor velocidad que el negocio del dinero. Y este cambio empieza en el banco de nuestro barrio, el lugar donde tradicionalmente guardábamos nuestro dinero, invertíamos nuestro dinero, pedíamos dinero prestado y, tal vez lo más significativo, donde se administraba nuestro dinero. Para un número cada vez mayor de personas, el banco del barrio ha dejado de existir. Cuando Ann y su familia se trasladaron de Florida a Connecticut, no se molestaron en abrir una cuenta en un banco de Connecticut. En lugar de eso, siguen haciendo sus operaciones bancarias a través de una subsidiaria de su compañía de seguros con sede en Texas. Giran sus depósitos y el banco les reembolsa las comisiones de cajero automático que les cobran las instituciones locales. En su caso, el hecho de reunir en una sola institución su hipoteca, el seguro de su casa y de su coche, la gestión de sus inversiones y los servicios bancarios, les proporciona una especie de sensación de «comunidad». Confiar estos servicios a un solo asesor de confianza es una manera de tener una sensación de constancia y control en un mundo que fluctúa constantemente.

Otros consumidores no están tan dispuestos a renunciar al contacto directo con el banco local. Pero ¿cuánto tiempo más podrán elegir? Ya hay bancos que han empezado a cobrar por el privilegio de hacer transacciones comerciales a través de un cajero. Otros limitan el número de llamadas telefónicas que se pueden hacer cada mes a sus representantes del servicio al cliente. Está en marcha la tendencia a la automatización local de servicios estándar, como la transferencia de fondos, la comprobación del estado de cuenta y los depósitos. Y las instituciones financieras tienen a la historia de su parte en lo tocante a convencer a los consumidores de que adopten las nuevas tecnologías, especialmente cuando vienen acompañadas por el caramelo de la comodidad. Al fin y al cabo, los cajeros automáticos fueron la primera experiencia que tuvo mucha gente con un ordenador.

En este capítulo se analizarán en detalle algunas de las tendencias primarias que determinarán la forma en que haremos nuestras transacciones financieras en el futuro inmediato.

Presente y futuro

El dinero se transforma en alta tecnología

Lo más probable es que llegue un momento en que el dinero contante y sonante no entre en el entorno del comercio minorista. El dinero electrónico es una tarjeta de débito electrónica, completamente anónima, con un chip informático incorporado. Fue pensado para sustituir al dinero (no a las tarjetas de crédito ni a los cheques). Esta innovación tiene un potencial inmenso. Si bien un 82% estimado del valor de las transacciones en dólares que se hacen a diario se producen de forma electrónica (es decir, compras con tarjeta de crédito y transferencias bancarias), aproximadamente el 85% de las transacciones financieras reales se hacen al contado. Entre los ejemplos de dinero electrónico que ya funciona figuran las tarjetas telefónicas de pago previo y las tarjetas de débito del metro y los autobuses, como la MetroCard, que se utiliza en los sistemas de transporte en Nueva York. Por lo general, las máquinas expendedoras y otros dispositivos de autoservicio se utilizan como paso introductorio.

Al igual que el dinero electrónico, las tarjetas inteligentes llevan incorporado un chip informático que rastrea el gasto y almacena información sobre los consumidores, por ejemplo sus preferencias en materia de productos y sus costumbres adquisitivas. Se considera que una tarjeta inteligente es más segura que el dinero electrónico ya que no funciona sin un número de identificación personal. Entre otras aplicaciones, la tecnología puede usarse para los cupones electrónicos del supermercado, billetes de avión no emitidos en papel y los historiales médicos electrónicos.

Por irónico que resulte, el dinero de alta tecnología (el dinero electrónico y las tarjetas inteligentes) es algo que todavía pertenece al futuro en EE. UU. obsesionado por la informática, mientras que los europeos ya viven una vida de dinero de plástico inteligente. La inmensa mayoría de los consumidores daneses, por ejemplo, paga la mayor parte de sus facturas y realiza sus transacciones más importantes por vía electrónica; las tarjetas de débito han reemplazado en gran parte a los cheques. Según International Data Corp., las tarjetas inteligentes se han convertido en una de las áreas de crecimiento más rápido de la tecnología de la información en Europa. IDC estima que hay más de mil millones de tarjetas inteligentes con microprocesadores en circulación en el continente, con aplicaciones entre las que figuran el comercio electrónico seguro, aplicaciones en la red, intranets, extranets y aplicaciones de grupos de trabajo. Entre las preocupaciones que obstaculizan la adopción de las tarjetas inteligentes en EE. UU. está la dificultad para hacer un seguimiento de los productos (que podría beneficiar a los evasores de impuestos y a los narcotraficantes), la dificultad para cobrar impuestos sobre las transacciones en el ciberespacio (¿dónde se produjo la transacción?), cuestiones relacionadas con quiénes deberían emitir el dinero electrónico (a diferencia del dinero con garantía del gobierno, el dinero electrónico pierde su valor si la entidad emisora entra en bancarrota) y las posibilidades de falsificación.

Lo más probable es que las tarjetas inteligentes superen todos estos obstáculos y lleguen a tener aceptación en todo el mundo. Las ventajas que ofrecen a las empresas y a los consumidores son demasiado contundentes como para pasarlas por alto. Un estudio de Killen & Associates, titulado «Non Banks' Smart Card Strategies: New Opportunities to Increase Sales and Profits» («Estrategias de las tarjetas inteligentes no bancarias: nuevas oportunidades para aumentar las ventas y los beneficios») llegó a la conclusión de que las empresas telefónicas están en una posición ideal para aplicar las tarjetas inteligentes a la captación de una cuota significativa del floreciente mercado del dinero electrónico y los pagos por Internet. Killen advierte que estos mercados habrán crecido desde un total mundial de 250 millones de transacciones en 1996 a 25 000 millones en 2005. Puesto que los proveedores introducirán y comercializarán decididamente tarjetas de valor almacenado (dinero ya depositado contra compra, conocido también como prepago) y tarjetas inteligentes, en el año 2005 el 30% de dichos pagos se hará mediante tarjetas inteligentes, según estimaciones de la empresa.

El economista ganador del premio Nobel Milton Friedman ha pronosticado que formas anónimas, indetectables, electrónicas de dinero llegarán a ser corrientes en el nuevo siglo, con enormes implicaciones económicas y políticas. Si dentro de la economía global conectada todos negociaran acciones y compraran bienes por medios electrónicos, la región con las tasas fiscales más bajas acabaría llevándose la parte del león en las transacciones. Un paraíso fiscal como Bermudas podría convertirse en un centro financiero y comercial al emitir su propio dinero electrónico imposible de identificar.

Como signo de lo que nos espera, Visa, el gigante de las tarjetas de crédito, ha extendido su tecnología Smartcard (tarjeta inteligente) a Malasia y Singapur, y espera eliminar progresivamente las tarjetas con banda magnética en toda la región de Asia y el Pacífico de aquí al 2006, según el *Business Times* de Malasia. Como los microchips de las tarjetas inteligentes pueden almacenar muchos más datos que las bandas magnéticas, los bancos podrán ofrecer más servicios al cliente mediante relaciones de afinidad con los minoristas, las líneas aéreas o los servidores de telecomunicaciones. Las tarjetas pueden servir como tarjetas de crédito o de débito, ser usadas para identificación personal y almacenar datos para programas de viajeros frecuentes u otros programas de fidelidad. Los usuarios de las tarjetas podrán optar entre sistemas de seguridad basados en la firma o en un PIN.

Tomates en la nave 1, fondos especulativos en la nave 2

Aunque los servicios financieros han estado dominados tradicionalmente por bancos reconocidos, compañías de seguros y otras organizaciones por el estilo, actualmente se enfrentan a la competencia de marcas sin antecedentes en el mundo de las finanzas. Las cadenas de supermercados y los fabricantes de coches son sólo algunos de los actores que pretenden introducirse en el mercado. En el Reino Unido, los supermercados Tesco, Sainsbury's y Safeway tienen «bancos de marca», y los grandes almacenes Marks & Spencer ofrecen servicios financieros tales como préstamos personales, ahorros e inversiones y seguros de vida.

En otros lugares de Europa, los fabricantes de coches VW y BMW, la cadena de supermercados francesa Carrefour y las tiendas de muebles suecas IKEA ofrecen toda una gama de productos financieros. VW, por ejemplo, tenía más de 250 000 clientes para sus productos financieros en la primavera de 2000 y, según se dice, realiza casi todas sus operaciones por teléfono o por Internet. En el momento en que se escribió este libro, Carrefour había anunciado planes para crear un portal en Internet ofreciendo una gama ampliada de servicios financieros además de otros productos. Su objetivo declarado es llegar a ofrecer servicios financieros en ocho países en 2003.

Japón también está maduro para que organizaciones no bancarias se introduzcan en el mercado. La cadena de tiendas de conveniencia Seven-Eleven Japan Co. ya ha solicitado una licencia bancaria e instalará cajeros automáticos propios en sus tiendas. Y Sony Corp. tiene pensado ofrecer préstamos y otros productos a sus clientes minoristas, fundamentalmente *on-line.*

Según *The Economist,* algunos bancos se están introduciendo realmente en el mercado de «etiqueta privada», realizando operaciones de «oficina de apoyo» para los operadores no bancarios que se introducen en el mercado. El Royal Bank of Scotland, por ejemplo, apoya el servicio bancario de los supermercados Tesco y se ocupa del procesamiento para el banco First-e en Internet.

Por supuesto, no son sólo los bancos los que se encuentran asediados. Las compañías de seguros también están reuniendo fuerzas para enfrentarse a una competencia cada vez mayor, incluida la que le plantean los «supermercados» de seguros *on-line.* Forrester Research predice que en 2005, aproximadamente el 20% de todos los seguros generales se venderán a través de Internet, la mayoría a través de los supermercados *on-line* formados por una combinación de empresas nuevas, tiendas de seguros y corredores de seguros. Socavarán el sector tradicional de los seguros y crearán marcas usando Internet y la televisión interactiva. Puede que veamos también el surgimiento de sociedades de marca con sitios aliados relacionados con cosas tales como la salud, los viajes, el sector inmobiliario y los coches.

¿Cómo atraerán clientes las empresas que no tienen experiencia en el mundo de las finanzas? Todo depende de la familiaridad y la confianza. Si confiamos en una empresa para fabricar un coche o productos de calidad para el hogar o para que nos venda alimentos fiables, confiarle nuestras inversiones o nuestros seguros es sólo un paso más. La mayoría de los recién llegados compite con empresas financieras de prestigio ofreciendo la ventaja de servicios bancarios *on-line* y por teléfono, un servicio al cliente de primera y precios competitivos. Según un informe aparecido en *Retail Banker International,* el Centre for the Study of Financial Innovation (CSFI), con sede en Londres, predice que los operadores no bancarios se harán aproximadamente con una cuota del mercado del 10% en el Reino Unido, cuando su penetración era de alrededor del 1-2% en 1999. CSFI también prevé que los operadores no bancarios se conviertan en una fuerza significativa en Europa Continental.

La falsa sucursal: La banca electrónica

Hace apenas quince años empezaban a ponerse de moda los cajeros automáticos. En la actualidad, son una parte tan importante de la actividad bancaria que al menos un banco ha empezado a cobrar una pequeña comisión a los clientes que se empeñan en tratar con un cajero humano. Tras el éxito de los cajeros automáticos, algunos bancos empezaron a animar a sus clientes a pagar sus recibos, a transferir fondos de una cuenta a otra y a realizar otras transacciones por teléfono. A esto le siguió la llegada de la banca en Internet, que promete poner patas arriba la banca tradicional.

En los años venideros ya no habrá necesidad de tener sucursales bancarias locales en todas las ciudades. Según una predicción del banco de inversión J. P. Morgan de EE. UU., el número de europeos que realiza sus operaciones bancarias *on-line* prácticamente se triplicará entre 2000 y 2003, pasando de 20 a 55 millones. J. P. Morgan prevé que en 2003 los servicios financieros *on-line* en Europa alcanzarán un volumen de 440 000 mil millones euros, o sea un suculento 15% del mercado. La banca Morgan predice también que los bancos en Internet capaces de atraer a los clientes más acaudalados podrían reducir los beneficios de los mayores bancos de Europa en 7 000 millones de euros.

«Estamos asistiendo a la invasión de los arrebatadores de clientes. Poner *on-line* el negocio existente en Internet no basta», declaró Huw van Steenis, analista de finanzas electrónicas de J. P. Morgan al *Financial Times.* J. P. Morgan predice que Suecia tendrá el 50% de los clientes bancarios *on-line,* seguida por Suiza, con un 36% y Alemania, con un 25%.

Mientras tanto, el número de norteamericanos que hace sus gestiones bancarias *on-line* crecerá al menos hasta los 24,2 millones de aquí a 2002, según un informe de Cyber Dialogue. El 62% de los que hacían sus operaciones bancarias *on-line* en 1999 también gestionaba sus inversiones en ese medio, el 33% adquiría información sobre seguros *on-line,* el 25% negoció sus inversiones, el 24% revisó la información sobre hipotecas y el 16% había solicitado una tarjeta de crédito *on-line.*

Cyber Dialogue hizo también la observación de que en EE. UU. los bancos regionales y comunitarios que no ofrecen el servicio de pago de facturas *on-line* corren el riesgo de perder los clientes entendidos en Internet a manos de los bancos nacionales que sí ofrecen el servicio. Un estudio realizado por Cyber Dialogue en 2000 llegó a la conclusión de que el 85% de las personas que pagan sus facturas *on-line* y que son clientes de bancos nacionales, se valen del sitio en Internet de su banco principal para pagar sus facturas, frente a sólo el 58% de los pagadores de facturas *on-line* que son clientes de bancos regionales o comunitarios. De éstos, el 22% recurre al servicio de terceros para pagar sus facturas *on-line*, y el 19% utiliza el sitio de otro banco. Por comparación, sólo el 8% de los pagadores de facturas *on-line* que son clientes de bancos nacionales se valen del servicio de terceros para pagar sus facturas, y sólo el 4% usa el sitio de un banco alternativo.

«Al haber extendido sus aplicaciones de pago electrónico de facturas durante el último año y medio, los bancos nacionales han sacado ventaja de su posición como instituciones financieras merecedoras de confianza para pasar a sus clientes a estos servicios y adquirir otros nuevos —dice Sam Callard, socio analista de Cyber Dialogue—. Los actores regionales y comunitarios menos importantes tendrán que reaccionar pronto si no quieren empezar a perder clientes valiosos.»

Creación de marcas globales

En el futuro, del mismo modo que los bancos comunitarios empiezan a sentir la presión de las marcas nacionales, éstas tendrán que presentar batalla a las marcas globales para conservar su cuota de mercado. Un protagonista clave en la banca electrónica global es Unofirst, constituido en marzo de 2000 como resultado de la fusión por 2360 millones de euros de Uno-e [propiedad del Banco Bilbao Vizcaya Argentaria (BBVA) de España y Terra Networks] y First-e, el banco en Internet con sede en Dublín. Asintiendo al localismo global, Unofirst usa la marca First-e en el norte de Europa, Asia, y EE. UU., y la marca Uno-e en las plazas fuertes del banco español en el sur de Europa y América latina. El grupo gastará 325 millones de libras para expandirse en EE. UU., América latina y Asia. El BBVA empezó a extender la banca y los servicios financieros en Internet en España, Gran Bretaña y Alemania en abril de 2000.

Business Week señaló en el momento de la fusión que el competidor principal de Unofirst en la banca virtual global puede ser el Banco de Santander, cuyo director general, Ángel Corcóstegui, cerró una alianza con el corredor latinoamericano de bolsa *on-line* Patagon en parte porque convenció al fundador de Patagon, de 26 años de edad, Wenceslao Casares, de que era un forofo de Internet. «Fui dispuesto a ver a un dinosaurio —dijo Casares—, y me encontré con un tigre.»

En estas etapas tempranas de la banca electrónica, se suele tratar de atraer al cliente con incentivos. Cuando Uno-e se lanzó en España, por ejemplo, acreditó a sus primeros 40 000 clientes 5 000 pesetas en sus cuentas. Entre otros incentivos figura la posibilidad de comparar para encontrar las mejores condiciones para una hipoteca, el interés más elevado para una cuenta de ahorros, etcétera. La banca electrónica también ofrece la ventaja de poder hacer las operaciones las 24 horas del día, y de ser una sucursal sin sede física. Hay ciertos indicios de que la banca *on-line* será de mayor utilidad para los clientes acaudalados a los que están dirigidas, sobre todo, las campañas de las empresas que se inician en Internet. De tener éxito con este grupo de clientes, es muy posible que dejaran a los bancos tradicionales ocuparse de las cuentas relativamente poco provechosas.

En su mayor parte, la competencia no proviene de los verdaderos bancos de Internet (que son pocos y muy distantes entre sí) sino de las instituciones que tienen presencia tanto en Internet como en la vida real. En Francia, BNP Paribas ha anunciado planes para invertir 690 millones de dólares en operaciones *on-line* entre 2000 y 2003, según una información de *The Economist.* El banco holandés ING tiene previsto emplear unos dos mil millones de euros a lo largo del mismo período. En Alemania, el Deutsche Bank dice que gastará 1 000 millones de dólares al año. Muchas instituciones reconocidas tienen en proyecto productos y servicios tanto financieros como no financieros para ofrecer a través de sus sitios y portales en la red.

Una cuestión clave para los bancos establecidos que quieren crear una presencia *on-line* es si romper con la tradición e inventar una nueva marca (lo cual implicaría gastar millones en campañas de promoción y publicidad para darse a conocer a los consumidores) o trasladar al ciberespacio su nombre y su reputación consolidados. Entre los que han optado por el primer enfoque figuran Egg, de Prudential, Uno-e del banco español BBVA, y e-cortal, del BNP Paribas de Francia. Por el segundo se han decidido bancos tan tradicionales como Barclays del Reino Unido —que promueve su servicio *on-line* con el lema «Su nombre moderno es Barclays»— y American Express, que ha optado por «banca *on-line* con una empresa que lleva más de una semana funcionando».

Otros bancos forman equipo con proveedores de servicios en Internet o con portales. La subsidiaria *on-line* del Commerzbank de Alemania, Comdirect, por ejemplo, está aliada con ISP T-on-Line, y el BBVA de España está vinculado a Telefónica. También es posible lo contrario, es decir que portales tan importantes como Yahoo! y AOL se pasen al sector de la banca. Puede que asistamos también al surgimiento de sitios «globalizadores», que permitan a los consumidores manejar todas sus finanzas —desde fondos de pensiones hasta banca personal, seguros y declaración de la renta— en un solo lugar con una contraseña universal.

La banca móvil

La nueva generación de teléfonos móviles que emplea la tecnología WAP (Wireless Application Protocol, o protocolo de aplicación inalámbrica), está llamada a revolucionar la banca minorista. Meridien Research, con sede en EE. UU., predice que en el año 2003 más del 70% de las principales instituciones financieras europeas ofrecerán servicios financieros móviles, frente a sólo el 30% de las instituciones financieras de EE. UU. La empresa Datamonitor, especialista en investigación de mercado, prevé que en 2004 más de tres millones de personas realizarán operaciones bancarias por telefonía WAP tan sólo en el Reino Unido.

El enorme potencial de la banca WAP ha conmovido a algunas instituciones financieras que fueron reacias a introducirse en la red. Algunos bancos incluso están tratando de atraer clientes regalando teléfonos WAP a los que abren nuevas cuentas.

Los analistas bancarios creen que la carrera por la supremacía tendrá lugar entre Merita Nordenbanken de Finlandia y Well Fargo, con sede en EE. UU. Merita afirma que es el banco más conectado del mundo, y cuenta con poderosas estadísticas para respaldar esa afirmación: en el año 2000, apenas el 6% de sus transacciones se realizaron en sucursales bancarias tradicionales, según *The Financial Times.* Merita empezó a ofrecer banca telefónica en 1982 y banca en Internet en 1996.

Merita ha formado sociedad con el fabricante de teléfonos móviles Nokia y con la empresa de tarjetas de crédito Visa para producir teléfonos celulares con dos chips: uno que hace funcionar la telefonía GSM normal y otro que permite a los consumidores conectarse con Visa. Un cliente provisto de este teléfono podría entrar en una tienda y cargar una compra en su tarjeta Visa pulsando un botón de su teléfono en lugar de permitir que el comerciante entre a saco en su tarjeta.

Aunque Merita está comprometida con un futuro conectado (incluso con banca a través de la televisión interactiva), no tiene pensado cerrar todas sus sucursales. Según explicó su primer vicepresidente, Matti Karvonen, a la revista *Computing*: «No se puede hacer que tantos clientes usen los servicios nuevos sin tener sucursales. En muchas sucursales, el personal puede hacer una demostración de nuestros servicios bancarios a través de Internet y del teléfono móvil.»

Tras su éxito en los países nórdicos, Merita ha anunciado su objetivo de llegar a ser el número uno mundial en banca global por Internet, consiguiendo que el 100% de sus clientes acceda a sus cuentas por ordenador o mediante el teléfono móvil. Bo Harald, vicepresidente ejecutivo, declaró a *European Banker* que la clave del éxito de Merita es, y seguirá siendo, la satisfacción del cliente. Según él, «para nosotros, la clave está en que prácticamente todos nuestros clientes son clientes satisfechos».

Banca de etiqueta privada

En el año 2000, sólo en EE. UU. había por lo menos 24 instituciones de depósito que funcionaban exclusivamente *on-line*, y algunos de los nuevos ciberbancos tratan de atraer a los nichos de clientes especializados con un sistema de etiqueta privada. USABancShares.com, por ejemplo, ha creado lo que denomina «el primer banco del país de etiqueta privada», una división llamada BowieBanc diseñada para atraer a los fans de David Bowie. En palabras de un portavoz de la empresa, el banco *on-line* da a los clientes «el aspecto y la sensación de vivir una experiencia propia de una estrella del rock... en un entorno FDIC asegurado».

En otro punto del mundo de los servicios financieros, la corredora de préstamos Charles Schwab & Co. ofrece a sus clientes 22 fondos del sector bajo su propia marco. Como todas las carteras de valores existentes menos una, estos fondos mutuos con «marca de la casa» hacen un seguimiento de los índices. Un analista del sector compara la actuación de Schwab con «un colmado que saca su propia marca de etiqueta privada para competir con las de Nabisco y Campbell».

Altas finanzas en la red

El auge de las inversiones *on-line* ha sido uno de los casos más importantes de los negocios por Internet de los últimos años, y sus implicaciones se cuentan entre las de mayor alcance. La oportunidad de invertir *on-line* con transacciones de coste reducido ha abierto enormes mercados de inversores primerizos que tal vez nunca hubieran hecho una incursión en el mercado de valores de no haber sido por Internet.

Una encuesta encargada por la Securities Industry Association y el Investment Company Institute ha llegado a la conclusión de que, en el año 2000, casi la mitad de todas las familias de EE. UU. —una cifra estimada de 49,2 millones— tenían acciones, o bien compradas directamente o bien a través de fondos mutuos. Esta cifra refleja un aumento significativo respecto de los niveles registrados en estudios anteriores y sirve como indicador suficiente de que Internet es instrumental para la democratización de la comercialización de valores. Según estimaciones de Forrester Research, en 2003, 9,7 millones de familias de EE. UU. gestionarán más de tres billones de dólares en activos en 20,4 millones de cuentas *on-line*.

Por primera vez, el consumidor medio tiene acceso inmediato y permanente al asesoramiento sobre inversiones por parte de expertos en recursos y otros inversores. Para muchas personas, el seguimiento y la comercialización de acciones y bonos ha pasado de un ser un mundo de misterio a convertirse en una afición entretenida (y potencialmente lucrativa). Esto ha demostrado ser cierto incluso en países en los cuales el uso de Internet no afecta a la mayoría de la población. En América latina, por ejemplo, una pequeña comunidad de personas que invierte por diversión y también para sacar beneficios ha llegado a imponerse *on-line*, con foros de conversación especiales y boletines para los inversores *on-line* de la región. Uno de los operadores con mayor influencia en el mercado latinoamericano es Patagon.com (www.patagon.com), con presencia en Argentina, Brasil, Chile, México y Venezuela. En 2000, Patagon.com cerró una alianza con el Banco Santander de España.

En la actualidad, los inversores pueden operar en línea gracias a un software registrado de la empresa, a través de servicios comerciales *on-line* o directamente en Internet. La American Association of Individual Investors señaló en 1999 que la inversión directa por Internet era el segmento de crecimiento más rápido dentro del comercio *on-line*, con un 76% de los operadores *on-line* que ofrecen servicio por Internet, cuando en 1995 eran apenas un 42%. El aumento de la competencia *on-line* ha desatado una guerra de precios, y algunos servicios ofrecen transacciones hasta por un valor de 9 dólares.

Cuando escribimos la primera edición de este libro, allá por 1997, la inversión *on-line* estaba en sus inicios. En el año 2000, las casas de corretaje *on-line*, tan sólo en Europa, manejaban alrededor de 1,3 millones de cuentas con activos de 420 000 millones de dólares. Forrester Research prevé que el número de cuentas de inversión *on-line* en Europa llegará a los catorce millones en 2004. SRI Consulting de California predice que si bien sólo el 8% de unidades familiares de EE. UU. usarán servicios de inversión en Internet en 2002, los nueve millones de familias representarán el 15% de todas las que tienen inversiones.

Como reflejo del aumento de las transacciones *on-line,* los recursos personales-financieros *on-line* están creciendo tanto en número como en popularidad. Dos de los más conocidos son The Motley Fool (www.fool.com) de AOL y Silicon Investor Website (www.techstocks.com). Las actividades interactivas van desde las prácticas (operaciones *on-line*) hasta las educacionales (hojas de cálculo de planificación financiera) y el entretenimiento (concursos). Además de colocar folletos informativos y literatura de otro tipo en su Website, Fidelity Investments (www.fidelity.com) ha incorporado herramientas de planificación interactiva. Por ejemplo, un programa hace preguntas para determinar la inversión del entrevistado y su actitud respecto del riesgo, y a continuación le aconseja inversiones adecuadas.

En otros lugares de Internet, los inversores capaces de describir su fondo «ideal» pueden usar programas de exploración de software que busquen en un universo de fondos los que respondan al riesgo, el rendimiento y el estilo de gestión designados. Mutual Fund Expert (www.steelesystems.com), por ejemplo, presenta más de 12 560 fondos de inversión. El Market News Center de AOL (contraseña de AOL: *Markets*) presenta la mayor parte de los principales índices norteamericanos e internacionales, así como informes de noticias de primera línea, informes sobre futuras ganancias, una guía sobre fondos de inversión y una guía para llevar a cabo investigación de empresa.

Tendencias probables

El fortalecimiento de los lazos financieros entre España y América latina: Aprovechando los vínculos lingüísticos y culturales, el gobierno español está creando una bolsa en Madrid para negociar los valores latinoamericanos, con lo cual se pretende elevar el perfil de Madrid como centro financiero. Además, España superó recientemente a EE. UU. como principal inversor extranjero en América latina. Siguiendo con esta tendencia veremos a los ejecutivos jóvenes, versados en las altas tecnologías, estableciendo vínculos entre sus empresas y las de la América de habla española.

La locura de la consolidación: Se prevé un aumento en el número de consolidaciones bancarias, en especial fuera de EE. UU. *The Economist* informa que la consolidación de los bancos norteamericanos durante la década de 1990, hizo que sus costes se redujeran del 67 al 56% de los ingresos, colocándolos entre los más eficientes del mundo. En cambio la proporción media de gasto es del 65% entre los bancos alemanes y del 70% entre los bancos franceses. Fuera de Gran Bretaña, en Europa hay un serio exceso de bancos. España tiene una sucursal por cada 1 100 ciudadanos. EE. UU., en cambio, tienen una por cada 4 700 personas, Italia tiene una por cada 2 900 ciudadanos y en Alemania hay una por cada 2 000. Como hoy en día la competencia se establece en la arena global, lo previsible es que el resto del mundo se sume a la locura de la consolidación.

Marketing de nichos: Las instituciones financieras cada vez adaptarán más sus productos y servicios a grupos a los que se considera subrepresentados en el mercado. Un estudio realizado por Ariel Capital Management y Charles Schwab informa que los afroamericanos son más proclives que los norteamericanos blancos a leer, tomar clases y tomar decisiones sobre la inversión. Varias empresas de servicios financieros, entre ellas Schwab, Merrill Lynch y American Express, hospedan seminarios y acontecimientos relacionados con Internet. En el período de dos años que terminó en 1999, American Express debió el 68% de sus nuevas actividades a los inversores negros. Se estima que el poder adquisitivo anual del mercado hispano de EE. UU. es de más de 425 000 millones de dólares, y las promociones en español tratan de llegar a los inversores potenciales de mercados tan importantes como Los Ángeles, Miami y Nueva York.

Tarjetas de cargo de afiliado a Internet: Block Financial, una sección de H&R Block, y Visa Internacional han creado la WebCard Visa, una tarjeta de crédito para los usuarios de Internet. Los propietarios de estas tarjetas tienen libre acceso a los datos de su cuenta y pueden bajar información directamente a programas de tratamiento de texto, hoja de cálculo, base de datos o software de finanzas personales como Quicken. Los números de cuenta jamás aparecen *on-line*, y la tarjeta tiene un tipo de interés competitivo y una comisión anual nula. Esto no es más que un ejemplo de las tarjetas relacionadas con Internet actualmente disponibles. Es de esperar que aparezcan más tarjetas ofreciendo descuentos en determinados sitios de la red.

Intrigas «on-line»: Para desterrar posibles manipulaciones en los valores relacionadas con promociones amañadas o con fraudes manifiestos, la National Association of Securities Dealers (EE. UU.) realiza investigaciones rutinarias de sitios *on-line* en busca de cualquier mención de que los valores estén siendo objeto de una actividad de compraventa inusual.

Clubs de inversión: En todo el territorio de EE. UU. y en algunas partes de Europa, las personas con disponibilidad limitada se están afiliando a clubes de inversión. Por lo general, los participantes aportan cantidades de 10 a 50 dólares al mes e invierten colectivamente en fondos comunes. Más de la mitad de todos estos clubs tienen unos beneficios anuales medios mejores que el índice de las quinientas mejores acciones que publica todos los años Standard & Poor's. Es mayor el número de mujeres que el de hombres que se benefician de las inversiones en común: en EE. UU., las mujeres representan el 60% de los socios de estos clubs, y la tendencia se está propagando a todo el mundo.

Inversiones basadas en la Biblia: Coincidiendo con un aumento de la espiritualidad, asistimos al incremento de inversiones basadas en la Biblia. La práctica se basa en el principio judeocristiano de la administración, según el cual todos estamos obligados a hacer el mejor uso posible de los recursos confiados a nuestro cuidado. De acuerdo con estos principios, la bancarrota es un pecado, lo mismo que la inversión en los llamados valores pecaminosos. Entre los fondos de inversión creados para responder a las creencias de determinadas confesiones cristianas figuran el Domini Social Equity Fund, que excluye a las empresas que tienen que ver con el alcohol, el tabaco, el juego, la industria armamentista y la energía nuclear. Entre las organizaciones especializadas en asesoramiento financiero basado en la Biblia figuran la red del Timothy Plan de Consultores Financieros Cristianos y la First Affirmative Financial Network. Entre las guías de inversión disponibles hay una titulada *God Wants You to be Rich* («Dios quiere que seas rico»), de Paul Zane Pilzer (Fireside, 1997).

Inversiones socialmente responsables: En una escala más amplia, los consumidores insisten en que las empresas en las que invierten tengan determinadas normas de conducta. Ya no se preocupan sólo por el balance final. Las exigencias de los accionistas han llevado a Shell, por ejemplo, a publicar dos nuevos informes a los inversores, uno sobre esfuerzos de conservación medioambiental y el otro sobre derechos humanos.

Invertir en biodiversidad: The New York Times informa de que el banco de inversiones de Brasil está abriendo el camino para la inversión en biodiversidad, una rama relativamente nueva de inversiones con conciencia social. La empresa envía a recién graduados universitarios al campo en busca de empresas prometedoras cuyos beneficios provienen de la conservación de los activos medioambientales de Brasil. En cuanto Axial identifica un proyecto viable, hace una inversión de capital (por lo general de un millón de dólares) en nombre de la compañía en su propio fondo Terra Capital. Entre las inversiones del banco hasta la fecha figuran una explotación maderera sostenible en la selva pluvial, una plantación que fabrica filtros de carbono con cáscaras de coco y una empresa que se propone exportar acai, un fruto del Amazonas rico en proteínas. «En realidad aquí no nos ocupamos realmente de acciones y de bonos —dice el socio administrativo John Michael Forgach—. Lo que nos interesa es sacar provecho de la idea de que al mundo le gustaría consumir los otros 59 tipos de patatas que no figuran en el menú de McDonald's.»

Cajeros multiservicio: En la actualidad los cajeros automáticos no sólo dispensan dinero, sino también sellos, tarjetas telefónicas, cheques de viajero y entradas de teatro. Sprint incluso ha cerrado un contrato con EDS para ofrecer servicios de larga distancia a través de los cajeros automáticos. Los usuarios reciben un resguardo con el logotipo de Sprint, un número de teléfono gratuito y un código de acceso. Muchos cajeros han empezado a incluir anuncios en los recibos impresos y algunos bancos emiten incluso breves anuncios en vídeo en las pantallas de los cajeros automáticos antes y después de las transacciones. Es de prever que más empresas aprovechen la tecnología de los cajeros automáticos para ofrecer a los trabajadores el reembolso «instantáneo» de los gastos, para pagar las horas extraordinarias al final del día y para proporcionar programas como «el almuerzo corre por nuestra cuenta» y otros incentivos.

El trueque: Vuelve el trueque. Tal vez como consecuencia de nuestro deseo de simplificación, sumado a que es un mecanismo que permite ahorrar costes, el sector del trueque está experimentando un 15% de crecimiento anual y ha alcanzado los 8 000 millones de dólares de negocio anual. El concepto del trueque —intercambio de bienes y servicios sin dinero— es antiguo, pero el trueque en su forma moderna resurgió en la década de 1960 y está experimentando un firme crecimiento, en gran parte gracias a Internet. La Asociación de Comercio Recíproco Internacional estima que las transacciones de trueque sólo en EE. UU. y Canadá alcanzaron los 10 800 millones de dólares en 1998.

Nuevo acceso a los inversores: Hace algunos años, Destiny Pictures, una empresa cinematográfica de reciente creación en Los Ángeles, ofreció participaciones a través de Internet en una película de bajo presupuesto a razón de cien dólares por acción. En cuestión de unos cuantos meses, más de 150 personas de todo el mundo habían comprado participaciones por valor de 15 000 dólares en la película *Intimate Stranger* una mezcla de suspense y erotismo. (No exactamente un éxito de taquilla ¿verdad?) Es previsible que aparezcan otras oportunidades innovadoras *on-line*, y su consiguiente regulación.

Reconocimiento por el iris: La empresa con sede en Nueva Jersey Sensar Inc. está ofreciendo a los fabricantes de cajeros automáticos una alternativa a las contraseñas y a los PIN. Cuando un cliente inserta una tarjeta bancaria, una cámara localiza su ojo y toma una imagen digital del iris. En menos de dos segundos, el «código iris» resultante es comparado con el inicialmente proporcionado por el cliente. Si no hay coincidencia, no hay dinero. Los primeros sistemas se instalaron en Inglaterra en 1998, y a fines de 1999, quince bancos de nueve países usaban el reconocimiento por el iris, entre ellos el Bank United of Texas, que habla de una satisfacción prácticamente absoluta de los clientes.

Exploración in situ: Deluxe Corporation, la mayor impresora de cheques de los Estados Unidos, se ha unido a la empresa de análisis de la solvencia crediticia Fair, Isaac & Company y a la almacenadora de datos Acxiom Corporation para crear el sistema de límite de crédito de la «oficina de débito». Deluxe recoge información de los bancos sobre cheques rechazados y problemas de pago. Acxiom combina esos datos con otra información financiera y la pasa a Fair, Isaac, que la usa para generar un límite de crédito. Los minoristas usarán el sistema en el punto de compra para determinar si aceptar o no un cheque o una tarjeta de débito. El servicio también se comercializará en bancos para ayudarlos a decidir la conveniencia de abrir una cuenta corriente a un posible cliente y, en caso de abrirla, en qué condiciones.

Servicio personal: Los bancos *on-line* responderán a la demanda del consumidor de interacción en el mundo real contratando banqueros personales en los mercados locales. Estos asesores visitarán a los clientes del banco en sus domicilios u oficinas previa cita, prestando servicios *on-line* con una atención individualizada. Asistiremos también a la creación, por parte de los bancos electrónicos, de foros de conversación para consultas *on-line* entre banqueros y clientes.

¿Adiós a los rastrillos?: En EE. UU., los métodos tradicionales de recaudación de fondos para las escuelas —rastrillos, lavado de coches y otras cosas por el estilo— podrían desaparecer pronto y ser sustituidos por otro método alternativo que, según los promotores, resulta más eficaz: la recaudación de fondos *on-line*.

Wired News afirma que casi una docena de agencias en Internet están poniendo en marcha acuerdos según los cuales cuando los padres compran en determinadas tiendas de Internet, un porcentaje de la venta va a parar a la escuela de su elección. Los padres entran en un sitio de apoyo a las escuelas, seleccionan la escuela a la que quieren dar su apoyo, y siguen los enlaces que los llevan hacia los distribuidores oportunos. Las agencias piden un porcentaje del descuento como comisión. Aun así, el editor de un sitio de recursos para grupos de estudiantes-padres dice que el sistema es una forma de «generar retribuciones con relativamente poco trabajo».

El lujo como inversión: Aunque proverbialmente los consumidores de productos exclusivos de lujo se han preocupado sobre todo por la posición y el prestigio, en la actualidad es muy posible también que esperen un beneficio por su inversión. En el Reino Unido, afirma *The Economist*, algunos analistas citan el declive de la inversión industrial por parte de las clases adineradas como explicación del floreciente mercado de los productos de lujo exclusivos. Según se dice, a medida que la inversión en el sector se convierte en una perspectiva más arriesgada, los fondos se transfieren cada vez más a compras de productos suntuarios. Semejante relación entre el declive industrial y el gasto en artículos suntuarios podría contribuir a explicar por qué este gasto se mantuvo sorprendentemente fuerte en Japón a fines de la década de 1990, durante la peor recesión que pasó ese país desde la segunda guerra mundial.

La multiplicación de los millonarios: Las riquezas del mercado de valores está dando lugar a un nuevo segmento de mercado de superacaudalados. Entre 1995 y 2000, el número de unidades familiares de los EE. UU. con un una fortuna neta de cinco millones de dólares o más creció en un 46%, según una encuesta de la empresa de investigación y consultoría de servicios financieros Spectrem Group. La encuesta eleva el número de los pentamillonarios a una cifra aproximada de 596 000. Este segmento del mercado de los ricos aumentó al triple de la velocidad que el segmento de aquellos cuya fortuna neta es de un millón de dólares. Las opciones sobre acciones representan el 36% de los ingresos de este segmento; las inversiones, el 32%. En Gran Bretaña había una cifra estimada de 100 000 millonarios en el año 2000, reflejando un aumento del 40% con respecto a 1992.

Subida del precio: Con tantos millonarios pululando por ahí ¿cuánto se necesita para sentirse rico? Al parecer, más que nunca. El *Los Angeles Times* informa que para vivir como vivía un millonario medio en 1925, se necesitaría un capital neto no inferior a diez millones de dólares. La revista *Worth* estableció que es necesario tener por lo menos cincuenta millones de dólares en el año 2000 para poder optar a servicios financieros personalizados. Y según Juliet B. Schor, autora de *The Overspent American*, el número de personas con ingresos de 85 000 dólares al año que dice no tener «todo el dinero que necesita» es casi igual al de los que sólo ganan 35 000 dólares.

No defraudar a sus herederos: En la actualidad, según Reuters, los nuevos millonarios «punto-com» andan a la busca de un asesoramiento financiero altamente especializado: quieren asegurarse de que su fortuna no vaya a corromper los valores de sus hijos. Una de las características del Servicio al Grupo de Clientes Privados de Merrill Lynch, que se ofrece a los clientes con activos por encima de los cien millones de dólares, es un servicio financiero para padres. Consiste en dar información sobre la cantidad de dinero que los padres deben dejar a sus hijos, sobre puestos de trabajo como voluntarios o en trabajos de verano y, si es necesario, consultas a psicólogos y a otros expertos. Hasta el momento, diez de los cincuenta clientes del servicio han hecho uso del servicio financiero para padres para evitar que sus hijos se conviertan en «balas perdidas».

CAPÍTULO XVI

El futuro de los medios de comunicación

> La gente, en realidad, no lee los periódicos, se sumerge en ellos todas las mañanas como si fueran un baño caliente.
>
> MARSHALL MCLUHAN

Se oye hablar mucho sobre las incursiones de Internet en el sector minorista. De repente, las tiendas de verdad tienen que enfrentarse a sus competidores de nuevo cuño que empiezan a proliferar en Internet y que son capaces de reducir los precios y de acceder a enormes inventarios. Pero ¿y qué hay de la batalla entre los nuevos medios y los antiguos? ¿Cómo se preparan los editores para el asalto de los libros electrónicos? ¿Qué impacto tendrán las noticias «instantáneas» que aparecen en Internet sobre la forma en que se programan las noticias en televisión? ¿Quedarán obsoletas las publicaciones en papel o simplemente se reservarán para un grupo de títulos mucho más selecto?

En este capítulo se examinan algunas de las tendencias importantes que se aprecian hoy en día en los medios de comunicación, con interés especial sobre la forma en que los diversos sectores responden a la competencia que les llega de Internet. De algo podemos estar seguros, desde el punto de vista del marketing, y es de que el marketing de las comunicaciones del futuro se basará en la idea de la «disposición del mensaje en capas», abordando a los consumidores por todos los medios posibles. El principal reto estratégico para los comerciantes del mañana será garantizar una presentación sólida, uniforme, de las marcas en sus estanterías, reconociendo los papeles adecuados de cada «capa» del plano de las comunicaciones en la generación de un todo coherente, efectivo.

Presente y futuro

¿Hay futuro para los medios de comunicación en papel?

Es posible que el vídeo matara a la estrella de la radio, como decía la canción, pero ¿será la era de la información el golpe de gracia para el poderoso sector editorial? Las cadenas de descuento están expulsando del mercado a las librerías de barrio, mientras que el vendedor *on-line* Amazon.com roba cuota de mercado a los gigantescos establecimientos de ladrillos y cemento. Mientras tanto, para conservar la competitividad en el mercado global, el sector editorial se fusiona a lo loco, siendo el ejemplo más sonado la adquisición de Random House por Bertelsmann AG.

Cada vez está más claro que el futuro de la letra impresa está sujeto a dos fuerzas enfrentadas. Por una parte, los precios más bajos, el mayor acceso a libros raros y agotados, y la aparición de cibertiendas están transformando el sector en un mercado de consumo. Por otra, cuanto más se fusionan las editoriales, menos capacidad tienen para sintonizar con los mercados de consumo hiperlocales. Es posible, pues, que el mayor problema al que se enfrentan las editoriales no sea de ventas sino de inventario, cuando reciban carretadas de excedentes que vuelven a sus almacenes.

Lo interesante de la competencia *on-line* es que no sólo proviene de las empresas virtuales. La capacidad para distribuir material impreso, grabaciones y vídeos *on-line* representa la suprema «democratización» de la creatividad. En 2001, cualquier persona que tenga una idea y un módem puede transformarse en editor/productor. De repente, la necesidad de un «mediador» es mucho menor.

Sea o no posible que los medios que implican la tala de árboles (es decir, libros, revistas y periódicos) vayan a ser sustituidos alguna vez por sus descendientes digitales, una cosa está clara: la manera de leer de la gente está evolucionando. «Los medios de comunicación no son un juego de suma cero —observa Paul Saffo, director del Institute for the Future de Menlo Park (California) en su Estudio de Investigación del Consumo sobre la Compra de Libros—. El hecho de que aparezca un nuevo medio no significa la muerte de otro antiguo. Todavía tenemos la escritura en esta era de los procesadores de texto; todavía tenemos la lectura en la era de la imagen. Eso continuará, pero la naturaleza de la lectura cambiará como ha venido cambiando constantemente.» La tesis de Saffo tiene mucho sentido para nosotros. Después de todo, cuando se introdujo el estéreo en la banda de FM, la AM no quedó fuera de juego; se cambió a un formato hablado. ¡Evolucionar o morir!

A medida que los consumidores vayan eligiendo los medios de comunicación que mejor se adapten a sus necesidades, los editores y minoristas innovadores tendrán que trabajar para asegurarse de que sus ofertas aúnan lo mejor de los medios tradicionales y digitales. Las tiendas podrían ofrecer la impresión sobre pedido de libros electrónicos personalizados, por ejemplo, mientras que las editoriales podrían producir ediciones «de lujo» de títulos selectos. Medidas de este tipo podrían garantizar no sólo la supervivencia de la «edición impresa» sino incluso la expansión de su alcance.

Los monstruos del libro *on-line*

¡Cuidado, Amazon.com y Barnes & Noble! El conglomerado alemán Bertelsmann AG está que hierve por poner un pie en el mercado con una librería electrónica global, BooksOnLine, que ofrece títulos en las principales lenguas de todas las editoriales y a precios reducidos. Mientras tanto, en abril de 2000, Espiral.com, la mayor tienda de literatura y libros de texto *on-line* en español, anunció el lanzamiento oficial de «la única comunidad literaria interactiva de las Américas y España donde los amantes del libro, los autores, los estudiantes y los críticos pueden comprar libros *on-line* y también interactuar para aprender y compartir ideas». En asociación con el distribuidor latinoamericano de libros Business, Information & Services (BIS), Espiral.com ofrecerá más de 300 000 libros generales y de texto en español y algunas ciudades tendrán acceso a la entrega en el mismo día. El presidente y director general de Espiral.com, Alfredo Boccalandro, explica: «Hay una enorme demanda de libros de texto y de todo tipo de libros de una gran variedad de disciplinas y géneros en español a los que los otros operadores no les han prestado la menor atención. Espiral.com está llamada a hacerse con la cuota del león en ese mercado.»

A medida que esos grandes actores empiecen a arañar cuotas de mercado con precios de descuento y enormes selecciones, lo previsible es la aparición de más operadores altamente especializados. Incluso podremos ver la salida a Internet de editoriales muy especializadas con ofertas de marca, una marca de prestigio en un sector que se ha hecho cada vez más comercial.

La edición digital

¡La muerte del autor! ¡El fin de la novela! ¡Muerte a los medios electrónicos! Mientras los pioneros se lanzan sobre los libros virtuales para bajar bibliotecas enteras de textos electrónicos gratuitos de Internet, hasta los Amazon.com de este mundo pueden llegar a morderse las uñas pensando sobre el futuro de la letra impresa. Claro que los analistas del sector empezaron a preparar panegíricos mucho antes de la llegada de la edad digital. Y a pesar de todos sus funestos vaticinios, los lectores siguen revisando las estanterías de las librerías de ladrillo y cemento.

Es cierto que los libros electrónicos permiten bajar de forma rápida y barata prácticamente cualquier libro (publicado o agotado), pero eso no significa que todo el mundo quiera usarlos para leer cualquier tipo de libro. James Sachs, Director General de Soft-Book Press, declaró a *Business Week* que su empresa ni siquiera pretende hacerse con el mercado de consumo: «Lo que perseguimos no es el negocio del consumo, sino un servicio de información profesional, a empresas de servicios financieros, laboratorios farmacéuticos, bufetes de abogados.»

Por lo que respecta al consumidor, parece poco probable que los libros electrónicos vayan a desterrar a las versiones impresas en un futuro próximo. Incluso pueden incentivar la lectura entre los jóvenes: en la actualidad, los jóvenes son cada vez más reacios a abandonar sus videoconsolas tridimensionales interactivas para ahondar en un medio bidimensional serio. Pero las experiencias interactivas que son en parte libro, en parte audio y en parte videojuego podrían hacer regresar a los chicos a la biblioteca (una biblioteca accesible desde casa a modo de almacén digital que ofrece la posibilidad de bajar libros *on-line*).

La Association of American Publishers predice que en el año 2005, 28 millones de personas usarán dispositivos electrónicos para leer libros. La popularidad y el potencial del medio quedaron demostrados cuando más de 400 000 lectores se lanzaron a bajar de la red ejemplares de la novela electrónica de Stephen King *Riding the Bullet*. Una vez aprendida de Internet la lección de la adopción inmediata, las editoriales se están subiendo al carro del libro electrónico. HarperCollins, McGraw-Hill, Penguin Putnam, Random House y Simon & Schuster se cuentan entre las que prometen adaptar algunos de sus libros a un formato electrónico compatible. Sin embargo, no conceden ninguna ventaja de precio a los propietarios de libros electrónicos, ya que la mayoría de los libros que se bajan de Internet tiene el mismo precio que la versión en papel. Los autores también son optimistas al considerar la distribución *on-line* como una forma de aumentar los derechos de autor y de no tener que depender de las editoriales que van a paso de tortuga. La popularidad de los libros electrónicos puede recibir impulso también de la parafernalia que rodea a un premio cuya finalidad es dar credibilidad al medio: en 2001, en la Feria de Frankfurt se concederá al autor de un libro electrónico el Primer Premio Internacional del Libro Electrónico, dotado con 100 000 dólares.

Más allá del libro electrónico

La tableta de lectura electrónica es sólo una parte de la revolución de la edición digital. Otras innovaciones de la impresión sobre pedido, como los formatos Adobe Acrobat (pdf) y PalmPilot ya se usan actualmente. Una de las innovaciones de impresión sobre pedido más propias de la ciencia-ficción es la tinta digital, hecha de diminutas partículas cargadas de un tinte. Las partículas cambian de posición al ser expuestas a una carga eléctrica, cambiando así la forma de todo lo que se escriba o dibuje. La posibilidad de cambiar el texto mediante un borrado electrónico hará que los textos se parezcan más a obras en realización que a ediciones finales, permitiendo que todo, desde los tablones de anuncios hasta los libros de texto universitarios se actualice en tiempo real.

La tinta digital es una consecuencia natural de la edición digital, y ambas aplicaciones brindan una oportunidad enorme para los editores y publicistas ya que los medios de impresión tratan de adaptar el contenido a los mercados hiperlocales sin tener que hacer tiradas múltiples. «Aquí es donde surge la auténtica oportunidad para la impresión digital —dice Forrest P. Gauthier, director general de Varis Corp., en *American Printer*, una revista del sector—. La fuerza real de la tecnología digital se aprecia cuando cada una de las páginas de un documento es diferente, basándose la totalidad de la composición de página en la composición demográfica. De lo que se trata es de crear un documento que responda exactamente a las necesidades del usuario final... La impresión digital, combinada con la edición de datos o bases de datos variables, tiene la posibilidad de crear un documento personalizado a velocidades de imprenta. Creemos que ése es el camino que seguirá el sector de la imprenta.»

Tamaña personalización también deja boquiabierto al sector minorista. JCPenney, por ejemplo, está ansioso por empezar a experimentar con los signos de tinta digital, dice Edward Sample, director de apoyo de sistemas y tecnología de esta tienda, que ya ha visto un prototipo en el que un espacio en blanco se transformaba en las palabras JCPenney y volvía a quedar en blanco, y espera con impaciencia el día en que los signos impresos presenten mensajes móviles atractivos a la vista o realicen la cuenta atrás para la presentación de una nueva línea de ropa deportiva. Una empresa de Cambridge, Massachusetts, llamada E Ink tiene pensado comercializar estas señales cambiantes. Tendrán letras de tamaños comprendidos entre los cinco centímetros y el metro y medio de altura, y costarán entre 100 y 5 000 dólares, dependiendo del número de letras que se quieran incluir, según declaraciones de Russ Wilcox, cofundador de E Ink.

Noticias personalizadas

La proliferación de medios de comunicación basados en Internet y de fuentes de noticias *on-line* representa una competencia no sólo para los periódicos y las revistas, sino también para la televisión (red, cable, y satélite) y la radio. Parece inevitable que las noticias se personalicen a medida que los consumidores ganan en capacidad para configurar un régimen individualizado compuesto de publicaciones de mercado de nichos, de grupos de noticias Usenet, alimentadores de noticias por «pulsador», programación de noticias por cable y otras fuentes. Uno de los resultados de esto es que los países experimentarán una fragmentación progresiva a falta de un puñado de fuentes estándar de noticias. Hubo un tiempo en que los trabajadores reunidos en su lugar de trabajo podían estar más o menos seguros de haber visto el mismo informativo por televisión la noche anterior y leído los mismos periódicos por la tarde o esa misma mañana. Esa suposición ya ha perdido validez. Como declaró el Director General de BSkyB a *The Times of London:* «Nos introducimos en un mundo en el que la gente espera servicios que se acomoden a sus ajetreadas vidas. Esto es aplicable a la banca, a las compras, y, sin lugar a dudas, es aplicable a las noticias.»

¿Es mala la personalización de los canales de noticias y de información? No tiene por qué serlo. Para muchas personas, las noticias personalizadas son más convenientes y útiles que las fuentes tradicionales. Cada uno de los autores de este libro está suscrito al menos a una fuente de noticias personalizada, ya sea NewsHound, PointCast o alguna otra empresa con base en Internet. Recibimos un flujo continuo de información sobre las tendencias que rastreamos y otros temas de interés sin tener que peinar docenas de publicaciones. Ann, por ejemplo, empieza casi siempre su jornada en la página de NewsPage en Internet, donde hace una revisión de los titulares y lee los artículos relacionados con su trabajo. Cuando se apuntó al servicio, indicó los temas en los que estaba interesada, y su menú diario se extrae de esa lista. También recibe una guía diaria de artículos disponible en Wired News, MSNBC, Slate y otras fuentes, así como avisos regulares del *Wall Street Journal Interactive* sobre las empresas respecto de la cuales ha manifestado su interés.

En un terreno más personal, Ann se apuntó hace años a la lista de correo de «avisos» de Food Allergy Network. Por este medio le notifican inmediatamente por *e-mail* cuando la red tiene noticia de que un fabricante ha retirado un producto o ha hecho una advertencia sobre otro que contiene un ingrediente no inventariado. (En la mayoría de los casos, la empresa en cuestión se hace cargo del coste de envío de los avisos.) Como el hijo de Ann es alérgico a los cacahuetes, esta fuente de noticias es para ella un valioso recurso; le asegura la recepción de información que es poco probable que le llegue a uno por televisión o a través de la prensa local. El valor de este programa quedó demostrado hace aproximadamente un año, cuando Ann recibió un *e-mail* informándola de la retirada de un producto relacionado con la medicación que tiene siempre a mano por si su hijo tiene una reacción alérgica grave. El correo electrónico le llegó horas antes que la llamada telefónica de su farmacéutico.

Ésa es la cara de la moneda de las noticias personalizadas, pero ¿qué empezará a suceder si la gente empieza a limitarse a una actualidad muy recortada, dejando de lado las fuentes de noticias de interés general? Los mismos recursos dirigidos que permiten la formación de comunidades *on-line* de personas mayores, de gays, de lesbianas, de europeos residentes en EE. UU., de activistas del medio ambiente, etcétera, pueden proporcionar un flujo constante de noticias y de información de alcance muy restringido a los extremistas políticos y a los teóricos de la conspiración. Ya es difícil distinguir entre la realidad y la ficción en Internet, y los rumores se difunden a velocidad de vértigo. En 1997 vimos cómo el periodista Pierre Salinger sacaba a la luz «datos» que supuestamente demostraban que el Vuelo 800 de la TWA no había caído por un fallo técnico, sino que había sido derribado por el amistoso disparo de un misil superficie-aire de un barco de EE. UU. ¿Su fuente? Los grupos de noticias de Internet.

La enorme cantidad de canales de información de que disponen actualmente los consumidores hace que cada uno de nosotros sea responsable de seleccionar su propio menú de noticias. A cada consumidor le corresponde determinar si su dieta es rica en noticias nutritivas escritas por periodistas de primera línea o si está compuesta sólo de informes de la prensa amarilla, de revistas electrónicas extremistas y de todo tipo de basura informativa. Los vecinos que eligen dietas muy diferentes podrían encontrarse con que sus visiones del mundo tienen muy poco en común. Existe también la posibilidad de que el mercado deje de apoyar el costosísimo aparato que es la base del periodismo objetivo a medida que la audiencia se va fragmentando cada vez más junto con el dinero proveniente de la suscripción y la publicidad. Después de todo, ya vivimos en un mundo que soporta publicaciones tan hiperdirigidas como *Modern Ferret*, *Bus World*, y *Aboriginal Voices*.

Amenazas para la independencia editorial

El público lector de periódicos ya no es lo que era. En Norteamérica, el porcentaje de adultos que lee un periódico diario bajó del 78% al 59% entre 1970 y 1997. Y se estima que sólo el 30% de los jóvenes de edades comprendidas entre los 21 y los 35 años leen el periódico todos los días. En España, sólo el 38% de los adultos lee un periódico diario, y una encuesta realizada en Francia descubrió que el 31% de los entrevistados conectados a Internet lee menos revistas y periódicos ahora que tienen acceso a Internet.

El marcado declive del número de lectores de periódicos tal vez no sea sólo el resultado de la mayor competencia de otros medios de comunicación. En muchas partes del mundo, los periódicos han destrozado su fama de integridad editorial cuando, escándalo tras escándalo, han revelado conflictos de intereses y otros problemas. Los periódicos también se enfrentan al problema que representa la tendencia a alinearse con un determinado punto de vista o incluso con un partido político. En EE. UU., mientras los canales de televisión procuran rodearse de una aura de objetividad y neutralidad política, los editores de muchos periódicos usan sus publicaciones como plataforma para difundir los puntos de vista de sus propietarios. En Sudáfrica, la Comisión de Derechos Humanos puso a los periodistas ante la disyuntiva de desmentir las alegaciones de que la prensa de ese país carece de contenido analítico y perpetúa los estereotipos raciales.

Parece probable que las recientes fusiones de imperios de las comunicaciones acentúen el problema, no sólo para los periódicos sino para todos los medios. «¿Se verá afectada al final la apreciación de las noticias —se pregunta un redactor de *Business Times*—, y empezarán los ejecutivos a suprimir las noticias que consideren nocivas para los intereses corporativos, [y a usar] a sus periodistas para promover el resto de sus intereses en el campo del cine, la televisión, los deportes o incluso la música?» En EE. UU. hemos tenido un ejemplo directo de este fenómeno en la estela del enorme éxito del programa de televisión «Survivor» de la CBS. Para atraer a los espectadores más jóvenes, «The Early Show» (programado por CBS News) se dedicó a emitir dos segmentos semanales sobre el tema de «Survivor»: un foro de discusión y una entrevista con el participante expulsado esa semana de la isla.

Algo que honra a los periódicos es que han reconocido sus faltas éticas mucho más que las fuentes informativas de televisión y de Internet. Esto podría deberse a que los periódicos se atienen a un nivel más alto. Se supone que contienen noticias, no entretenimiento informativo. Volviéndose atrás de un escándalo para dar publicidad a su empresa, el *Los Angeles Times* publicó un informe de investigación de catorce páginas y una disculpa, y trazó una nueva serie de directrices sobre ética periodística para el periódico. La American Society of Newspaper Editors está patrocinando un ambicioso «Proyecto de Credibilidad del Periodismo» que se propone definir una serie de valores esenciales para el buen nombre del sector periodístico.

Tendencias de los periódicos

Un futuro prometedor para el sector periodístico está en las noticias locales. Según un estudio de la Newspaper Association of America, los que tienen una conexión más arraigada con la comunidad local son los más proclives a leer el periódico. Por ejemplo, es más probable que lean el periódico los propietarios de sus viviendas que los que viven de alquiler, y hay el doble de probabilidades de que lean el periódico con regularidad las personas que llevan diez años o más viviendo en la misma comunidad que aquellas que llevan una vida menos estable.

No es sorprendente, pues, que prosperen los periódicos pequeños que cubren la información local. Un jefe de redacción de un periódico suburbano de Sydney atribuye su éxito a la imposibilidad de los periódicos más grandes de dar noticias realmente locales. Según la National Newspaper Association, más de dos tercios de los 1 500 periódicos que se publican diariamente en EE. UU. venden menos de 30 000 ejemplares diarios. Los temas de más interés para los lectores locales son el tiempo, seguido de las noticias de su comunidad y de su vecindario.

En el futuro, lo más probable es que veamos no sólo periódicos más locales, sino también un aumento de encartes de información local dentro de los periódicos regionales y nacionales.

La asociación de contenidos

En la era de la información, el contenido es el rey. Pero no un contenido cualquiera, lo que dará grandes beneficios es el contenido *de confianza*. Eso significa que las marcas tienen ahora por lo menos tanta importancia en el área de las noticias y la información como en los bienes de consumo. Las marcas de los medios de comunicación de Internet y del mundo real dependen las unas de las otras. Las marcas periodísticas necesitan un distribuidor en Internet para sus productos, y los medios informativos *on-line* no pueden hacer nada sin un contenido de información de confianza. Un sitio informativo *on-line* controlado sólo por Microsoft gozaría de mucho menos respeto que MSNBC, que es el resultado de una asociación entre Microsoft y NBC News.

En la esperanza de competir con MSNBC en la categoría de noticias transmitidas por medios electrónicos surgió ABCNEWS.-com, una alianza entre ABC News, Starwave, Netscape Communications y America *On-line*. El servicio de noticias *on-line* proporciona noticias locales, nacionales e internacionales *on-line*, así como deportes, entretenimiento, negocios y noticias sobre tecnología. Pugnando también por convertirse en uno de los mayores protagonistas de los medios de comunicación está Telefónica de España, que se ha embarcado en una ambiciosa campaña por construir sus empresas de Internet, medios de comunicación y telefonía móvil en Europa y América latina.

Es evidente que el público de las noticias transmitidas por medios electrónicos está ahí: la lectura de noticias *on-line* ocupa el segundo lugar en la clasificación de popularidad, superada sólo por el correo electrónico entre los usuarios de Internet en EE. UU., según Zatso, Inc. y la Radio and Television News Directors Foundation (RTNDF). Uno de cada tres usuarios lee noticias *on-line* a diario; las de mayor interés son las locales y comunitarias, las del estado, las nacionales y las meteorológicas.

Por más que los expertos técnicos consigan crear un sitio en Internet que funcione como la seda y los diseñadores consigan una presentación muy atractiva, una base leal de suscriptores sólo se gana gracias a unos contenidos de calidad persistentemente buena. Claro que se puede tratar de conseguir una audiencia leal a través de los años. No obstante, lo más probable es que presenciemos un torrente imparable de fusiones en la línea de AOL y Time Warner, aunque no a una escala tan monumental. Es posible que asistamos también al surgimiento de más organizaciones de clasificación de medios que otorgue «sellos de aprobación» a algunos sitios y censure a otros.

Las asociaciones de contenido adquieren una importancia especial durante acontecimientos que son noticia. Pocas personas interesadas en las noticias estarán dispuestas a esperar el periódico del día siguiente o el informativo de la noche para enterarse de las últimas novedades. Nada tiene de sorprendente que, según los informes de Media Metrix, el acceso a las noticias *on-line* aumente un 70% cuando se produce un acontecimiento importante. Los medios vinculados a horas de publicación específicas, como los periódicos diarios y los informativos vespertinos de televisión, cada vez se sumarán más a los medios *on-line* y a la televisión de 24 horas que pueden aprovechar ventajosamente la inmediatez de su cobertura y su análisis. Los periódicos con sitios propios en Internet pasarán sus noticias clave por la red mientras se están redactando, sin esperar a que aparezca su edición impresa.

Noticias con marca global

Hemos recorrido mucho camino desde la época del pregonero de la ciudad, desde la imprenta de Gutenberg y desde el almanaque de Ben Franklin. Hoy en día queremos que la transmisión de la información (lo mismo que todo lo demás) sea rápida. Los términos «instantáneo» y «en tiempo real» hablan de expectativas que poco tienen que ver con las que se suscitaban en los días del «See It Now» de Edward R. Murrow o incluso de los «60 Minutes» o «60 Minutes II» de hoy. (Varios días después de los hechos ya no es «ahora».)

La prensa se ha puesto a la altura de las circunstancias. CNN, por ejemplo, se ha convertido en una fuente mundial importante de información. Su cobertura de la guerra del golfo Pérsico se considera en general como la mayoría de edad de la cadena como fuente preferida para dar cobertura a acontecimientos mundiales allí donde ocurran. Las venerables divisiones de noticias de EE. UU., ABC, NBC y CBS, no cedieron su hegemonía como autoridades en los informativos de televisión. CNN más bien se dedicó a sacar punta al predominio de estas cadenas mediante una construcción de marca dedicada. Se concentró en una combinación sin igual de enfoque (24 horas al día), alcance y credibilidad (a veces en la forma de un talento de «nombre» tomado de las fuentes tradicionales, pero las más de las veces a través de unas rígidas normas de información y de credenciales globales legítimas) y se agenció la tecnología necesaria para ofrecer las noticias a tiempo y de forma continuada.

En la actualidad, la CNN se enfrenta a una nueva competencia del World Service de la BBC británica, que se está imponiendo como una fuente fiable de información independiente, basada en los hechos, para millones de personas de todo el mundo. BBC World Service transmite en 43 idiomas a 151 millones de personas de todo el mundo. El nuevo jefe de la BBC declaró a *The Guardian*: «Si uno está en el negocio de la información y no puede dar noticias cuando la gente las quiere, es hombre muerto... En el futuro estaremos ahí donde la gente quiera recibir sus noticias. Allí donde uno esté y en cualquier momento, tendrá la posibilidad de pulsar el botón de la BBC.»

En la actualidad, el reducido número de proveedores de noticias que realmente puede proclamarse global —incluidas la CNN, la BBC, Reuters, News Corp., Time Warner, Disney/-ABC, Bertelsmann, y General Electric— pertenecen en su totalidad a Occidente. Según un analista, estas corporaciones «por lo general admiten... que sus fuentes de información se concentran en las noticias del mundo industrializado, pero insisten en que la razón es que éstos fueron los países que las crearon y que las pagan (en su mayor parte)». En cualquier caso, dice el mismo analista, la tendencia parece ser a que la cobertura informativa de la televisión sobre el mundo en vías de desarrollo se reduzca todavía más.

La fusión de alto nivel entre proveedores globales de noticias ha contribuido todavía más a aumentar la preocupación. En palabras de un columnista británico tras la fusión de Time Warner-AOL: «He aquí la visión, o la pesadilla: una única megacorporación, un gigante americano que hace llegar por cable, hasta tu propia casa, todo el alimento intelectual que (según él) necesitas: películas, series y documentales de su propia factoría; las noticias que él mismo produce.»

Ofertas hiperlocales

Mientras asistimos a una mayor globalización de las noticias, no eliminamos todavía las noticias locales. Una encuesta académica realizada en cinco países —EE. UU., Francia, Reino Unido, Alemania e Israel— vino a confirmar lo que ya sospechábamos la mayoría: a los consumidores de los cinco países les suele resultar menos difícil entender las noticias nacionales que las extranjeras. La consecuencia de ello es una tendencia entre los consumidores a interesarse más por las noticias nacionales.

La aparición de un puñado de proveedores de noticias globales y la localización de los contenidos informativos no son en modo alguno procesos mutuamente excluyentes. La CNN viene ofreciendo contenido «global» contemplado desde lo local a partir de 1997. Ya hemos hablado antes de cómo los menús de los medios se individualizan cada vez más para cada consumidor como resultado de la selección entre fuentes de información mucho más numerosas. Mirando un poco más hacia adelante, la tendencia será a la oferta de contenidos locales y de nicho por parte de proveedores globales. Las empresas personalizarán páginas Web con apoyo de patrocinadores para consumidores individuales que encajan en unos perfiles demográficos deseables. En lugar de perder el tiempo navegando por Internet en busca de sitios que respondan a sus intereses y necesidades, los consumidores podrán llenar un cuestionario *on-line* especificando sus áreas de interés. A partir de esas opciones, la empresa diseñará una página Web llena de enlaces con una selección de páginas controladas por la empresa hecha a la medida del consumidor. Una vez diseñada dicha página personal, se actualizará y revisará constantemente atendiendo a: 1) las opciones nuevas y mejoradas disponibles, 2) las reacciones del cliente, y 3) la cantidad de tiempo que el cliente dedica a cada página.

En unos cuantos años, es previsible que el concepto de personalización se extienda a los informativos de la televisión local. Los espectadores podrán organizar sus propios informativos vespertinos mediante un menú de opciones, especificando, por ejemplo, si quieren recibir todas las noticias deportivas o sólo las relacionadas con determinados equipos o deportes, o dejar totalmente de lado la información deportiva; si quieren sólo noticias locales o nacionales y/o internacionales; y si les interesan más los informes financieros o las historias de contenido humano. Los espectadores podrán incluso especificar si no quieren recibir noticias de naturaleza violenta o relacionadas con el sexo, e incluso si no quieren recibir ninguna «mala noticia».

También se podrá disponer de segmentos informativos hiperlocales a medida que las ciudades y las comunidades ofrezcan cobertura de los acontecimientos locales. Una encuesta de Streetmail y Greenfield *On-line* reveló que más del 70% de los encuestados prefería la lectura de los contenidos locales generados en su propia comunidad a la de los contenidos locales producidos en otra parte. El correo vecinal está enfocado hacia los mercados pequeños y medianos de los que se suele hacer caso omiso *on-line* y consiste en incluir en el personal a escritores locales residentes en comunidades de todo el país para que redacten un boletín gratuito que se distribuye por *e-mail*. En un discurso pronunciado ante la convención de la National Association of Broadcasters, Robert Decherd, consejero delegado, presidente y director ejecutivo de Belo Corp., una empresa tradicional de medios de comunicación, dijo: «Una programación local de calidad y el marketing en la comunidad permitirán a las empresas tradicionales de los medios de comunicación salir adelante mientras el cable e Internet modifican el mercado. Todos sabemos... que el contenido local es lo que más valora nuestro público. Ahora nuestra tarea consiste en encontrar usos creativos, rentables, para este contenido.»

La televisión interactiva

La televisión interactiva lleva años siendo el patito feo del mundo de la alta tecnología, debido en parte al éxito de las aplicaciones informáticas alojadas en Internet, pero esto puede estar a punto de cambiar. Si el vigor es sólo cuestión de cifras, la televisión se ha ido fortaleciendo a lo largo de los años. Con la llegada de la televisión digital por cable, los analistas anticipan que la interactividad de alta velocidad será algo tan corriente como el mando a distancia.

Actualmente, el mayor mercado de la televisión interactiva es el Reino Unido, donde casi la mitad de los veinte millones de aparatos de televisión cuenta con alguna conexión ampliada. En

1999, British Telecom, HSBC, News Corporation y Matsushita invirtieron en OpenTV, una función interactiva instalada en 6,1 millones de aparatos descodificadores en Francia, Italia, España y Suecia. Open tiene previsto también expandirse hacia los mercados de EE. UU. y Australia.

Es inevitable que la competencia en el terreno interactivo se vuelva más encarnizada a medida que aumente el número de dispositivos digitales que se suman a este furor. Las videograbadoras digitales del tipo de TiVo y ReplayTV ya ofrecen a los espectadores la posibilidad de controlar lo que ven en televisión y el momento en que lo ven. Estas grabadoras digitales no sólo permiten a los espectadores grabar sus programas favoritos, sino también hacer una pausa en las emisiones en directo, repetir una escena y saltarse la publicidad. Y TiVo es una máquina «inteligente»: recuerda lo que ve e incluso puede recomendar espectáculos. Las repercusiones de estos aparatos serán enormes: ¿Cuántos espectadores optarán en el futuro por quedarse sentados mirando los anuncios? ¿Se convertirá la ubicación del producto televisivo en un medio predominante de publicidad? ¿Crearán las empresas su propia programación incluyendo mensajes publicitarios sutiles (o no tan sutiles)? La programación de una cadena puede ir perdiendo importancia a medida que los espectadores personalizan su consumo. Esto es sólo el principio pero está claro que estas nuevas tecnologías tienen el potencial de dotar al espectador del poder de cambiar de una vez y para siempre la televisión y el marketing.

Tendencias probables

Nuevas fuentes de programación: Desde los albores de la televisión allá por 1949, EE. UU. ha liderado de manera indiscutible las tendencias por lo que respecta a la programación. En realidad, el referente norteamericano sigue siendo la base de la televisión en la mayoría de los países del mundo. Esto está llamado a cambiar, como ponen de manifiesto los mayores éxitos en EE. UU. en el año 2000. Por primera vez, los programas importados se han convertido en los motores de la innovación en la programación. Es cierto que EE. UU. puede atribuirse la creación del género de televisión «transparente» gracias al programa «El mundo real», que se emitió durante mucho tiempo en MTV. Pero los tres mayores éxitos de la temporada de otoño de 2000 en EE. UU. fueron «Quién quiere ser millonario» (Reino Unido), «Superviviente» (Suecia), y el más reciente, «Gran Hermano» (producido en Holanda por Endemol, actualmente subsidiaria de Telefónica).

El cable europeo: En Europa, el cable todavía parece algo nuevo, tal vez porque su alcance apenas está llegando a la mayoría. Se espera que los ingresos netos de los operadores de cable de Europa Occidental alcancen aproximadamente los 8 400 millones de euros en 2005, según CIT Research Ltd. Entre los mercados de más rápido crecimiento figuran Francia y las regiones central y oriental de Europa. Se espera, por ejemplo, que los operadores de cable en Polonia tripliquen sus ingresos en 2005.

Prensa hiperdirigida: A medida que los periódicos vayan contando con medios más eficaces para descodificar las características del usuario, los lectores podrán contar con ediciones regionales dirigidas y con anuncios a la carta. «Empezamos geográficamente con los CP, lo cual facilitó la inserción de anuncios —declaró al *San Francisco Examiner* Eric Wolferson, vicepresidente de tecnología en la Asociación de Periódicos de EE. UU.—. Ahora los anunciantes quieren nichos aún más estrechos, de modo que [usamos] tecnología de base de datos que nos permite contar con denominaciones específicas por unidad familiar.» En un momento dado, dice Wolferson, «usted y su vecino recibirán periódicos diferentes», y la mayor parte de las diferencias estarán en los anuncios. El periódico del que busca una casa, por ejemplo, presentaría todos los anuncios existentes sobre propiedad inmobiliaria durante el tiempo que el lector anduviera en busca de vivienda.

Expansión de la televisión latinoamericana: Univision Communications Inc., el principal canal de televisión de EE. UU. en español, está experimentando el mayor crecimiento en horas de máxima audiencia entre los espectadores de menos de cincuenta años. Entre mediados de 1998 y mediados de 1999, el público de Univision de edades comprendidas entre los 18 y los 49 años aumentó en un 25%. Según Nielsen Media Research, eso equivale aproximadamente a 334 000 espectadores. La nueva programación de Univision fue la chispa que encendió esa tendencia, con éxitos de audiencia como «La Usurpadora». La cadena de Televisión WB, de Time Warner Inc. y Tribune Co. («Dawson's Creek»), ocupa el segundo lugar entre las de más rápida expansión, con una media de 281 000 espectadores.

Seguimiento on-line: Para no terminar en las mesas de los saldos, los autores recurren a nuevas tecnologías para hacer un seguimiento de las ventas, del mismo modo que podrían hacerlo con los precios de las existencias. Amazon.com, la librería *on-line*, clasifica según las ventas cada uno de los títulos que vende. Los cien primeros lugares de la lista se actualizan hora tras hora para que los autores puedan pasar el tiempo viendo cómo suben y bajan sus ventas... y tratando de idear la manera de mantener la tendencia ascendente y frenar la descendente. El juego de las ventas de Amazon es apenas un indicio más de lo interrelacionados que están los medios de comunicación. Las cifras de ventas suelen dispararse tras la aparición de un autor en la radio pública, lo que Tom Vanderbilt denomina «el efecto NPR (National Public Radio)». Vanderbilt declaró a *Salon* que su *Sneaker Book* se mantuvo «entre los cien primeros» durante unas cuantas horas a continuación de su aparición en «Morning Edition».

Aumento de la personalización: La impresión digital —que enlaza contenidos generados por ordenador con copiadoras de alta velocidad— elimina las economías de escala de la impresión en offset, facilitando la obtención de beneficios al editar libros en pequeños tirajes. El tiempo de impresión se reduce a algunos minutos, permitiendo una impresión por encargo, una alternativa rentable al almacenamiento y a los tirajes excesivos. Con las impresoras DocuTech de Xerox, Simon & Schuster produce más de 125 000 libros por encargo al mes. Implicaciones posibles: libros que se imprimen en la librería mientras uno espera, actualizaciones constantes de los autores, mayores posibilidades de que los autores desconocidos vean su obra publicada y para los autores de categorías marginales, el final de los libros agotados.

Los filtros de los medios de comunicación: Para eliminar la sobrecarga de información, los consumidores dependerán de una variedad de fuentes de confianza que les ayuden a identificar lo que vale o no la pena.

Los ciberpresentadores: Unos presentadores de noticias que nunca enferman, jamás piden aumento de sueldo y están dispuestos a trabajar de sol a sol revolucionarán la difusión de noticias. La Asociación de la Prensa del Reino Unido ha creado a Ananova, la primera presentadora digital de noticias del mundo, y no tardarán en seguirle otras. ¿Podrían los de su especie eliminar la necesidad de los presentadores humanos?

CAPÍTULO XVII

Las marcas en el nuevo mundo

En un mundo en el cual el consumidor tiene cada vez más opciones y el cibercomercio se está imponiendo rápidamente, el poder de la marca es crítico para el éxito del producto. A medida que la competencia encarnizada por ser el más grande y el mejor va dejando fuera de juego a los débiles y obliga a potencias corporativas de muchos años a reducir los costes de producción y a exprimir hasta la última gota los presupuestos de marketing, la imposición de una identidad innovadora, claramente distinguible, con renombre de fiabilidad, se ha convertido en un aspecto crucial.

¿Cuáles son los factores que hacen que una marca destaque por encima de otra? Según nuestros exploradores de tendencias globales, esos factores son la visibilidad, la calidad, la inteligencia de la publicidad, la clara diferenciación del producto y la capacidad de respuesta a las necesidades del consumidor. Muy pocas (si es que hay alguna) de las marcas reconocidas y dignas de confianza que hay hoy en el mercado, reunían desde un principio todas esas características; más bien fueron evolucionando a medida que llegaban a la cumbre. En este capítulo nos proponemos examinar la creación de las marcas desde dos puntos de vista fundamentales: el negocio global de la creación de una marca y el consumidor al cual los comerciantes pretenden conectar esas marcas por los medios que sea necesario.

Poner marca al mundo

Europa contraataca

Al fin y al cabo, las marcas no son ni más ni menos que identidades, y las más de las veces esas identidades están vinculadas a su país de origen. En 2001 a McDonald's no se la considera una corporación global; se la ve como una corporación de EE. UU. que ha conquistado el mundo. Durante el último medio siglo, el mundo ha contemplado las actividades expansivas de enormes corporaciones norteamericanas y japonesas. A medida que se consolida la Unión Europea, los países que la integran muestran una determinación cada vez mayor a contraatacar, valiéndose de la suma de sus culturas e historias como capital. De forma individual y en conjunto, las naciones europeas ponen de relieve el poder de su pasado común con innovaciones nacionales exclusivas, una «renovación de marca» cuyo objetivo es vender, vender y vender. Escocia ha llegado hasta el extremo de nombrar a un «embajador» del gobierno para representar a la marca Escocia, que promueve cualidades escocesas tales como la integridad, la inventiva, la tenacidad y la independencia de espíritu, en la esperanza de que la gente compre productos escoceses llevada por una ecuación automática de estos valores.

Como región, lo que pretende Europa es renovar con éxito su marca como una mezcla de la cultura del viejo mundo y unos avances tecnológicos de nuevo cuño. Y a pesar de tanto hablar de privatización y desregulación, hay un resurgir de la proverbial fe de Europa en las asociaciones público-privadas. Especialmente en una tecnoeconomía en rápido surgimiento, las normas de telecomunicaciones regionalmente armonizadas (por ejemplo, GSM para teléfonos móviles) y la capacidad para dirigir y financiar con dinero del Estado la innovación de la industria (por ejemplo, los «segmentos» de biotecnología de Alemania) son dos ventajas importantes. Estos factores ayudan a explicar por qué y cómo se va identificando Europa cada vez más estrechamente con las tecnologías de consumo más avanzadas, como por ejemplo los teléfonos móviles conectados a Internet y la «tarjeta inteligente» con memoria que sustituye ventajosamente al dinero, proporciona acceso a Internet o sirve para archivar el historial médico. La finlandesa Nokia y la sueca Ericsson son líderes mundiales en telefonía móvil, mientras que un puñado de empresas francesas produce siete de cada diez de las tarjetas inteligentes del mundo, un mercado de 12 000 millones de dólares.

Nuevos sectores: En *The Future of Brands,* («El futuro de las marcas»), Rita Clifton y Esther Maughan sostienen que entre las áreas más fértiles para la promoción de la marca europea se cuentan los sectores que ofrecen eficiencia, como los productos de gestión de la información personal, los productos de gestión que prometen éxito en un mercado competitivo, las innovaciones en el campo de la sanidad, la genética y la biotecnología, que ofrecen potencial de perfeccionamiento, y los productos y servicios de ocio/entretenimiento que ayudan a recuperarse al consumidor agotado por el estrés.

Presente y futuro

Hacer que funcionen los estereotipos

En conjunto, las marcas europeas responden a las imágenes de su país de origen. Los productos alemanes están asociados a la precisión y la técnica (pensemos en Mercedes, BMW, Porsche, Audi y Bosch). El nombre de Francia siempre se asoció con productos suntuarios y con clase (es el caso de Chanel, Hermès y Louis Vuitton). Y Suecia evoca valor y simplicidad (como IKEA, la cadena de moda a buen precio H&M y el vodka Absolut). Lo que está cambiando ahora es el papel más activo que están desempeñando los países europeos en este proceso, renovando conscientemente su marca para explotar el valor propio de su capital cultural. ¿La ecuación? Historia + innovación = imagen nueva y mejorada.

Andar por la cuerda floja del localismo global

En el futuro, para atraer a las masas, las marcas tendrán que reunir tres características comunes: presencia global, atractivo hiperlocal y vínculos poderosos con múltiples nichos. Independientemente del lugar que ocupen dentro del espectro global-hiperlocal, las marcas de éxito se enorgullecerán de su territorio y lo defenderán activamente. En «The Lure of Global Branding», publicado en *Harvard Business Review*, David A. Aaker y Erich Joachimsthaler sostienen que los que pretendan dominar el mercado global deben procurar en primer lugar «no marcas globales, sino un liderazgo de marca global». También es fundamental, dicen Aaker y Joachimsthaler, dar con un medio de enlazar la estrategia global y la local.

Sobre esto último, un Explorador de Tendencias de The Intelligence Factory asentado en Europa señaló: «La afirmación del director ejecutivo Douglas Daft de que Coca-Cola tiene que "pensar localmente, actuar localmente" —por contraposición al dictado del marketing de la década de 1990— señala claramente el camino que hay que seguir hoy en día. Un vistazo al marketing de Levi's y McDonald's en Europa, y especialmente en el Reino Unido, permite apreciar que está a una distancia sideral de lo que fueron los orígenes de ambas marcas y del marketing actual en EE. UU. Los directivos de este país lo miran y no lo creen: no es su marca en absoluto. La comunicación recurre a pequeñas sutilezas de los mercados locales y demuestra una auténtica comprensión de la cultura local. Heinz y Kellogg's llevan años haciendo esto. En el Reino Unido todos creen que son marcas nacionales. Todos consideran a las alubias cocidas de Heinz tan inglesas como su Reina, de origen alemán, y como el té de las cinco, que viene de Sri Lanka.»

Pongamos ahora el caso de alguien que quiere llegar a millones o miles de millones de clientes diferentes, ubicados en mercados geográficamente diversos y de color local y que no tienen absolutamente nada en común, y todo al mismo tiempo. ¿Cómo lo consigue? Podría tratar de comprar marcas nacionales existentes e integrarlas en su propia operación panregional o global. La marca conservaría su sabor local y participaría a la vez de una impronta corporativa más amplia, más globalizada. En un intento de construir una marca paneuropea, Ebookers.com, la principal agencia de viajes europea *on-line*, compró las agencias de viajes Rejesegalleriet A/S de Dinamarca y Reisbureau Nova de Holanda. Su Director Ejecutivo declaró: «Nuestra presencia en diez países europeos nos coloca en una posición predominante en el sector de los viajes *on-line* en Europa y nos da... acceso a un mercado potencial de 250 millones de europeos.»

Sin embargo, no hay que pasar por alto el deseo que tiene el consumidor de enlaces locales. El portal paneuropeo en Internet Spray ha conseguido llegar a públicos locales montando portales nacionales: www.spray.fr en Francia, www.spray.se en Suecia, etcétera. Sus páginas nacionales responden a las necesidades e idiomas locales, pero bajo el paraguas de una marca paneuropea que ya existía.

Otra posibilidad es usar la publicidad para diferenciar una marca global *on-line* con una cultura particular. Según Aaker y Joachimsthaler: «En Gran Bretaña, donde Ford es el número uno, la empresa situó su monovolumen Galaxy como un vehículo de lujo que nada tiene que ver con una camioneta, para atraer no sólo a los forofos del fútbol sino también a los ejecutivos. En Alemania, en cambio, un mercado dominado por Volkswagen, Ford tuvo que anunciar su Galaxy como "la alternativa inteligente".»

También se puede ir un poco más allá y modificar levemente el producto para adecuarlo a los gustos locales. La marca de café Nescafé usa treinta recetas diferentes en toda Europa, y Coca-Cola Light en Francia tiene un sabor diferente de la Diet Coke del Reino Unido. Puede que McDonald's tenga una identidad uniforme en todo el mundo, pero vende hamburguesas de salmón en Escandinavia y de pollo al curry en Gran Bretaña, donde este sabor goza de gran aceptación.

Piensa globalmente, come localmente global: En Dubai, la aparición de los restaurantes australianos Billabong, Legend's y Ned Kelly's habla del creciente interés de Próximo Oriente por todo lo que venga de las antípodas, según el *Gulf News*. La expansión del comercio, del turismo y el número cada vez mayor de universitarios que van a estudiar a Australia son algunos de los factores que favorecen esta tendencia. Los negocios de los *aussies* confían también en captar clientes entre los aproximadamente 4 000 australianos que viven en Dubai. Mientras tanto, en la India, los resultados de una encuesta realizada en Chennai revelaron una nota de localismo global sorprendente: el 40% de los encuestados dijo que la pizza era su comida rápida favorita, preferiblemente «indianizada» con especias, según *Hindu Business Line*.

Burbujas locales y globales: Los hoteles atraen a los consumidores que buscan nuevas fuentes de placer ofreciendo baños relajantes en un ambiente de lujo. Un asistente de baño llena la bañera y prepara el baño de acuerdo con los gustos del huésped: con o sin burbujas, con aceites aromáticos o cubiertos de flores, etcétera. La cadena Ritz-Carlton, que ya ofrecía baños relajantes en sus establecimientos asiáticos, ha extendido ahora el servicio a sus hoteles de EE. UU. con algunas variantes auténticamente americanas:

- En Arlington, Virginia (a las afueras de Washington, D. C.), el Baño Político viene acompañado de una esponja en forma de billete de dólar y un juguete de baño bipartidario (mitad asno, mitad elefante), y también de serpentinas, *confetti* y globos de colores rojo, blanco y azul.
- En Filadelfia, el Baño Independencia va acompañado de bollos caseros con mostaza y un vaso de cerveza de producción local.
- El Baño del Desfase Horario, que ofrecen en el Ritz de Marina del Rey, infunde una saludable sensación californiana gracias a los zumos naturales y las frutas combinadas con aceites de baño de aromaterapia.
- El Baño Romántico, que se ofrece en unos cuantos hoteles Ritz de EE. UU., tiene un aire que evoca la película *American Beauty*: El asistente de baño esparce pétalos de rosas sobre las burbujas.

Combinación de marcas

Otra forma de expandir un mercado desde el punto A hasta el punto B es combinar marcas. Entre 1990 y 1997, el número de alimentos, bebidas, artículos de salud y belleza y productos para animales domésticos y para el hogar lanzados con dos o más marcas se multiplicó por diez o más. Siempre y cuando los socios sean compatibles —combinar Coca-Cola, por ejemplo, con la máquina expendedora de TelePizza—, la combinación de marcas puede ser una forma relativamente barata de llamar la atención del consumidor, de reducir el riesgo de fracaso en el lanzamiento de un nuevo producto y de impulsar las ventas, los márgenes y la cuota de mercado en el proceso.

Claro que es cierto que si uno de los socios se va a pique, la otra marca que podría funcionar estupendamente podría seguir el mismo camino. Pero la combinación de marcas puede hacer que un producto sea menos sensible al precio —el añadido de la marca «Intel Inside» permite a los fabricantes sumar entre 150 y 300 dólares al precio de un microprocesador. Y es cierto que uno más uno a veces suman más de dos. De acuerdo con la American Marketing Association, más del 80% de los consumidores encuestados dijeron que les gustaría comprar una copiadora de imágenes que llevara las marcas Sony y Kodak, mientras que sólo el 20% dijo que la compraría únicamente si llevaba la marca Sony o Kodak, pero no ambas.

Segmentación global

Aunque el marketing del pasado consistía en vender a un grupo de población —jóvenes o viejos, ricos o pobres— el «marketing por segmentos» identifica a los consumidores tomando como base múltiples factores al mismo tiempo, como el lugar donde viven, la etapa de la vida por la que están pasando y sus hábitos adquisitivos. En un mundo infinitamente diverso, esta estrategia ofrece una manera de entender las similitudes que hay entre los consumidores más allá de las fronteras, pero sin perder de vista lo que los separa.

Esta táctica da buenos resultados en Europa. Michael Weiss, autor de *The Clustered World: How We Live, What We Buy and What It All Means About Who We Are*, («El mundo segmentado: cómo vivimos, qué compramos y qué significado tiene todo esto para lo que somos») encuentra segmentos de gran similitud como «bolsas crónicas de pobreza», «nuevos barrios familiares», «pueblos de clase trabajadora» y «colonias de jubilados junto al mar» en todos los países europeos. Esto significa, según él, que una empresa puede encontrar consumidores con un determinado estilo de vida en España, equipararlos con segmentos similares en Francia, Italia, o Inglaterra, y usar un tipo similar de mensaje para llegar a todos ellos.

En España, la cadena de comida rápida A Huevo utilizó información de segmento para hacer frente a una caída de las ventas del 70%. En 1997, cambió su nombre por el de Chef Line, y se centró en «comida divertida a la carta» para las parejas suburbanas que trabajan, «trabajadores manuales metropolitanos» y «familias de las nuevas ciudades industriales». Las ventas en las nuevas tiendas se dispararon en un 44%.

¿Está usted preparado? El ciudadano global

En la actualidad, la evolución de las marcas se produce en un mundo cada vez más conectado: desde el punto de vista comercial, económico, cultural, tecnológico, político, incluso psicológico, la integración es la tendencia y la ciudadanía global el resultado. Por ejemplo, a pesar de las diferencias persistentes y a menudo espinosas entre los países miembros, el ideal de la Unión Europea de «una unión cada vez más estrecha entre los pueblos de Europa» está más próximo que nunca, al menos en el mercado. Según un experto británico: «Hoy en día es más probable que nunca que la gente viaje por toda Europa, hable una segunda o tercera lengua europea y consuma comida de otros países europeos. La gente asiste al surgimiento de una cultura común, una historia y un espacio geográfico compartidos y un conjunto convergente de valores; el resultado es que cada vez hay más gente que se siente auténticamente "europea".»

Y Europa no es la única que avanza hacia la integración. Tal como se indicó en el capítulo IV, América latina ha asistido a la formación de bloques de comercio subregionales, entre ellos el Mercosur en el sur, el Pacto Andino en el norte, el Mercado Común Centroamericano y el NAFTA en Norteamérica. ¿El objetivo último? Una zona de libre comercio que abarque la totalidad del continente. Además, América latina sigue tendiendo lazos comerciales con sus hermanos culturales de España. En África, siguiendo el ejemplo de los países del sur que formaron una comunidad regional de desarrollo económico, Kenya, Tanzania y Uganda han formado la Comunidad del Este de África, en la esperanza de que la integración ofrezca a los países más débiles mejores oportunidades para apuntalar sus economías y superar la pobreza. La Comunidad del Este de África se asemeja a la Unión Europea en su plan de crear un mercado común de ochenta millones personas y llegar en un momento dado a una federación política, armonizar las políticas monetarias de sus miembros e idear estrategias comunes para las redes de transporte y el turismo. El *Informe de Inversión Mundial de 1998* indica que la inversión de EE. UU. en África ha alcanzado una tasa media del 29% de beneficio sobre el valor contable desde 1990, frente al 14% correspondiente a Asia y el 12% de América latina.

«Sin logotipos, por favor»

El reverso de la integración global y la masificación de unas cuantas supermarcas es la lucha de los consumidores por mantener su individualidad frente a la presión aparentemente abrumadora hacia su conformidad. La escritora canadiense Naomi Klein, autora de *No Logo,* atrajo la atención de los medios de comunicación de ambos lados del Atlántico con su tesis de que un nuevo movimiento de jóvenes activistas políticos está empezando a contraatacar a las corporaciones y marcas globales más visibles. Ante la oleada de disturbios en la convención celebrada por la Organización Mundial de Comercio en Seattle y otros similares en Gran Bretaña, un joven consultor de marketing advirtió a Coca-Cola, Nike y Levi's de que este movimiento podría llegar a tener más influencia de la que estas marcas quieren reconocer: «En el pasado, los movimientos juveniles siempre centraron su protesta sobre algo, ya fuese la política radical en la década de 1960 o el movimiento *punk* en la de 1970. Hoy en día, esa rebelión juvenil cuestiona el consumismo, y lo que ven es la forma en que las marcas globales se están apoderando del mundo.»

Esto no significa que la juventud mundial rechace de plano las marcas. Todo lo contrario. Cuando se les pidió que nombrasen las marcas que más usan, los adolescentes encuestados en Alemania, Italia, Francia, Reino Unido y EE. UU. dieron respuestas de una similitud sorprendente: en un 59% de las respuestas se nombró a McDonald's y Coca-Cola. Le siguieron los chicles Wrigley, con un 43%, seguidos por los cereales Kellogg's, con un 41%. Más de uno de cada tres mencionó los vaqueros Levi's (35%), los zapatos deportivos Nike (34%), y la Pepsi-Cola (34%); y más de uno de cada cuatro nombró el yogur Danone y la comida rápida del Burger King. Parece incuestionable que a medida que los adolescentes absorben tecnología, viajes y películas de Hollywood, sus gustos y actitudes empiezan a igualarse. Jacques Habib, socio de Andersen Consulting en París, afirma que los jóvenes «adoptarán una conducta adquisitiva mucho más uniforme que la de sus padres». Precisamente esa uniformidad es la que puede desencadenar una reacción entre los jóvenes que buscan la «autenticidad» y la individualidad.

Presente y futuro

Una dosis de humildad

Los jóvenes que adoptan siempre las últimas tendencias de la moda, y los que se dejan influir por ellos, no se dejan impresionar por las corporaciones que dicen saber qué es lo «guay» y se creen capaces de adivinar las preferencias de la juventud. Según *Business Week*: «Los anuncios que pretenden dar una imagen juvenil y divertida pueden parecerle meramente oportunistas a un consumidor de la Generación Y.» Una campaña de Arizona Jeans que tuvo un éxito enorme presentaba a unos adolescentes burlándose de los anuncios que pretenden hablar en el lenguaje de los jóvenes. El lema: «Limítate a enseñarme los vaqueros.»

Algunas de las barreras que tienen que vencer los expertos al enfrentarse al ciudadano global versado en marketing son de naturaleza totalmente nueva. Los consumidores de hoy en día están tan saturados de información y son tan escépticos acerca de las motivaciones de las empresas, que los especialistas en marketing tienen que derribar un muro de incredulidad antes de poder siquiera atraer la atención de los clientes y ganarse algo que se parezca siquiera a la confianza. El clima sombrío e introspectivo que se palpa en Japón ante el cambio de siglo dio lugar a una forma de publicidad denominada por *The Economist* «la nueva humildad». Evitando el enfoque habitualmente jovial y audaz de la publicidad televisiva, Sega adoptó la táctica de asestar un golpe a sus antiguos productos de poca venta para promover su última consola de juegos, haciendo que un grupo de jóvenes insultase a un director ejecutivo echándole en cara que los videojuegos de Sega no eran «guay». El nuevo enfoque caló hondo en la descreída juventud japonesa y transformó en una estrella al ejecutivo de la empresa.

Todos con Gap: Recientemente, Gap arrebató a Levi's el puesto de primer fabricante de ropa del mundo: la simple camiseta blanca con un solo bolsillo de Gap es ahora la prenda de mayor venta en el mundo. Gap debe su éxito en parte al tono amistoso de sus anuncios. En referencia a los protagonistas de la campaña de Gap en televisión, Crawford Hollingworth, de la consultora de marketing británica HeadlightVision, señaló: «Hay algo en su lenguaje corporal, en su forma directa de mirar, que resulta sumamente cómplice y personal. Es como estar ante un grupo de colegas que se lo están pasando en grande y querer hacernos participar de su diversión. Habla de amistad, de buenos momentos y de vínculos de grupo. Si se piensa en la sociedad, que es fría y solitaria, con familias debilitadas y disgregadas, esta celebración de amigos tiene un atractivo increíble.» Pero si bien es cierto que la nueva publicidad de Gap vuelve a los sencillos motivos de la amistad, el entretenimiento y la diversión, también lo es que lo hace provista de un toque irónico, profundamente contemporáneo. Sus propagandas, según un periodista, presentan un ambiente de acampada propio de un musical. A uno incluso le parece oír la banda sonora de *West Side Story.* En palabras de Jim Nevins, vicepresidente ejecutivo de marketing global en Gap: «Hay una especie de guiño en todo esto. Se nos ha criticado por ser demasiado serios en el pasado, de modo que hemos recurrido a esta teatralidad para hacer ese guiño. Simplemente resulta refrescante.»

A relajarse con Coca-Cola: Coca-Cola es una de las marcas más universalmente reconocidas, y también una de las más antiguas. Desde sus orígenes en una droguería de Atlanta, la promesa básica de la marca nunca ha cambiado: es refrescante y tiene un gran sabor. No obstante, Coke está empeñada actualmente en modificar su tono y atraer a una nueva generación de clientes. Recientemente una campaña de televisión introducida por la empresa presenta a un loro que imita el sonido de una botella de Coca-Cola que se abre y de su contenido que se vierte. «Si parece mucho más ocurrente que los anuncios acartonados, lustrosos, reconfortantes de Coke a los que hemos llegado a acostumbrarnos —comentaba el *Irish Times*—, es precisamente lo que se buscaba.» Los clientes que pretende ganar Coca-Cola, en opinión del *Times,* «tienen cada vez menos inclinación hacia todo lo que suene a gran empresa y, si algo representa Coca-Cola, es precisamente a los EE. UU. de las corporaciones». Empeñada en combatir su imagen de enorme multinacional y de ariete del «imperialismo cultural» estadounidense, Coke ha sido la última marca en sumarse a aquellas que aprecian el valor de la humildad corporativa para enfrentarse a un mercado perspicaz. Tal como señala el artículo, «el lema de la nueva campaña es "disfruta de Coca-Cola", que parece una invitación más humilde y amigable».

La ética es lo que cuenta

Los europeos con conciencia social solían votar socialista y torcer el gesto ante la idea de los «consumidores» y el «consumo», pero el socialismo perdió, y ahora los europeos están orgullosos de ser consumidores. En el futuro, estas tendencias se manifestarán como un consumo ético, con un resplandor entrañable como valor añadido. En el pasado, los consumidores alemanes se resistieron activamente, por ejemplo, a consumir bebidas en botellas de plástico (el cristal es bueno; el plástico, malo) y boicotearon a Shell como protesta por su intento de hundir una plataforma petrolífera en el mar del Norte. Por todas partes se habla de «juego limpio» y de «producción sostenible», y no sólo en las tiendas de The Body Shop. En Dinamarca, los consumidores pueden comprar huevos de gallinas enjauladas por una corona (aproximadamente 0,16 dólares) cada uno, o «huevos felices» a 2,83 coronas (unos 0,44 dólares). Estos últimos vienen de explotaciones libres y en el envase figura el nombre del granjero acompañado de una imagen y un texto que hablan de lo felices que son las gallinas. La perspectiva del euro hace que las empresas tengan que ser cada vez más cuidadosas con las implicaciones éticas de sus acciones, lo cual representa un nuevo campo para los asesores que tendrán que ayudarles a encontrar y poner en marcha nuevas relaciones comerciales con productos éticamente irreprochables.

Las empresas de EE. UU. están procurando por todos los medios que el consumo ético resulte también rentable. En Macungie (Pennsylvania), se abrieron los primeros «grandes almacenes del hogar ecológico» del mundo. Home & Planet se especializa en accesorios para el hogar y el jardín respetuosos con el medio ambiente, obtenidos de fuentes recuperadas, como vidrio reciclado, partes de bicicleta y recortes de telas. Otros ejemplos de productos respetuosos con el medio ambiente: Mitchell Gold utiliza madera proveniente de la tala sostenible para hacer sofás y sillas para empresas como Pottery Barn, Crate & Barrel y Restoration Hardware. Además del algodón y el lino, la empresa utiliza cáñamo y material de botellas de refresco reciclado para fabricar las fundas de sus muebles. Además, los Productos Respetuosos de la Tierra de Venus Laboratories están hechos con «ingredientes de origen vegetal y... envasados con materiales biodegradables, seguros desde el punto de vista medioambiental». La empresa, cuyo mercado estratégico son las familias jóvenes preocupadas por la salud de sus hijos, ha aumentado su línea de productos de cuatro artículos en 1993 a 34, contándose entre ellos un lustramuebles hecho de aceite de oliva y un limpiacristales cuyo ingrediente básico es el vinagre.

El derrumbe de Nike: Es más que sabido que la megamarca Nike ha perdido recientemente su lustre (y su arrastre entre la juventud preocupada por la moda) como consecuencia de la publicidad negativa resultante de sus prácticas laborales en el extranjero. Esta tendencia empezó en Norteamérica y se propagó también a sus negocios en Europa occidental. Respondiendo a la presión de los consumidores y al descenso de sus ventas, la empresa se comprometió voluntariamente a publicar los resultados de las auditorías de todas sus fábricas en su sitio en Internet, un movimiento que no hará más que poner una nueva arma en manos de los críticos empeñados en una campaña contra la empresa. Mientras tanto, sus rivales no dudaron en recolocar sus marcas mientras Nike trataba de recuperarse de su estupor. Veamos si no las reflexiones de Jo Harlow, vicepresidente de Reebok para Europa occidental, sobre los méritos relativos de ambas marcas: «Si el consumidor compra Reebok y no Nike, lo que está comprando es la forma de operar de Reebok, nuestro compromiso con los derechos humanos. Sabe que nos preocupamos por cómo, dónde y en qué condiciones se fabrican nuestros productos, no como se ha sabido que hacen Nike u otras empresas de la competencia. Lo que compran, pues, es la propuesta total, no sólo las características y ventajas del producto.»

El nuevo valor de lo chocante

Un ejecutivo de la tienda de ropa French Connection atribuyó la mayor parte del aumento del 84% en los beneficios del primer semestre de 1999 a una campaña publicitaria del Reino Unido en la que se invitaba a los clientes a «reventar» diversos aspectos de la sociedad contemporánea. En opinión de un periodista consumidor, esta campaña fue «un ejemplo fenomenal de comunicación de marca», una prueba de que la «publicidad chocante» puede ser una forma inestimable de conectar con las subculturas juveniles instintivamente. Como resultado de ello, decía el periodista: «French Connection ha pasado de ser una marca del montón a convertirse para la juventud en un icono a la altura de los de Sony, Nike y Tango.»

En la católica América latina, un portal brasileño en Internet presentaba su portal mexicano mostrando a dos hombres que se separaban tras un beso. Mientras tanto, en la Praga poscomunista se enfrentan a lo que *Business Week* describió como la «destrucción de los tabúes» en su publicidad. Un ejemplo de ello es el anuncio de una bebida energética llamada Erektus en la que aparece alguien parecido a un Papa mirando las piernas desnudas de una mujer, con la leyenda «Para el hombre que quiere lo que no puede tener».

Puede que el mejor ejemplo de imposición emocional de una marca sea la campaña de Benetton presentando fotos de prisioneros en el corredor de la muerte en EE. UU. La campaña causó furor en el Reino Unido, pero no es más que un ejemplo de un nuevo movimiento publicitario basado en la utilización de estrategias e imágenes destinadas a provocar, evocar y en última instancia distinguir un producto del resto de los que se le parecen. En un mercado atestado, la imposición emocional de la marca sin duda se convertirá en una estrategia corriente, pero no exenta de riesgos. Es demasiado fácil excederse y causar rechazo en el público estratégico, o retraerse demasiado haciendo que no llegue el mensaje contracultural. Las tiendas Sears de EE. UU. cancelaron su contrato para vender la línea Benetton después de las airadas protestas de los consumidores por los anuncios de la empresa sobre el corredor de la muerte. Un portavoz de Sears declaró que los anuncios no tenían nada que ver con la imagen de sus tiendas y reflejaba insensibilidad hacia las víctimas de los crímenes por los que habían sido condenados los presos.

El auge de las marcas propias

Las marcas propias ya no son los parientes pobres del comercio minorista. Según un estudio realizado en 1999 por ACNielsen de 57 categorías de ultramarinos en treinta países, Europa tiene la mayor penetración mundial de marcas propias, yendo a la cabeza Suiza, donde el 54,1% de los productos de los supermercados son marcas de la casa. Donde más rápido crecen las marcas propias es en Francia, seguida por Alemania y Bélgica. El mercado de EE. UU. también está creciendo rápidamente: según el Anuario de 1999 de la Private Label Manufacturers Association, las ventas en EE. UU. de marcas de tienda aumentaron más del 5% en 1998, pasando a ser de 43 300 millones de dólares frente a los 34 600 millones de 1994.

Lecciones francesas: La cadena francesa Picard de alimentos congelados, cuyo propietario mayoritario es el gigante de los hipermercados Carrefour, es la cadena de mayor renombre y ventas dentro de su categoría. Su éxito se debe en gran parte a los productos de marca propia, que constituyen nada menos que el 50% de su inventario.

El paso de Picard al predominio de la etiqueta privada es el resultado en parte de una estrategia y en parte de una ocasional intuición comercial. La cadena ofrece una vasta gama de productos —entre ellos mezclas de hierbas aromáticas y salsas— que ayudan a los cocineros con poco tiempo a transformar un plato sencillo en una creación propia de un gourmet. Entre sus decididos esfuerzos de marketing y de comercialización figura el de seleccionar todos los meses cincuenta artículos variados de sus existencias y ponerlos a la venta. Picard llama la atención sobre estos productos colocándolos cerca de la entrada de cada tienda y destacándolos como promoción en el catálogo mensual. Además, gasta liberalmente en publicidad, incluso en televisión, un medio que generalmente está fuera del alcance de los minoristas franceses, pero al cual tiene acceso Picard porque la proporción de sus ventas provenientes de productos de su propia marca le da categoría de productor.

Picard hizo su primera incursión en las marcas propias en 1982, cuando formó equipo con la procesadora de carne Bigard para crear la primera línea de carne de vacuno congelada de Francia. Se garantizaba que toda la carne provenía de vacas francesas, un movimiento con visión de futuro que permitió a Picard capear el temporal desatado por la enfermedad de las vacas locas vinculada a la carne británica.

Situación de las marcas húngaras: En Hungría, los fabricantes de los productos de marca están tratando de mejorar sus cifras mientras soportan a pie firme el asalto de productos de consumo de marca propia y precio inferior. En febrero de 2000, catorce miembros de la Asociación de Productos de Marca del país lanzaron una campaña de seis semanas por valor de 1,15 millones de dólares, cuyo objetivo era convencer a los consumidores de que se basasen en algo más que en el precio para sus decisiones de compra y reconocieran las virtudes de las marcas con prestigio. Los fabricantes de productos de marca son vulnerables a la competencia desleal de las marcas propias porque, según Gyorgy Vamos, primer secretario de la Asociación Nacional de Comercio, los consumidores húngaros tienen apenas la mitad del poder adquisitivo que los europeos occidentales. Los productos de marca propia representan actualmente el 10-15% del mercado de los productos de consumo, pero su cuota de mercado no deja de crecer. El director comercial de la cadena Tesco ha hablado de un objetivo de la empresa para incrementar su cuota de mercado de marca propia en Hungría en un 40%, hasta igualar la cuota que han conseguido en el mercado del Reino Unido.

Etiquetas para el pequeño comercio: La empresa comercial Li & Fung de Hong Kong, cuyo negocio en el mundo real se basa en la fabricación de productos de marcas propias para grandes empresas, está abriendo camino para un nicho en el comercio electrónico entre empresas con una subsidiaria en Internet. No se trata de una lonja ni de un portal —modelos «casamenteros» que el director general desecha por su «muy escaso valor añadido»— sino de un medio para reunir a comerciantes pequeños y medianos y fabricar productos de marca propia de acuerdo con sus especificaciones. Según Fung, una presencia en Internet permitirá a la empresa comercial penetrar en el mercado de la pequeña empresa sin una «interacción intensiva» y con la economía de escala resultante de sumar pedidos. La empresa utilizará su base consolidada de 6 000 proveedores globales para dar servicio a los clientes de marca propia conseguidos a través de su sitio en Internet.

Sin cliente no hay marca

Un factor que hay que tener siempre en cuenta a la hora de constituir cualquier marca es el servicio al cliente. Es probable que en el futuro virtual, ese servicio cobre más importancia que nunca, especialmente a medida que el concepto de «vida real» cambia y nuestra relación con la familia, los amigos y la empresa se vuelve cada vez más virtual. En un mundo en el cual es cada vez más normal pedir cosas de la vida diaria *on-line,* como productos alimenticios y ropa, unos consumidores cada vez más aislados probablemente insistirán cada vez más en unas interacciones satisfactorias con las empresas con las que hacen negocios. En los próximos años, la interacción con seres humanos reales será una fuente tan grande de ventaja competitiva como lo fue la automatización años atrás.

Nada tiene pues de sorprendente que los minoristas avezados de todo el mundo presten cada vez más atención a intensificar su relación con el cliente, en la esperanza de llegar a los consumidores uno por uno. En Europa, donde por lo general el servicio al cliente nunca alcanzó el nivel que tiene en EE. UU., estamos presenciando auténticos cambios en este aspecto. Algunos comerciantes europeos recurren incluso a agentes encubiertos o «compradores secretos» capaces de alertarlos de problemas potenciales, como por ejemplo tiendas desaliñadas o escasa amabilidad del personal. Estas medidas llegan con retraso: la investigación revela que actualmente los británicos se quejan más que los norteamericanos. Una encuesta realizada por The Henley Centre reveló que el 55% de los adultos británicos manifestó su disconformidad por un servicio deficiente o productos defectuosos en 1998, porcentaje que era del 39% en 1997. Sin embargo, es necesario que el «servicio con una sonrisa» sea sincero, como descubrieron los directores de McDonald's en el Reino Unido. Ya no se exige al personal de la cadena de restaurantes que recite el «que tenga usted un buen día» a cada cliente; los consumidores británicos consideran que la frase no es sincera.

Presente y futuro: La crisis del servicio

Está claro que tener fama de ofrecer siempre buen servicio al cliente será uno de los atributos más importantes de cualquier marca en este nuevo mundo. Ante la desolación de muchas empresas, eso es más fácil de decir que de hacer. En un momento en que el servicio al cliente es más importante que nunca, también resulta más difícil encontrarlo. Cuando la empresa consultora de EE. UU. Feltenstein Partners, especialista en marketing para el sector de la restauración, encuestó a cerca de cincuenta mil clientes de restaurantes, un promedio del 7% manifestó su intención de no volver al restaurante sobre el que se le preguntaba por lo deficiente del servicio y otros factores; la proporción se elevó al 12% entre los entrevistados en restaurantes especializados en carne o en establecimientos para gourmets de la parte alta de la escala. En una encuesta aparte de 29 000 empleados de restaurante, casi la mitad manifestó que no recomendaría a nadie que comiera en el establecimiento para el que trabajaba.

En realidad, los consumidores de EE. UU. están cada vez más insatisfechos a juzgar por el número de reclamaciones que presentan al Better Business Bureau, que se duplicó con creces entre 1995 y 1998, pasando de 1,3 a 2,7 millones. Durante el mismo período, el Índice de Satisfacción del Cliente Americano, compilado y analizado por la Buiness School de la Universidad de Michigan, indicó una insatisfacción creciente entre los consumidores como consecuencia del mal servicio y la calidad insatisfactoria de la mercancía. Según una encuesta de agencias de consumo (basada en registros de 1998), los sectores que atrajeron más quejas de los consumidores fueron el de la venta de coches (mencionado por el 72% de las agencias), el de la reparación de coches (70%) y el de las reformas en el hogar (68%). Los sectores de servicios públicos y de viajes/turismo tuvieron un mejor comportamiento, con apenas un 18% y un 16% respectivamente de informes negativos de las agencias. La encuesta, realizada por la National Association of Consumer Agency y la Consumer Federation of America reveló también un constante aumento de las quejas relacionadas con el comercio virtual (hasta un 39% en 1998).

La caja de los gritos: Cualquiera que escuche a los usuarios británicos de teléfonos móviles oirá todo tipo de quejas motivadas por cosas tales como la mala recepción y la facturación engañosa. Fueron tantas las reclamaciones acumuladas en Gran Bretaña, que una oficina gubernamental de normas de comercio tuvo que crear un código de quejas para móviles que inmediatamente se colocaron entre las diez primeras de la lista. Parte del aumento se atribuye a la rápida penetración de los teléfonos móviles en Gran Bretaña, que pasó de tener un millón de unidades en 1990 a 24 millones al terminar la década. Gordon Gresty, jefe de la oficina de normas de comercio de North Yorkshire, dice: «El problema es simplemente de que las empresas de telefonía móvil no acompañan sus llamativas campañas publicitarias de un servicio de posventa adecuado.» Mientras tanto, en Colombia, las reclamaciones relacionadas con los servicios de telecomunicaciones representan el 55% de todas las quejas recibidas por el organismo de servicio público del país. La mayor parte de las quejas tienen que ver con la mala calidad del servicio, con cuestiones de facturación y con problemas de instalación. En 1998, el número total de quejas subió un 17%, aumento atribuido a la mayor conciencia pública de los derechos del consumidor y del papel que desempeña dicho organismo para resolverlas.

Tendencias probables

Nosotros los activistas: Es previsible el surgimiento de un mercado para productos y servicios relacionados con el activismo, entre ellos ropa para ser arrestado y ropa para pasar desapercibido, un vaporizador a la pimienta vengativo en caso de «falso arresto», software organizativo básico, etcétera.

Los anticonsumistas: A medida que la mentalidad del ahorro se vaya adueñando de los países ricos, la gente joven, que es la que impone las tendencias, empezará a considerar «enrollado» usar la ropa de sus padres hasta que se caiga a pedazos, comprar en mercadillos y negarse en general a gastar dinero en NADA que no sea absolutamente indispensable. En un giro irónico de esta tendencia podemos llegar a ver ropa de aspecto desolador, que dé la impresión de que alguien hubiera dormido con ella, hecha por las casas de alta costura para los modernos extremistas de la antimoda.

Convergencia meditada: La convergencia no se limita a transformarlo todo en digital; tiene que ver también con conectar a la gente con las marcas para infundir ideas en las pautas de consumo, y todo ello sin que lo confundan a uno con el «Gran Hermano». La «convergencia de marcas» hace referencia a la fusión de marcas porque su poder combinado es mayor que la suma de sus partes. Ejemplo: la tarjeta Driver's Edge del Citibank, que permite a los miembros de Ford Citibank ganar puntos para la compra o el arrendamiento financiero de un nuevo vehículo de Ford. Lo siguiente será la convergencia de empresa con empresa. En los meses o años venideros podemos prever más alianzas entre los bancos de inversión, empresas de consultoría de la dirección, empresas de auditoría e incluso agencias de publicidad y de relaciones públicas. Todas ellas venden conocimiento, y en esta época de fanatismo por las marcas, el conocimiento es el único poder rentable.

Marcas discretas: La discreción es la mejor parte de la creación de una marca. Un ordenador con Intel en el interior tiene mucho más prestigio que otro que lleve Microsoft por todas partes. Discreción no significa ausencia de marca; se trata de que sea una marca sólida que no resulte impositiva ni abrumadora. El mantra de hoy en día debería ser: «Más no siempre es más memorable, y la cantidad no es un sustituto de la calidad.» Mientras otros sembraban el mundo de multitud de anuncios comerciales de treinta segundos, Ford patrocinó el estreno en la televisión norteamericana de la premiada película *La lista de Schindler* en 1997. No se pasaron anuncios, ni siquiera durante el intermedio. A veces, la mejor manera de llamar la atención sobre una marca es permanecer callado, muy callado.

Marketing de marcas en acción: Jupiter Communications sostiene que una estrategia que explote la interactividad para promover una marca y al mismo tiempo consiga movilizar al consumidor es la clave para que las iniciativas de marketing *on-line* tengan éxito. Peter Storck, director de Jupiter *On-line* Advertising Group, advierte: «Las marcas están eligiendo una estrategia excluyente: o construir una marca o iniciativas de marketing directo. Esto equivale a pasar por alto lo que hace que el marketing *on-line* sea diferente de los demás: la interactividad.» Según Jupiter, un buen marketing de marca en acción requiere una táctica de seis componentes: medios de comunicación, aumento de la actividad minorista, personalización, promociones, servicio y apoyo de ventas y distribución y transacciones.

Micromarcas: La selección limitada (muéstreme lo que más me interesa y no me fastidie con todo lo demás) permitirá a las micromarcas crear y poseer sus categorías de nicho (por ejemplo, muebles adaptados al clima o materiales para bricolaje). Aunque lo pequeño no siempre es necesariamente mejor, en estos tiempos de mercados cada vez más específicos, lo pequeño es decididamente posible y flexible.

El descubrimiento de África: A fines de la década de 1990, las multinacionales empezaron a poner los ojos en África como mercado potencialmente lucrativo. El *Financial Mail* cita a Unilever, Procter & Gamble, Nestlé, Coca-Cola, Reckitt & Colman, Mars, Colgate-Palmolive, British American Tobacco y Gillette como las más destacadas de una lista de unas veinte multinacionales que operan seriamente en África. Es posible que África sea pobre, señaló el *Mail,* pero cuenta con una población de «seiscientos millones de personas dispuestas a comprar productos de consumo, vehículos de motor, servicios de televisión por satélite y servicios comerciales y bancarios».

La huella de la herencia: Es previsible que aparezcan portavoces de una marca que se refieran al legado de la misma, y lo más probable es que esas personas no sean personajes célebres sino que pertenezcan a las filas de los empleados de esa marca. No debería sorprendernos que el anuncio de Anheuser-Busch presentando a miembros de la familia llegase a figurar en la lista de los mejores. Schwab *On-line* ha empezado a presentar a sus empleados de la Generación X para conectar a los consumidores de dicha generación con la marca Schwab.

Marketing educativo: ¿Recuerdan cuando solíamos leer los periódicos en busca de noticias y de información y cuando las facturas de servicios sólo traían el estado de cuenta? Esto ya no es así. Hoy en día todos quieren informarnos: los anuncios impresos incorporan recetas y «apuntes de actualidad», y los encartes que se incluyen en los sobres junto con las facturas contienen información sobre cómo mantener la casa a una temperatura moderada, proteger a los niños de las picaduras de insectos y conseguir que nuestro perro tenga el pelo brillante. ¿Para qué queremos escuelas si tenemos especialistas en marketing?

El logotipo del día: Mientras que los consumidores preocupados por su salud siguen creyendo que somos lo que comemos, Impact Diffusion, una empresa francesa, espera que lleguemos a convertirnos en aquello sobre lo que comemos. O cuando menos, que nos dejemos influir por ello. El concepto de Impact Diffusion, y su negocio actual, consiste en colocar anuncios de terceros sobre la mesa de los *bistrots* y cafés de toda Francia. Mientras que las empresas pagan por colocar sus anuncios en las mesas, éstas se distribuyen gratuitamente a los establecimientos elegidos. En el futuro, lo más probable es que veamos todavía más propaganda en los lugares de espera. Al fin y al cabo, no hay nada como un público cautivo.

La venganza del cliente insatisfecho: Mientras el mundo se conecta cada vez más, los sitios en Internet dedicados a las historias de horror de consumidores crecen como la espuma. En ellos, los ciudadanos de la red montan centros de reclamaciones en los que puede encontrarse de todo, desde un servicio deplorable hasta productos defectuosos y prácticas comerciales deshonestas. La sección de Opinión del Consumidor de Yahoo! contiene enlaces con algunos de los objetivos más destacados, como Wal-Mart, McDonald's y Microsoft. Es previsible que en el futuro aumente el número de empresas minoristas que contraten espías *on-line* para que las mantengan informadas de las críticas que se oyen en los foros de conversación (y para que traten de evitarlas).

Apéndices

Glosario de términos*

Agrupamiento (Clustering): Herramienta del marketing mediante la cual los consumidores se identifican tomando como base un grupo de variables compartidas, entre las que se cuentan la localización geográfica, la posición y los hábitos de compra. «Agrupamiento global» hace referencia a la identificación de tipos de consumidores similares sin tener en cuenta las fronteras nacionales. El término también se usa para identificar a los grupos sectoriales ubicados en una localización geográfica determinada (por ejemplo, alta tecnología en Silicon Valley, en California, y Silicon Fen, en Inglaterra).

Buscadores de tendencias (Trendscouts): Es una red de empleados de las oficinas de Y&R en más de setenta países que aceptaron responder a encuestas electrónicas para The Intelligence Factory. Nuestros buscadores más activos se encuentran en EE. UU., el Reino Unido, América latina, la región pan-Pacífico y Europa continental. Nosotros empleamos la red de buscadores de tendencias más a menudo como parte de una nueva iniciativa empresarial o a solicitud del cliente.

Capital cultural (Cultural capital): Valor acumulado y explotable de la historia y el estilo de vida de un país.

* Éstos son los términos básicos que los autores han manejado a lo largo de la obra. Ofrecemos también su versión original en inglés para facilitar, cuando proceda, su búsqueda en buscadores de Internet en lengua inglesa. *(N. del e.)*

Capital de tendencia (Trend Capital): En la era posterior a la segunda guerra mundial, las principales capitales de tendencias eran Londres (música), París y Milán (moda), y Los Ángeles (cultura pop), entre otras. Cuando entramos en el siglo XXI, comprobamos la proliferación de muchas nuevas capitales de tendencia, incluso en lugares tan pequeños como una ciudad universitaria o un destino de vacaciones. En los años venideros, la rápida ampliación de la tecnología de Internet y la TV por satélite significarán que las tendencias (y, por lo tanto, la cultura global) dejarán de estar dominadas por un puñado de capitales básicamente occidentales. Veremos cómo emergen tendencias en América latina, África y en otras latitudes a medida que la juventud pueda comunicarse mejor entre sí sin fronteras.

Ciclo de tendencia (Trend Cycle): Aunque hay excepciones a la regla, las tendencias suelen seguir un ciclo: primero, se plantan o fertilizan, se gestan, crecen, maduran, envejecen y mueren. Muchas veces, se reencarnan una década después o más con características ligeramente diferentes. Por más que la determinación del punto de su ciclo en que se encuentra una tendencia sea muy inexacta, ayuda mucho a considerarlo cuando se trabaja para determinar el impacto global que puede llegar a tener una tendencia.

Cocina de fusión (Fusion cooking): Cocina que combina elementos de diferentes culturas de manera desusada.

Combinación de marcas (Co-branding): Asociación de dos marcas de reconocido prestigio para la producción y promoción de un único producto.

Conectividad (Connectivity): Capacidad de servir como puerta entre los consumidores e Internet.

Densidad de tendencia (Trend Density): El punto hasta el que puede llegar a infiltrarse una tendencia en diferentes segmentos socioeconómicos, geográficos y generacionales. Mientras que algunas tendencias tal vez no irán más allá de los fijadores de tendencias ni de los líderes de tendencia, otras se abrirán camino en la corriente principal e incluso influirán a las que llamamos «tradicionales». La tendencia hacia las medicinas y terapias alternativas, por ejemplo, es de las que podemos considerar una tendencia «profunda», una tendencia que está teniendo un impacto sobre la gente de todas las edades e ingresos económicos en la mayor parte del mundo. La tendencia hacia los años sabáticos, por otra parte, es más «superficial», y por el momento influye sólo a los trabajadores de los niveles más altos.

DIY: Acrónimo de *«Do-It-Yourself»* (hágalo usted mismo); por lo general hace referencia al sector de las reparaciones caseras, pero puede tener otras aplicaciones.

Duópolis (Duopoly): El dominio de un sector o industria por parte de dos competidores.

Espacio de mercado (Marketspace): El mercado basado en Internet.

Generación Eco (Echo Boomers): Los hijos de la generación del *baby boom.* Se los conoce también como «Generación Y».

GM: Acrónico de *«Genetically Modified»* (alimento genéticamente modificado).

Halal: Productos alimenticios preparados según las normas de los musulmanes religiosos.

Hambre de tiempo (Time Famine): «Enfermedad» moderna en la cual el estilo de vida del consumidor es tan ajetreado que deja poco tiempo para las actividades de ocio.

Hiperobjetivo (Hypertarget): En un contexto de marketing, el prefijo «hiper» suele significar «llevado al extremo». Hiperobjetivación significa concentración en grupos relativamente mucho menores de consumidores que comparten un gran número de semejanzas. Véase también «agrupamiento».

Información instantánea (Instant Intelligence): El proceso de información instantánea de The Intelligence Factory es una simple forma de reunir información sobre un asunto de interés para un cliente. La IF envía un cuestionario por *e-mail* a su red de exploradores de tendencias de las oficinas de Young & Rubicam en todo el mundo. El resultado de la encuesta, que incluye un análisis de alto nivel, es un modo râpido y significativo para que las empresas puedan validar (o desaprobar) suposiciones y determinar la dirección en la que van a encaminar las subsiguientes investigaciones.

Interactividad (Interactivity): Capacidad de una empresa para conectar con los consumidores, escuchar lo que dicen y responder personalmente.

Kosher: Productos alimenticios preparados de acuerdo con las normas de los judíos religiosos.

Localismo global (Glocal): Estrategia que apela a los consumidores tanto de nivel global como local.

Lujo virtual (E-luxe): Comercio virtual que se centra en artículos de lujo.

Marca (Brand): Identidad o persona creada para el consumo público. No restringida a un producto o a una compañía; aplicable a individuos, organizaciones e incluso a países. *Branding* y *rebranding*, del inglés *brand*, «marca», son términos que hacen referencia al proceso de creación de dicha identidad.

Mercado (Marketplace): El «mundo real» (por ejemplo, fuera de Internet).

Multiculturalismo (Multiculturalism): La mezcla y la combinación de diferentes culturas en un espacio y un tiempo determinados. No debe confundirse con asimilación, que implica la fusión de culturas.

Nostalgia de la marca (Brand Nostalgia): Actitud sentimental respecto de una determinada marca que motiva su rehabilitación y su consumo.

Nuevo consumidor (Prosumer): La nueva generación de consumidores; persona acaudalada que dispone de muy poco tiempo, relativamente desdibujada, movida por las causas y con elevadas exigencias respecto de la responsabilidad corporativa.

Nutricéutico (Nutraceutical): Alimento que produce beneficios de salud superiores a los de la nutrición básica. Llamado también «alimento funcional».

Patriotismo de marca (Brand patriotism): Compra o promoción de una marca en particular por un sentimiento de lealtad nacional.

«Piensa globalmente, actúa localmente» («Think Global, Act Local): Estrategia según la cual una empresa alimenta los gustos locales pero busca integrar las estrategias locales con una presencia global. En contraste, «piensa localmente, actúa globalmente» significa la adopción de una perspectiva estrictamente local con una presencia global. En contraste, «piensa localmente, actúa localmente» significa adoptar una perspectiva y presencia estrictamente locales pese a la realidad de las operaciones mundiales.

Punto-com-fusión (Dot-com-fusion): Estado mental de un consumidor que está agobiado por el abanico de opciones y por la aparente anarquía de Internet.

Selección limitada (Narrowcasting): Personalización extrema de un producto o servicio.

Tendencia (Nexts): Tendencias predominantes que contribuirán a configurar nuestro modo de vida y de trabajos futuros. Pueden ser de naturaleza global o pueden limitarse a un grupo particular de consumidores, a un sector o a una región. Ejemplos: el aumento de los años sabáticos durante la vida profesional, la formación permanente, el aumento de la demanda de alimentos «puros».

Tendencias globales (Big Nexts): Tendencias generales que posiblemente causarán un fuerte impacto en nuestra vida. No se limitan nunca a un grupo particular de consumidores, ni a un sector, ni a una región; son tendencias cuyo impacto nos alcanzará a todos. Ejemplos: el consumidor cada vez más exigente, la búsqueda de seguridad.

Tendencias probables (What's Nexts): A diferencia de las tendencias globales y predominantes, que ya están en marcha y han sido meticulosamente documentadas por la investigación de The Intelligence Factory, las tendencias probables son pronósticos de lo que es probable que surja en algunos aspectos de nuestro mundo (comportamiento de los consumidores, desarrollo de productos, actividad industrial, etc.). También llamamos «probables» a aquellas tendencias que son demasiado limitadas para incluirlas entre las globales o las predominantes. Su objetivo es estimular la imaginación del lector y ayudarlo a prever no sólo lo probable, sino también lo posible. Ejemplos: refrigeradores que se autoabastecen, vigilancia *on-line* de los servicios públicos.

Velocidad de tendencia (Trend Velocity): La tasa a la que se mueve una tendencia de un país a otro se debe a circunstancias socioeconómicas, geográficas o generacionales. Manteniendo observada la velocidad con que se expande una tendencia, podemos ayudar a los clientes a determinar con qué rapidez prenderá una tendencia en los diferentes mercados. Una tendencia que se mueve con mucha rapidez, por ejemplo, es la del temor a los alimentos, una situación favorecida por las diferentes crisis en todo el mundo, entre las que se cuentan el mal de las vacas locas y la contaminación por *E. coli.* Una tendencia de avance más lento ha sido la resistencia a los alimentos genéticamente modificados, que se fortaleció en Europa (sobre todo en el Reino Unido) mucho antes de extenderse a Asia y Norteamérica.

WAP: Acrónimo de «Wireless Application Protocol» (protocolo de aplicación inalámbrico), una tecnología que permite a los clientes conectarse a Internet sin usar un ordenador personal. Aplicación común: teléfonos móviles.

Selección para la búsqueda *on-line* en lengua inglesa

Motores de búsqueda de información:

AltaVista	www.altavista.com
CNET	www.home.cnet.com
Dr. Webster's Big Page of Search Engines	www.drwebster.com/search/search.htm
Electric Library	www.elibrary.com
Excite	www.excite.com
Hotbot	www.hotbot.com
Infoseek	www.infoseek.go.com
Intellisearch	www.intellisearchnow.com
News Index	www.newsindex.com
Northern Light	www.northernlight.com
TotalNews	www.totalnews.com
New York Public Library	www.nypl.org

Motores de metabúsqueda:

Ask Jeeves	www.askjeeves.com
Dogpile Multi-Engine Search	www.dogpile.com
Highway 61	www.highway61.com

Sitios Web más frecuentados:

American Demographics	www.demographics.com
Asia, Inc. *On-line*	www.asia-inc.com

Asia.internet.com	www.asia.internet.com
Bloomberg *On-line*	www.bloomberg.com
Bolt Reporter (adolescentes)	www.bolt.com
Business Week *On-line*	www.businessweek.com
Business Wire *On-line* News	www.businesswire.com
CNN Interactive	www.cnn.com
Consumer World	www.consumerworld.org
The Economist *On-line*	www.economist.com
The Economist Intelligence Unit	www.eiu.com
eMarketer	www.emarketer.com
Encyclopedia	www.encyclopedia.com
Entertainment News Daily	www.entertainmentnewsdaily.com
Europe *On-line*	www.europe*on-line*.com
Frost & Sullivan Market Research	www.frost.com
Hoovers *On-line*	www.hoovers.com
Iconocast	www.iconocast.com
Inc. *On-line*	www.inc.com
Industry Standard	www.thestandard.com
Information Week *On-line*	www.informationweek.com
The «Internet Times» Newsletter	www.glreach.com/eng/ed/it.php3
Latin Trade *On-line*	www.latintrade.com
Medline Plus	www.medlineplus.nlm.nih.gov/medlineplus
Moreover.com	www.moreover.com
MSNBC	www.msnbc.com
My Virtual Reference Desk	www.refdesk.com
NewsEdge's NewsPage	www.newspage.com
NPD *On-line* Research	www.npd.com
NUA Internet Surveys	www.nua.ie/surveys
PR Newswire	www.prnewswire.com
Profnet	www.profnet.com
Reuters Headlines	www.reuters.com/news
Slate	www.slate.com
Statistical Links	www.cbs.nl/en/services/links/default.asp
Strategies Europe	www.strategieseurope.com
TechWeb	www.techweb.com
TimeWarner's Time.com	www.time.com

Trends in Japan	www.jinjapan.org/trends/index.html
Wired News	www.wired.com/news

Periódicos on-line:

Asian Week	www.asianweek.com
BBC *On-line*	www.bbc.co.uk
Daily Mail & Guardian (Sudáfrica)	www.mg.co.za/mg
Electronic Telegraph (Reino Unido)	www.telegraph.co.uk
European Voice	www.european-voice.com
Financial Times	www.ft.com
The Independent (Reino Unido)	www.independent.co.uk
Inside China Today	www.insidechina.com
International Herald Tribune	www.iht.com
New South Polar Times	www.205.174.118.254/nspt/home.htm
Pakistani News Services *On-line*	www.hgmp.mrc.ac.uk/~npanjwan/ PAKnewslist.html
San Jose Mercury News	www.sjmercury.com
Sydney Morning Herald	www.smh.com.au
Telegraph (India)	www.telegraphindia.com
The News (Ciudad de México)	www.novedades.com.mx/ thenews.htm
USA Today–World	www.usatoday.com/ news/world/ nw1.htm
Wall Street Journal Interactive	www.wsj.com/

Otros sitios Web importantes:

Advertising Age *On-line*	www.adage.com
Adweek *On-line*	www.adweek.com
Amazon.com	www.amazon.com
Box-Office Statistics	www.vex.net/~odin/ Gross/index.cgi
Brandweek	www.brandweek.com
Business 2.0	www.business20.com
Central Europe *On-line*	www.centraleurope.com

CIA World Factbook	www.odci.gov/cia/publications/factbook
Citysearch.com	www.sidewalk.citysearch.com
Condé Nast *On-line* @ Swoon	www.swoon.com
CNBC Europe	www.cnbceurope.com
Cyber Dialogue	www.cyberdialogue.com
The Drudge Report	www.drudgereport.com
EUbusiness	www.eubusiness.com
Euro Know	www.euro-know.co.uk
Europa	www.europa.eu.int
Eurostat	www.europa.eu.int/comm/eurostat
Everything 2000	www.everything2000.com
Forrester Research	www.forrester.com
Greenwich Time: GMT	greenwich2000.com/time
The Gallup Organization	www.gallup.com
Headcount (*on-line* users)	www.headcount.com
HispanicBusiness.com	www.hispanicbusiness.com
Internet Food Channel	www.foodchannel.com/
Internet Movie Database	www.us.imdb.com/search.html
Jupiter Communications	www.jup.com
Media Metrix	www.mediametrix.com
MetaSpy	www.metaspy.com/top.html
Oanda Currency Converter	www.oanda.com
The Onion	www.theonion.com
Orientation	www.orientation.com
PC Data	www.pcdata.com
Rain or Shine (clima global)	www.rainorshine.com
Symantec Anti-Virus Hoax Center	www.symantec.com/avcenter/hoax.html
Travel Web	www.travelweb.com
Underwire (mujeres)	underwire.msn.com
WebRing	www.webring.org/#ringworld
World Future Society	www.wfs.org
World Wide Words (jerga)	www.clever.net/quinion/words/index.htm